全国技工院校教师职业能力大赛
系列图书

# 第二届全国技工院校教师职业能力大赛获奖作品集

## （交通类）

全国技工院校教师职业能力大赛工作办公室　组织编写

中国劳动社会保障出版社

## 简介

本书由全国技工院校教师职业能力大赛工作办公室组织编写，选取第二届全国技工院校教师职业能力大赛交通类部分获奖作品汇编成册，并由第二届全国技工院校教师职业能力大赛交通类项目评审专家进行点评，旨在为广大技工院校教师提供教学文本设计及教师说课方面的参考。

本书编写人员有于亮、夏晓、张道霖、张世金、杨爽、李晟、张志辉、赵方、姚东升、李小武、杨芸、周汉华，点评专家为杭州技师学院陈金伟。

**图书在版编目（CIP）数据**

第二届全国技工院校教师职业能力大赛获奖作品集. 交通类 / 全国技工院校教师职业能力大赛工作办公室组织编写. -- 北京：中国劳动社会保障出版社，2021

（全国技工院校教师职业能力大赛系列图书）

ISBN 978-7-5167-4872-5

Ⅰ. ①第…　Ⅱ. ①全…　Ⅲ. ①交通运输 - 专业 - 技工学校 - 教学设计 - 中国　Ⅳ. ①G718.1

中国版本图书馆 CIP 数据核字（2021）第 104995 号

**中国劳动社会保障出版社出版发行**

（北京市惠新东街 1 号　邮政编码：100029）

*

北京市白帆印务有限公司印刷装订　　新华书店经销

880 毫米 ×1230 毫米　16 开本　20 印张　483 千字

2021 年 7 月第 1 版　　2021 年 7 月第 1 次印刷

**定价：50.00 元**

读者服务部电话：（010）64929211/84209101/64921644

营销中心电话：（010）64962347

出版社网址：http://www.class.com.cn

http://jg.class.com.cn

# 序

党的十九大明确提出“建设教育强国是中华民族伟大复兴的基础工程，必须把教育事业放在优先位置，加快教育现代化，办好人民满意的教育”。技工教育是国民教育体系和人力资源开发的重要组成部分，承担着为经济社会发展培养高素质技能人才的重要任务。技工院校是我国培养技能人才的重要阵地，是面向全体劳动者开展职业技能教育和培训的重要载体。

习近平总书记强调要“大力发展技工教育”。技工教育事业跨越了历史的新高度，站在了未来的新起点。全国技工教育工作者以习近平新时代中国特色社会主义思想为指导，深入贯彻习近平总书记讲话和重要指示精神，着力推动技工院校的高质量发展。

为深入贯彻党的十九大精神，全面落实《技工教育“十三五”规划》提出的“全面推进一体化课程教学改革”的要求，进一步提高技工院校教师职业能力，2018 年起，人力资源社会保障部每两年举办一届全国技工院校教师职业能力大赛。这是提高技工院校综合办学能力、深化一体化课程教学改革、提升教师专业化水平的重要举措。

根据 2020 年第二届全国技工院校教师职业能力大赛情况，为总结经验，以期为更多的技工院校教师提供教学指导，我们遴选了部分获奖选手的教学设计作品，汇编成这套《第二届全国技工院校教师职业能力大赛获奖作品集》（以下简称“作品集”）。作品集分为公共类分册、机械类分册、电工电子类分册、信息类分册、交通类分册、服务类分册、财经商贸类分册、工业综合与农业类分册、文化艺术与综合类分册，每一分册都收录了 10 余份在第二届全国技工院校教师职业能力大赛中获奖的教学设计作品。这些作品均由技工院校一线教师创作，并经过教学实践检验。限于篇幅和形式，作品集收录的教学设计作品只是反映了第二届全国技工院校教师职业能力大赛的部分成果，难以反映广大技工教育工作者辛勤耕耘的全貌。

作品集的出版得到了人力资源社会保障部职业能力建设司的指导和许多技工院校教师的大力支持。值作品集付梓之际，我们向所有作者和相关人员致以诚挚的谢意！由于时间有限，作品集中的疏漏与不足在所难免，恳请广大读者批评指正。

**全国技工院校教师职业能力大赛工作办公室**

2021 年 7 月

# 目录

# 新能源汽车空调 PTC 模块检修

淄博市技师学院 / 于亮

| 参赛项目类别 | 交通类 | | |
|---|---|---|---|
| 专业名称 | 汽车维修 | | |
| 课程名称 | 汽车电气与空调疑难故障诊断与排除 | 参赛作品题目 | 新能源汽车空调 PTC 模块检修 |
| 课　　时 | 4 课时 | 教学对象 | 17 级汽车检测高技班（初中起点五年制） |

## 一、选题价值

### （一）选题来源

1. 课程框架

汽车维修专业是人社部首批一体化课程教学改革试点专业之一，于 2015 年发布了《汽车维修专业国家技能人才培养标准及一体化课程规范（试行）》，共提取了 12 个典型工作任务，经过教学化处理，转化为 12 门一体化课程，构建了汽车维修专业一体化课程框架（见图 1）。

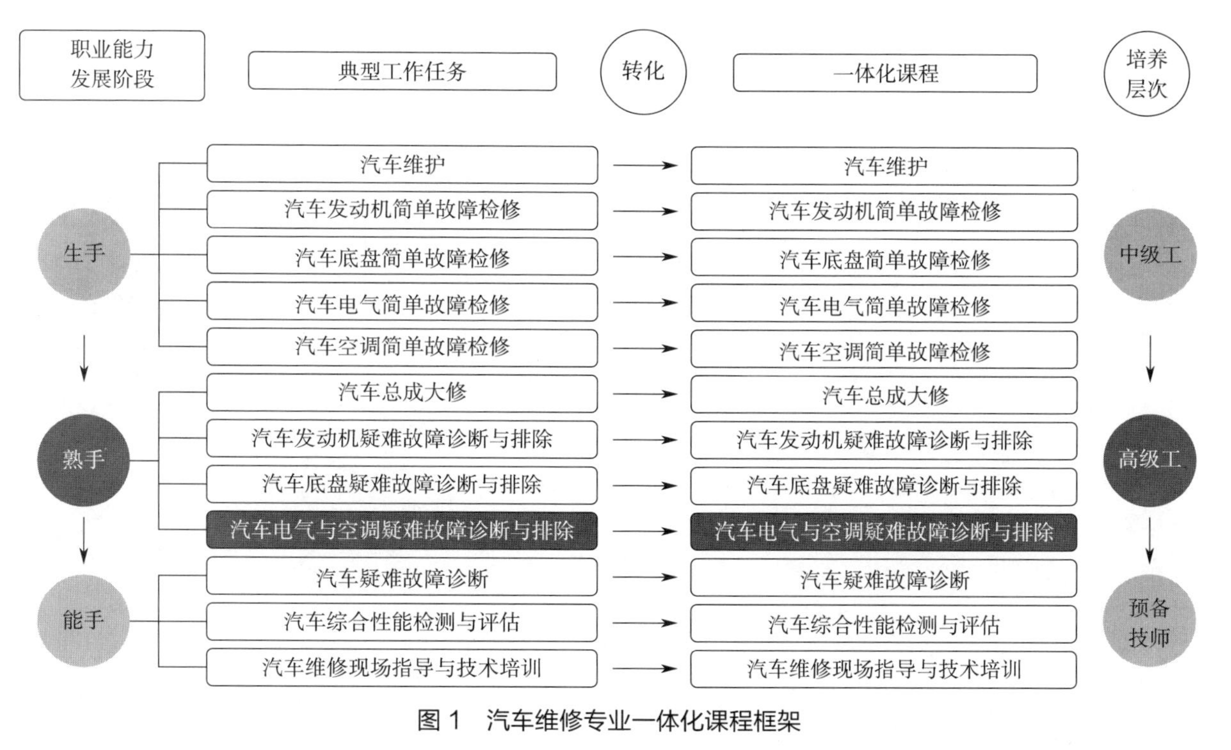


图 1　汽车维修专业一体化课程框架

2. 课程前后衔接关系

“汽车电气与空调疑难故障诊断与排除”是高级工技能培养层级的一门核心课程，该课程是对“汽车空调简单故障检修”等前接课程的应用，为后接课程“汽车疑难故障诊断”做好铺垫，是一门重要的承上启下的课程，为实现该专业的人才培养目标起到重要的支撑和促进作用（见图 2）。

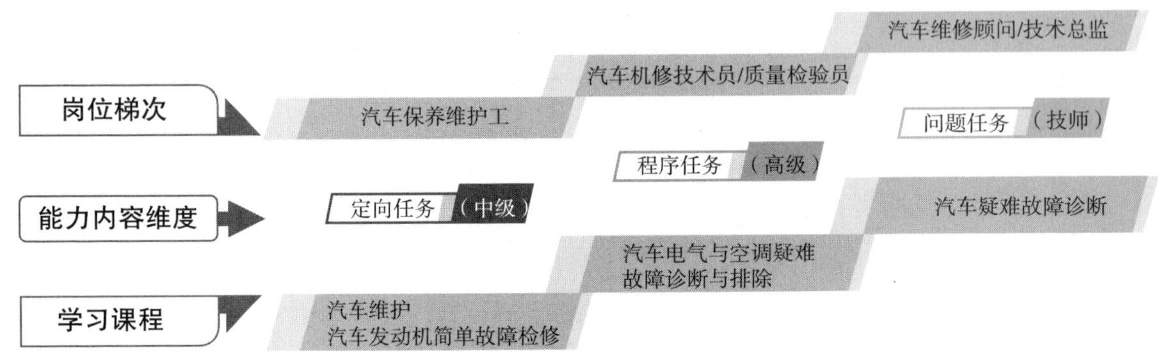


图 2 “汽车电气与空调疑难故障诊断与排除”课程前后衔接关系

3. 课程内容与学习活动

根据“汽车电气与空调疑难故障诊断与排除”一体化课程标准，结合企业调研，我院对该课程进行二次开发，确定了汽车起动机运转无力故障诊断与排除、汽车空调制冷不良故障诊断与排除、新能源汽车空调供暖系统故障诊断与排除等 7 个学习任务。“新能源汽车空调 PTC 模块检修”是“新能源汽车空调供暖系统故障诊断与排除”学习任务中的一个学习活动，共 4 课时。本次课以卡罗拉双擎轿车空调 PTC 模块为教学载体（见图 3）。

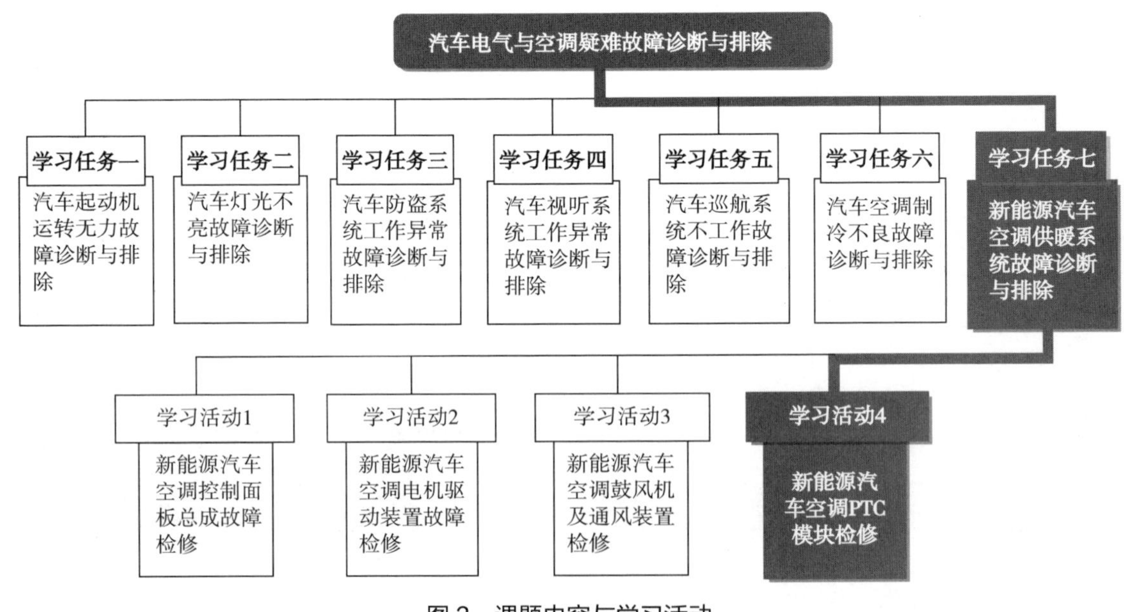


图 3 课题内容与学习活动

学习完本课程后，学生能胜任新能源汽车空调 PTC 模块检修工作，工作过程中严格遵守安全操作规范，并养成吃苦耐劳、爱岗敬业的工作态度和良好的职业素养。

### （二）选题价值分析

1. 典型性分析

（1）故障现象普遍

PTC 电加热技术被广泛应用于新能源汽车空调系统。4S 店调研结果显示，冬季新能源汽车空调供暖系统维修率为 45%（见图 4）；国家级刊物《汽车与驾驶维修》相关数据显示，在汽车空调系统故障导致的事故中，供暖系统故障占比 40.6%（见图 5）；中国汽车召回网投诉信息显示（见图 6），40% 的空调用户投诉原因是 PTC 制热效果不良影响除霜引发事故，因此，PTC 模块故障现象具有普遍性。

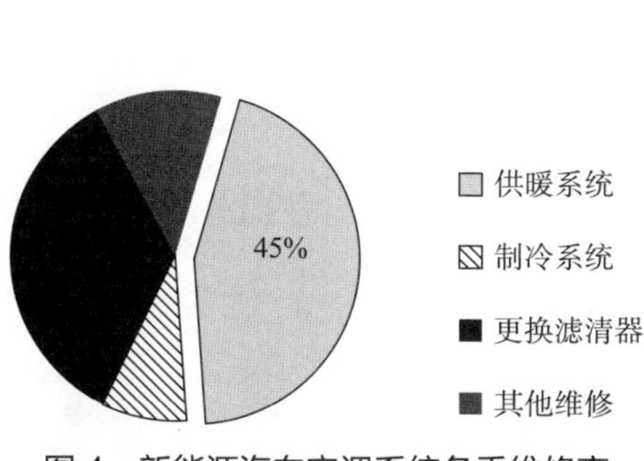


图 4　新能源汽车空调系统冬季维修率

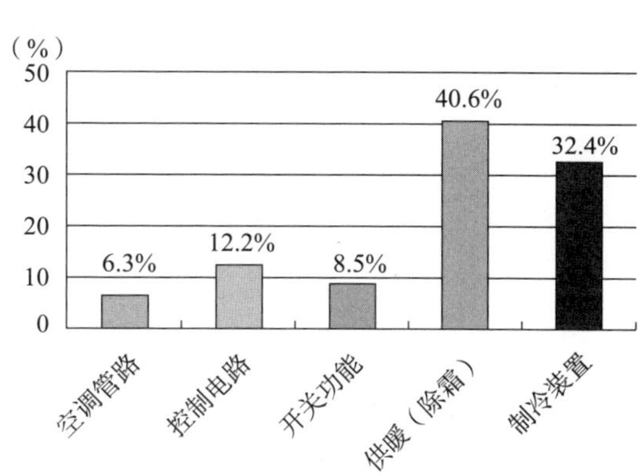


图 5　汽车空调系统故障导致事故统计

图 6　汽车空调用户投诉信息

（2）学习过程完整

“新能源汽车空调 PTC 模块检修”学习活动具备完整的工作过程结构、工作要素和安全操作规范。学生通过“知故障→查故障→诊故障→排故障→验故障”5 个环节，在学习过程中填写“环车检查单→施工单→领料单→增项单→工序流转单→核算清单”6 个工作单，可以掌握完整的空调 PTC 模块检修工作流程。在学习过程中工作对象、工作要求、劳动组织方式、工具设备以及安全规范操作等方面均得以完整转化与体现。

（3）维修技术新要求

随着新能源汽车保有量增加，对空调故障维修提出了新的要求。新能源汽车空调发展向电动化、高效化、智能化、环保化、安全化和舒适化6个方向演进。新能源汽车空调PTC制热系统在功能配置、工作性能等方面均有技术提升，其中混动汽车空调制热是通过PTC和空调制热功能共同实现的。特别在雨雪等恶劣环境下，只需打开除霜功能键，PTC加热器会自动开启实现前风窗玻璃除霜功能，保证行车安全。因此，PTC技术在新能源汽车空调系统中应用普遍，是汽车维修工必备的维修技能。

2. 价值分析

（1）对接规范，具有学习价值

根据国家标准《汽车采暖性能要求和试验方法》（GB/T 12782—2007）的要求，对新能源汽车空调采暖过程中的风速、温度等进行检测和试验；对接《汽车维修工职业资格标准》的考核内容，正确使用专用工量具，熟练操作仪器设备等；结合《全国新能源汽车关键技术技能大赛安全防护措施要求》，掌握新能源汽车空调PTC模块检修过程中的安全防护要求。

（2）融合思政内容，具有教育价值

本次教学活动不仅突出专业技能层面学习，还注重对学生在学习态度、任务参与、交流展示、安全防护等职业素养层面的培养。通过学习新能源汽车相关活动，激发学生对节能环保、绿色出行理念的认知；通过PTC模块检修过程，培养学生对维修规范的严格要求及精益求精的工匠精神；在规定时间内完成工作任务，渗透劳动纪律；通过成本核算等，对客户讲诚信，遵守契约，树立正确的义利观，践行社会主义核心价值观；课后开展公益服务性劳动，运用专业技能为社会、为他人提供公益服务，培育社会公德，强化社会责任感。

## 二、学情分析

授课对象是我校2017级汽车检测初中起点高技班3年级学生。全班共有18人，由一名教师和一名助教负责一体化课程教学任务。结合学生实际，按照组内异质原则分成3个小组，每组6人，保证各组实力相对均衡。

根据前期“汽车空调制冷不良故障诊断与排除”学习任务的完成情况和学业评价结果，按照“职业行动维度”分类，分析学生“职业行动能力”，结合前期表现，分析学生“自主学习能力”，从而作为本次课程学情分析的依据（见图7、表1、表2）。依据前期学习效果分析，确定本次课程的学习目标、策略等。

图7　学业评价结果截图

表 1　职业行动能力维度平均得分汇总

| 测评项目 | | | 平均得分率 |
| --- | --- | --- | --- |
| 知故障 | 明确任务获取信息 | 明确任务的具体要求 | 95% |
| | | 有效提取任务中的关键信息 | 95% |
| | | 通过多种方式搜索、汇总学习资料 | 80% |
| 查故障 | 制订计划 | 制订空调故障检修计划 | 80% |
| | 做出决策 | 判断检修计划的合理性和可操作性 | 70% |
| | | 判断编制故障树的逻辑性 | 50% |
| 诊故障排故障 | 检修实施 | 故障诊断流程的实施 | 65% |
| | | 排除故障的方法及操作步骤 | 85% |
| | | 遵守操作规范和安全防护要求 | 90% |
| 验故障 | 质量监控 | 能试车检验各项功能，保证空调运行正常 | 95% |
| | 评价反馈 | 演示汇报检修成果 | 90% |
| | | 客观、公正地评估任务完成效果 | 80% |

表 2　自主学习能力维度平均得分汇总

| 测评项目 | 平均得分率 |
| --- | --- |
| 明确任务，获取信息 | 95% |
| 学习有策略、讲方法 | 60% |
| 自我调节能力 | 65% |
| 时间管理能力 | 80% |

根据以上分析，从学习基础、学习能力、学习倾向三个维度对学生现状进行具体分析（见图 8）。

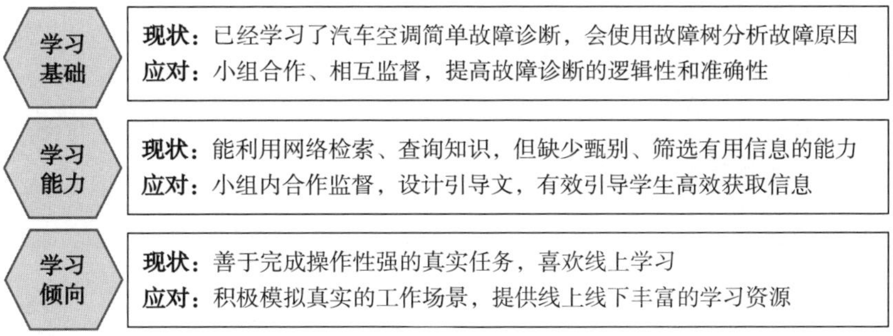

| | |
| --- | --- |
| 学习基础 | **现状：**已经学习了汽车空调简单故障诊断，会使用故障树分析故障原因<br>**应对：**小组合作、相互监督，提高故障诊断的逻辑性和准确性 |
| 学习能力 | **现状：**能利用网络检索、查询知识，但缺少甄别、筛选有用信息的能力<br>**应对：**小组内合作监督，设计引导文，有效引导学生高效获取信息 |
| 学习倾向 | **现状：**善于完成操作性强的真实任务，喜欢线上学习<br>**应对：**积极模拟真实的工作场景，提供线上线下丰富的学习资源 |

图 8　学生现状具体分析

## 三、学习目标

根据课程标准，结合学情分析、学生职业素养及综合职业能力要求，依据再现、重组、迁移和应用的目标层次，按照时间维度制定课前、课中、课后目标（见图 9），学习目标具有明确、具体、可操作性强、逻辑性强、可输出、可检测、可迁移的特点。学习完本次课程后，学生应能合作完成新能源汽车空调 PTC 模块检修任务，严格执行企业安全生产制度、环保管理制度和 6S 管理规范，具备独立分析与解决问题的能力，提高工作效率和保证工作质量。

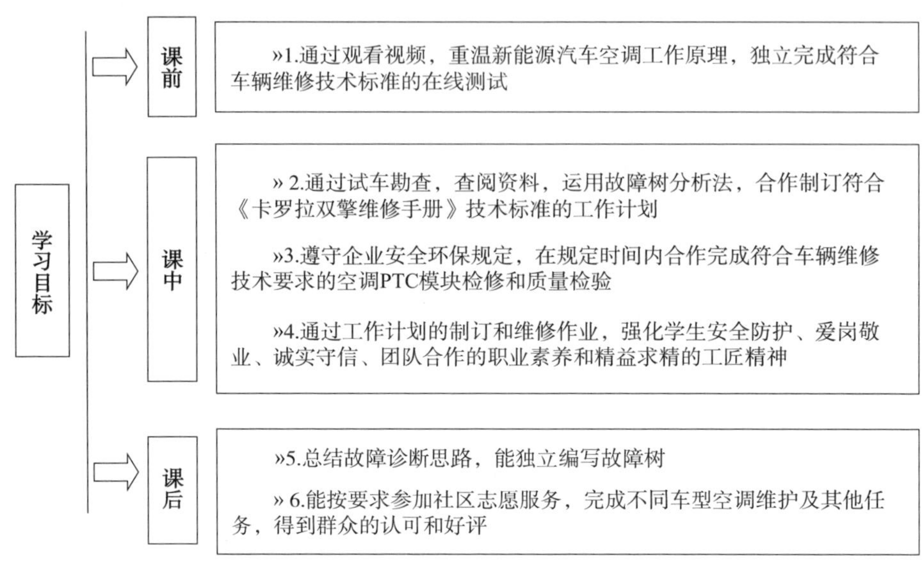


图 9 学习目标

## 四、学习内容

### （一）情境创设

1. 情境描述

在初冬季节，某 4S 店前台接待了车主王先生，其座驾为丰田卡罗拉双擎汽车，配备原装自动空调系统，已行驶 52 000 km。据车主反映，由于经常跑业务难免会遇到雨雪等恶劣天气，空调的制热效果欠佳，导致无法及时除霜，担心行车安全。除此之外，未出现其他异常情况。客户要求在规定时间内完成检修任务。

2. 学习活动分析

为完成本次学习活动，学生需要根据故障现象编制出逻辑清晰的故障树，确定空调不供暖或供暖不足与空调 PTC 模块之间的逻辑关系，厘清故障诊断思路；正确使用解码仪等仪器设备对空调供暖系统进行故障诊断；经安全规范的操作，最终排除故障，恢复空调的制热功能。

### （二）工作内容要素分析

从工作对象，工具、材料、设备与资料，工作方法，劳动组织方式，工作要求五个维度对工作内容要素进行全面分析（见表 3），形成“工作即学习、学习即工作”的工学一体化教学模式。

### （三）学习内容分析

按照“知故障（接车洽谈）→查故障（试车勘查）→诊故障（制订方案）→排故障（维修车辆）→验故障（验收交车）”的工作流程，设计学习过程（见图 10）。

表 3　工作内容要素分析表

<table>
<tr><th>工作对象</th><th>工具、材料、设备与资料</th><th>工作要求</th></tr>
<tr><td rowspan="5">1. 汽车维修工单的阅读分析<br>2. 汽车空调故障现象的确认<br>3. 与前台接待、工具管理员、配件管理员、班组长和车间主任等相关人员的沟通<br>4. 维修资料的综合应用<br>5. 工量具、耗材、设备的应用<br>6. 汽车空调系统的故障诊断、线路检测、故障点的修复<br>7. 汽车空调维修质量、安全性、经济性和环保性评估</td><td>1. 工具：通用工具、新能源汽车维修专用工具（绝缘套装）、量具（万用表、空调压力表、温度计）等<br>2. 材料：防护用品（防护服、绝缘手套、护目镜、绝缘鞋、安全帽）、清洗剂和零配件等<br>3. 设备：解码仪、故障控制平台等<br>4. 资料：维修手册、参考书等</td><td rowspan="5">1. 根据维修工单，明确作业内容和要求<br>2. 与前台接待、工具管理员、配件管理员、班组长和车间主任等相关人员进行专业的沟通<br>3. 从满足客户对汽车维修质量、经济性、维修时间等需求的角度制订故障诊断方案<br>4. 诊断、拆卸、检查和维修等工作符合标准规范<br>5. 作业过程中严格执行企业安全生产制度和 6S 管理规范<br>6. 对已完成的工作进行记录、评价、反馈和存档<br>7. 在维修过程中注重自主学习与提升，具备良好的团队合作和岗位责任意识</td></tr>
<tr><th>工作方法</th></tr>
<tr><td>故障再现法、故障树分析法、仪器设备诊断法、6S 管理法和安全防护方法等</td></tr>
<tr><th>劳动组织方式</th></tr>
<tr><td>1. 合作编制故障树<br>2. 小组合作制订计划<br>3. 独立填写环车检查单、领料单等<br>4. 独立领取工具、材料等<br>5. 合作完成检修任务</td></tr>
</table>

学习重点
空调PTC模块检查与故障排除
知识方法
PTC模块检修
技能素养
知 故障：车辆基本信息；维修手册查询方法；填写接车单；交流能力
查 故障：PTC模块的组成及原理；维修手册技术要求；查询资料法；试车勘查；编制故障树；逻辑思维能力
诊 故障：PTC检修操作要点；安全防护；信息汇总法；填写物资领用单；制订计划；分析处理信息的能力
排 故障：设备与工量具的选用；PTC模块检查与故障排除；故障树分析法；PTC故障诊断与排除；规范填写工作记录；掌握故障诊断方法；交流协作能力
验 故障：车辆检验标准；成本核算；试车检查方法；车辆检验；核算成本交车；6S管理意识
目标
故障诊断方法
学习难点

图 10　学习内容鱼骨图

学习用工作单如图 11 所示。

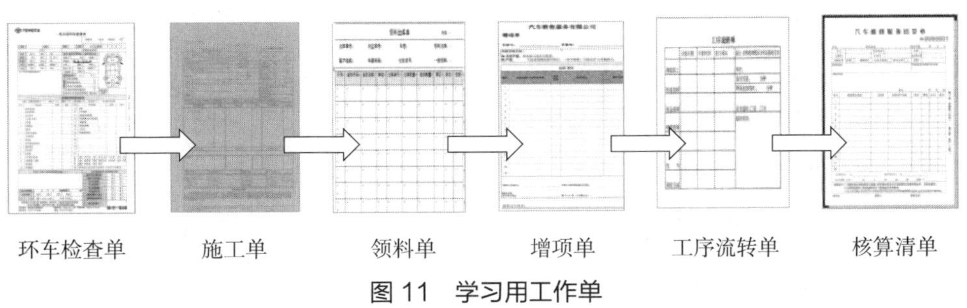


图 11　学习用工作单

**（四）具体学习内容**

1.【填写工作单】——学生根据故障车辆关键信息规范填写环车检查单、施工单等。

2.【工具设备选配】——根据工作需要正确选配万用表、解码仪等工具设备。

3.【风速温度测试仪的使用】——用风速温度测试仪测量空调出风口风速、温度并能正确读数。

4.【工作质量检验方法】——在空调 PTC 模块检修过程中的工作质量检验方法。

5.【空调 PTC 模块工作控制电路】——利用电子维修手册等手段分析空调 PTC 模块工作控制电路。

6.【卡罗拉双擎汽车维修手册空调 PTC 模块技术要求】——利用维修手册准确查找技术数据要求。

7.【空调 PTC 模块检修规范及操作要点】——查询资料及通过教师示范演示，掌握空调 PTC 模块检修规范及操作要点。

**（五）学习重点、难点分析（见表 4）**

表 4　学习重点、难点分析

| 学习重点：<br>空调 PTC 模块检查与故障排除 | 学习难点：<br>故障诊断方法 |
|---|---|
| 确定理由<br>空调 PTC 模块检查与故障排除能力是解决空调故障的关键，是汽车维修工必备技能，熟练掌握空调 PTC 模块检查与故障排除的操作流程，是完成该学习活动的核心 | 确定理由<br>故障诊断方法是准确找到故障点及排除故障的关键，直接决定任务能否顺利完成，因学生缺乏维修经验，在诊断方法上容易与传统汽车混淆，为此需要不断渗透和强化，才能内化解决 |

重点、难点突破方法如图 12 所示。

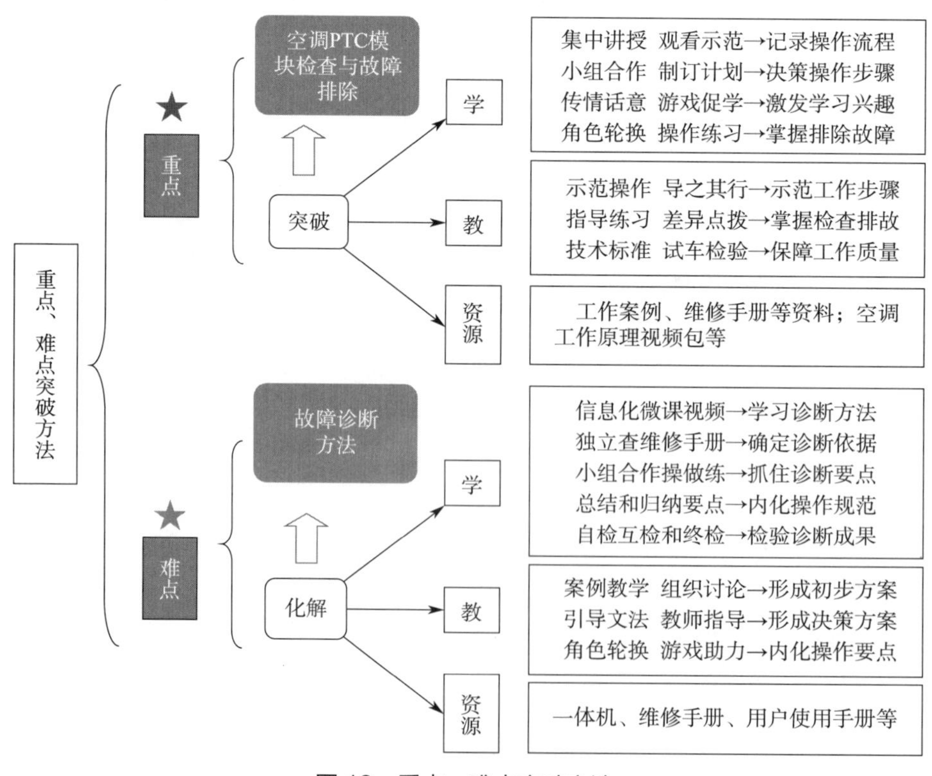


图 12　重点、难点突破方法

## 五、学习资源

本次课程在一体化学习工作站进行，学习资源包括：场地资源、学材资源、信息资源和工具物资。

环境资源包括：车间实训工位、设备存放区、工具配件区、多媒体学习区、实训车辆、故障设置系统、工作台架设备等，为学生在场地内开展“学中做”提供场地环境支持（见图 13）。

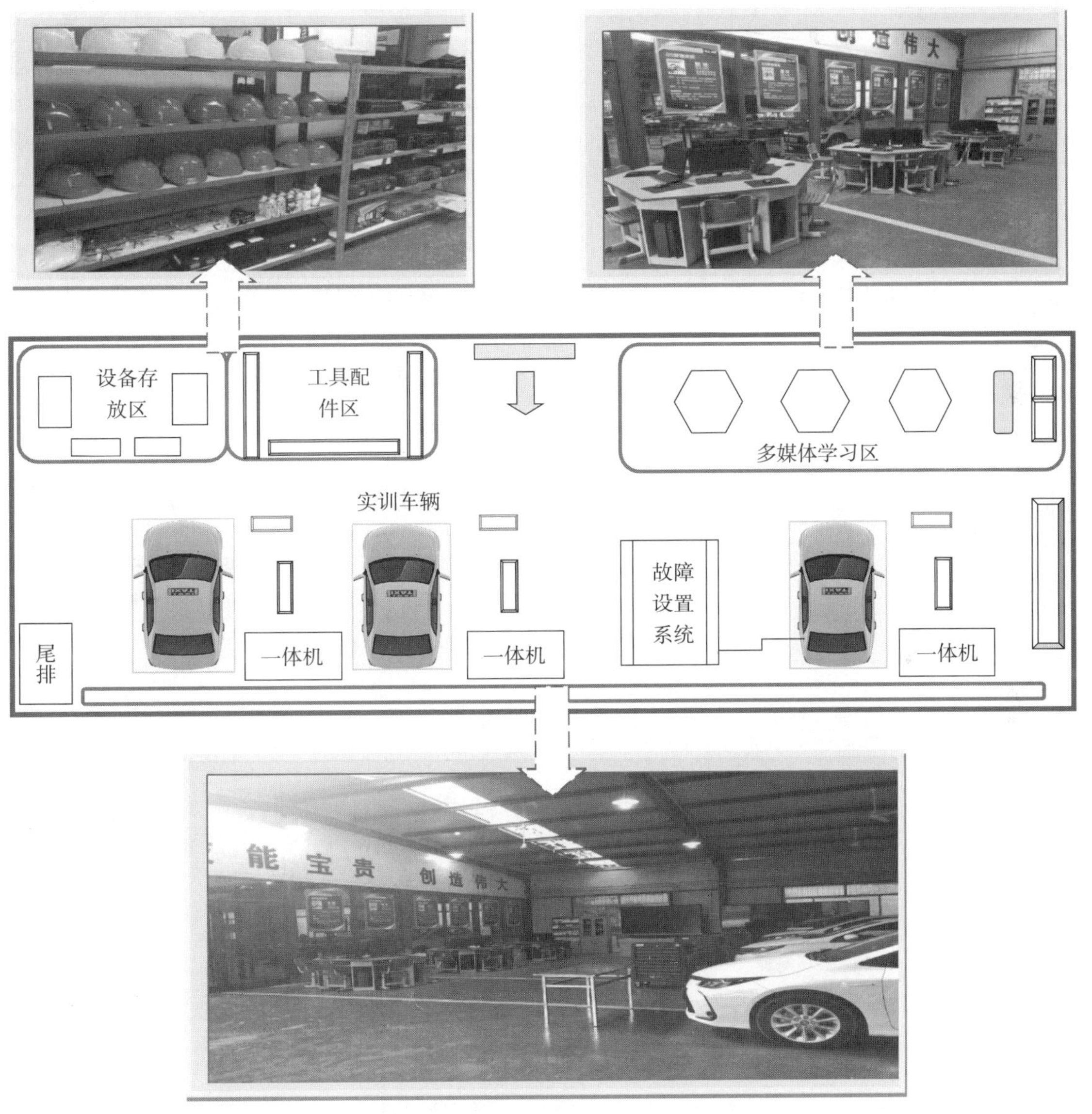


图 13　一体化学习工作站布局图

学材资源包括：教材、维修手册、工作页、评价表、工作单（见表 5）。

信息资源包括：教学视频、超星学习通、教学课件、电子维修手册以及微信群等。主要用于为各教学环节提供资源支持，以及用于翻转课堂的建立、工作情境设置、课余时间沟通交流和疑问解答（见表 6）。

表 5 学材资源

| 教材 | 作用 | 导向问题 |
|---|---|---|
| （3 本） | 1. 用于“诊故障”环节制订方案<br>2. 对课中学习进行查缺补漏 | 1. 空调制热系统检修项目<br>2. 常见故障诊断与排除 |
| **维修手册** | **作用** | **导向问题** |
| （3 本） | 用于“查、排故障”环节，为制订计划、故障诊断等提供依据 | 1. 空调零部件拆卸及安装方法<br>2. 控制电路、技术参数等 |
| **工作页** | **作用** | **导向问题** |
| （20 份） | 1. 用于课前、课中、课后三个阶段<br>2. 引导各环节操作规范的记录 | 空调工作原理、操作方法要点、故障诊断与排除等 |
| **评价表** | **作用** | **导向问题** |
| （20 份） | 对各学习阶段进行评价 | 1. 评价项目：职业素养等 8 项<br>2. 评价要素：安全等 20 项 |
| **工作单** | **作用** | **导向问题** |
| （20 份） | 对接企业工作流程，填写工作单 | 提取车辆信息 |

表 6 信息资源

| 教学视频 | 作用 | 导向问题 |
|---|---|---|
| （4 套） | 3 个视频，用于“查故障”环节，为制订计划提供依据 | 1. 混动汽车空调系统原理<br>2. 混动汽车空调故障诊断流程 |
| **超星学习通** | **作用** | **导向问题** |
| 超星学习通<br>（20 人） | 用于课前预习、测试、课外学习沟通交流 | 1. 选择题、填空题各 10 题<br>2. 预习及任务完成情况 |
| **教学课件** | **作用** | **导向问题** |
| 新能源汽车空调PTC模块检修<br>（1 个） | 用于“知故障”环节的知识讲解和活动描述等 | 混动汽车空调工作原理、控制电路图及故障诊断流程等 |
| **电子维修手册** | **作用** | **导向问题** |
| （3 组） | 用于“知故障”环节，用计算机查阅维修手册 | 卡罗拉汽车空调零部件拆卸与安装、控制电路技术参数 |
| **微信群** | **作用** | **预设问题** |
| （内有 20 人） | 用于课前、课后学习交流和答疑 | 绿色环保理念 |

教学工具及物资包括：常见工具、专用仪器设备及安全防护用品等（见表 7）。

表 7　教学工具及物资

| 常见工具（世达绝缘工具） | 作用及数量 | 故障解码仪（丰田） | 作用及数量 |
| --- | --- | --- | --- |
| 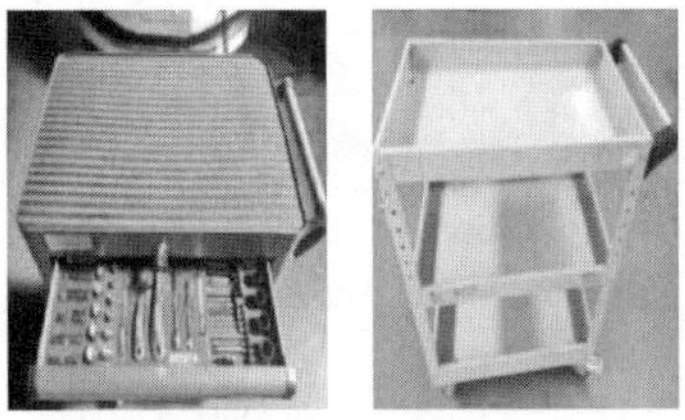 | 用于操作训练中拆装零部件等 |  | 用于卡罗拉双擎汽车故障码提取及检测 |
| | 世达绝缘拆装工具及工具车各 3 套 | | 专用故障解码仪 3 套 |
| **数字式万用表** | **作用及数量** | **风速温度测试仪** | **作用及数量** |
|  | 用于对空调系统控制电路进行测量 | 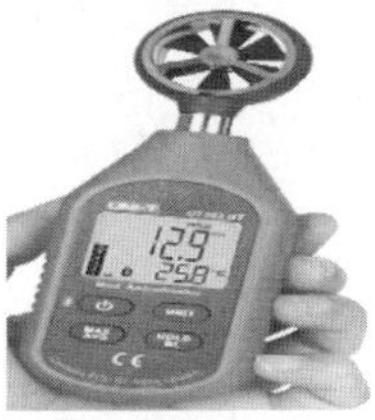 | 用于检查空调出风口的风速和温度 |
| | 数字式万用表 3 台 | | 出风口风速温度测试仪 3 台 |
| **空调压力表（套装）** | **作用及数量** | **翼子板防护三件套** | **作用及数量** |
|  | 用于测量空调制冷剂的工作压力 |  | 用于在检修工作过程中对翼子板进行防护 |
| | 空调压力表套装 3 套 | | 翼子板防护三件套 3 套 |
| **内饰防护四件套** | **作用及数量** | **防护镜和手套** | **作用及数量** |
| 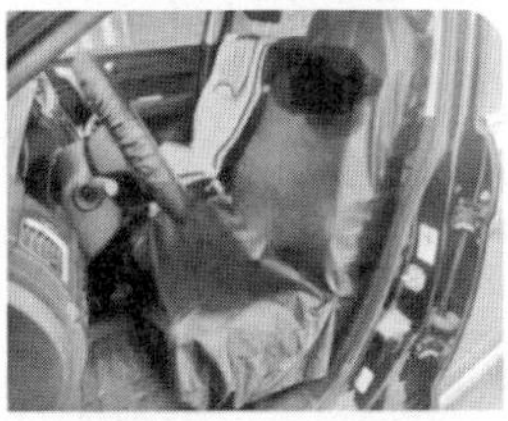 | 用于工作过程中对转向盘及座椅等进行防护 | 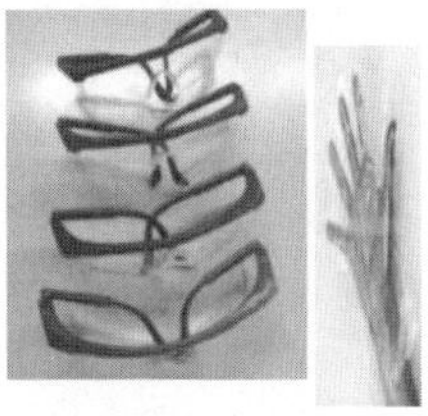 | 用于工作过程中对学生眼睛及手部的防护 |
| | 内饰防护四件套 3 套 | | 汽车维修专用防护镜和手套若干 |
| **吸油棉纱及回收桶** | **作用及数量** | **安全帽及灭火器** | **作用及数量** |
| 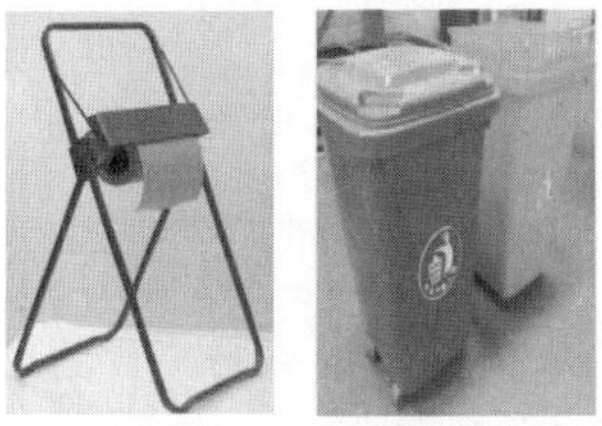 | 用于检修过程中进行油渍清洁、工具清洁和垃圾回收 | 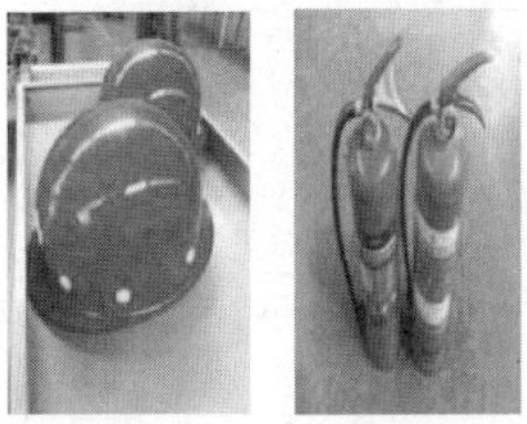 | 用于学生头部安全防护和发生火灾时应急处理 |
| | 吸油棉纱及垃圾回收桶各 3 个 | | 安全帽 18+2 个，灭火器 2 个 |

## 六、教学策略

为突破重点、化解难点，激发学生的学习兴趣，有效实现学习目标，结合学生学情和学习资源，从学情匹配、思想教育、教学组织、教学模式、教学手段、教学方法和教学评价七个方面分别采取对应的教学策略（见图 14）。

**学情匹配策略**
- » 1.学习内容匹配：根据学生已掌握的专业内容和学习习惯，选择匹配学情内容，难易兼顾
- » 2.学习方法匹配：利用学生的好奇心和自主探究心理，实现从“好学”到“会学”再到“乐学”
- » 3.学习手段匹配：利用图片、视频等信息化手段，提高学生的学习积极性
- » 4.学业评价匹配：素养评价符合成长特点和性格特点，学习成果评价体现难度层次

**思想教育策略**
- » 1.晓之以理：实训环境插入职业道德、劳动教育等理念标语，使其有基本的思想道德认知
- » 2.动之以情：播放新能源汽车发展规划视频，以家国情怀打动学生，培养学生的绿色环保理念
- » 3.导之以行：在任务实施过程中，规范学生吃苦耐劳、精益求精的精神，培养学生良好的道德行为
- » 4.持之以恒：课后组织社区志愿服务，对专业技能进行拓展，培养学生的道德意志

**教学组织策略**
- » 1.集中讲授：集中学习空调PTC检修方法，实现知识集中传授，共同完成目标
- » 2.小组合作：实施过程中小组合作完成空调PTC模块检修任务，实现由团队共同解决问题
- » 3.个别指导：实施过程中对操作不规范的学生进行个别指导，提升教学效果

**教学模式策略**
- » 1.工学一体：利用真实的4S店工作案例，学习过程对应工作过程，实训环境贴近4S店环境
- » 2.翻转课堂：学生课前完成空调工作原理测试，课后进行归纳总结和拓展
- » 3.混合式学习：课前通过超星学习通线上学习，课中线下完成故障诊断和空调PTC模块检修任务

**教学手段策略**
- » 1.数字化资源：提供微课视频、电子维修手册等数字化资源供学生线上学习
- » 2.信息化手段：提供线上学习平台，配合线上数字化资源，通过超星学习通记录学习成长过程，利用PPT梳理学习脉络，课中实时投屏，增加可视化效果

**教学方法策略**
- » 1.引导文教学法：采用工作页引导学生学习，引导学生编制故障树并分析故障原因
- » 2.角色扮演法：实施中扮演客户接待模拟情境，体验4S店真实工作情境
- » 3.案例教学法：导入交通警示视频案例，通过谈体会增强岗位担当和责任意识

**教学评价策略**
- » 1.评价时间全程化：课前测试、课中质量检验、课后评价
- » 2.评价手段多元化：课前通过超星学习通在线测试，课中自评、互评、师评，课后志愿服务群众评价
- » 3.评价标准职业化：评价对接国家标准、企业标准、技能大赛标准
- » 4.评价功能成长化：以评促学、以评促教、以评促改

图 14　教学策略

通过教学策略分析，本次课程灵活运用信息化技术手段实现课前预习、课中学习、课后拓展，使学生由“被动学习”转化为“主动学习”，可有效达成学习目标，提高学生综合职业能力。

## 七、教学实施

依据学习过程对接工作过程的原则，设计了工学一体的教学流程。教学分课前预习、课中学习和课后拓展三个阶段，输出环车检查单、故障树、施工单等 11 个学习成果（见图 15）。

### （一）教学流程图

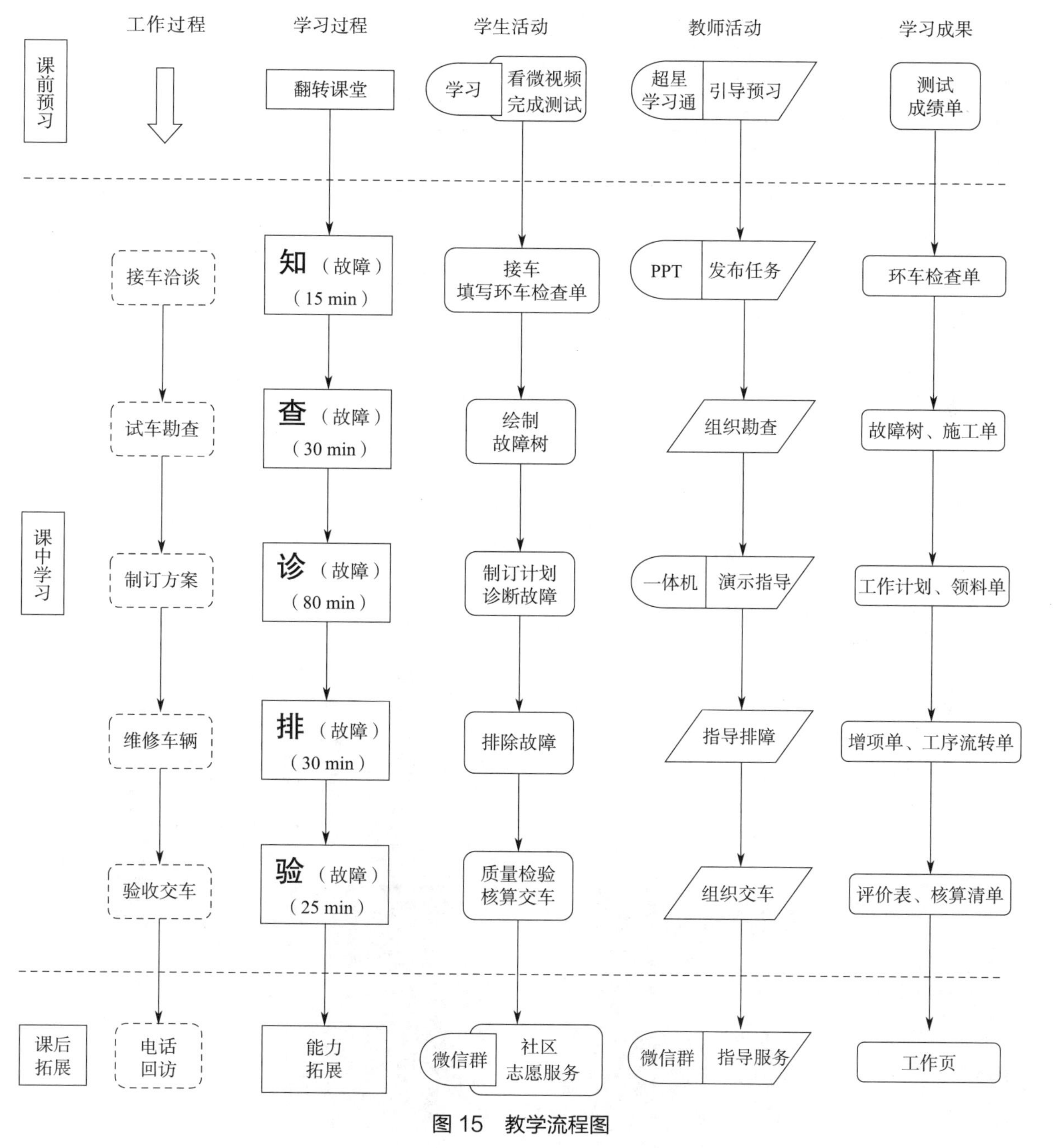


图 15　教学流程图

（二）教学实施过程

| 环节 | 学习内容 | 学生活动 | 教师活动 | 教学方法 | 教学手段 | 设计意图 |
|---|---|---|---|---|---|---|
| 课前预习 | 【预习微视频及手册】<br>1. 新能源汽车空调 PTC 的工作原理（5 min）<br>2. 新能源汽车国家战略（5 min） | 1.【课前预习】<br>（1）登录超星学习通观看微课视频<br>（2）完成在线测试题<br>填空题 10 道、选择题 10 道<br>（3）查看测试题成绩<br>（4）在微信群提出疑问 | 1.【发布预习资料】<br>（1）上传“空调 PTC 的工作原理”等视频包<br>（2）发布在线测试题<br>填空题 10 道、选择题 10 道<br>（3）把控测试题成绩<br>（4）就学习内容答疑 | 任务驱动法 | 超星学习通<br>微视频 | 【翻转课堂】<br>将空调 PTC 的工作原理前置学习，为课堂学习奠定基础<br>【新能源汽车国家战略】<br>通过谈体会，对绿色环保理念进行认知 |
| | | 超星学习通成绩 | 【关注点】<br>（1）测试不达标原因<br>（2）使不达标同学达标 | | | |
| | | 2.【微信群谈体会】<br>（1）就国家新能源汽车发展战略及绿色环保谈体会<br>（2）查收评价及要求 | 2.【对体会进行评价】<br>（1）对体会交流评价<br>（2）对正式上课作出要求 | 问题引导法 | | |
| | 达成课前预期目标：通过观看视频，重温新能源汽车空调的工作原理，独立完成符合车辆维修技术标准的在线测试 | | | | 输出成果：测试成绩单 | |

续表

| 环节 | 学习内容 | 学生活动 | 教师活动 | 教学方法 | 教学手段 | 设计意图 |
| --- | --- | --- | --- | --- | --- | --- |
| 课中<br>环节一<br>知故障<br>（15 min） | 1.【安全教育内容】<br>（1）穿戴整洁标准<br>（2）6S 管理规范<br>（3）评价内容：穿戴标准、仪容仪表得体、分组得当 | 1.【整理准备就位】<br>（1）整理仪容仪表<br>（2）以组为单位就座<br>记录要点，强化职业素养 | 1.【考勤记录　安全教育】<br>（1）检查穿戴是否整齐<br>（2）检查小组成员情况<br>强调 6S 管理规范及工位安全 | 讲授法<br>案例教学法<br>角色扮演法 | 6S 管理规范<br>评价表<br>交通警示片<br>实训工位<br>安全制度<br>微信 | 【交通警示片】<br>通过视频案例，增强岗位担当和责任意识 |
| | 2.【导入新课内容】<br>（1）视频内容：空调 PTC 制热除霜功能失效引发交通事故<br>（2）学习材料：工作页、维修单据、维修手册等 | 2.【观看“交通警示”视频】<br>（1）谈感想：讨论交通事故的原因及后果<br>（2）查收工作页、维修单据、评价表等材料 | 2.【播放“交通警示”视频】<br>（1）组织讨论，进行安全教育，结合视频引入新课内容<br>（2）助教分发工作页、维修单据、评价表等材料 | | | |
| | 3.【模拟接车】<br>某客户到 4S 店对汽车进行检修，要求用专业术语与客户流畅地进行交流 | 3.【记录工作内容】<br>（1）用工作页记录任务内容<br>（2）模拟接车，填写环车检查单 | 3.【微信直播连线 4S 店】<br>（1）发布工作任务<br>（2）组织模拟接车 | 输出成果：环车检查单<br>能力培养：语言表达、交流沟通、责任意识 | | |

续表

| 环节 | 学习内容 | 学生活动 | 教师活动 | 教学方法 | 教学手段 | 设计意图 |
| --- | --- | --- | --- | --- | --- | --- |
| 课中<br>环节二<br>查故障<br>（30 min） | 1.【游戏规则】<br>（1）组长出示卡片等<br>（2）组员猜零部件的位置及作用<br>（3）游戏竞赛奖励办法 | 1.【传情话意游戏】<br>（1）实车指认，激发兴趣，游戏竞赛，活跃气氛，提高参与度<br>（2）查资料并记录工作页 | 1.【组织传情话意游戏】<br>（1）强调规则（游戏竞赛），组织开展，引导学生<br>（2）引导学生完成工作页 | 游戏法 | PPT 课件<br>维修手册<br>用户使用手册 | 【游戏竞赛】<br>激发学习兴趣<br>【编制故障树】<br>通过游戏法、张贴板法、引导文法等，小组合作编制故障树，梳理诊断思路，化解难点 |
| | 2.【试车勘查】<br>（1）注意事项：严格按照4S店试车安全防护要求进行<br>（2）试车目的：验证故障现象，分析原因，准备绘制故障树 | 2.【试车勘查】<br>（1）操作车辆，验证故障<br>（2）通过“望、闻、问、切”，小组讨论分析原因<br>（3）填写施工单 | 2.【组织试车勘查】<br>（1）强调操作安全<br>（2）组织试车勘查讨论，巡回指导<br>（3）督促检查施工单 | 观察法<br>讨论法 | | |
| | 3.【故障树要点】<br>（1）内容分析紧扣故障现象<br>（2）逻辑思维紧贴故障原因 | 3.【编制故障树】<br>（1）查阅维修手册等资料，小组讨论，合作草拟故障树<br>（2）听取意见，完善故障树 | 3.【引导编制故障树】<br>（1）助教准备张贴板等<br>（2）引导查阅资料，巡回指导，完善故障树 | 张贴板法<br>引导文法 | 工作页 | |
| | | | | 输出成果：故障树、施工单<br>能力培养：逻辑思维能力 | | |
| 课中<br>环节三<br>诊故障<br>（80 min） | 1.【制订计划】<br>（1）视频内容：4S店空调系统检修实录<br>（2）维修手册内容：卡罗拉双擎汽车空调维修技术参数等<br>（3）故障解码仪的型号<br>（4）车辆使用手册：空调系统功能面板操作使用说明等<br>（5）岗位分工：操作员3名（其中组长1名）、记录员2名、安全员1名<br>（6）评价内容：工作计划正确、无漏项 | 1.【讨论制订计划】<br>（1）小组查阅视频，记录操作流程；查阅维修手册，记录检修方法和操作规范<br>（2）小组讨论，制订计划<br>（3）岗位分工，明确职责<br>（4）派代表复述、展示计划<br>（5）听取建议，决策计划 | 1.【组织引导制订计划】<br>（1）提供资料及资料列表<br>（2）个别指导，强调岗位职责<br>（3）助教准备贴纸材料<br>（4）组织复述展示计划<br>（5）提出建议，帮助决策<br>（6）点评、激励 | 小组讨论法<br>张贴板法 | 教学视频<br>维修手册<br>评价表 | 【张贴板法】<br>调动学习积极性，讨论归类和加工信息，提高计划制订效率<br>达成课中预期学习目标2 |
| | | | 【关注点】<br>（1）混淆与传统汽车的区别<br>（2）工作计划不全面、有漏项<br>（3）操作顺序错误 | | | |
| | | | | 输出成果：工作计划、领料单<br>能力培养：团结协作、沟通表达 | | |

续表

| 环节 | 学习内容 | 学生活动 | 教师活动 | 教学方法 | 教学手段 | 设计意图 |
|---|---|---|---|---|---|---|
| 课中<br>环节三<br>诊故障<br>（80 min） | 2.【领取物资】<br>（1）物资种类：解码仪等设备，绝缘手套等防护用品，零部件等<br>（2）领取物资要求：根据计划正确、独立地选取<br>（3）错误选取物资后果：影响效率，给客户造成损失<br>（4）关注点内容：<br>① KT600 型号解码仪<br>② V60 型号解码仪<br>③丰田混动专用解码仪<br>（5）评价内容：能否准确领取物资 | 2.【到配件室领取物资】<br>（1）与物资管理人员交流沟通，领取工量具等物资<br>（2）填写领料单<br>（3）正确选取故障解码仪<br>（4）查看维修手册及“新能源汽车关键技术技能大赛安全防护要求”<br>（5）接受激励 | 2.【提供物资】<br>（1）提供工量具等物资<br>（2）指导学生领取物资<br>（3）检查领料单<br>（4）提供 3 种故障解码仪<br>（5）提供维修手册及“新能源汽车关键技术技能大赛安全防护要求”<br>（6）点评激励、评价记录<br>【关注点】<br>（1）能否根据车型独立、正确地选取故障解码仪<br>（2）安全防护用品领取是否齐全 | 情境模拟法<br>启发教学法 | 维修手册<br>领料单<br>新能源汽车关键技术技能大赛安全防护要求<br>评价表 | 【3 种型号的故障解码仪】<br>锻炼学生细心细致、认真负责的工作态度 |
| | | | | 输出成果：领料单<br>能力培养：正确、独立地选取物资的能力 | | |
| | 3.【演示诊断方法】<br>（1）试：试车检验各功能<br>（2）看：观察判断制冷剂<br>（3）听：听机器运转声音<br>（4）摸：摸高低压管温度<br>（5）测：用压力表等量具测<br>（6）排：逐一排查故障点<br>4.【操作示范流程】<br>场地检查→翼子板布→打开前舱盖→启动（各功能键）检查制热→检查管路、压力、出风口等→根据故障树检测控制电路零部件→发现并排除故障点→启动质量检查→清洁安全收工 | 3.【观看示范演示】<br>（1）记录安全检查项目、操作流程及故障诊断与排除方法<br>（2）观看教师示范操作，熟悉操作要点与规范<br>（3）观看网络投屏演示<br>（4）随时提出疑问<br>（5）记录工作失误的后果<br>【记录重点】<br>（1）重点防护<br>（2）仪器设备操作规范<br>（3）故障诊断方法 | 3.【示范演示】<br>（1）强调混动汽车操作安全防护及环保<br>（2）规范操作，演示空调 PTC 故障检修步骤，并讲解操作要领<br>（3）助教协助网络投屏<br>（4）解答学生疑问<br>（5）讲述工作失误的后果<br>【重点强调】<br>（1）安全防护措施<br>（2）仪器设备操作规范<br>（3）故障诊断方法 | 演示教学法<br>讲授法 | 维修手册<br>一体机<br>6S 管理规范 | 【示范演示】<br>学生通过观察示范从而获得直观感知，记录操作流程、规范等<br>【网络投屏】<br>实现可视化教学，帮助学生更好地记录操作流程 |
| | | | | 输出成果：操作流程、要点<br>能力培养：对诊断方法和规范操作流程的理解能力 | | |

续表

| 环节 | 学习内容 | 学生活动 | 教师活动 | 教学方法 | 教学手段 | 设计意图 |
|---|---|---|---|---|---|---|
| 课中<br>环节三<br>诊故障<br>（80 min） | 5.【学生练习内容】<br>（1）安全防护（护目镜等）<br>（2）检查场地安全<br>（3）车辆防护准备<br>（4）检查管路、空滤、压力<br>（5）检查开关、风速、温度<br>（6）检测空调 PTC 控制电路<br>（7）确定故障点<br>（8）评价内容：分工明确，安全防护情况，操作步骤无漏项等<br>6.【关注点内容】<br>（1）高压加注口螺母脱落<br>（2）评价内容：发现并化解突发状况、任务完成情况及 6S 管理规范等 | 4.【操作练习】<br>（1）岗位分工：3 名操作员、2 名记录员、1 名安全员<br>（2）分两轮操作：第一轮操作员完成后，其余人员负责点评，第二轮角色互换<br>（3）你测我查：测得结果，判断是否正常<br>（4）按照计划操作练习<br>（5）填写增项单 | 4.【指导操作练习】<br>（1）与助教交流沟通<br>（2）巡回指导操作练习<br>（3）实时纠错，安全监控<br>（4）规定完成时间<br>（5）检查效率和质量<br>（6）助教协助把控时间（预留 5 ~ 10 min 机动）<br>（7）评价记录<br>【关注点】<br>（1）如果遇到突发状况是否能及时处理<br>（2）测量技术数据是否正确<br>（3）安全防护是否到位 | 任务驱动法<br>游戏法 | 维修手册<br>安全制度<br>评价表 | 【你测我查】<br>激发兴趣，提高参与度<br>【操作竞赛】<br>相互促进，共同提高<br>【操作练习】<br>锻炼学生严谨细致、精益求精的职业素养和工匠精神 |
| | | | | 输出成果：增项单<br>能力培养：规范使用工量具的测量与诊断能力，精益求精的工匠精神 | | |
| 课中<br>环节四<br>排故障<br>（30 min） | 1.【更换零件步骤】<br>（1）做好绝缘安全防护<br>（2）拆下空调 PTC 加热器<br>（3）更换新的 PTC 加热器<br>（4）检查线束连接<br>（5）安装其他零部件<br>（6）解码仪清码检测<br>（7）试车检验功能<br>（8）整理工位<br>2.【维修手册技术标准】<br>（1）拆装方法<br>（2）技术参数<br>3.【更换空调 PTC 注意事项】<br>需头灯辅助及切断负极电 | 【更换 PTC 加热器】<br>（1）岗位分工：3 名操作员、2 名记录员、1 名安全员<br>（2）分两轮操作：第一轮操作员完成后，其余人员负责点评，第二轮角色互换<br>（3）填写工序流转单 | 【指导操作】<br>（1）与助教交流沟通<br>（2）巡回指导操作练习<br>（3）实时纠错并记录<br>（4）安全监控<br>（5）检查效率和质量<br>（6）助教协助把控时间<br>（7）评价记录<br>【关注点】<br>（1）更换空调 PTC 时是否切断负极电等安全问题<br>（2）更换零部件操作是否规范 | 任务驱动法<br>个别指导法 | 维修手册<br>安全制度 | 【角色轮换】<br>通过角色轮换，体验不同岗位职责，便于全面掌握技能<br>达成课中预期学习目标 3 和 4<br>通过看示范、操作练、游戏赛、试车验等突破学习重点 |
| | | | | 输出成果：工序流转单<br>能力培养：换位思考及排除故障能力 | | |

续表

<table>
<tr><th>环节</th><th>学习内容</th><th>学生活动</th><th>教师活动</th><th>教学方法</th><th>教学手段</th><th>设计意图</th></tr>
<tr><td rowspan="3">课中<br>环节五<br>验故障<br>（25 min）</td><td>1.【自检、互检、终检】<br>（1）试车检验恢复功能<br>（2）检查有无其他故障<br>（3）质量检验</td><td>1.【自检、互检、终检】<br>质量自检、组内互检、教师终检，在工作页中记录结果</td><td>1.【组织自检、互检、终检】<br>（1）按照 4S 店流程组织自检、互检、终检<br>（2）组织试车实现各功能</td><td rowspan="2">评价法<br>观察法<br>情境教学法</td><td rowspan="2">维修手册<br>评价表</td><td rowspan="2">【质量检验】<br>通过自检、互检、终检，对接企业质量检验流程，树立质量意识，掌握质检方法</td></tr>
<tr><td>2.【客户交车内容】<br>（1）成本核算、客户签字<br>（2）引导缴费、钥匙交接</td><td>2.【模拟客户交车】<br>（1）引导缴费、钥匙交接<br>（2）用工作页记录交车流程和要点，填写核算清单</td><td>2.【组织模拟交车】<br>（1）教师引导客户交车<br>（2）检查工作页及核算清单</td></tr>
<tr><td>3.【任务评比内容】<br>（1）工作效率、防护措施<br>（2）操作流程、设备使用情况<br>（3）重点、难点掌握情况等</td><td>3.【记录评价结果】<br>（1）自评互评<br>（2）记录评价结果<br>（3）接受激励<br>（4）对完成的工作进行记录、评价、反馈和存档</td><td>3.【组织评价】<br>（1）组织评价及师评<br>（2）助教统分<br>（3）评优激励<br>（4）检查资料并存档</td><td colspan="3">输出成果：工作页、核算清单、评价表<br>能力培养：按照标准进行质检的能力</td></tr>
<tr><td rowspan="3">课后<br>拓展</td><td>1.【梳理故障树内容】<br>（1）故障现象、原因<br>（2）空调 PTC 模块控制电路<br>（3）故障诊断流程及思路</td><td>1.【独立编制故障树】<br>（1）总结、梳理故障树<br>（2）独立完成故障树的编制</td><td>1.【引导独立编制故障树】<br>通过超星学习通引导总结故障诊断思路，督促检查故障树的完成情况</td><td rowspan="2">任务驱动法</td><td rowspan="2">维修手册<br>微信群</td><td rowspan="2">【志愿服务】<br>通过社区服务，学以致用，增强服务社会的意识</td></tr>
<tr><td>2.【空调检修志愿服务】<br>（1）不同品牌型号汽车空调系统检修<br>（2）汽车电气与空调其他检修项目<br>（3）评价内容：学习迁移能力，知识运用能力，职业素养及安全等</td><td>2.【参加社区志愿服务】<br>（1）收取活动信息（时间、地点、要求）<br>（2）参与志愿活动<br>（3）完成工作页拓展内容</td><td>2.【组织社区志愿服务】<br>（1）微信发布志愿活动信息（时间、地点、人员、要求）<br>（2）准备志愿服务物资<br>（3）教师点评<br>（4）检查工作页完成情况</td></tr>
<tr><td colspan="4">达成课后预期学习目标 5 和 6：总结故障诊断思路，能独立编写故障树；能按要求参加社区志愿服务，完成不同车型空调维护及其他任务，得到群众的认可和好评</td><td colspan="2">输出成果：工作页</td></tr>
</table>

## 八、学业评价

1. 评价思路

学业评价参照汽车4S店“预检→自检→互检→终检”的质量检验流程（见图16）。

在评价过程中，各组组长扮演企业班组长角色，教师扮演企业技术总监角色，通过超星学习通机评、学生自评、组内互评、教师师评的方式进行学业评价。

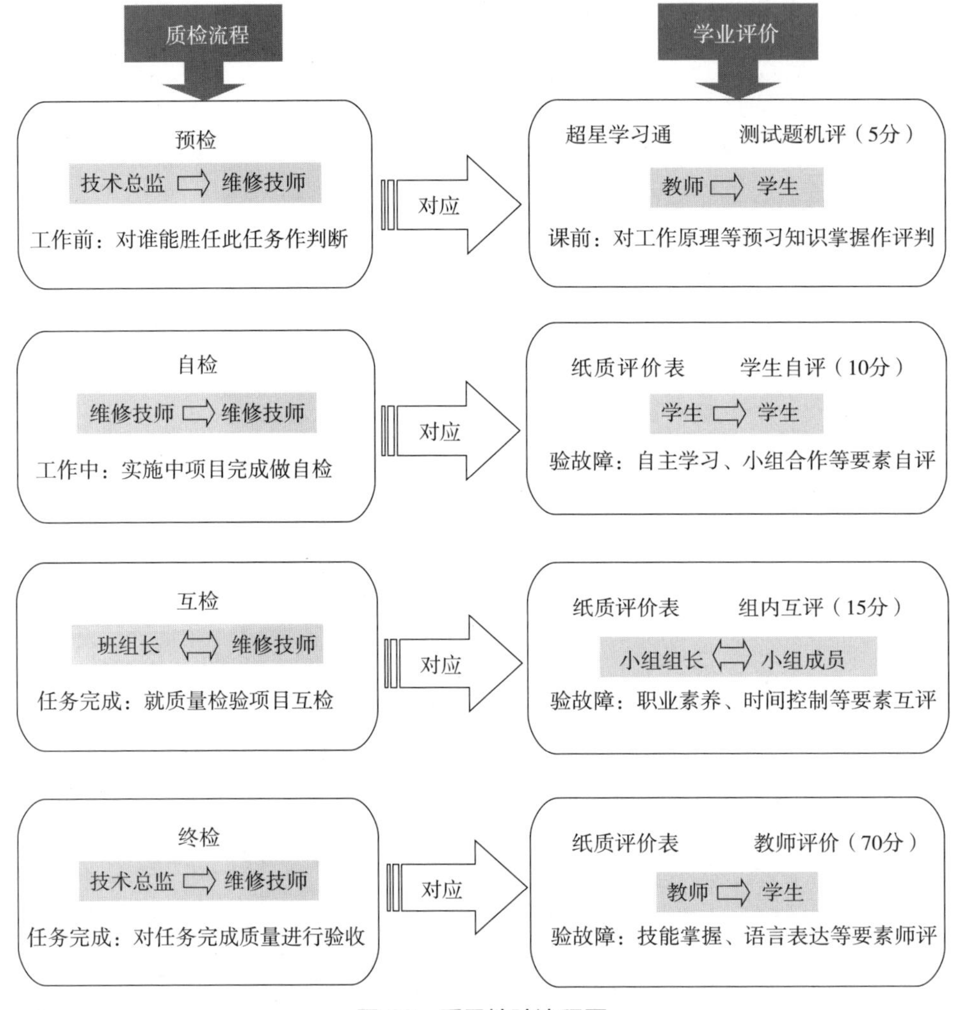


图16　质量检验流程图

2. 评价内容

本次课程设计了一张评价表，包含8个评价项目（共20个评价要素），涵盖专业知识、职业能力、职业意识、职业态度、劳动纪律、专业技能六个方面，呼应教学环节内容及学习目标的要求。

学生自评、组内互评和教师评价均使用该评价表完成，使用方便，易于操作。评分说明用于指导各评价方的准确赋分。学业评价表见表8。

表 8　学业评价表

班级：__________　小组：__________　姓名：__________　日期：__________

| 评价主体 | 评价项目（8 个） | 评价维度 | 评价要素（20 个） | 优秀 5 分 | 较好 3~4 分 | 待改进 0~2 分 |
|---|---|---|---|---|---|---|
| 超星学习通机评 | 1. 预习试题（5 分） | 专业知识 | 1. 新能源汽车空调 PTC 的工作原理 | | | |
| 学生自评 | 2. 自主学习（5 分） | 职业能力 | 2. 解读任务，查阅资料，按时完成任务 | | | |
| | 3. 小组合作（5 分） | | 3. 组员分工明确，人人有任务，能相互提供帮助 | | | |
| 学生互评 | 4. 职业素养（5 分） | 职业意识 | 4. 工作服、安全帽、绝缘鞋、绝缘手套、护目镜等安全防护 | | | |
| | 5. 工作过程（5 分） | 职业态度 | 5. 能否服从组长管理（组长是否履行组长职责），学习积极性高 | | | |
| | 6. 时间控制（5 分） | 劳动纪律 | 6. 能否在规定时间内完成工作任务 | | | |
| 教师师评 | 7. 技能掌握职业素养（60 分） | 职业态度 | 7. 制订、落实计划是否精益求精 | | | |
| | | | 8. 6S 管理规范落实是否认真 | | | |
| | | 职业能力 | 9. 物资领取是否准确、无漏项 | | | |
| | | | 10. 检查管路及滤清器是否良好 | | | |
| | | | 11. 检查开关功能键是否正常 | | | |
| | | | 12. 工量具及检测仪器使用是否规范 | | | |
| | | | 13. 安全防护措施是否得当 | | | |
| | | 专业技能 | 14. 空调 PTC 故障诊断流程有无漏项 | | | |
| | | | 15. 检查出风口温度、风速是否漏项 | | | |
| | | | 16. 施工单及增项单记录反馈是否准确 | | | |
| | | | 17. 能否按要求合作排除故障 | | | |
| | | | 18. 技术动作及数据是否规范、准确 | | | |
| | 8. 语言表达（10 分） | 职业能力 | 19. 语言表达是否准确、流畅 | | | |
| | | | 20. 能否运用专业术语复述流程 | | | |
| 合计 100 分 | | | | | | |

评分说明：

5 分：属于“优秀”等次，应能全部达到评分要素的要求。

3 ~ 4 分：属于“较好”等次，应能基本达到评分要素的要求。

0 ~ 2 分：属于“待改进”等次，仅有小部分能达到或没有达到评分要素的要求。

## 九、教学反思

1. 任务驱动　工学一体

对接汽车 4S 店真实任务，丰富学习内容，渗透劳动竞赛，实现小组教学。采用任务驱动法，以情境任务引导学生完成任务，以解答客户疑问促进学生对知识的理解，以完成排除故障任务促进学生对空调 PTC 模块检修技能的掌握，有效激发学生的学习积极性。

2. 角色扮演　游戏助力

在“知故障”环节，扮演客户和维修技师；在“验故障”环节，化身汽车 4S 店维修工，扮演企业班组长角色；在“查故障”环节，玩“传情话意”游戏，激发学生兴趣，提高参与度，夯实专业基础，活跃课堂气氛，为突破、化解重点与难点打下基础。

3. 渗透思政　德技双馨

通过任务学习，培养学生对绿色发展和节能环保理念的认知；学生在任务完成过程中，掌握新能源汽车空调 PTC 模块检修方法，培养精益求精的职业素养和工匠精神；角色扮演、合作完成任务，培养沟通交流、团结协作的职业能力；通过游戏及运用投屏等信息化手段激发学习兴趣，培养积极主动的职业态度；通过成本核算，体现守契约、讲诚信，践行核心价值观；在规定时间内完成工作任务，渗透劳动纪律；开展公益服务性劳动，运用专业技能为社会、为他人提供公益服务，培育社会公德，强化社会责任感，为步入工作岗位打下基础。

## 作者简介

**姓名：**于亮

**学校：**淄博市技师学院

**获奖：**第二届全国技工院校教师职业能力大赛交通类项目一等奖

**获奖感言：**我始终坚持教师初心，认为参赛不是“为了奖而讲”，是通过与全国教学精英的切磋，更好地把工学一体、行动导向、能力本位等先进的教学理念贯穿到教学过程当中，促进一体化课改，更好地激励学生走技能成才、技能报国之路。

## 专家点评

该作品结构、体例清晰，学习目标定位准确，表述简练、规范。学习内容对接工作内容，并运用鱼骨图梳理分析，思路清晰，内容提炼准确，重点、难点分析详细，突破与化解策略运用恰当。教学活动的设计通过角色扮演、游戏助力，达到了寓教于乐的效果，在贯彻行动导向教学理念的同时，提升了学生学习的积极性。学业评价参照汽车 4S 店“预检→自检→互检→终检”的质检流程，设计了机评、自评、互评、师评的方式，采用一张评价表涵盖专业知识、专业技能、劳动纪律、职业态度、职业能力五个方面，呼应教学环节内容及学习目标的要求，简便易行、操作性强，值得借鉴。

# 汽车雨刮器电路故障检修

杭州技师学院 / 夏晓

<table>
<tr><td>参赛项目类别</td><td colspan="3">交通类</td></tr>
<tr><td>专业名称</td><td colspan="3">汽车维修</td></tr>
<tr><td>课程名称</td><td>汽车电气简单故障检修</td><td>参赛作品题目</td><td>汽车雨刮器电路故障检修</td></tr>
<tr><td>课　　时</td><td>6 课时</td><td>教学对象</td><td>五年制高级工班<br>（中级工阶段）</td></tr>
</table>

## 一、选题价值

### （一）选题来源

“汽车电气简单故障检修”是技工院校汽车维修专业的核心课程之一。根据人社部颁布的《汽车维修专业国家技能人才培养标准及一体化课程规范（试行）》中的要求，本课程由汽车充电指示灯亮故障检修、汽车起动机不工作故障检修、汽车前照灯不亮故障检修、汽车雨刮器不工作故障检修等 9 个学习任务组成。

通过该课程的学习，学生应具备团队合作、7S 管理规范、安全操作等职业素养，并能目测或借助检测设备较为快速地确定故障点，利用简单紧固、调整或零部件更换排除相应的电气简单故障。“汽车雨刮器电路故障检修”是第 7 个学习任务的一个微任务，共计 6 课时。微任务来源如图 1 所示。

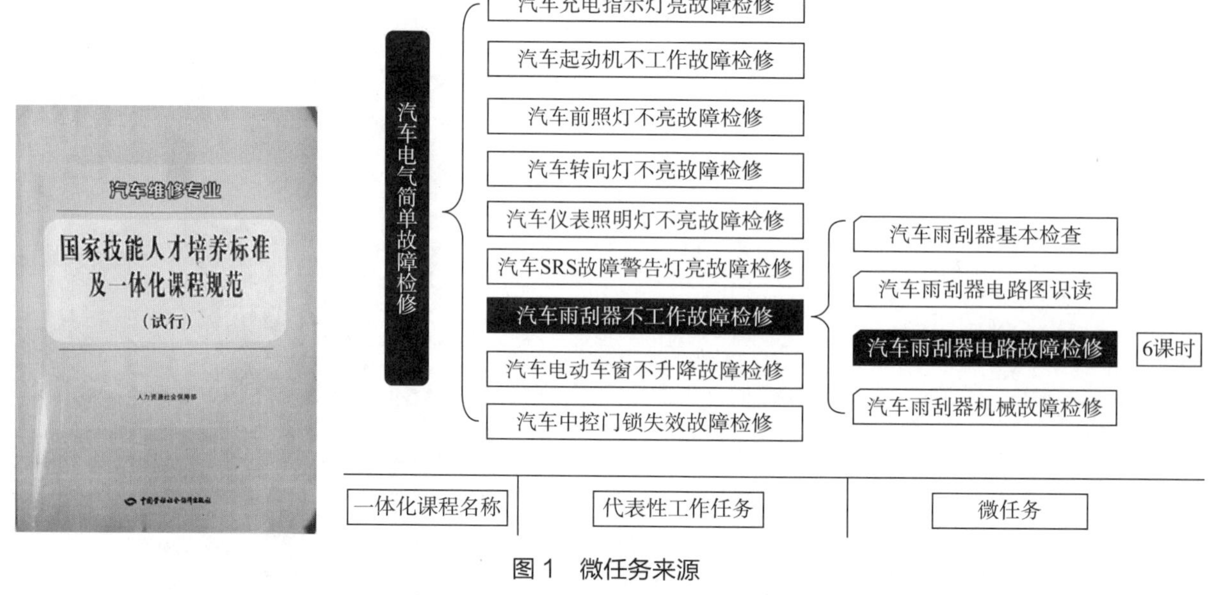


图 1　微任务来源

### （二）典型性分析

1. 真实性

根据汽车维修企业的故障案例分析统计，汽车雨刮器电路故障检修是学生走向工作岗位后经常遇到的工作任务。本微任务来源于校企合作品牌捷豹路虎4S店真实的故障案例，学习任务的开展符合汽车维修企业的实际工作流程。

2. 完整性

“汽车雨刮器电路故障检修”是一个相对完整的工作任务。学生通过“明任务→定方案→排故障→验质量”这一完整的工作流程，学会汽车雨刮器常见电路故障的检修方法，可直接应用于汽车维修工作岗位。

3. 独立性

汽车雨刮器是车身电气中相对独立的组成部件，排除汽车雨刮器电路故障是汽车维修岗位中需要独立完成的一项工作任务。

4. 开放性

不同类型的电路故障存在一定差异，导致所采用的诊断思路和检修流程不尽相同。该微任务以常见的两个断路故障为例，学生能够学会不同类型的故障检修方法，具备解决不同类型汽车雨刮器电路故障的能力，任务学习与职业工作内容相对接。

### （三）价值分析

1. 学习价值

“汽车雨刮器电路故障检修”是4S店等维修企业非常重要的工作内容。通过本次课程的学习，学生可以通过分析雨刮系统工作原理，运用线路测量、部件更换等方法排除不同的雨刮器电路故障，提高运用专业知识解决常见故障的能力。

2. 教育价值

本次微任务的学习，将“汽车医生”的职业要求与抗疫医生相结合，融入思政元素的同时，引导学生学习医生爱岗敬业的职业素养和严谨科学的专业精神。任务实施时，不仅强调专业方面的学习，还注重团队合作、7S管理规范、劳动素养的提高，以此培养学生精益求精的工匠精神。通过收集和筛选资料、制订和优化检修计划等培养学生的方法能力，通过领取工作物品、互教互学、小组汇报等培养学生的社会沟通能力，从而有效提高学生的综合职业能力。

3. 现实价值

捷豹路虎订单班学生在下厂实习前，会由企业专家来校进行品牌等级认证，汽车雨刮器电路故障检修是其中电气模块的必考内容。通过该微任务的学习，可以培养学生的电路故障诊断能力，在与企业岗位要求相对接的同时，提高等级认证的通过率。

## 二、学习目标

### （一）目标设置原则

根据工学一体化课程的要求，结合布鲁姆教育目标分类学理论，遵循再现、重组、迁移、应用的螺旋式上升规律，层层递进、由浅到深，设置本次课程的学习目标（见图 2），全面提高学生的综合职业能力。

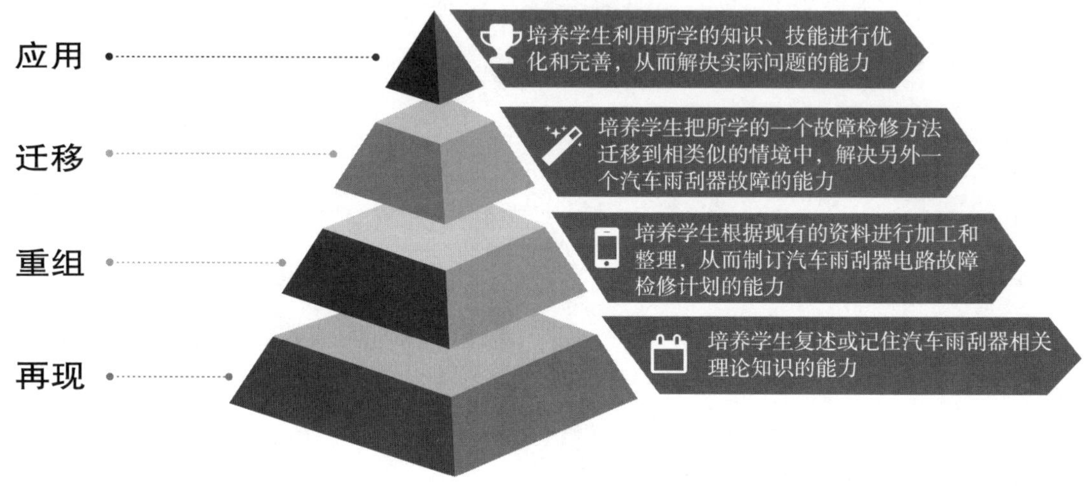


图 2　学习目标的设置原则

### （二）学习目标设置

在教师的组织下，利用云班课采用线上线下相结合的混合式教学方式，将学习过程分为课前、课中、课后三个阶段。具体学习目标如图 3 所示。

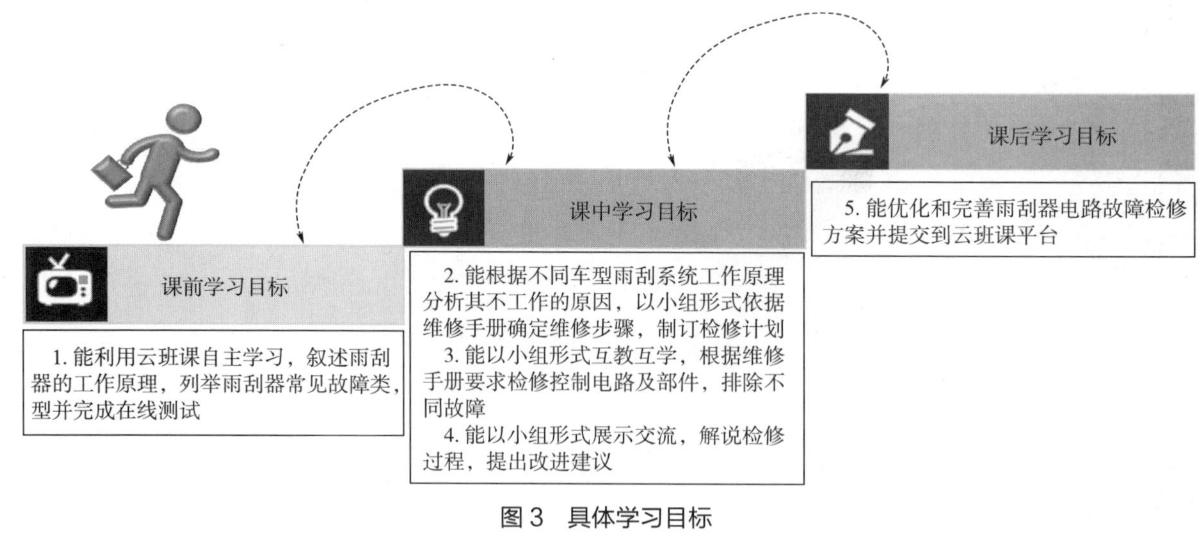


图 3　具体学习目标

## 三、学情分析

我校与捷豹路虎主机厂开展深度校企合作，成立捷豹路虎订单班，实现学生高质量就业。17 捷豹路虎班是初中起点五年制高级工班，全班共有24人，目前处于第3学年下半学期，属于中级工层次。之前，参考云班课学习经验值的高低，采用异质原则，将全班学生分成强弱结合的4个小组，从而形成帮扶团队，并适时进行调整。

该班采用“校企双导师制”，即日常授课以学校教师为主，捷豹路虎专家定期来校或利用网络提供技术辅导。经过半年多的订单班学习，该班已经学习过发动机、底盘课程以及电气模块中的雨刮器基本检查、电路图识读等内容，能够识别短路、断路故障现象，可以使用套筒、扳手、万用表等常用工具进行拆装和测量，基本满足了本次教学活动开展的要求（见表1）。

表1　学情分析与应对策略

| 分析要素 | 学生特点 | 应对策略 |
| --- | --- | --- |
| 已知 | 1. 发动机、底盘等一体化课程<br>2. 电气模块中的6个代表性任务<br>3. 汽车雨刮器的结构与电路图<br>4. 短路和断路的故障现象<br>5. 万用表等电工工具的使用方法 | 1. 课前借助云班课自学，列举雨刮器的常见故障类型<br>2. 可借鉴学过的前照灯不亮等故障的诊断思路进行学习<br>3. 可在工作页的引导下，分析雨刮器电路图<br>4. 利用头脑风暴法，锻炼学生归纳、总结诊断要点的能力<br>5. 使用排序小游戏，变“写计划”为“排计划”，引导学生合理、规范地制订故障检修计划<br>6. 课后对学生的故障检修方案进行修改和完善，进一步提高学生解决实际问题的能力 |
| 未知 | 1. 雨刮器电路故障的诊断思路<br>2. 雨刮器电路故障的检修流程<br>3. 不同类型的电路故障排除方法 | |
| 优势 | 1. 喜欢动手操作，不喜欢学习理论<br>2. 爱玩手机，对电子技术感兴趣<br>3. 动手能力强，喜欢小组合作 | 1. 采用任务驱动法，引入企业真实情境，以小组为单位布置任务及实施评价<br>2. 课前、课后学习用手机，课中学习用专用平板电脑<br>3. 课前学习时引入闯关小游戏，提高学习兴趣<br>4. 组内自评采用云班课在线匿名评价，教师后台监督<br>5. 实习时设置陷阱，培养学生认真严谨的职业素养<br>6. 制订计划及排除故障后，进行展示汇报，提高学生的沟通表达能力 |
| 劣势 | 1. 学习积极性差，容易开小差<br>2. 故障排除的逻辑思维能力较差<br>3. 规矩意识欠缺，评价能力较差<br>4. 与人沟通的社会能力有待提高 | |

## 四、学习内容

### （一）学习情境描述

不同车型雨刮系统工作原理相同，但结构和安装位置差异较大。为了与实际工作相吻合，同时使学习任务具有开放性，本次微任务在不同车型上设置了故障现象不同的两个平行任务，并在实习过程中设置了两个不同的陷阱来考查学生是否具有较高的职业素养（见表2）。

表 2 平行任务情境描述

| 平行任务名称 | ①路虎极光汽车雨刮器慢挡不工作 | ②发现神行汽车雨刮器快挡不工作 |
|---|---|---|
| 故障示意图 | 供电 4 5 3 供电 1 2 BCM RE10 | 4 ① ② 3 5 供电 1 2 BCM RE9 M 电机 |
| 故障现象 | 快慢挡继电器 RE9 的常闭端 4 无法接通，导致慢挡不工作，但快挡工作正常 | 快慢挡继电器 RE9 的常开端 5 无法接通，导致快挡不工作，但慢挡工作正常 |
| 设置原因 | 1. 为了使学习内容多样化，学习任务具有开放性，设置慢挡和快挡不工作两个平行任务<br>2. 将故障点分别设置在 RE9 的 4 号端子和 5 号端子，实习操作时极易弄混，便于锻炼学生诊断思路的缜密性和操作的规范性 | |
| 情境描述 | 王先生的一辆 14 款路虎极光汽车，已经行驶 100 000 km，该车的雨刮器出现了故障。来到 4S 店，经确认是雨刮器的慢挡不能刮动，经班组长检查后初步判断是电路故障<br>现在班组长要求你与另外一名同事配合，按专业要求对雨刮器进行检查与维修，并借助电压法、电阻法等在 60 min 内排除该电路故障 | 王先生的一辆 15 款发现神行汽车，已经行驶 80 000 km，该车的雨刮器出现了故障。来到 4S 店，经确认是雨刮器的快挡不能刮动，经班组长检查后初步判断是电路故障<br>现在班组长要求你与另外一名同事配合，按专业要求对雨刮器进行检查与维修，并借助电压法、电阻法等在 60 min 内排除该电路故障 |
| 陷阱设置 | 1. 不发放测试线，考验学生是否具有使用测试线辅助测量接插器的意识<br>2. 万用表连接线内部折断，考验学生是否在使用前按照规范进行校表 | |

### （二）学习内容分析

学习内容来自工作内容，通过对排除雨刮器电路故障的工作对象、工具材料及设备、工作要求、工作方法、劳动组织形式等要素进行分析，将学习过程与工作过程相对接，借助鱼骨图进行梳理（见图 4）。

基于对工作过程进行序化，结合学习目标，确定本次课程的学习内容如下：

1. 学习任务书的内容与要求。

2. 汽车雨刮器的工作原理、故障类型、判断方法等工作知识。

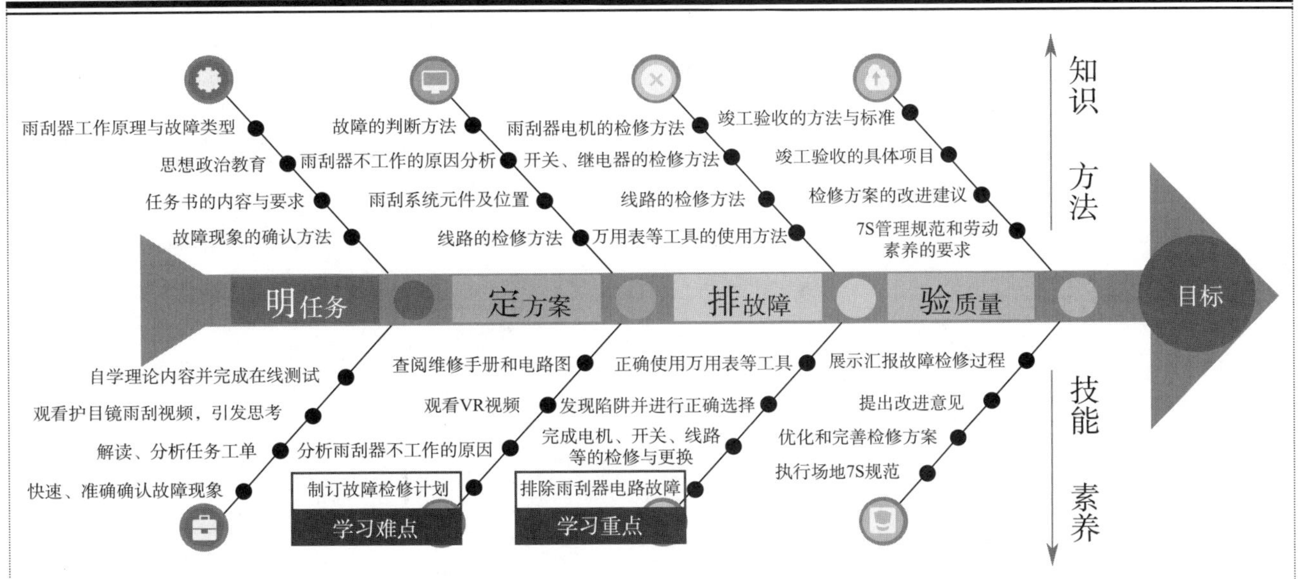


图 4　学习内容鱼骨图

3. 雨刮器电机、开关、继电器、线路等的检修与更换方法。

4. 查阅维修手册，列出故障检修与元件更换的步骤。

5. 实车完成雨刮器电机、开关、控制线路的检修并做好记录。

6. 小组内部沟通，将检修方案总结后进行展示。

7. 以小组合作方式优化和完善故障检修方案。

**（三）学习重点和难点**

根据学习目标及汽车维修职业岗位能力需求，结合学情分析和实际工作，确定学习重点和难点（见表 3）。

表 3　学习重点和难点

| 学习重点 | 运用线路测量、部件更换等方法排除 2 个不同的雨刮器电路故障 |
|---|---|
| 确定理由 | 按照本课程的人才培养标准，学生需要具备电气简单故障检修能力，规范完成 2 个不同的雨刮器电路故障的诊断与排除工作，是完成该微任务的核心 |
| 突破方法 | 1. 利用学生喜欢小组合作的特点进行分组练习，通过实践发现操作中的不足<br>2. 由于学生规矩意识较差，通过设置陷阱提高操作规范<br>3. 关注学生的个体差异，采用分层教学<br>（1）知识、技能较好的导生开展互教互学，以教促学<br>（2）知识、技能较差的学员由教师进行精准辅导 |
| 学习难点 | 合理制订雨刮器电路故障的检修计划 |
| 确定理由 | 学生的归纳总结能力较差，而电路故障的诊断需要全局考虑和一定的逻辑思维能力。在学习过程中，学生容易混淆且难以领会故障排除的方法。因此，合理制订雨刮器电路故障的检修计划是本次课程的难点 |
| 化解方法 | 1. 观看 VR，加深对不易拆装及原理抽象部件的认知<br>2. 利用云班课开展头脑风暴活动，提高学生故障诊断的逻辑思维能力<br>3. 针对学生对电子技术感兴趣的学情，利用排序小游戏变“写计划”为“排计划” |

## 五、学习资源

该微任务的开展使用工学结合的一体化环境和学习软件，开展线上线下的混合式学习，为教学活动的开展提供保障。

### （一）学习环境

学习场地为捷豹路虎实训中心，该中心教学设备先进，并配备了40台平板电脑（iPad）供学生查阅资料使用。场地分为车间工位、工具配件室、理论教室等区域，可以模拟实际的工作环境，帮助学生融入工作情境，进入工作状态（见图5～图9）。

图5　工具配件室

图6　理论教室

图7　实训室配备教学 iPad

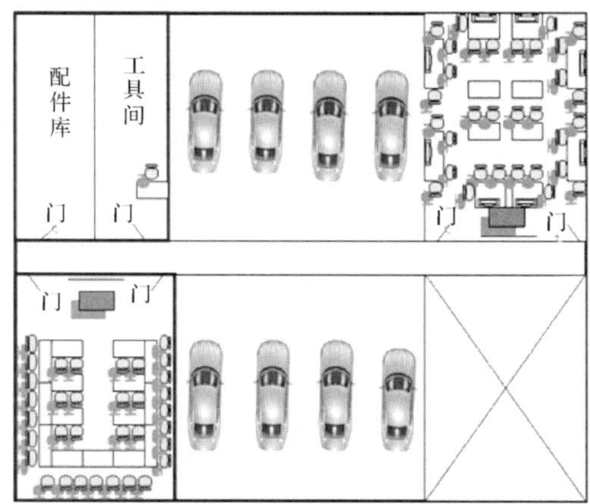


图8　一体化学习工作站布局图

图9　捷豹路虎实训中心工位布置

### （二）软件资源

软件资源包括云班课、VR 虚拟现实视频、教学评价表（线上、线下）、教材、工作页、维修手册、教学视频及微信交流群等，为微任务的开展提供引导和支援，以及用于实现混合式课堂学习、工作情境的设置，还有课前、课后的交流沟通（见表 4）。

表 4　学习资源

| 资源名称 | 实物照片 | 应用环节 | 功能 |
| --- | --- | --- | --- |
| 云班课 |  | 全过程 | 线上学习平台；教师发布资源、组织课堂教学；学生查看学习资源，参与学业评价、头脑风暴等活动 |
| VR 虚拟现实视频 | 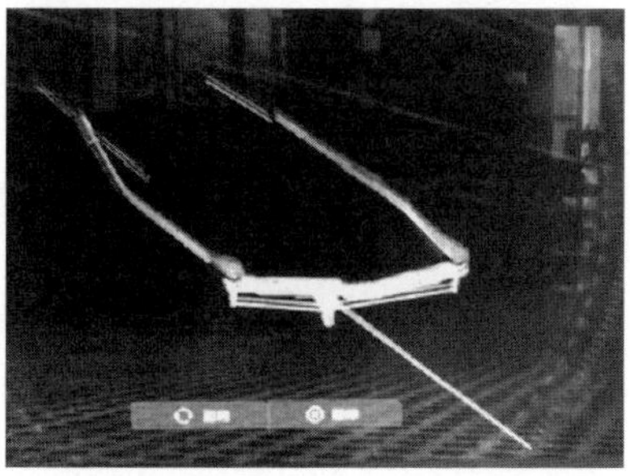 | 收集资料 | 通过观看 VR 虚拟现实视频，增强对四连杆机构、雨刮器等不易拆装、原理抽象部件的认知 |
| 线上评价表 |  | 评价环节 | 组内自评采用在线匿名评价，简单、易操作，并且保证了评价的客观公正性 |
| 线下评分表 |  | 评价环节 | 对学生各学习阶段的工作质量进行评价，并从多个方面考察学生的课堂表现 |

续表

| 资源名称 | 实物照片 | 应用环节 | 功能 |
|---|---|---|---|
| 教材 |   | 全过程 | 为学生自主学习提供学习资源 |
| 工作页 | 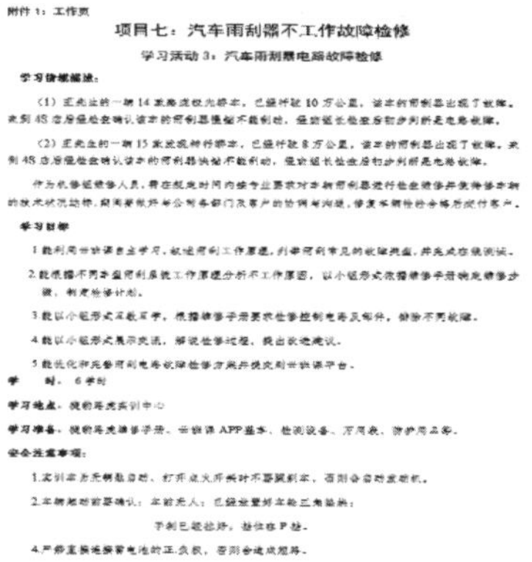  | 全过程 | 引导学生课前自学，课中制订计划、实施方案，课后提交作业 |
| 维修手册 |   | 制订计划<br>排除故障 | 维修手册是汽车维修作业规范的依据，供学生查阅，为学生小组讨论制订检修计划和规范完成故障诊断提供技术参考 |
| 贴纸<br>展板 |   | 制订计划<br>交车检验 | 利用贴纸和展板对关键点进行强化，让学生不容易忘记 |

续表

| 资源名称 | 实物照片 | 应用环节 | 功能 |
|---|---|---|---|
| 微课视频<br>PPT 课件 | | 课前自学<br>制订计划 | 用于课前自学、课中帮助学生认知电路故障诊断的操作流程，为制订检修计划提供依据 |
| 微信群 | | 课前自学<br>课后拓展 | 用于课前学习任务的布置和课后拓展的沟通交流，便于学生在课余时间与教师的互动 |

## 六、教学策略

### （一）教学设计理念

美国学者威金斯和麦克泰最早提出了逆向设计的教学设计理念，他们认为不应该围绕学生感兴趣的活动来设计一节课，而应该把这节课期望达成的目标作为结果，然后逆向计划教学，考虑究竟要完成哪些工作才能实现这一目标。

本次课充分运用逆向课程设计理念，立足以学习者为中心、以成果为导向，依次确定学习目标→制定评价量规→设计学习活动，即强调以学习目标为起点，评价设计先于学习活动设计，不断促进目标的达成（见图 10）。

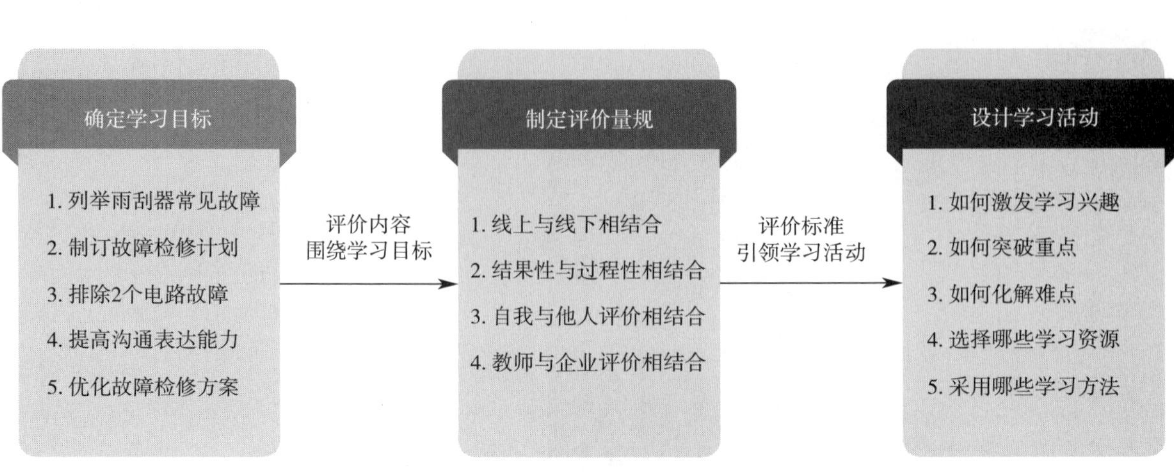


图 10　逆向课程设计示意图

### （二）教学组织与实施策略

结合学情分析，为了有效达成学习目标，本学习任务采用如图 11 所示的教学组织与实施策略。

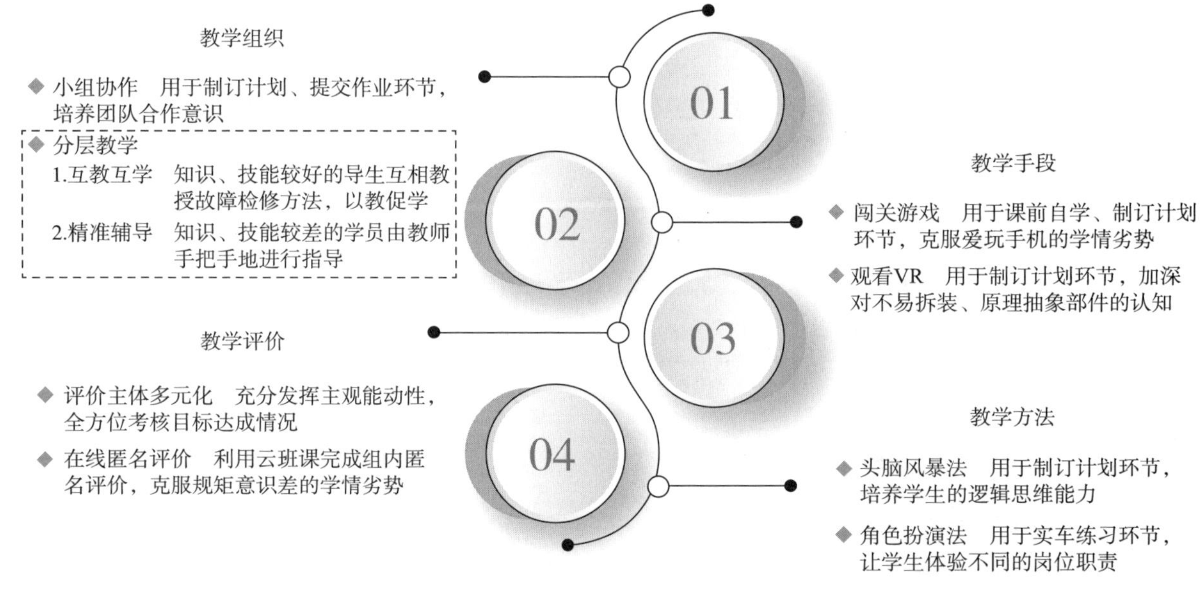


图 11　教学组织与实施策略

## 七、教学实施

### （一）教学流程图

教学流程图如图 12 所示。

工作过程
教学环节
学生活动
教师活动
课前自学
接车派工
做准备
1. 自学理论并完成测试
2. 与教师微信交流
1. 发布学习资源
2. 确定重点讲授的内容
达成目标1
课中导学
明确任务
明任务
40 min
查缺补漏
1. 及时签到并领取iPad
2. 听取教师的讲解
1. 检查学生的7S规范
2. 根据反馈进行针对性讲解
发布任务
1. 接受教师布置的任务
2. 实车确认故障现象
1. 发布两个平行任务
2. 指导学生确认故障现象
计划与决策
定方案
50 min
收集资料
1. 观看VR、查阅手册
2. 概括故障诊断要点
1. 发放VR及维修资料
2. 巡回指导学习情况
头脑风暴
1. 参与头脑风暴活动
2. 积极踊跃地发言
1. 组织头脑风暴活动
2. 智能分析点评关键词
形成计划
1. 完成诊断计划排序题
2. 将本组方案进行展示
1. 监督排序题完成情况
2. 组织各小组进行展示
达成目标2
实施计划
排故障
120 min
实车练习
1. 领取工作所需的物品
2. 分组进行排故练习
1. 向学生发放工作物品
2. 巡回指导学生的实习
区分层级
1. 完成组内自评
2. 明确导生和学员职责
1. 点评实习中存在的问题
2. 引导学生完成组内自评
分层教学
1. 导生进行互教互学
2. 学员接受精准辅导
1. 监督导生的互教互学
2. 对学员进行精准辅导
达成目标3
检查与评估
验质量
30 min
1. 小组汇报检修过程
2. 完成组间互评
1. 总结实习情况
2. 完成教师评价
达成目标4
课后拓展
拓能力
优化并完善故障检修方案，提交到云班课
协助企业专家批改学生的课后拓展作业
达成目标5

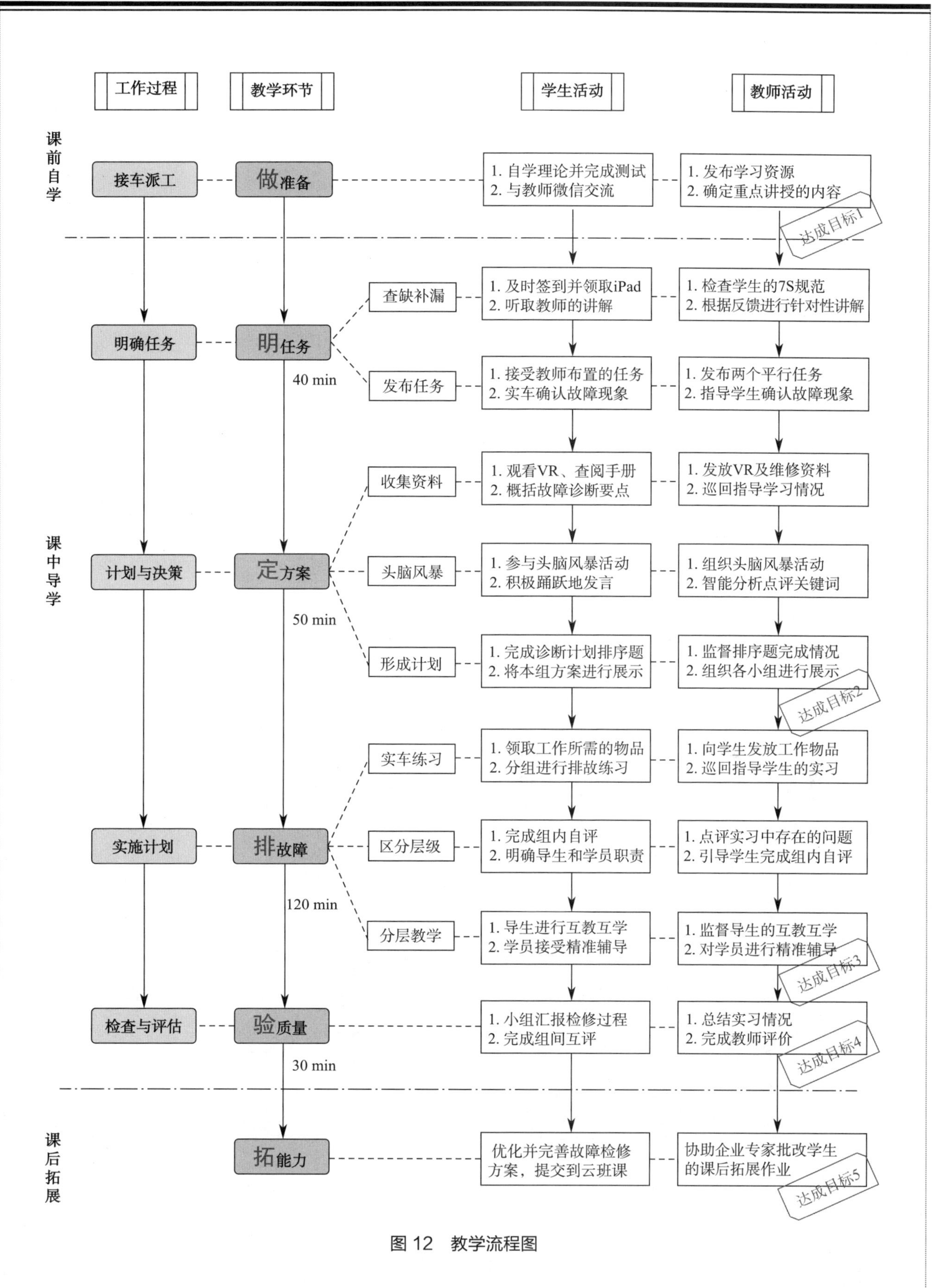

图 12　教学流程图

（二）教学过程设计

| 课前自学 | | | | |
|---|---|---|---|---|
| 教学环节 | 学生活动 | 教师活动 | 教学手段与方法 | 设计意图及目标达成 |
| 做<br>准备 | 1. 在课前自学汽车雨刮器相关知识，体验“打地鼠”等小游戏，完成在线测试。每人有 3 次答题机会，取最高分作为该项得分<br>课前学习的内容有：<br>（1）雨刮器的理论知识：工作原理、故障类型等<br>（2）视频：雨刮器工作原理、雨刮器常见故障检修方法等<br>（3）闯关小游戏：“打地鼠”等小游戏<br>“打地鼠”小游戏　在线测试得分<br>2. 班级微信群互动<br>针对课前的自学情况，利用班级微信群向教师反馈课中需要重点讲授的知识点 | 1. 将雨刮器理论知识上传到云班课资源库，利用云班课监控学生在线学习的进度<br>1.雨刮器快挡和慢挡：利用电机内线圈的匝数不同<br>2.雨刮器的自动复位功能：仅在最下端位置时，复位开关闭合<br>教师针对性讲解内容<br>2. 与学生利用微信群互动，确定课中需要重点讲授的内容，并对教学策略进行微调 | 教学手段：<br>云班课<br>微信群<br>小游戏<br>教学方法：<br>自主探究法 | 设计意图：<br>1. 雨刮器工作原理等内容由学生课前自学完成，提高自学能力和课堂效率<br>2. 利用学生对电子游戏感兴趣的学情，将理论知识设计成闯关小游戏，激发学生的学习兴趣<br>3. 利用微信群反馈提高课中教学的针对性<br>**目标达成：学习目标 1** |

◆根据逆向课程设计理念，依据学习目标制定评价量规

| 对应学习目标 | 评价内容 | 分值 | 评价方式 |
|---|---|---|---|
| 学习目标 1：能利用云班课自主学习，叙述雨刮器的工作原理，列举雨刮器常见故障类型，并完成在线测试 | 雨刮器理论知识的获取情况 | 10 分 | 在线测试 |

续表

| 课中导学 | | | | |
|---|---|---|---|---|
| 教学环节 | 学生活动 | 教师活动 | 教学手段与方法 | 设计意图及目标达成 |
| 环节一<br>明任务<br>40 min | （一）接受答疑解惑（20 min）<br>1. 学生自查仪容仪表，利用云班课签到后上交手机并领取专用 iPad。通过观看护目镜雨刮视频，体会雨刮器对车辆的重要性。融入思政元素的同时，启发学生思考“汽车医生”应当具备爱岗敬业的职业素养和严谨科学的专业精神<br>2. 学生听取教师的针对性讲解，对有疑问的内容进行提问<br>（二）接受任务（20 min）<br>1. 学生接受教师布置的任务，小组讨论分析工作内容和任务要求<br>2. 实车确认故障现象<br>学生在工作页的引导下实车确认故障现象，第①②组故障 1，第③④组故障 2。学生确认后在工作页上做好记录<br>观看护目镜雨刮视频　学生确认故障现象 | （一）答疑解惑<br>1. 检查学生着装情况，查看云班课考勤，教师播放护目镜雨刮视频，引导学生思考“汽车医生”应该具备哪些素养和精神<br>2. 根据微信群反馈和出错较多的题目进行有针对性的讲解<br>（二）发布任务<br>1. 利用展板发布本次课的两个平行任务：<br>（1）雨刮慢挡不工作<br>（2）雨刮快挡不工作<br>2. 指导学生在工作页的引导下实车确认故障现象 | 教学手段：<br>PPT 课件<br>微课视频<br>展板<br>工作页<br>教学方法：<br>讲授法<br>任务驱动法<br>小组合作法 | 设计意图：<br>1. 通过抗疫医生护目镜雨刮视频，引导学生学习抗疫医生爱岗敬业的职业素养和严谨科学的专业精神<br>2. 及时解决课前学习中的遗留问题，提高知识的获取程度<br>3. 根据实际工作的技能要求，利用学生喜欢动手操作的学情优势，设置了两个难度相当的平行任务，使学习内容更加多样化 |

◆根据逆向课程设计理念，依据学习目标制定评价量规

| 对应学习目标 | 评价内容 | 分值 | 评价方式 |
|---|---|---|---|
| 学习目标 2：能根据不同车型雨刮系统工作原理分析其不工作的原因，以小组形式依据维修手册确定维修步骤，制订检修计划 | 学生着装是否合适 | 2 分 | 教师评价 |
| | 能否及时参与云班课签到 | 2 分 | |
| | 能否小组合作准确确认故障现象 | 4 分 | |
| | 能否准确解读任务要求 | 2 分 | 组内自评 |

续表

| 教学环节 | 学生活动 | 教师活动 | 教学手段与方法 | 设计意图及目标达成 |
| --- | --- | --- | --- | --- |
| 环节二<br>定方案<br>50 min | （一）收集资料（20 min）<br>1. 观看 VR 虚拟现实视频，加深对四连杆机构、开关控制等不易拆装、原理抽象部件的认知<br>2. 学生查阅维修手册、雨刮器电路图，概括电路故障的诊断要点，并在工作页上做好记录<br>（二）头脑风暴（10 min）<br>积极参与教师组织的头脑风暴活动，概括雨刮器电路故障的诊断要点，并听取教师关于故障诊断思路的讲解<br>观看 VR 视频<br>参与云班课头脑风暴 | （一）巡视指导<br>1. 发放维修资料，播放 VR 视频，引导学生通过 3D 模型加深对原理抽象部件的认知<br>2. 巡回指导<br>（二）组织头脑风暴活动<br>利用云班课头脑风暴活动让学生就如何制订诊断计划发表意见，利用云班课的大数据分析功能提取关键词后，讲解故障诊断思路<br>讲解故障诊断思路 | 教学手段：<br>VR 视频<br>工作页<br>维修手册<br>云班课<br>教学方法：<br>任务驱动法<br>小组合作法<br>头脑风暴法 | 设计意图：<br>1. 通过查阅维修资料，培养学生的资料收集和信息分析能力<br>2. 通过头脑风暴活动让学生对诊断计划的制订各抒己见，培养学生的表达能力和逻辑思维能力<br>3. 利用智能分析结果对活动进行关键词提取，帮助学生梳理故障诊断计划的制订要点 |

◆根据逆向课程设计理念，依据学习目标制定评价量规

| 对应学习目标 | 评价内容 | 分值 | 评价方式 |
| --- | --- | --- | --- |
| 学习目标 2：能根据不同车型雨刮系统工作原理分析其不工作的原因，以小组形式依据维修手册确定维修步骤，制订检修计划 | 能否准确查找所需要的资料 | 2 分 | 组内自评 |
| | 能否概括雨刮器电路故障的诊断要点 | 2 分 | |
| | 能否积极参与头脑风暴活动 | 2 分 | |

续表

| 教学环节 | 学生活动 | 教师活动 | 教学手段与方法 | 设计意图及目标达成 |
|---|---|---|---|---|
| 环节二<br>定方案<br>50 min | （三）形成计划（20 min）<br>1. 小组协作，完成雨刮器电路故障的检修计划排序题<br>（1）借助头脑风暴智能分析结果<br>（2）以小组为单位，在 iPad 上完成排序题<br>2. 小组合作制订一套检修方案并进行展示<br>小组讨论完成排序小游戏<br>展示汇报最佳方案 | （三）形成计划<br>1. 监督学生排序题的完成情况，并适时进行指导<br>2. 对各组制订的故障检修计划进行点评<br>教师点评故障检修计划 | 教学手段：<br>云班课<br>交互游戏<br>教学方法：<br>讲授法 | 设计意图：<br>1. 通过小组合作，培养学生团队合作、沟通交流的能力<br>2. 利用排序题让学生由“写计划”变“排计划”，克服学生缺乏故障诊断思路的学情劣势<br>**目标达成：学习目标 2**<br>化解难点 |

◆根据逆向课程设计理念，依据学习目标制定评价量规

| 对应学习目标 | 评价内容 | 分值 | 评价方式 |
|---|---|---|---|
| 学习目标 2：能根据不同车型雨刮系统工作原理分析其不工作的原因，以小组形式依据维修手册确定维修步骤，制订检修计划 | 能否正确区分雨刮器的工作电路和控制电路 | 2 分 | 组内自评 |
| | 能否在规定时间内小组合作完成排序题 | 2 分 | 教师评价 |
| | 能否清晰合理地将检修计划进行小组展示 | 2 分 | |

续表

| 教学环节 | 学生活动 | 教师活动 | 教学手段与方法 | 设计意图及目标达成 |
| --- | --- | --- | --- | --- |
| 环节三<br>排故障<br>120 min | （一）实车练习（60 min）<br>1. 根据制订的检修计划，与教师有效沟通后领取工作所需物品<br>（1）工具：梅花扳手套装、世达电工工具等<br>（2）仪器：万用表、试灯等<br>（3）其他物品：三件套、翼子板布等<br>陷阱 1：不提供测试线，考验学生在进行接插器测量时是否规范操作<br>陷阱 2：万用表连接线内部折断，考验学生是否在使用前按照规范进行校表<br>教师设置的陷阱<br>2. 小组内部按照操作员、记录员、安全员的分工，角色轮换进行雨刮器故障检修的练习 | （一）实车练习<br>1. 根据工作要求，指导学生领取工作所需要的物品。设置工作陷阱，并观察学生能否及时发现<br>发放物品<br>2. 指导学生进行故障诊断，负责整个实训过程的安全控制 | 教学手段：<br>工作页<br>人员分工表<br>教学方法：<br>任务驱动法<br>角色扮演法 | 设计意图：<br>1. 利用学生喜欢动手操作的学情优势，让学生通过实际动手操作，发现问题、体验要领、执行规范<br>2. 通过角色扮演，使学生体验维修企业内不同角色的岗位职责<br>3. 设置陷阱，考查学生是否具有较高的职业素养 |

◆根据逆向课程设计理念，依据学习目标制定评价量规

| 对应学习目标 | 评价内容 | 分值 | 评价方式 |
| --- | --- | --- | --- |
| 学习目标 3：能以小组形式互教互学，根据维修手册要求检修控制电路及部件，排除不同故障 | 是否会使用测试线辅助测量 | 2 分 | 组内自评 |
| | 能否找到关键点：熔丝、继电器、电机 | 2 分 | |
| | 能否按照规范正确校准万用表 | 2 分 | |
| | 能否合理利用电压法和电阻法进行测量 | 2 分 | |
| | 能否在规定时间内规范完成故障检修工作 | 2 分 | |
| | 能否准确选择工作物品 | 2 分 | 教师评价 |
| | 小组成员是否分工明确进行练习 | 2 分 | |

续表

| 教学环节 | 学生活动 | 教师活动 | 教学手段与方法 | 设计意图及目标达成 |
| --- | --- | --- | --- | --- |
| 环节三<br>排故障<br>120 min | （二）区分层级（10 min）<br>实车练习 60 min 后，学生会产生自然分层，有的学生已经排除故障，有的则完全没有头绪。利用组内自评，区分导生和学员<br>1. 利用云班课开展组内自评，完成小组内部评价，进行层级划分<br>（1）每位学生对组内 6 人进行打分（包括自己），系统自动整合，得分高的 3 人作为导生，其余 3 人作为学员<br>（2）组内自评为匿名评价，学生只能看到最终的平均分，客观公正。教师可在后台看到每人的具体评分，有效监督评价活动的开展<br>学生进行组内自评　　第 1 组组内自评结果<br>2. 明确“导生”和“学员”的职责<br>（1）每组中组内自评得分最高的 3 名学生作为“导生”，互相教授另一组的导生自己已经学会的 1 个故障的检修方法<br>（2）每组中组内自评得分最低的 3 名学生仍然作为“学员”，在教师的指导下再次学习 2 个不同故障的检修方法 | （二）区分层级<br>1. 简单点评实习过程中遇到的问题，指导学生完成云班课组内自评，并在后台查看学生的打分情况，保证评价客观、公正。同时，教师再次强调安全规范<br>再次强调安全规范<br>2. 指导学生按照“导生”和“学员”进行重新分组，并明确各自的职责 | 教学手段：<br>云班课<br>组内自评表<br>教学方法：<br>行动导向法<br>小组合作法 | 设计意图：<br>1. 通过组内自评对学生进行分层，从而关注到学生的个体差异性，做到因材施教<br>2. 利用云班课进行线上匿名评价，保证组内自评的公正性，克服学生评价能力较差的劣势 |

◆根据逆向课程设计理念，依据学习目标制定评价量规

| 对应学习目标 | 评价内容 | 分值 | 评价方式 |
| --- | --- | --- | --- |
| 学习目标 3：能以小组形式互教互学，根据维修手册要求检修控制电路及部件，排除不同故障 | 能否客观、公正地完成组内自评 | 2 分 | 教师评价 |

续表

| 教学环节 | 学生活动 | 教师活动 | 教学手段与方法 | 设计意图及目标达成 |
| --- | --- | --- | --- | --- |
| 环节三<br>排故障<br>120 min | （三）分层教学（50 min）<br>1. 互教互学：知识、技能较好的导生互相教授故障的排除方法<br>每组内的 3 名导生教授另外一个组内的 3 名导生，自己已经排除的慢挡（或者快挡）故障的检修方法。待教会后，再进行成员互换，所有导生均体验“教”与“学”的过程。<br>分层教学示意图　导生互教互学<br>2. 精准辅导：知识、技能较差的学员，由 2 名教师手把手地进行指导<br>3. 实习结束后，各小组对工位进行 7S 规范整理 | （三）分层教学<br>1. 针对导生组，教师督促导生组进行互相教授，巡视指导并负责安全监控<br>教师进行精准辅导<br>2. 针对学员组，每组内的 3 名学员，在 2 名教师的精准辅导下再次学习 2 个故障的诊断方法，教师负责整个实训过程的安全规范 | 教学手段：<br>工作页<br>教学方法：<br>任务驱动法 | 设计意图：<br>1. 对于基础较好的导生，根据学习金字塔理论，采用学生教学生的形式，以教促学，提高知识留存率<br>2. 对于基础较差的学员，教师做针对性的精准答疑、讲解、示范，加深学生对知识和技能的获取<br>**目标达成：学习目标 3**<br>突破重点 |

◆根据逆向课程设计理念，依据学习目标制定评价量规

| 对应学习目标 | 评价内容 | 分值 | 评价方式 |
| --- | --- | --- | --- |
| 学习目标 3：能以小组形式互教互学，根据维修手册要求检修控制电路及部件，排除不同故障 | 组间互评表的所有内容 | 20 分 | 组间互评 |
| | 能否在互教互学时正确教授他人 | 2 分 | 教师评价 |
| | 能否正确修复故障并进行竣工检验 | 4 分 | |
| | 各工位 7S 整理是否规范 | 10 分 | |

续表

| 教学环节 | 学生活动 | 教师活动 | 教学手段与方法 | 设计意图及目标达成 |
|---|---|---|---|---|
| 环节四<br>验质量<br>30 min | 1. 各小组派代表根据实习过程进行总结，将故障检修方案进行小组展示并提出改进意见<br>小组汇报并提出改进意见<br>2. 小组合作完成组间互评，要求每个小组对其他 3 个小组进行打分，取平均分为该小组得分<br>完成组间互评 | 1. 听取各小组汇报情况，并对实习进行总结<br>总结本次课的情况<br>2. 根据教师评价表，对 4 个小组进行打分<br>教师评价表 | 教学手段：<br>展板<br>电路图<br>评价表<br>教学方法：<br>展示法<br>小组合作法 | 设计意图：<br>1. 锻炼学生的表达能力，及时解决实习过程中存在的问题，提高教学效率<br>2. 通过五级评价的方式，客观、公正地检验学生的学习效果<br>**目标达成：学习目标 4** |

◆根据逆向课程设计理念，依据学习目标制定评价量规

| 对应学习目标 | 评价内容 | 分值 | 评价方式 |
|---|---|---|---|
| 学习目标 4：能以小组形式展示交流，解说检修过程，提出改进建议 | 能否解说检修过程，提出改进建议 | 6 分 | 教师评价 |

续表

| 课后拓展 | | | | |
|---|---|---|---|---|
| 教学环节 | 学生活动 | 教师活动 | 教学手段与方法 | 设计意图及目标达成 |
| 拓<br>能力 | 根据所学的故障检修方法，能优化和完善雨刮器电路故障检修方案并提交到云班课平台<br>学生提交的课后拓展作业 | 协助企业专家批改学生的课后拓展作业，并做出评价 | 教学手段：<br>云班课<br>教学方法：<br>任务驱动法 | 设计意图：<br>1. 营造时时可学、处处能学的氛围，使学生学以致用<br>2. 企业专家从实际工作的角度批改课后拓展作业，使能力培养与实际岗位相对接<br>**目标达成：学习目标 5** |

◆根据逆向课程设计理念，依据学习目标制定评价量规

| 对应学习目标 | 评价内容 | 分值 | 评价方式 |
|---|---|---|---|
| 学习目标 5：能优化和完善雨刮器电路故障检修方案并提交到云班课平台 | 课后作业的诊断思路是否清晰 | 5 分 | 企业评价 |
| | 课后作业的故障检修方案是否正确 | 5 分 | |

## 八、学业评价

根据逆向课程设计理念，围绕学习目标设计评价方案。学业评价遵循简单、易操作的准则，采用四个结合（线上评价与线下评价相结合、过程性评价与结果性评价相结合、自我评价与他人评价相结合、教师评价与企业评价相结合）的原则，利用在线测试（10 分）、组内自评（20 分）、组间互评（20 分）、教师评价（40 分）、企业评价（10 分）五个维度，全面考核学生的职业素养和综合职业能力（见表 5）。

表 5　学业评价思路

| 对应学习目标 | 评价时间 | 评价主体 | 评价表 | 权重 | 评价环节 |
|---|---|---|---|---|---|
| 学习目标 1 | 课前 | 软件 | 在线测试 | 10% | 做准备 |
| 学习目标 2 | 课中 | 学生 | 组内自评表（第 1 ~ 5 项） | 10% | 明任务定方案 |
| | | 教师 | 教师评价表（第 1 ~ 5 项） | 12% | |
| 学习目标 3 | 课中 | 学生 | 组内自评表（第 6 ~ 10 项） | 10% | 排故障 |
| | | 学生 | 组间互评表 | 20% | |
| | | 教师 | 教师评价表（第 6 ~ 11 项） | 22% | |
| 学习目标 4 | 课中 | 教师 | 教师评价表（第 12 项） | 6% | 验质量 |
| 学习目标 5 | 课后 | 企业专家 | 企业评价表 | 10% | 拓能力 |

1. 在线测试

学习目标 1 由在线测试进行检验。课前学习中，采用云班课平台在线测试考查学生对雨刮器理论知识的自学情况，该测试共计 20 道题，折算成 10 分，组内所有成员的平均分为该项小组得分（见图 13）。

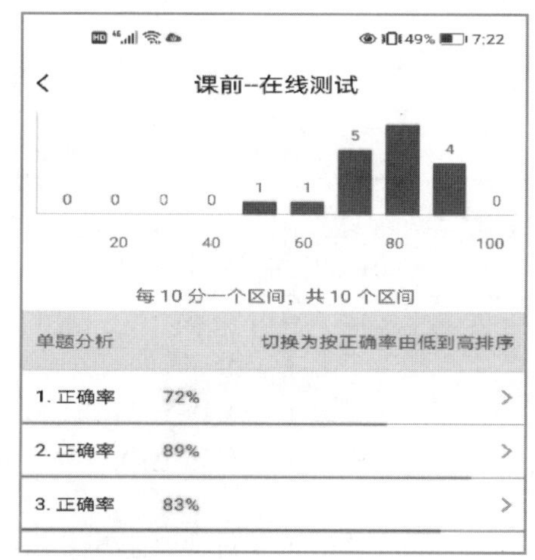


图 13　在线测试

2. 组内自评

在分层教学之前的环节中，学生根据实习中的表现，对小组内部的6人进行打分（包括自己），云班课平台自动生成的平均值作为该学生的自评得分（见表6）。组内自评的特点是：

（1）该得分用来区分层级使用，即区分“导生”和“学员”。

（2）该评价为线上匿名评价，学生只能看到最终的平均得分，客观公正。

（3）教师可在后台看到每人的具体评分，有效监督评价活动的开展。

（4）小组6名成员的自评得分平均值作为该小组的自评得分。

表6　组内自评表

| 评价目标 | 序号 | 评价内容 | 分值 | 得分 |
|---|---|---|---|---|
| 学习目标2<br>能制订<br>检修计划 | 1 | 能否准确解读任务要求 | 2分 | |
| | 2 | 能否准确查找所需要的资料 | 2分 | |
| | 3 | 能否概括雨刮器电路故障的诊断要点 | 2分 | |
| | 4 | 能否积极参与头脑风暴活动 | 2分 | |
| | 5 | 能否正确区分雨刮器的工作电路和控制电路 | 2分 | |
| 学习目标3<br>能排除<br>不同故障 | 6 | 是否会使用测试线辅助测量 | 2分 | |
| | 7 | 能否找到关键点：熔丝、继电器、电机 | 2分 | |
| | 8 | 能否按照规范正确校准万用表 | 2分 | |
| | 9 | 能否合理利用电压法和电阻法进行测量 | 2分 | |
| | 10 | 能否在规定时间内完成故障检修工作 | 2分 | |
| 备注：满分20分，单项打分最小单位为1分 | | | 总分：＿＿＿＿＿ | |

3. 组间互评

在分层教学环节中各小组的实习表现由组间互评进行评价，利用评价表以小组为单位对其他3个小组进行打分（见表7）。

表7　组间互评表

<table>
<tr><th>评价目标</th><th>序号</th><th>评价内容</th><th>分值</th><th>第 组</th><th>第 组</th><th>第 组</th></tr>
<tr><td rowspan="2">学习目标3<br>能排除<br>不同故障</td><td>1</td><td>F22E熔丝：目视检查并测量电阻为0 Ω</td><td>2分</td><td rowspan="2"></td><td rowspan="2"></td><td rowspan="2"></td></tr>
<tr><td>2</td><td>拔下继电器RE10测量其底座：<br>①端子1电压为12 V<br>②端子2电压为3 V（虚电）<br>③端子3对地电阻：慢挡故障为OL–不正常<br>快挡故障为1.8 Ω<br>④端子4对地电阻为0 Ω<br>⑤端子5电压为12 V</td><td>5分</td></tr>
</table>

续表

| 评价目标 | 序号 | 评价内容 | 分值 | 第 组 | 第 组 | 第 组 |
|---|---|---|---|---|---|---|
| 学习目标 3<br>能排除<br>不同故障 | 3 | 拔下继电器 RE9 测量其底座：<br>①端子 1 电压为 12 V<br>②端子 2 电压为 3 V（虚电）<br>③端子 3 与 RE10 的端子 3 之间的电阻为 0 Ω<br>④端子 4 对地电阻为 1.8 Ω（雨刮器电机电阻）<br>⑤端子 5 对地电阻为 1.4 Ω（雨刮器电机电阻） | 5 分 | | | |
| | 4 | 元件测量 RE10<br>① 1–2 不通电时：3–4 电阻为 0 Ω<br>② 1–2 通电时：3–5 电阻为 0 Ω | 2 分 | | | |
| | 5 | 元件测量 RE9<br>① 1–2 不通电时：<br>慢挡故障 3–4 电阻为 OL– 不正常<br>快挡故障 3–4 电阻为 0 正常<br>② 1–2 通电时：<br>慢挡故障 3–5 电阻为 0 正常<br>快挡故障 3–5 电阻为 OL– 不正常 | 4 分 | | | |
| | 6 | 正确确认故障点：<br>①慢挡故障：RE9 的常闭端 3–4 无法接通<br>②快挡故障：RE9 的常开端 3–5 通电后无法接通 | 2 分 | | | |

备注：满分 20 分，单项打分最小单位为 1 分　　总分：______ ______ ______

4. 教师评价

在课中学习中，教师根据职业素养、检修技能等方面对 4 个小组做出评价（见表 8）。

表 8　教师评价表

| 评价目标 | 序号 | 评价内容 | 分值 | 1 组 | 2 组 | 3 组 | 4 组 |
|---|---|---|---|---|---|---|---|
| 学习目标 2<br>能制订<br>检修计划 | 1 | 学生着装是否合适 | 2 分 | | | | |
| | 2 | 能否及时参与云班课签到 | 2 分 | | | | |
| | 3 | 能否小组合作准确确认故障现象 | 4 分 | | | | |
| | 4 | 能否在规定时间内小组合作完成排序题 | 2 分 | | | | |
| | 5 | 能否清晰合理地将检修计划进行小组展示 | 2 分 | | | | |
| 学习目标 3<br>能排除<br>不同故障 | 6 | 能否准确选择工作物品 | 2 分 | | | | |
| | 7 | 小组成员是否分工明确进行练习 | 2 分 | | | | |
| | 8 | 能否客观、公正地完成组内自评 | 2 分 | | | | |
| | 9 | 能否在互教互学时正确教授他人 | 2 分 | | | | |
| | 10 | 能否正确修复故障并进行竣工检验 | 4 分 | | | | |
| | 11 | 各工位 7S 整理是否规范 | 10 分 | | | | |

续表

| 评价目标 | 序号 | 评价内容 | 分值 | 1组 | 2组 | 3组 | 4组 |
|---|---|---|---|---|---|---|---|
| 学习目标4<br>能提出<br>改进意见 | 12 | 能否解说检修过程，提出改进建议 | 6分 | | | | |
| 备注：满分40分，单项打分最小单位为1分 | | | 总分： | ____ | ____ | ____ | ____ |

5. 企业评价

捷豹路虎专家在空闲时间登录云班课，查阅4个小组提交的作业，给出企业评价得分（见表9）。

表9　企业评价表

| 评价目标 | 评价内容 | 分值 | 1组 | 2组 | 3组 | 4组 |
|---|---|---|---|---|---|---|
| 学习目标5<br>能优化和完善检修方案 | 课后作业的诊断思路是否清晰 | 5分 | | | | |
| | 课后作业的故障检修方案是否正确 | 5分 | | | | |
| | 满分：10分 | 总分： | ____ | ____ | ____ | ____ |

## 九、教学反思

### （一）教学效果

本班24名学生的综合评价得分见表10。

表10　学生综合评价得分表

| 组号 | 姓名 | 在线测试（10分） | 组内自评（20分） | 组间互评（20分） | 教师评价（40分） | 企业评价（10分） | 小组得分 |
|---|---|---|---|---|---|---|---|
| 1组 | 林 ×× | 10 | 18 | 18 | 37 | 9 | 89.3 |
| | 董 × | 9 | 17 | | | | |
| | 刘 ×× | 8 | 17 | | | | |
| | 沈 ×× | 9 | 16 | | | | |
| | 雷 ×× | 9 | 16 | | | | |
| | 郑 ×× | 8 | 15 | | | | |
| 2组 | 卢 ×× | 9.5 | 18 | 16 | 34 | 8 | 84 |
| | 吕 × | 7 | 17 | | | | |
| | 周 × | 9 | 18 | | | | |
| | 石 ×× | 10 | 18 | | | | |
| | 唐 ×× | 8 | 17 | | | | |
| | 夏 × | 9 | 16 | | | | |

续表

| 组号 | 姓名 | 在线测试（10分） | 组内自评（20分） | 组间互评（20分） | 教师评价（40分） | 企业评价（10分） | 小组得分 |
|---|---|---|---|---|---|---|---|
| 3组 | 王 ×× | 9 | 19 | 17 | 31 | 8 | 81.8 |
| | 李 ×× | 10 | 18 | | | | |
| | 吴 × | 9 | 19 | | | | |
| | 刘 ×× | 8 | 17 | | | | |
| | 徐 ×× | 7 | 16 | | | | |
| | 俞 ×× | 8 | 15 | | | | |
| 4组 | 王 ×× | 9 | 17 | 15 | 24 | 6 | 71.6 |
| | 朱 ×× | 9 | 18 | | | | |
| | 许 ×× | 8.5 | 17 | | | | |
| | 章 × | 9 | 19 | | | | |
| | 刘 ×× | 8 | 17 | | | | |
| | 王 × | 9 | 19 | | | | |

利用柱状图对4个小组的成绩进行分析（见图14）。从评价结果来看：3个小组的成绩达到80分以上，目标达成度较高。其中，第1组得分最高，尤其是在课后作业中，企业专家认为该组制定的故障检修流程思路清晰、过程完整，打出了9分的高分。第4组得分最低，因为该组在工位整理时敷衍了事，将测试线遗忘在车底，并在实习时误启动了发动机，从而导致扣分严重。在以后的教学中，将对学生继续加强劳动教育和安全规范方面的培养，使其养成良好的劳动习惯。

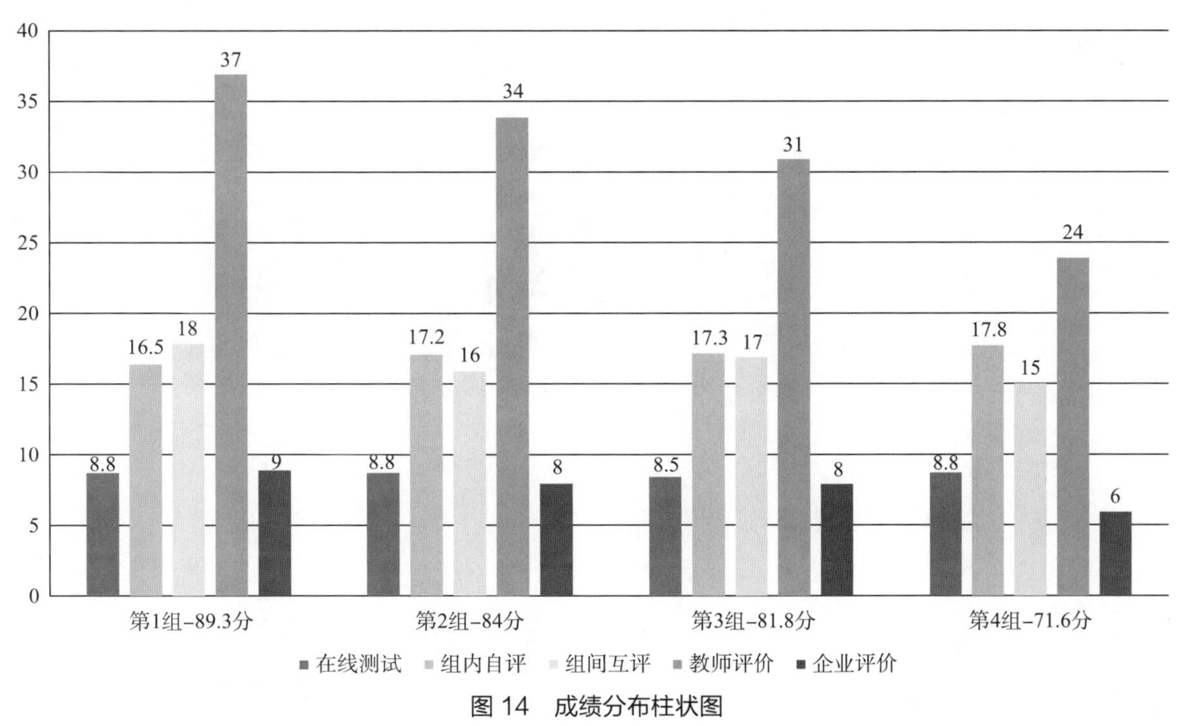

图14　成绩分布柱状图

### （二）教学特色

1. 课程思政　立德树人

全面贯彻党的教育方针，将思政教育融入汽车专业教学中。利用抗疫医生自制护目镜雨刮视频，在引导学生体会雨刮器重要性的同时，思考“汽车医生”应当具备爱岗敬业的职业素养和严谨科学的专业精神。学习过程中严格监控学生的7S规范和劳动技能水平，努力培养学生精益求精的工匠精神和正确的劳动价值观。

2. 逆向设计　学生中心

在课程设计上采用逆向课程设计理念，首先确定学生所要达到的学习目标，再依次设计评价量规、学习活动（见图15），从而做到以学生为中心、以成果为导向，实现了教学设计理念的创新。在教学实施中，采用任务驱动的教学方法，以企业真实的工作情境引导学生自主学习、小组合作探究，有效提高学生的综合职业能力，凸显能力本位。

图15　逆向课程设计

3. 分层教学　关注差异

关注学生的个体差异，利用组内自评对学生进行分层，开展导生互教互学和教师精准辅导两种不同的教学方式。根据学习金字塔理论，知识、技能水平较好的导生通过互相教授，提高知识留存率。而对于知识、技能水平较差的学员，则由2名教师手把手进行辅导，夯实诊断技能（见图16）。

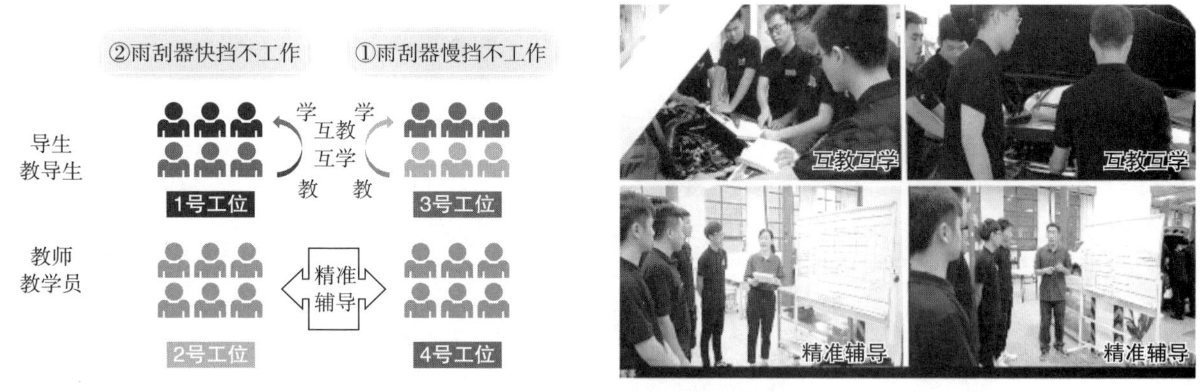


图16　导生互教互学和教师精准辅导

### （三）教学诊改

1. 由于学生的文化课成绩较差，很多学生的语言表达能力欠缺，“导生”存在着“很会做但不会教”的缺点。

2. 因为缺乏实践经验，部分学生在具体检修故障时不能很好地将制订的检修计划应用于实践，从而导致故障排除效率低下。

3. 部分学生的安全规范和劳动积极性有待提高，导致所在小组的得分较低。

改进措施如下：

1. 在以后的教学中，需要加强对学生沟通表达能力的培养，同时教师要协助学生完成其“教授他人”的教学过程，从而保证教学效果。

2. 鼓励学生利用寒暑假去汽车维修企业实习，同时在期末时邀请企业专家来校开展讲座，使学习过程与工作过程对接。

3. 严格执行 7S 管理规范，培养严谨科学的职业素养和积极的劳动价值观。

## 作者简介

**姓名：**夏晓

**学校：**杭州技师学院

**获奖：**第二届全国技工院校教师职业能力大赛交通类项目一等奖

**获奖感言：**比赛是一种锻炼，也是一种成长，更是对我们今后工作的指引。我们通过钻研技能人才培养的教学技能，深挖工学一体教学的内涵精髓，不断提升教学能力，以己之不懈努力为培养新时代的技能人才增砖添瓦！

## 专家点评

该选题来源于《汽车维修专业国家技能人才培养标准及一体化课程规范（试行）》，对《国标》《课规》的理解比较到位，选取的汽车雨刮器电路故障检修微任务具体，相对独立且典型。学习目标的定位清晰，表述简练、规范。设置了两个难度相当的平行任务，具有一定的开放性、多样性和挑战性，有利于激发和调动学生的学习积极性，具备较好的设计思维。学习内容分析详细，重点、难点突出，教学策略得当。能够合理运用逆向课程设计理念，将学习理论应用到一体化教学实践中，实施分层教学是该作品的亮点，值得借鉴参考。

# 空气流量计故障诊断与排除

重庆五一技师学院 / 张道霖

| 参赛项目类别 | 交通类 | | |
| --- | --- | --- | --- |
| 专业名称 | 汽车维修 | | |
| 课程名称 | 汽车发动机疑难故障诊断与排除 | 参赛作品题目 | 空气流量计故障诊断与排除 |
| 课　　时 | 3 课时 | 教学对象 | 汽车维修 2017 级 1 班（高级工） |

## 一、选题价值

### （一）微任务来源

1. 课程体系

依据《汽车维修专业国家技能人才培养标准及一体化课程规范（试行）》，提炼典型工作任务，经过教学化处理将典型工作任务转化为一体化课程，构建了汽车维修专业一体化课程体系（见图 1）。

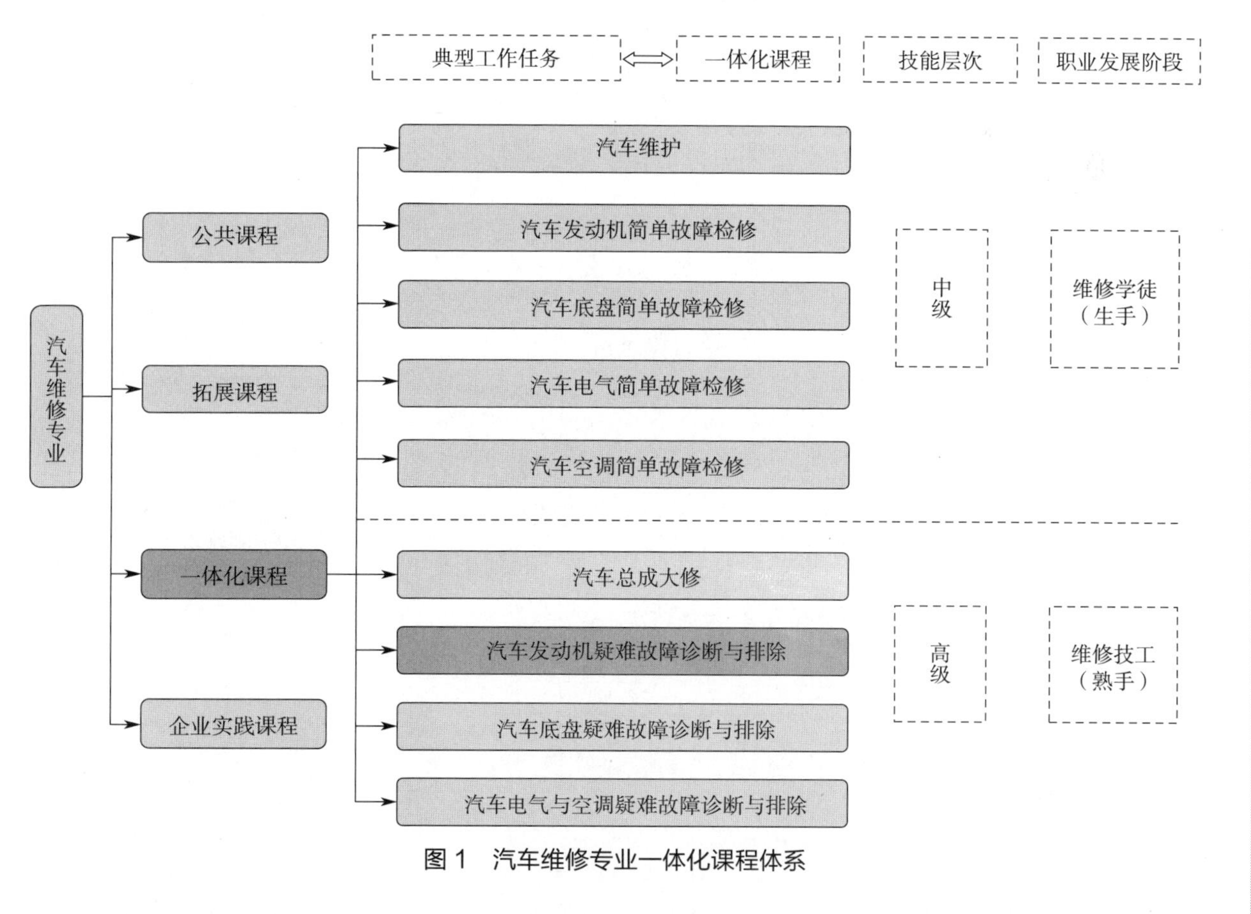


图 1　汽车维修专业一体化课程体系

2. 课程内容

“汽车发动机疑难故障诊断与排除”是汽车维修专业（初中起点五年制）三年级下学期的一体化课程，共160课时，由5个学习任务组成。“空气流量计故障诊断与排除”是学习任务4“汽车发动机怠速不稳故障诊断与排除”中的第2个微任务。每个微任务遵循“先易后难”的认知规律，层层递进（见图2）。

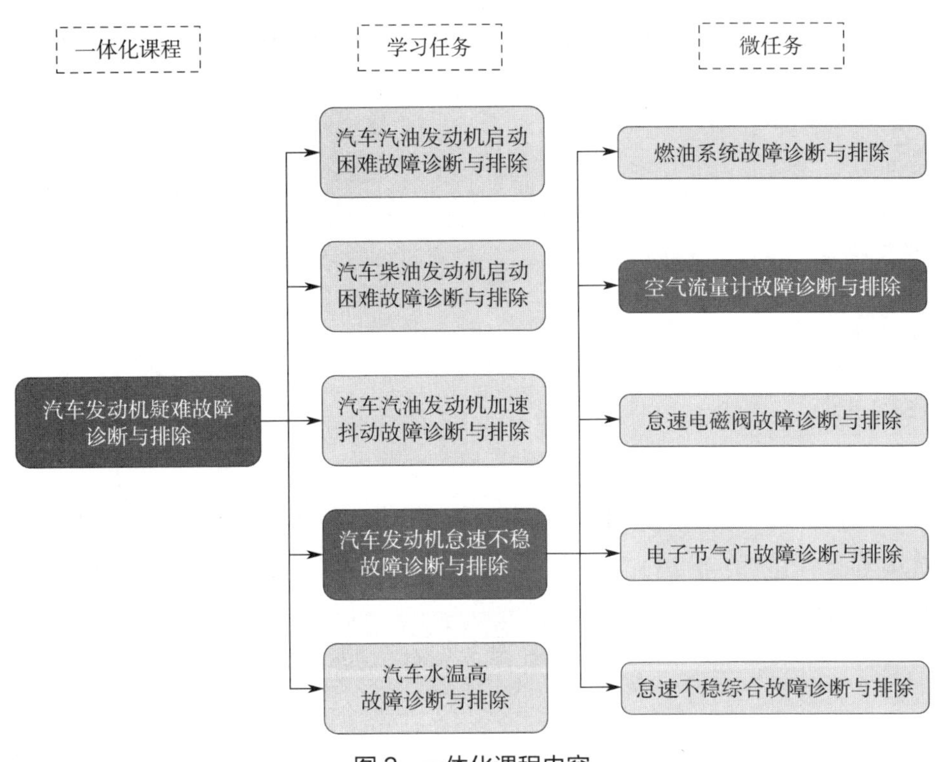


图2　一体化课程内容

**（二）微任务典型性分析**

空气流量计故障会影响发动机的使用性能，如怠速不稳、加速不良、进气管“回火”以及排气管冒黑烟等，同时引起尾气排放超标。

通过行业企业调研，发现空气流量计故障是电控燃油喷射系统常见故障之一。不少用人单位将其当作经典维修案例，作为员工培训和考核的主要内容，是汽车维修高级工必备技能之一，具有典型性。典型性分析如图3所示。

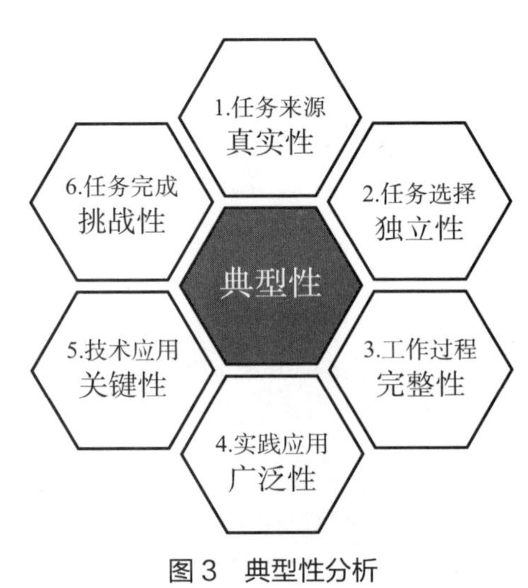


图3　典型性分析

1. 任务来源真实性

本任务来源于汽车维修企业真实的维修案例，是汽车的常见故障之一，具有普遍性，时常有维修人员或故障车主分享该类故障解决经验。

**浅析别克空气流量计故障诊断与排除**

**汽车之家论坛分享案例**

13代皇冠发动机故障灯亮之空气流量计故障

今天给大家分享13代经典皇冠早晨启

2. 任务选择独立性

空气流量计故障是造成发动机怠速不稳的原因之一，是一个相对独立的工作任务，在教材、维修手册等资料中，都是独立的一个章节。

| | |
|---|---|
|  | 模块二：空气进给系统<br>课题六：空气流量传感器 |



3. 工作过程完整性

本次工作任务的完成需要进行任务明确、方案制订、决策实施、检查反馈等完整的工作环节，遵循系统化的工作过程，即资讯、计划、决策、实施、检查、评价。

4. 实践应用广泛性

国家统计局发布，截止到 2018 年底，我国汽车保有量已超 2.4 亿辆。而随着环保问题的日益突出，空气流量计不仅用于汽车上，还向航空、铁路、管道运输等行业发展。

数据来源于《中华人民共和国 2018 年国民经济和社会发展统计公报》。

5. 技术应用关键性

随着汽车电子控制技术的发展与运用，数据流分析及波形分析等现代检修方法在汽车故障诊断中得到了广泛应用，可以使维修人员实时了解汽车的工作状况，为汽车故障诊断与排除提供科学的依据。数据流和波形需要借助汽车诊断仪进行读取，而随着汽车诊断仪产业的不断完善和发展，该技术在实际维修过程中越来越重要和关键。

6. 任务完成挑战性

根据“最近发展区”理论，本次任务需要学生在具备一定的学习基础上，综合运用空气流量计的相关知识分析问题，较强的思维逻辑制订方案，熟练的诊断技术查找问题，标准的操作规程排除问题，从而超越其最近发展区而达到下一发展阶段，具有挑战性。

### （三）微任务价值分析

空气流量计故障诊断与排除，涉及正、负温度系数热敏电阻、惠斯通电桥等知识；也涉及故障诊断方法、工具设备使用等技能。通过本次微任务的学习，可促进学生多方面能力的提升，也可用于其他传感器故障诊断与排除，为后续任务的学习打下坚实的基础。本微任务具有较高的学习价值、教育价值、应用价值和社会价值（见图 4）。

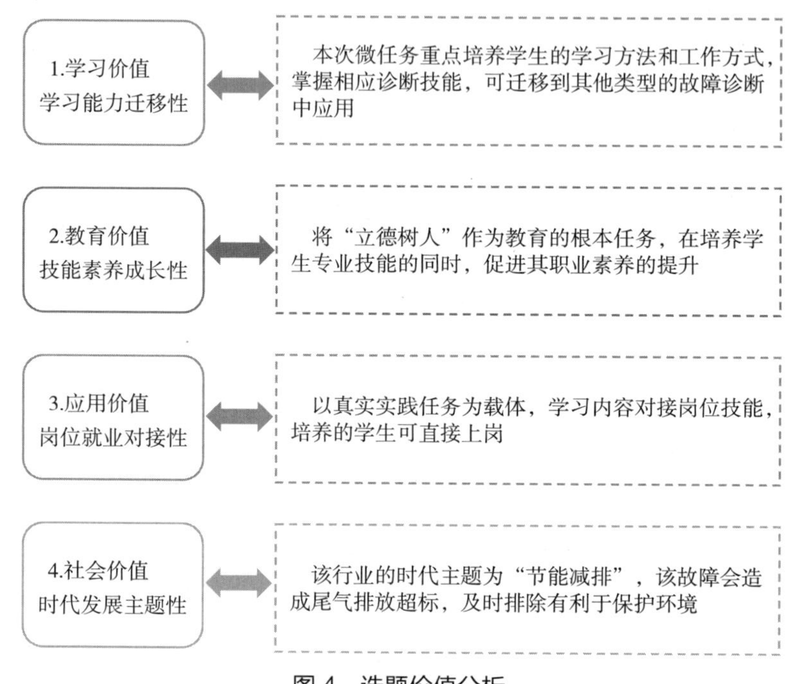


图 4　选题价值分析

## 二、学情分析

教学活动必须建立在学生已有的认知水平和知识经验的基础上。基于此，对该班级学生进行分析，包括学生特征、学习基础、学习进度等。

| 授课对象 | 汽车维修 2017 级 1 班（高级工） |
|---|---|
| 学生特征 | 1. 共有 16 名学生，年龄为 18 ~ 19 岁，全部为男生<br>2. 该年龄阶段的男生身心发展特点：观察力、联想力迅速发展，喜欢做挑战性的事情；但容易忘记之前所学内容 |
| 学习基础 | 1. 已取得中级工证书，可进行简单的故障排除<br>2. 能熟练使用解码器读取故障码；熟练使用万用表测量电路；熟练使用汽车常用工具 |
| 学习进度 | 1. 该班学生处于第三学年第 6 学期<br>2. 已完成前置微任务“燃油系统故障诊断与排除”，能排除燃油系统故障 |

学情分析结果如图 5 所示。

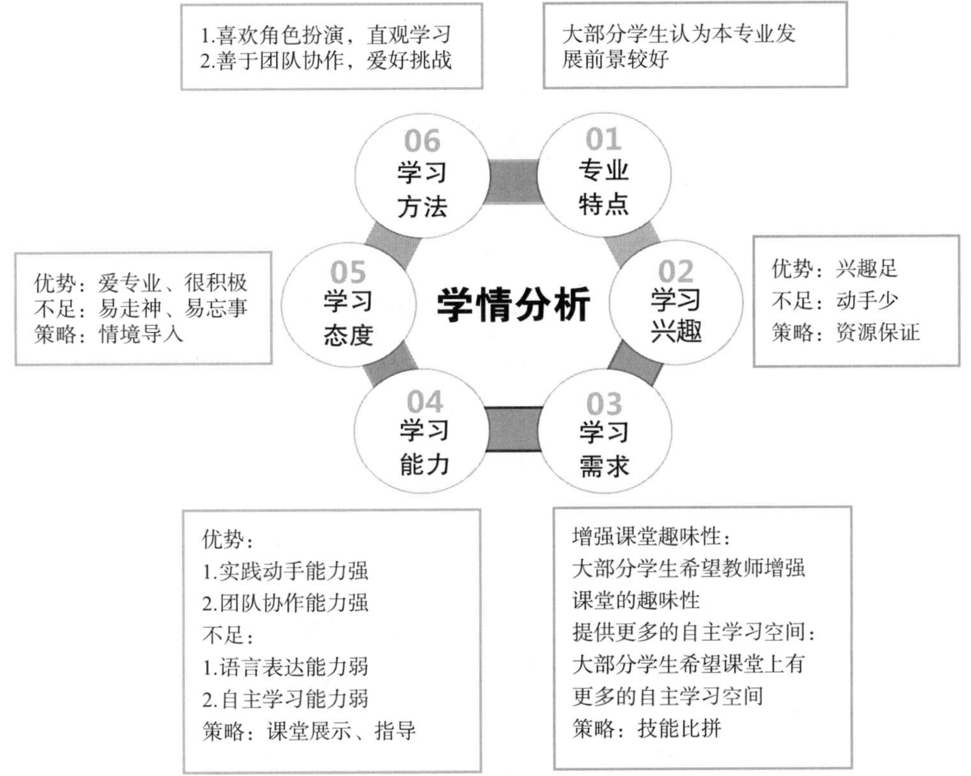


图 5　学情分析

## 三、学习目标

通过学情分析，结合本次微任务对学生综合职业能力的培养要求，设立本次微任务的学习目标，即学生能按照维修手册规范操作流程，独立使用相关设备诊断并排除空气流量计故障，维修效果达到维修手册标准。

**课前目标**

通过独立观看微课，查阅教师发布的学习资料等，正确复述空气流量计的原理

**课中目标**

1. 小组合作，确认故障现象并读取空气流量计故障码；查阅维修手册，排除线路故障，工作过程符合维修手册规范
2. 按照标准操作规程，正确使用诊断设备，读取空气流量计数据流及波形，分析故障现象产生的原因
3. 小组合作完善并展示维修方案，维修方案符合维修手册标准，根据维修方案，排除空气流量计故障
4. 在规定时间内，完成“怠速不稳综合性故障诊断与排除”组间技能比拼，排除前置课程与本次任务综合性故障

**课后目标**

参加“汽修爱好者社团”活动，运用已掌握的知识技能，遵循维修手册标准，解答车辆怠速不稳的问题

## 四、学习内容

### （一）学习情境创设

依据《汽车维修专业国家技能人才培养标准及一体化课程规范（试行）》中的工作任务“发动机怠速不稳故障诊断与排除”的任务描述，结合实际工作情况，明确本次微任务的任务情境、工作内容及工作要求。

1. 创设任务情境

校企合作汽修公司接收了一辆故障车，车型为日产阳光 2013 款 1.6 L 自动，故障现象为发动机故障指示灯亮，怠速不稳。经技术主管初步判断，可能为空气流量计相关故障，现委托我校对故障车辆进行检修。

维修任务委托书

2. 明确工作内容

根据维修任务委托书要求，完成故障检修，具体工作内容如下：

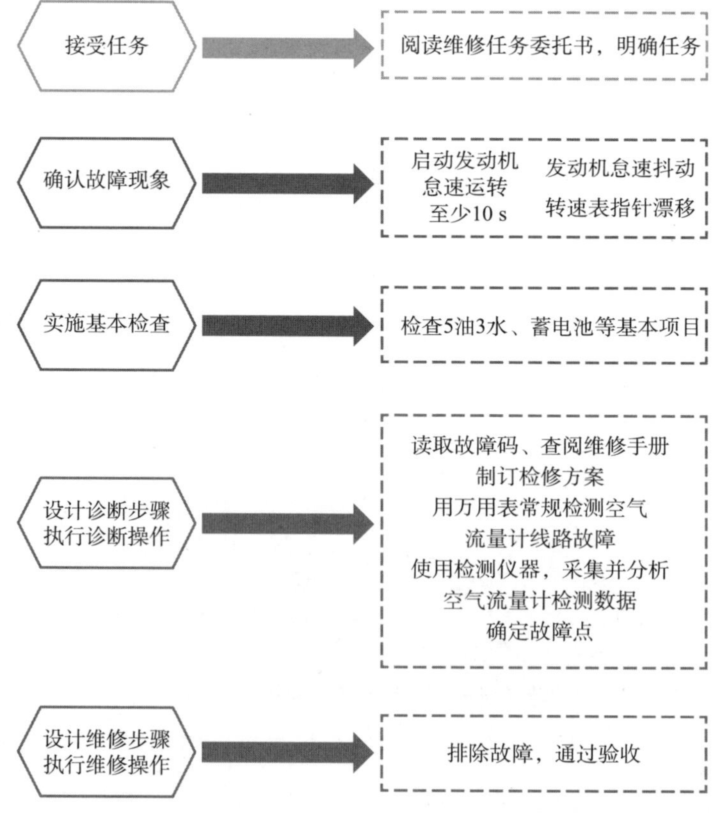

3. 明确工作要求

作业过程中，严格遵守汽车生产厂家制定的操作规程，企业内部检验规范以及“8S”管理规范。

**（二）学习内容分析**

1. 工作要素分析

通过对任务情境、工作内容、工作要求的明确，对本次微任务的工作 5 要素即工作对象、工具材料设备与资料、工作方法、劳动组织方式、工作要求进行分析（见图 6）。

图 6　工作要素分析

2. 学习内容与工作内容对接分析

利用鱼骨图，以工作过程为主线，对工作过程中涉及的知识、技能、素养进行剖析，并根据工作进度列出学习成果（见图 7）。

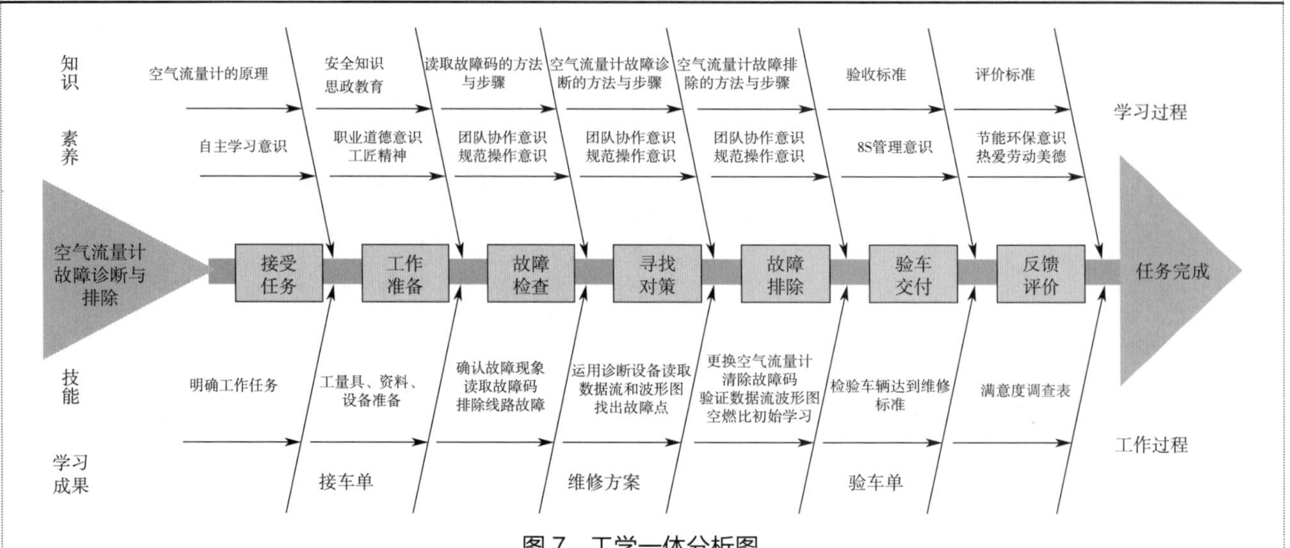


图 7　工学一体分析图

3. 学习内容归纳

按照学习内容对接工作内容的原则，通过工作要素和工作内容分析，从知识、技能、素养三方面归纳学习内容（见图 8）。

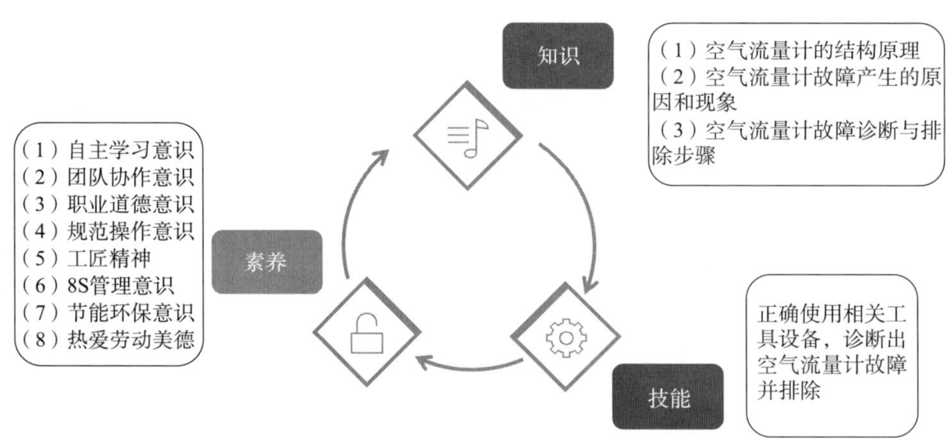


图 8　学习内容归纳

**（三）学习重点、难点**

结合学情分析、学习目标，确定以下学习重点和教学难点（见表 1）。

表 1　学习重点、难点分析

| 学习重点 | |
|---|---|
| 重点内容 | 空气流量计故障诊断与排除的方法与步骤 |
| 确定理由 | 根据课题来源：<br>空气流量计故障是实际经典维修案例之一，通过工学结合，要求学生能正确运用相关方法诊断和排除该故障<br>根据学习目标：<br>诊断排除空气流量计故障的方法与步骤是本课题的课中目标，必须达成 |

续表

<table>
<tr><th colspan="2">学习重点</th></tr>
<tr><td>重点内容</td><td>空气流量计故障诊断与排除的方法与步骤</td></tr>
<tr><td>突破方法</td><td>环环相扣 / 层层递进 <br>学生自行预习：学生根据教师发布的任务，查阅资料、观看微课，小组讨论完成课前学习任务 —— 知识导入、小组讨论<br>学生先行试错：学生运用已掌握的知识与技能，读取故障码，团队协作诊断故障点，排除线路故障 —— 情境导入、团队协作 方案编制、方案应用<br>教师适时指导：学生若无法独立排除故障，教师应适时指导，读取数据流和波形图，找出故障点，完善维修方案 —— 教师指导、示范讲授 方案失败、方案改进<br>学生再次实践：学生根据编制好的标准的维修方案，诊断与排除故障，建立自信心 —— 团队协作、以强带弱 方案应用、方案成功<br>强化技能比拼：设置综合性故障，进行技能比拼，实现技能迁移 —— 技能比拼、重组迁移</td></tr>
<tr><th colspan="2">学习难点</th></tr>
<tr><td>难点内容</td><td>运用空气流量计相关原理知识，分析故障现象产生的原因</td></tr>
<tr><td>确定理由</td><td>根据学情分析：<br>学生的不足恰恰是理论知识功底薄弱<br>根据人才培养目标导向分析：<br>职业学校培养出来的学生不是一个“知其然而不知其所以然”的“工具人”，而是一个能解决综合问题、参与技术改造的综合型人才</td></tr>
<tr><td>化解方法</td><td>教师设计反思性问题，引导学生思考，学生通过四步化解难点<br>反思性问题<br>1.混合学习 线上平台学习 线下查阅资料<br>2.团队协作 小组讨论问题 实践验证问题 <br>3.集中讲授 集中讲解问题 学生理解问题<br>4.课后解答 课后参与解答 故障问题追踪</td></tr>
</table>

### （四）教材分析

本任务学习材料选用中国劳动社会保障出版社出版的《汽车发动机电控技术》，同时结合尼桑阳光车型的维修手册，以标准的技术要求规范学生的学习操作。

**教材基本信息**

由中国劳动社会保障出版社出版，共8大模块，36个课题。其中，模块二“空气供给系统”中的课题六为“空气流量计”

| | |
|---|---|
| 不足之处 | 课时分配欠合理<br>案例素材较单薄<br>趣味性不够 |
| 教材理念 | 使用活页教材，以学生中心、能力本位、工学结合为设计理念 |
| 体例风格 | 实际工作任务+真实案例，流程清晰明确，知识内容详细 |

| | | |
|---|---|---|
| 解决办法 | 引入企业真实维修案例 | 情境创设，激发学生兴趣 |
| | 提供线下资源辅助 | 1. 空气流量计故障诊断与排除工作页<br>2. 尼桑阳光维修手册 |
| | 提供线上资源辅助 | 1.“空气流量计原理与检测方法”微视频<br>2. 汽车维修技术网<br>3.“汽车维修”微信公众号 |

## 五、学习资源

为了有效开展教学活动，本次微任务为学生提供了与实际工作现场相近的学习环境，数字化和非数字化的软件资源，满足生产要求和学习需要的硬件资源。

### （一）学习环境

汽车维修一体化学习工作站是将学习场景与工作环境、校园文化与企业文化、理论教学与实践教学、学习过程与工作过程融为一体的职业学习场所。引入了企业的文化、企业的标准管理模式、企业的作业流程。包括集中教学区、分组操作区等（见图 9），工位满足教学需要，增加学生动手机会，提升学生学习兴趣。

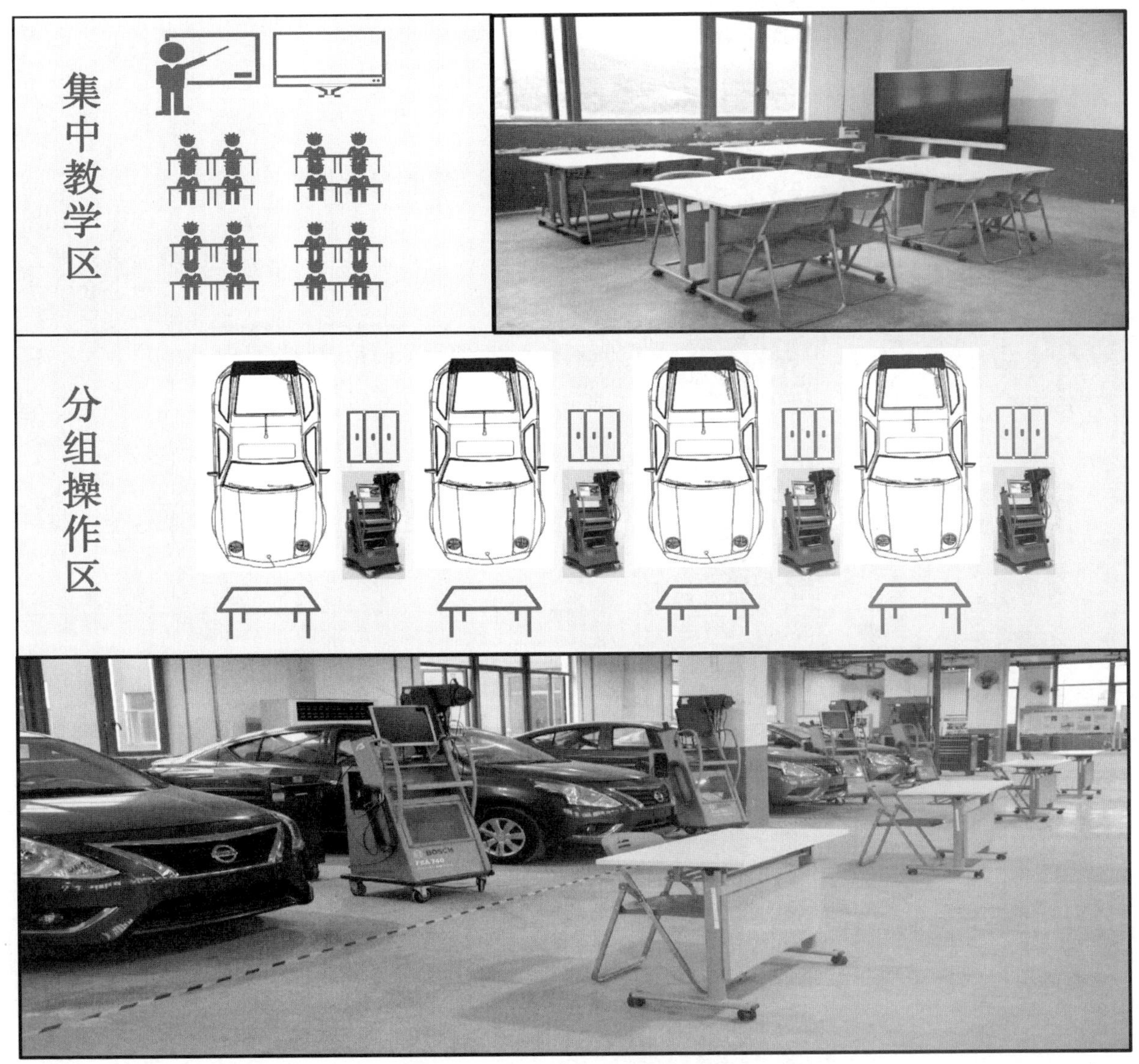


图 9　一体化学习工作站布局图

**（二）软件资源**

该年龄段的学生喜欢上网、玩手机，结合学情分析，本次微任务设计了形式多样的信息化手段和数字化资源，包括微课、网络学习平台、微信公众号等数字化资源和工作页、维修手册等非数字化资源，突破传统的线下学习模式，为学生混合式学习、碎片化学习提供保障。实现了学习手段现代化、学习资源网络化、学习形式多样化、学习媒介数字化（见表 2）。

表 2　软件资源

| 类型 | 名称 | 资源实物照片 | 教学环节 | 设计目的 | 创新特色 |
|---|---|---|---|---|---|
| 数字资源 | 微视频 | | 课前探究 | 空气流量计故障的检修视频学习 | 合理利用网络资源，使学生学习更加方便、快捷 |
| | 微信群 | | 课前探究<br>课中工作<br>课后拓展 | 可随时讨论交流 | |
| | 汽车维修技术网 | | 课前探究 | 汽车故障技术知识查询 | |
| | 微信公众号 | | 课前探究 | 空气流量计故障技术知识查询 | |
| | 中国大学MOOC | | 课前探究 | 提供汽车维修网络课程 | 运用网络教学平台和教学软件，丰富教学手段 |
| | 云班课 | | 课前探究<br>课中工作 | 提供学习交流平台 | |
| 非数字资源 | 维修手册 | | 课中工作 | 通过查阅维修手册，获得空气流量计故障诊断及排除方法 | — |
| | 参考教材 | | 课前探究<br>课中工作 | 通过学习教材，认知空气流量计的相关知识 | |
| | 工作页 | | 课前探究<br>课中工作 | 学生根据计划实施任务，引导学生自主完成任务 | |

（三）硬件资源

在“工学一体”的教学模式下，建立实际的工作环境，提供相应的工作设备和工具，让学生有真实的实践体验（见表3）。

表3　硬件资源

| 类型 | 名称 | 资源实物照片 | 教学环节 | 设计目的 | 创新特色 |
|---|---|---|---|---|---|
| 设备类 | 教学一体机（1台） |  | 课前探究<br>课中工作 | 便于学生直观学习，观看微视频 | — |
| | 日产尼桑阳光（4辆） |  | 课中工作 | 提供实训教学车辆 | |
| | 笔记本电脑（4台） |  | 课前探究<br>课中工作 | 通过网络查询任务相关资料和电子维修手册 | |
| | 博世FSA740（4台） | 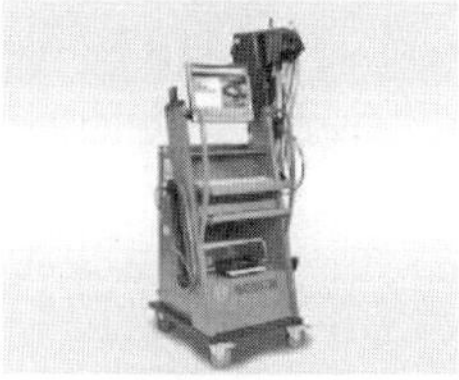 | 课中工作 | 读取空气流量计的故障码、数据流和波形图 | 引入先进仪器提升技术含量 |
| 工具类 | 工具车（4台） |  | 课中工作 | 提供拆装检测工具 | — |
| | FULKE万用表（4块） | 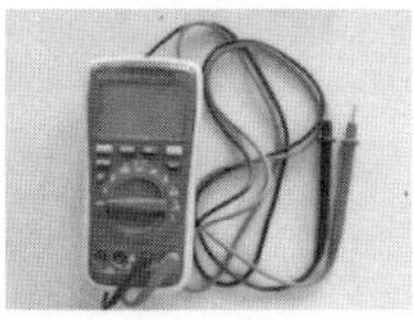 | 课中工作 | 供学生进行设备调试和检测使用 | |

六、教学策略

结合学情分析、学习内容，为达成学习目标，突破重点、化解难点，本次微任务的教学策略主要从学情匹配、学生主体、教学组织、教学方法、教学模式、学业评价、思政融入 7 个方面分别采取对应的教学策略（见图 10）。

学情匹配策略

1.学习内容匹配：学习内容匹配学情，难易兼顾
2.学习方法匹配：自主学习、团队协作、技能比拼
3.学业评价匹配："素养评价+成果评价"体现学生学习效果

1.时间主体：给予学生更多时间自主学习和实践
2.活动主体：学生讨论、展示、操作，教师辅助
3.评价主体：学生评价自己、其他小组成员以及教学效果

教学组织策略

1.小组教学：根据学情分析，将16个学生分为4组
2.集体教学：教师集中讲授数据分析法和波形图法并答疑
3.个别化指导：巡查每组学生学习和操作情况，差异指导

1.课前：将知识导入，学生自主探究、小组讨论
2.课中：将微任务分解，运用任务驱动教学法，引导学生完成；通过提问、讲授、演示，教师适时辅助
3.课后：学生自主探究，解答技术疑问

教学方法策略

教学模式策略

1.混合式教学：利用线上学习平台"蓝墨云班课"进行课前知识预习，结合线下实训场地进行现场学习
2.工学一体：利用真实的企业工作案例，模拟真实的车间环境，学习过程对接工作过程

1.评价主体多元化：主体包括学生、教师、企业专家
2.评价方式合理化：线上、线下、定性、定量
3.评价标准职业化：国家标准、企业标准、竞赛标准
4.评价功能多样化：以评促学、以评促教、以评促改

学业评价策略

1.工匠精神融入："精益求精，独具匠心"的精神培养
2.节能环保融入：空气流量计故障造成尾气污染、能耗增加
3.劳动教育融入：通过本节课的学习，教育学生热爱劳动

图 10　教学策略

## 七、教学实施

按照学习过程对接工作过程的原则，依据"学生主体，教师主导"教学原则以职业能力模型设计教学流程，教学分课前探究、课中工作和课后拓展三个阶段，其中课中工作包括知识预习、情境导入、初试身手、困而学之、故障排除、技能比拼、总结评价等环节。输出维修方案、工作页等学习成果。

## （一）教学流程图

教学流程图如图 11 所示。

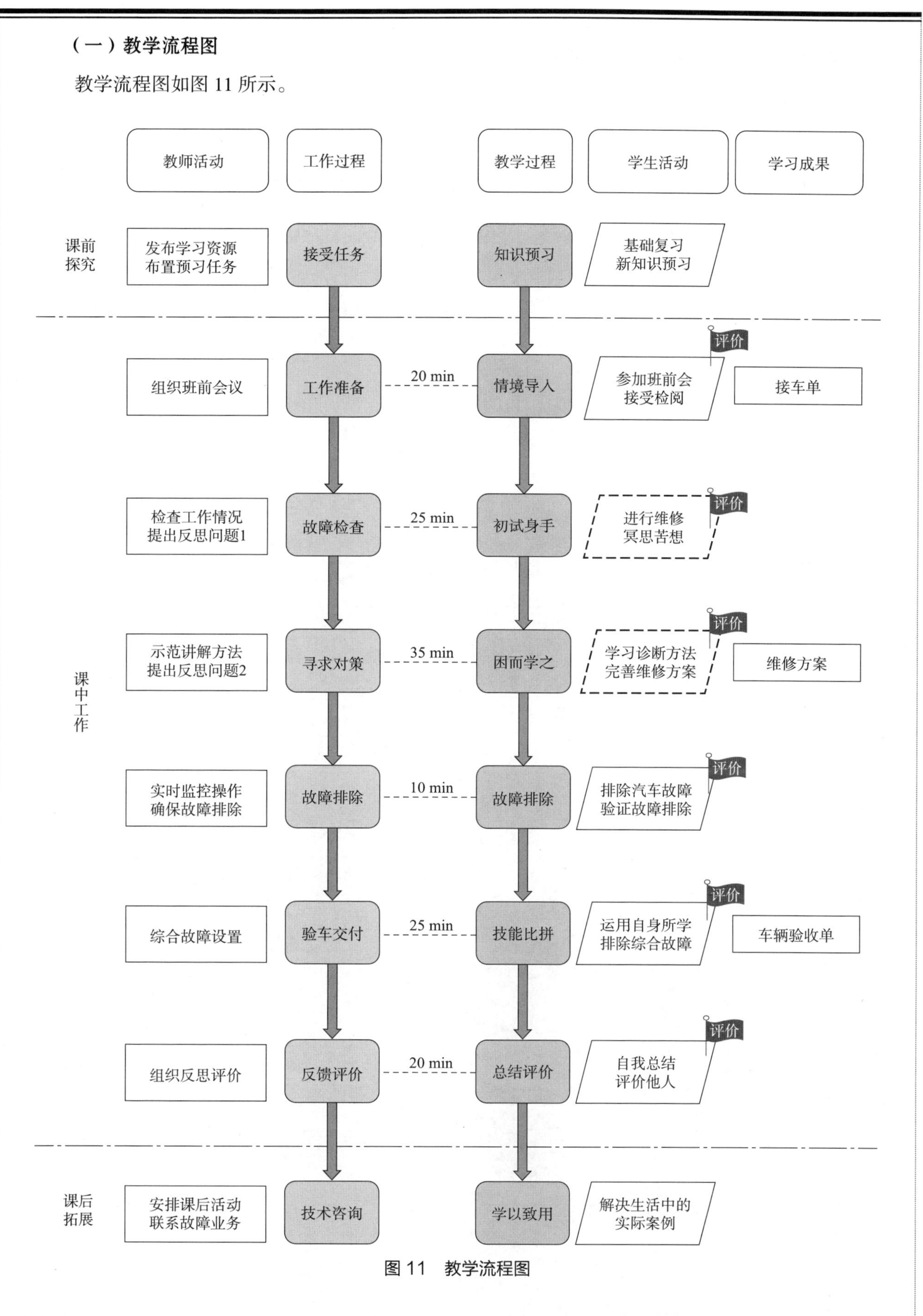


图 11　教学流程图

（二）教学实施过程

| 工学环节 | 学习内容 | 学生活动 | 教师活动 | 教学手段 | 教学方法 | 设计意图及预期目标 |
| --- | --- | --- | --- | --- | --- | --- |
| 知识预习 | 1. 空气流量计的类型<br>（1）叶片式空气流量计<br>（2）热线式空气流量计<br>（3）卡门涡旋式流量计<br>（4）量芯式流量计<br>2. 惠斯通电桥的工作原理<br>3. 热线式空气流量计的工作原理 | 进入“蓝墨云班课”APP：<br>1. 签到：完成调查问卷/接受课程任务<br>2. 进入资源库：学习相关知识 + 观看微视频<br>3. 在讨论区提出疑问，填写课前工作页<br>明确各自的小组划分安排：<br>1. 接受小组划分安排、推选小组长<br>2. 职能角色确认：安全员为固定人员，服务顾问、质量员等随着课程轮换 | 进入“蓝墨云班课”APP：<br>1. 上传调查问卷/发布课程任务<br>2. 上传学习资源<br>3. 进入讨论区：解答学生疑惑<br>进行学情分析，合理划分小组：<br>关键点在于小组划分规模适当、层次相当，便于小组协作 | 1. 班级微信群<br>2. 蓝墨云班课<br>3. 笔记本电脑<br>4. 工作页 | 1. 自主学习法<br>2. 小组讨论法 | **设计意图**<br>1. 利用网络学习和信息化通信手段交流讨论，使学生获取学习资源更加方便、快捷<br>2. 设计职能角色，使学生得到更多的职业锻炼机会，提高职业素养<br>**预期目标**<br>通过自主探究、小组协作完成课前工作页 |

续表

| 工学环节 | 学习内容 | 学生活动 | 教师活动 | 教学手段 | 教学方法 | 设计意图及预期目标 |
|---|---|---|---|---|---|---|
| 情境导入（20 min） | 班级口号：精益求精、独具匠心！<br>安全注意事项：<br>1. 记住安装车轮挡块，车辆启动时不要站在车辆的前方和后方<br>2. 遵守车间安全注意事项，不追逐打闹，按标准操作流程使用设备和工具<br>思政教育：同学们一定要牢记自己的口号，向那些具有工匠精神的人学习，为了祖国的崛起，也为了今后美好的生活。做事先做人，做人先立德！<br>课前任务学习情况检查：<br>惠斯通电桥的平衡条件：$R_1 \times R_0=R_2 \times R_x$<br>热线式空气流量计的工作原理：空气流过热敏电阻，温度降低、电阻降低，电压变化，电桥电位差不为0，输出的电流转换为电信号发送给电脑板ECM，从而得出空气的流量 | 学生作为车间员工参加班前会：<br>1. 课前整队、喊班级口号<br>2. 接受思政教育<br>3. 接受安全教育<br>4. 观看微视频，了解本次课题问题车辆故障背景<br>5. 接受课前学习效果检查<br>2位被抽到的学生分别上台讲解惠斯通电桥的工作原理和热线式空气流量计的工作原理 | 教师作为车间主管组织班前会：<br>1. 课前整队<br>2. 进行思政教育<br>3. 进行安全教育<br>4. 车辆故障背景介绍<br>5. 检查课前学习情况<br>随机抽取2位学生检查课前任务学习情况<br>6. 进行过程性评价 | 1. 一体机<br>2. PPT<br>3. 黑板<br>4. 评价表<br>5. 笔记本电脑<br>6. 工作页 | 1. 情境教学法<br>2. 角色扮演法 | **设计意图**<br>1. 课前整队，提振精气神<br>2. 创设工作情境，引导学生进入工作状态<br>**预期目标**<br>1. 树立良好的精神面貌<br>2. 培养精益求精的工匠精神<br>3. 达成课前目标 |

续表

| 工学环节 | 学习内容 | 学生活动 | 教师活动 | 教学手段 | 教学方法 | 设计意图及预期目标 |
|---|---|---|---|---|---|---|
| 初试身手（25 min） | 验证故障现象：怠速不稳 / 报警灯亮<br>读取故障码：P0102<br>查询维修手册：<br>故障码的含义：传感器向 ECM 发送过低电压<br>排查进气系统泄漏：<br>空滤完好，无堵塞，管道无泄漏<br>反思性问题 1：为什么要检查进气泄漏？进气泄漏会造成什么后果？有什么故障现象？<br>答案：喷油量 =$K$× 进气量 / 转速，进气泄漏后，喷油量减少，混合气变稀，发动机怠速不稳<br>识读空气流量计电路图：<br>检查空气流量计电路：<br>插头 5 号脚电压为 0，电源线开路<br>确认故障现象 | 各维修小组在规定时间内进行车辆故障诊断与排除操作：<br>1. 进行基本检查：5 油 3 水、蓄电池，收集车辆信息等<br>进行维修诊断<br>验证故障现象<br>读取故障码，查询维修手册<br>根据维修手册，诊断、排除故障<br>2. 填写工作页<br>3. 思考教师提出的问题并回答<br>4. 检查汽车状况，故障现象依然存在，小组思考讨论，寻求解决办法 | 巡查记录各小组工作情况：<br>1. 检查各小组维修过程<br>2. 检查各小组工作页完成情况<br>（帮助学生突破重点）<br>3. 提出问题 1，引导学生思考<br>（帮助学生化解难点）<br>4. 针对故障现象仍未消失的情况，引导学生进入下一阶段学习<br>5. 进行过程性评价 | 1. 工作页<br>2. 日产 – 阳光汽车维修手册<br>3. FSA740 综合诊断仪<br>4. 日产 – 阳光汽车<br>5. 世达工具车（含工具）<br>6. 笔记本电脑<br>7. 评价表 | 1. 任务驱动法<br>2. 小组合作法 | **设计意图**<br>1. 锻炼学生独立分析故障的能力<br>2. 设计问题激发学生自主思考的能力，提升学生的理论知识水平<br>**预期目标**<br>1. 在规定时间内学生自主进行诊断，正确填写工作页，达成课中目标 1<br>2. 正确回答教师提出的问题 |

续表

| 工学环节 | 学习内容 | 学生活动 | 教师活动 | 教学手段 | 教学方法 | 设计意图及预期目标 |
| --- | --- | --- | --- | --- | --- | --- |
| 困而学之（35 min） | 数据流分析法：<br>汽车专用诊断仪器通常具有检测和清除故障码、读取数据流、冻结数据帧、系统动态监视器、执行元件动作测试等功能。数据流是控制计算机与传感器和执行交流的数据参数通过诊断接口由专用诊断仪器读出的数据<br>波形分析法：<br>检测信号随时间的瞬时变化关系<br>故障现象产生的原因：<br>空气流量计检测孔堵塞，检测进气量少于实际进气量，数据流数值偏小，从而导致混合气过稀，怠速不稳，但未达到故障码设置的阈值条件<br>反思性问题 2：空气流量计出现故障码后，为什么发动机怠速较为平稳？而排除了故障码以后，发动机反而怠速更加不稳？<br>答案：ECU 的失效保护策略是以节气门开度信号代替空气流量计信号的 | 数据分析，解决困难：<br>1. 学习数据分析法和波形图法<br>2. 学习如何读取和验证空气流量计数据流和波形图 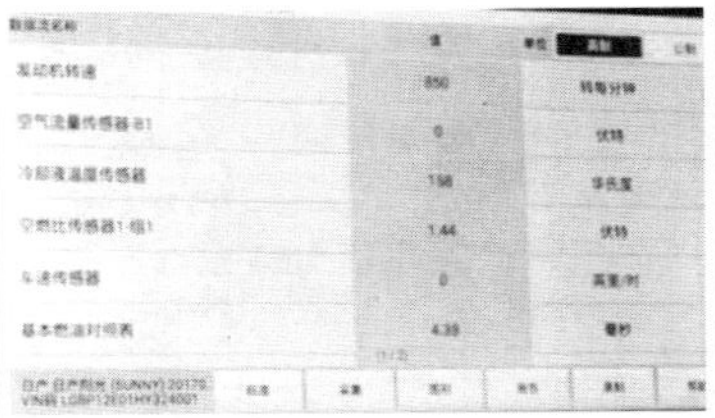<br>3. 读取空气流量计数据流、波形图，确认空气流量计数据、波形异常；从而分析出故障点为空气流量计损坏，填写工作页 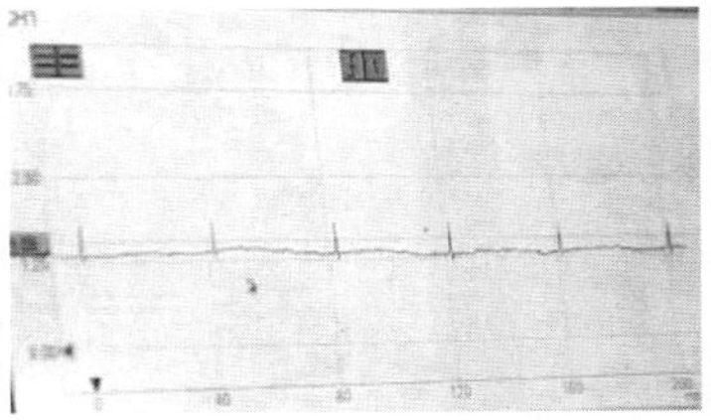<br>4. 思考教师提出的问题并回答<br>制订维修方案并展示（专家点评）：<br>1. 查阅资料、小组讨论制订维修方案<br>2. 展示维修方案，根据企业专家的改进意见完善维修方案，填写工作页 | 提供资料和方法，答疑解惑：<br>1. 适时帮助学生学习新知识：数据分析法和波形图法<br>2. 演示如何读取空气流量计数据流和波形图<br>3. 检查各小组是否能正确操作<br>（帮助学生突破重点）<br>4. 提出问题 2<br>（帮助学生化解难点）<br>检查方案、组织展示：<br>1. 检查维修方案是否合理<br>2. 鼓励学生进行维修方案展示，联系企业专家点评维修方案<br>（帮助学生突破重点）<br>3. 进行过程性评价 | 1. 工作页<br>2. 日产－阳光汽车<br>3. 日产－阳光汽车维修手册<br>4. FSA740 综合诊断仪 <br>5. 世达工具车（含工具）<br>6. 笔记本电脑<br>7. 一体机<br>8. 黑板<br>9. 评价表 | 1. 讲授法<br>2. 演示法 | **设计意图**<br>本环节通过进展顺利—遇到困难从而进入寻找对策—解决困难的阶段，调动学生学习的积极性<br>**预期目标**<br>1. 学会运用数据分析法和波形图法<br>2. 找到故障点，填写工作页，达成课中目标 2 |

续表

<table>
<tr><th>工学环节</th><th>学习内容</th><th>学生活动</th><th>教师活动</th><th>教学手段</th><th>教学方法</th><th>设计意图及预期目标</th></tr>
<tr>
<td>故障排除<br>（10 min）</td>
<td>更换空气流量计：<br>按照标准操作规程和步骤拆装<br>清除故障码：<br>P0102 消失<br>验证数据流恢复正常：<br>恢复至标准值<br>验证波形恢复正常：<br>恢复至标准值<br>空燃比初始学习：<br>1. 执行“加速踏板”释放位置学习<br>2. 执行节气门关闭位置学习<br>3. 启动发动机并暖机至正常工作温度<br>4. 使用 CONSULT 选择“发动机”的“工作”支持模式中的“空燃比初始学习”<br>5. 触摸“开始”并等待 20 s<br>CONSULT 屏幕上显示“完成”<br>车辆验收</td>
<td>故障排除、车辆验收：<br>1. 依照维修方案实施维修，排除故障<br>2. 自检维修结果，通过质量员的维修质量检查，填写车辆验收工作页<br><table><tr><th>检验项目</th><th>检验结果（是/否）</th><th>问题位置</th><th>责任人</th><th>检验员</th></tr><tr><td>是否碰划伤</td><td></td><td></td><td></td><td></td></tr><tr><td>高差间隙是否超标</td><td></td><td></td><td></td><td></td></tr><tr><td>是否伤漆</td><td></td><td></td><td></td><td></td></tr><tr><td>车内是否清洁</td><td></td><td></td><td></td><td></td></tr><tr><td>故障排除是否彻底</td><td></td><td></td><td></td><td></td></tr><tr><td>是否造成新的故障</td><td></td><td></td><td></td><td></td></tr><tr><td>设备是否定置定放</td><td></td><td></td><td></td><td></td></tr><tr><td>工具是否清洁归位</td><td></td><td></td><td></td><td></td></tr></table></td>
<td>巡查记录各小组工作情况：<br>1. 检查各小组实施维修情况，验证故障是否排除<br>2. 检查各小组维修结果，帮助质量员进行过程质量控制<br>（帮助学生突破重点）<br>3. 进行过程性评价</td>
<td>1. 工作页<br>2. FSA740 综合诊断仪<br>3. 日产－阳光汽车维修手册<br>4. 日产－阳光汽车<br>5. 世达工具车（含工具）<br>6. 笔记本电脑<br>7. 评价表</td>
<td>1. 任务驱动法<br>2. 体验教学法</td>
<td>设计意图<br>学生根据自己制订的维修方案，完成故障排除，建立自信心<br>预期目标<br>达成课中目标 3</td>
</tr>
</table>

续表

| 工学环节 | 学习内容 | 学生活动 | 教师活动 | 教学手段 | 教学方法 | 设计意图及预期目标 |
|---|---|---|---|---|---|---|
| 技能比拼<br>（25 min） | 故障现象：怠速不稳<br>设置故障 1：点火线圈插头松动<br>设置故障 2：空气流量计信号线开路<br>设置故障 3：空气流量计损坏 | 技能比拼：<br>1. 各维修小组按照比赛规则，完成综合故障诊断与排除<br>2. 各维修小组相互评分（组间互评） | 综合故障设置：<br>1. 重新设置故障，引入前置课程故障，与本节课程相融合<br>2. 教师指定各组参加竞赛的学生<br>3. 宣布比赛规则：成绩最差的小组课后打扫车间卫生<br>4. 巡查记录各小组的比赛情况 | 1. 工作页<br>2. FSA740 综合诊断仪<br>3. 日产－阳光汽车维修手册<br>4. 日产－阳光汽车<br>5. 世达工具车（含工具）<br>6. 笔记本电脑<br>7. 评价表 | 1. 任务驱动法<br>2. 竞赛教学法 | **设计意图**<br>1. 通过技能比拼能使学生对知识进行有效重组和迁移<br>2. 差异化指导，提升学生的学习兴趣<br>3. 采用负强化，激发学生的学习动机<br>**预期目标**<br>达成课中目标 4 |

| 竞赛小组 | | | 裁判签字 | |
|---|---|---|---|---|
| 序号 | 项目 | 评分点 | 配分 | 得分 |
| 1 | 健康、安全、环保和作业准备（10分） | 检查设备齐全、清洁工作场地 | 2 | |
| | | 规化工作场地、检查工具、维修手册 | 2 | |
| | | 车辆防护：车内三件套、车外三件套、拉手制动、车轮挡块 | 2 | |
| | | 机油、刹车油，冷却水检查 | 2 | |
| | | 检查电瓶，测量参考电压 | 2 | |
| 2 | 故障诊断（55分） | 验证车辆故障 | 5 | |
| | | 读取故障码 | 5 | |
| | | 检查进气系统 空滤、进气管道是否堵塞 | 10 | |
| | | 检查点火线圈插头 松动 | 10 | |
| | | 检查质量型空气流量传感器信号线电路 测量接头 F46 端子 3 电压 开路 | 10 | |
| | | 检查空气流量计 损坏 | 15 | |
| 3 | 故障排除（25分） | 插头恢复 | 5 | |
| | | 线路恢复 | 5 | |
| | | 空气流量计更换 | 5 | |
| | | 验证故障排除 | 10 | |
| 4 | 8S 管理（10分） | 工具整理、场地清洁 | 10 | |
| 总分 | | | 100 | |

续表

| 工学环节 | 学习内容 | 学生活动 | 教师活动 | 教学手段 | 教学方法 | 设计意图及预期目标 |
| --- | --- | --- | --- | --- | --- | --- |
| 总结评价（20 min） | 1. 本节课的学习情况、劳动教育<br>2. 思政教育内容：<br>空气流量计损坏会造成排放超标和空气污染。同学们要有社会责任感，爱国爱家，爱护好我们的生态环境<br>3. 自我评价表、组内互评表、组间评分表、教师评价表<br>4. 进行 8S 管理，整理、整洁工位 | 评价总结：<br>1. 接受思政教育<br>2. 扫描二维码完成组内互评、学生自评<br>3. 管理现场，工具归位 | 1. 总结本节课的学习情况<br>肯定学生本节课的表现<br>2. 进行劳动教育、思政教育<br>3. 收取学生工作页<br>参考每位学生的工作页完成情况以及课堂表现，对每位学生进行过程性评价（教师师评）<br>4. 成绩汇总<br>结合自我评价表、组内互评表、组间评分表、教师评价表，得出每位学生的最终成绩<br>5. 进行 8S 管理<br>整理场地、整洁工位、工具归位 | 1. 工作页<br>2. 二维码<br>3. 手机<br>4. 评价表<br>5. 一体机<br>6. 微信群 | 1. 讨论学习法<br>2. 小组合作法 | **设计意图**<br>1. 培养学生精益求精的工匠精神、节能环保的爱国情怀，教育学生热爱劳动<br>2. 对学生进行多元化考核评价，促进学生综合职业能力的提升<br>**预期目标**<br>完成学业评价 |
| 学以致用 | 接触生活中的实际汽车故障，积累自身工作经验，提高综合职业能力 | 在学校汽修爱好者社团 QQ 群解答车辆“怠速不稳”的相关问题 | 解答学生提出的问题，同时引导学生联系实际，锻炼知识技能 | 汽车爱好者社团 QQ 群 | 自主探究法 | **设计意图**<br>通过实际维修活动，达到知识技能实用的目的<br>**预期目标**<br>达成课后目标 |

## 八、学业评价

### （一）学业评价设计思路（见图12）

学业评价设计以学习目标为依据，按照六结合原则，设计包括三项目、十要素、三方法。三主体（学生、教师、企业专家）通过自评、互评、师评、企业专家评进行多维度多元化的全方位评价，实现课前、课中、课后（三阶段）全面监控。学业评价贯穿整个学习过程，有效促进学生思维能力、职业素养、综合职业能力的提升（三提升）。教师也能找出教学中的不足，及时调整教学策略。

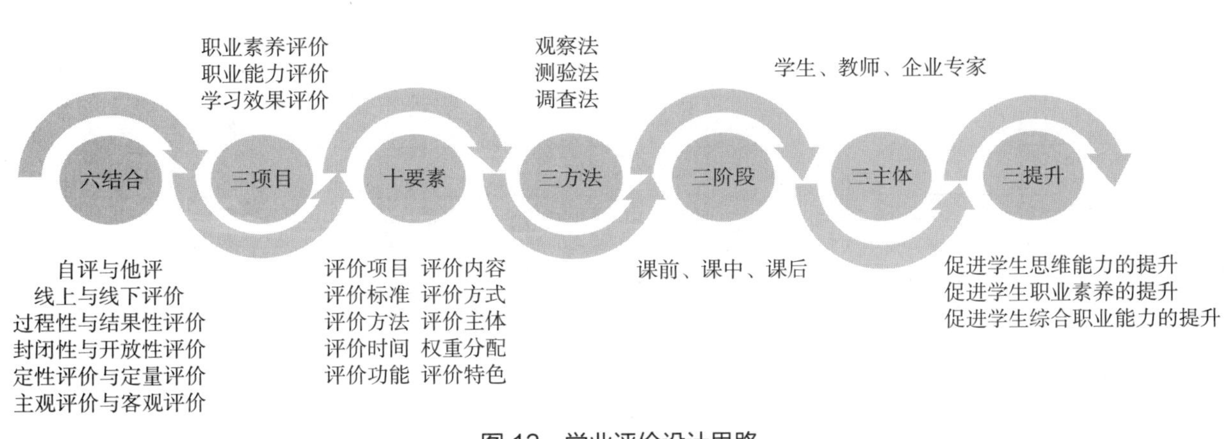


图12 学业评价设计思路

学业评价总体设计一览表见表4。

表4 学业评价总体设计一览表

| 评价项目 | 评价内容 | 评价依据（标准） | 评价方式 | 评价方法 | 评价主体 | 权重 | 评价时间 | 评价功能 | 备注 |
|---|---|---|---|---|---|---|---|---|---|
| 素养评价（过程性评价） | 出勤、学习态度、课堂纪律、小组合作、展示、工作页完成情况 | 《关于全面深化课程改革落实立德树人根本任务的意见》 | 线上自评 | 线上测验 | 学生 | 10% | 全过程 | 促进学生爱岗敬业、思维能力、团队合作意识等职业素养的养成 | 见表6“学生自评表” |
| | | | 线上互评（组内） | 线上测验 | 学生 | 20% | 全过程 | | 见表7“组内互评表” |
| | | | 线下师评 | 观察法 | 教师 | 30% | 全过程 | | 见表8“教师评价表” |
| 能力评价（终结性评价） | 按照维修手册标准，排除前置与微任务的综合性故障 | 尼桑–阳光维修手册 | 线下互评（组间） | 观察法 | 学生 | 30% | 课中 | 促进学生逻辑思维能力、专业能力、学习能力等综合职业能力的提升 | 见表9“‘怠速不稳’综合故障诊断与排除评分表” |
| | 维修方案 | | 线上点评 | 线上测验 | 专家 | 10% | 课中 | | 专家线上点评维修方案 |
| 学习效果评价 | 学生学习效果满意度 | 学习效果评价表 | 线上评价 | 调查法 | 学生 | 0% | 课后 | 评价教学效果 | 学习效果评价表 |

根据学业评价总体设计的权重，填写学生成绩汇总表（见表 5）。

表 5　学生成绩汇总表

| 学号 | 姓名 | 过程性评价（60%）（素养评价） | 终结性评价（40%）（能力评价） | 总分 |
|---|---|---|---|---|
| 1 | | | | |
| 2 | | | | |
| 3 | | | | |
| 4 | | | | |
| 5 | | | | |
| 6 | | | | |
| 7 | | | | |
| 8 | | | | |
| 9 | | | | |
| 10 | | | | |
| 11 | | | | |
| 12 | | | | |
| 13 | | | | |
| 14 | | | | |
| 15 | | | | |
| 16 | | | | |

### （二）学业评价方案实施

1. 线上自评（素养评价）

学生扫描二维码进行线上自评，评价内容见表 6。

表 6　学生自评表

小组：__________　姓名：__________　学号：__________

1. 本堂课你达成了全部学习目标吗？

□全部完成　□部分完成　□未完成

如果未完成，哪部分未完成？为什么？

2. 完成小组分工任务情况

□能独立完成组内分工任务

□得到组员协助完成分工任务

□组员帮我完成分工任务

□不知如何完成分工任务

如果任务分工完成情况不理想，哪部分未完成？为什么？

续表

3. 知识点能否理解掌握

□能

□否

如果未能完全掌握，哪部分不理解？

4. 你是组长吗？

□是

□否

如果你不是组长，你愿意当组长吗？下次上课会主动申请当组长吗？

5. 如果就自己本节课的表现打分，你会打多少分？

（注：优秀：90 ~ 100 分，良好：80 ~ 90 分，合格：70 ~ 80 分，不合格：70 分以下）

2. 组内互评

学生扫描二维码进行线上互评，评价内容见表 7。

表 7　组内互评表

小组：__________　姓名：__________　学号：__________

| 序号 | 考核内容 | 评价标准 | 配分 | 得分 |
|---|---|---|---|---|
| 1 | 参与态度（30 分） | 仪容仪表规范，按时出勤 | 10 | |
| | | 认真听讲并完成工作页 | 10 | |
| | | 积极参与讨论、主动动手操作 | 10 | |
| 2 | 协作精神（20 分） | 积极配合小组活动，服从安排 | 10 | |
| | | 积极参与讨论交流，能完整、清晰地表达想法，尊重他人的意见和成果 | 10 | |
| 3 | 创新实践（15 分） | 小组遇到问题时，能提出合理的解决方法 | 5 | |
| | | 活动中，能发挥个性特长，施展才能 | 10 | |
| 4 | 能力提高（15 分） | 活动中，能运用多种渠道收集信息 | 5 | |
| | | 善于观察，及时发现问题 | 10 | |
| 5 | 安全环保（20 分） | 遵循 8S 管理规范 | 20 | |
| 备注 | | 优秀：90 ~ 100 分　良好：80 ~ 90 分<br>合格：70 ~ 80 分　不合格：70 分以下 | | |
| 总分 | | | | |

3. 教师师评

教师根据下表，对每个学生进行过程性评价（见表 8）。

表 8　教师评价表

小组：__________　姓名：__________　学号：__________

| 评价项目 | 考核内容 | 评价标准 | 配分 | 得分 |
|---|---|---|---|---|
| 职业素养（30 分） | 参与态度 | 精神面貌良好 | 2 | |
| | | 学习态度积极 | 3 | |
| | 协作精神 | 积极参与讨论 | 2 | |
| | | 积极协助他人 | 2 | |
| | 安全环保 | 遵守操作规范 | 3 | |
| | | 遵守 8S 管理规范 | 3 | |
| | 创新实践 | 课堂表现有亮点 | 5 | |
| | 能力提高 | 独立回答问题 | 5 | |
| | | 独立排除故障 | 5 | |
| 知识技能（70 分） | 故障诊断 | 验证故障现象 | 3 | |
| | | 读取故障码 | 3 | |
| | | 查阅维修手册“空气流量计”部分 | 3 | |
| | 故障分析 | 读取数据流 | 8 | |
| | | 读取波形图 | 8 | |
| | | 编制维修方案 | 5 | |
| | 故障排除 | 排除线路故障 | 5 | |
| | | 排除空气流量计故障 | 10 | |
| | 工作页 | 工作页完成情况 | 25 | |
| 备注 | | 班组长协助教师完成所有学生的评价工作<br>优秀：90～100 分　良好：80～90 分<br>合格：70～80 分　不合格：70 分以下 | | |
| 总分 | | | | |

4. 组间互评

各小组根据表 9，对其他小组的工作进行评分。

表 9 “怠速不稳”综合故障诊断与排除评分表

| 竞赛小组 | | | 裁判签字 | |
| --- | --- | --- | --- | --- |
| 序号 | 项目 | 评分点 | 配分 | 得分 |
| 1 | 健康、安全、环保和作业准备（10 分） | 检查设备齐全，清洁工作场地 | 2 | |
| | | 规划工作场地，检查工具及维修手册 | 2 | |
| | | 车辆防护：车内三件套、车外三件套、驻车制动、车轮挡块 | 2 | |
| | | 检查机油、制动液、冷却液 | 2 | |
| | | 检查蓄电池，测量参考电压 | 2 | |
| 2 | 故障诊断（55 分） | 验证车辆故障 | 5 | |
| | | 读取故障码 | 5 | |
| | | 检查进气系统、空滤、进气管道是否堵塞 | 10 | |
| | | 检查点火线圈插头是否松动 | 10 | |
| | | 检查质量型空气流量传感器信号线电路，测量接头 F46 端子 3 电压及开路 | 10 | |
| | | 检查空气流量计是否损坏 | 15 | |
| 3 | 故障排除（25 分） | 插头恢复 | 5 | |
| | | 线路恢复 | 5 | |
| | | 更换空气流量计 | 5 | |
| | | 验证故障排除情况 | 10 | |
| 4 | 8S 管理规范（10 分） | 工具整理、场地清洁 | 10 | |
| 总分 | | | 100 | |

## 九、教学反思

### （一）教学效果

通过学习效果调查报告显示，学生对本节课的学习效果满意度为 100%，学习目标达成度为 88%，学习过程参与度为 88%。

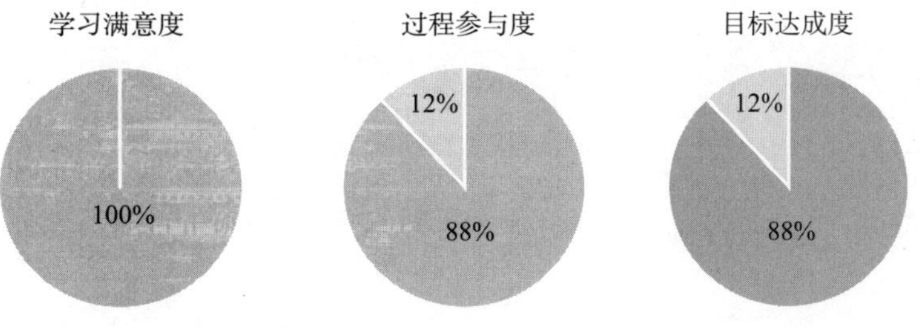

根据学生成绩汇总表显示，本节课的学生成绩平均分在 84 分左右，较前置课程平均成绩有明显提升（见图 13）。

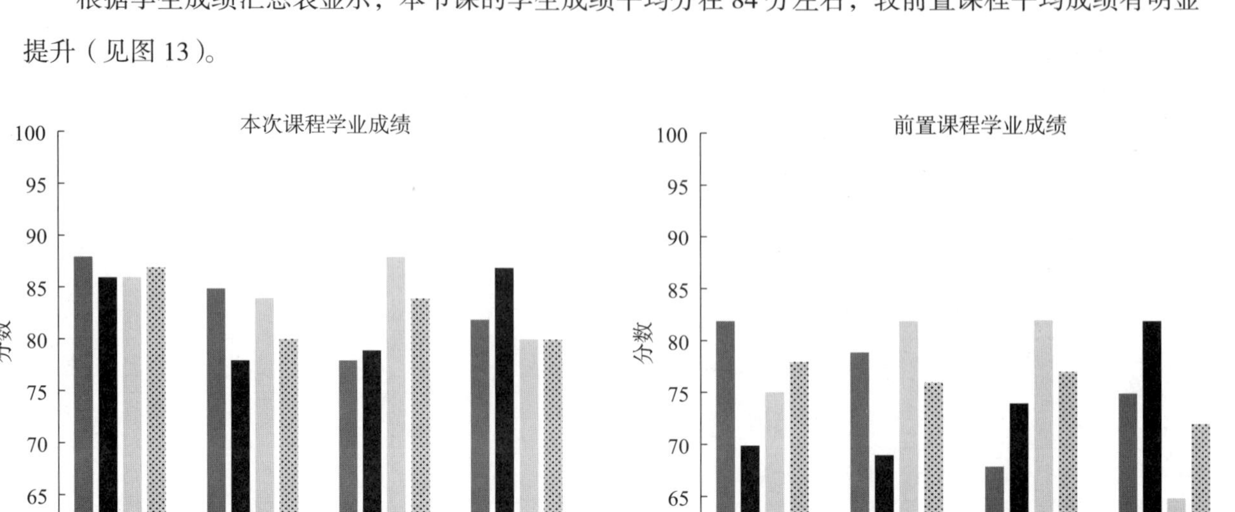


图 13　学业成绩对比

**（二）特色创新**

1. 主体突出，持续进步

学生作为三主体（时间、活动、评价）在课前、课中、课后阶段做到了“三个不停”，即不停学、不停做、不停评，获得了更多的学习时间和空间，自主学习能力、语言表达能力得到了增强，持续进步。

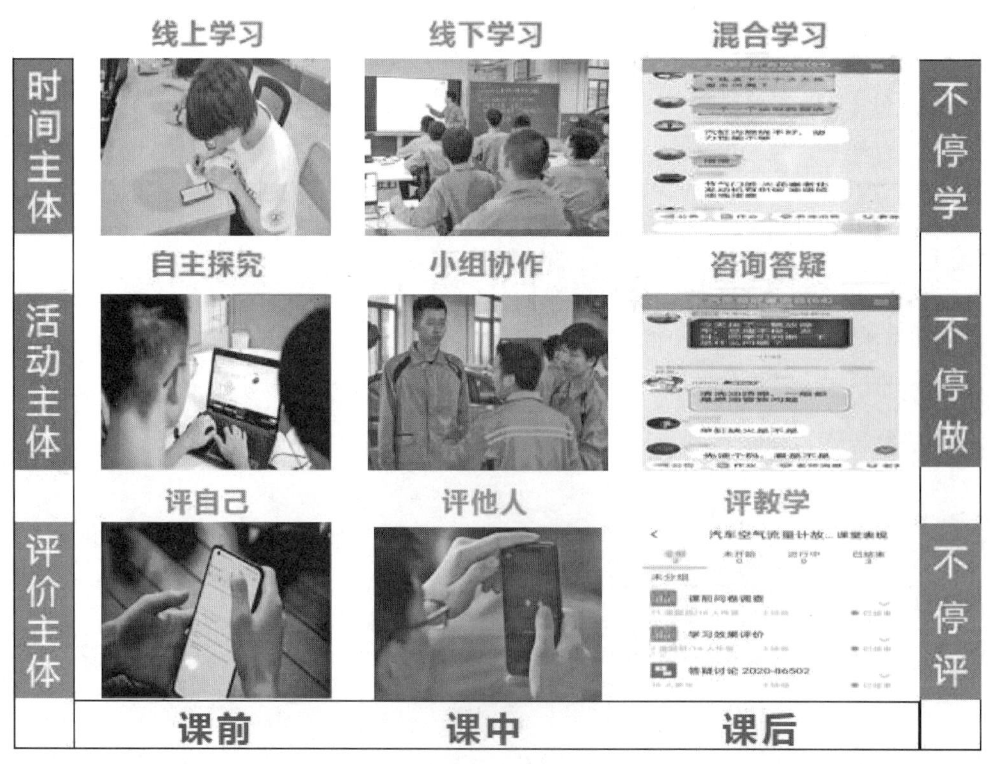

2. 资源丰富，助力教学

学习资源丰富，涵盖线上线下多种学习资源，按照维修小组组数及组内人员数量配置工位、教学用车、工具等硬件资源，再辅以工作页、维修手册、教材等纸质资源，保证每位学生的学习体验和效率，极大地促进学生的学习热情，增加学生的动手机会。经调查，学生对学习资源的满意度为100%。维修小组资源配备见表 10。

表 10　维修小组资源配备

| 资源名称 | 维修 A 组（4 人） | 维修 B 组（4 人） | 维修 C 组（4 人） | 维修 D 组（4 人） |
|---|---|---|---|---|
| 尼桑阳光教学用车 | 1 辆 | 1 辆 | 1 辆 | 1 辆 |
| 世达 120 件套 | 1 套 | 1 套 | 1 套 | 1 套 |
| 万用表 | 1 块 | 1 块 | 1 块 | 1 块 |
| 诊断仪 | 1 台 | 1 台 | 1 台 | 1 台 |
| FSA740 | 1 台 | 1 台 | 1 台 | 1 台 |
| 维修手册 | 1 本 | 1 本 | 1 本 | 1 本 |
| 工作页 | 4 本 | 4 本 | 4 本 | 4 本 |
| 辅助检测工具（如探针、跨接线、试电笔等） | 1 套 | 1 套 | 1 套 | 1 套 |
| 辅助维修工具（如三件套、挡块、手电筒等） | 1 套 | 1 套 | 1 套 | 1 套 |
| 笔记本电脑 | 1 台 | 1 台 | 1 台 | 1 台 |

3. 评价多元，手段丰富

除了传统线下评价外，本次教学加入了信息化的线上评价模式，既有“蓝墨云班课”线上调查，也有“二维码”线上评价，评价内容真实有效，评价方法省时省力，评价模式科学合理。

4. 技能竞赛，趣味提升

本次微任务技能竞赛强化了学生技能，配合相应的奖惩机制，充分调动了学生的积极性，提升了课堂的趣味性。

5. 思政融入，素养提升

本次微任务教学，旨在培养学生精益求精的工匠精神、节能环保的爱国情怀、热爱劳动的道德品质。

6. 学以致用，积极进取

学生加入汽修爱好者社团后，参与解答教师发布的各项故障问题，学习和实践的积极性显著提升，对所学的知识点记忆更加深刻。

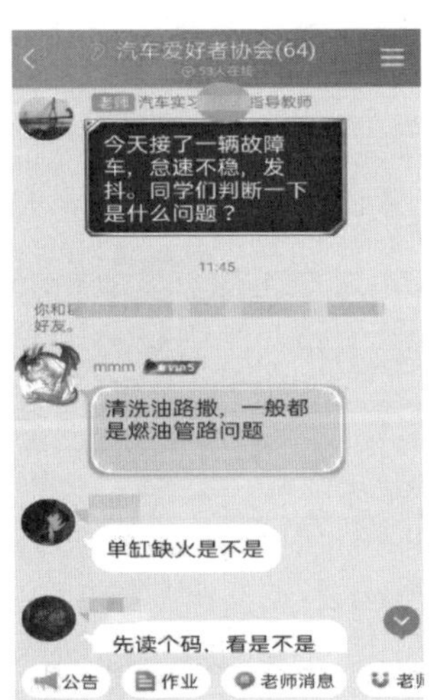


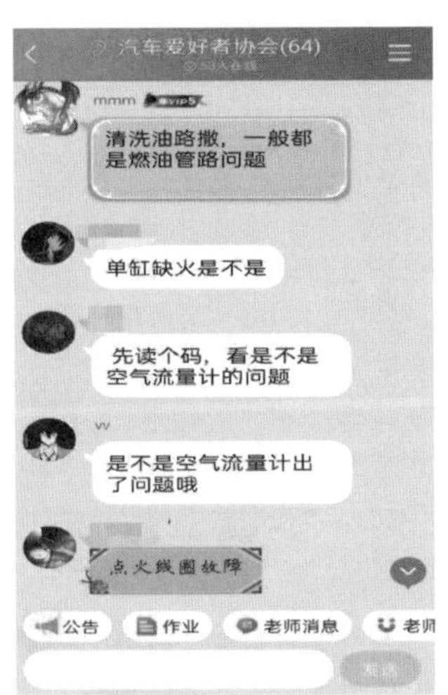


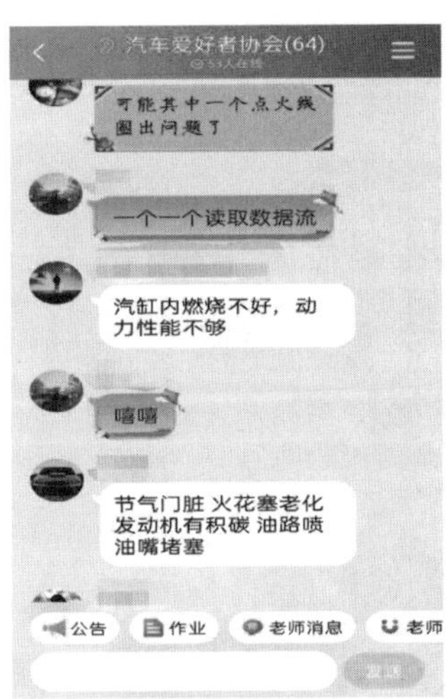


**（三）不足与改进**

1. 不足之处

（1）学生逻辑思维能力有待提高。

（2）教师教学语言独特性不足，吸引力较弱。

2. 改进方法

（1）加强学生流程图绘制的练习，提升其逻辑思维能力。

（2）提升自我教学能力，加强教学语言锻炼，营造积极的教学氛围。

## 作者简介

**姓名**：张道霖

**学校**：重庆五一技师学院

**获奖**：第二届全国技工院校教师职业能力大赛交通类项目一等奖

**获奖感言**：正所谓“育人先育己”，培养出适合企业需求的高素质人才是技工院校教师的责任。本次比赛对我来说，是一种锻炼和磨砺，将自身所学知识技能与日常教学紧密结合，深刻理解一体化教学理念，因地制宜，因人而异，激发学生的学习兴趣，达成学习目标，这是一名技工院校教师的初衷。

## 专家点评

“空气流量计故障诊断与排除”任务来源于《汽车维修专业国家技能人才培养标准及一体化课程规范（试行）》，作者能很好地理解其内涵和要义，选取的微任务具体、相对独立且典型。学习目标表述清晰、规范、明确、具体、可操作性强。学习内容分析详细，对接工作的各项要素，从知识、技能、素养三个方面做了较好的归纳，并对重点、难点突破和化解制定了相应的教学策略。教学过程对接工作过程，活动设计注重学习成果的输出与检验，通过技能竞赛活动有效地调动了学生学习的积极性，但在学时安排上略显仓促。

# BYD e5 汽车无法充电故障检修

江苏省常州技师学院 / 张世金

| 参赛项目类别 | 交通类 | | |
| --- | --- | --- | --- |
| 专业名称 | 新能源汽车检测与维修 | | |
| 课程名称 | 新能源汽车高压系统故障诊断与排除 | 参赛作品题目 | BYD e5 汽车无法充电故障检修 |
| 课　　时 | 4 课时 | 教学对象 | 初中生源六年制预备技师班（第 8 学期） |

## 一、选题价值

### （一）微任务来源

1. 微任务描述

纯电动汽车无法充电是指纯电动汽车在连接充电枪或充电桩后，无法对动力电池包进行补充充电。

用户发现自己的 BYD e5 纯电动汽车连接充电枪后充电指示灯不点亮，无法对动力电池进行充电，换用充电枪后也无法充电，客户将车开到 4S 店进行检修。维修组长根据任务分工决定把“BYD e5 汽车无法充电故障检修”任务交由维修班组负责完成。

工作过程：汽车维修工接到检修任务后，查阅 BYD e5 维修手册和电气原理图，筛选疑似故障点，制定检修步骤，检查高压安全防护装备，借用道通 908E 诊断仪缩小故障范围，利用工量具诊断疑似故障点找出故障，实施检修完成任务，最后交车验收。

2. 微任务在课程中的位置

新能源汽车检测与维修专业是第三批全国技工院校一体化课程教学改革试点专业，《新能源汽车检测与维修专业一体化课程规范（初稿）》中包含 13 门一体化课程，“新能源汽车高压系统故障诊断与排除”是其中第 9 门课程，“BYD e5 汽车无法充电故障检修”是第 3 个学习任务中的第 5 个学习活动，如图 1 所示。

“新能源汽车高压系统故障诊断与排除”课程是“新能源汽车检查与使用”“新能源汽车高压空调故障诊断与排除”等一体化课程的延伸和综合运用，是“新能源汽车疑难故障检测与诊断”等课程的基础，在课程体系中起到承前启后的作用。学生在未来就业中，将主要从事新能源汽车维修工作，这就需要按维修工单要求确定维修方案；以小组合作的方式完成新能源汽车高压系统、电气及电控部分的维护、检查、故障诊断与修复等工作，并完成检修报告。学习本课程，能提高学生高压安全防护意识和故障分析、检测、维修能力。

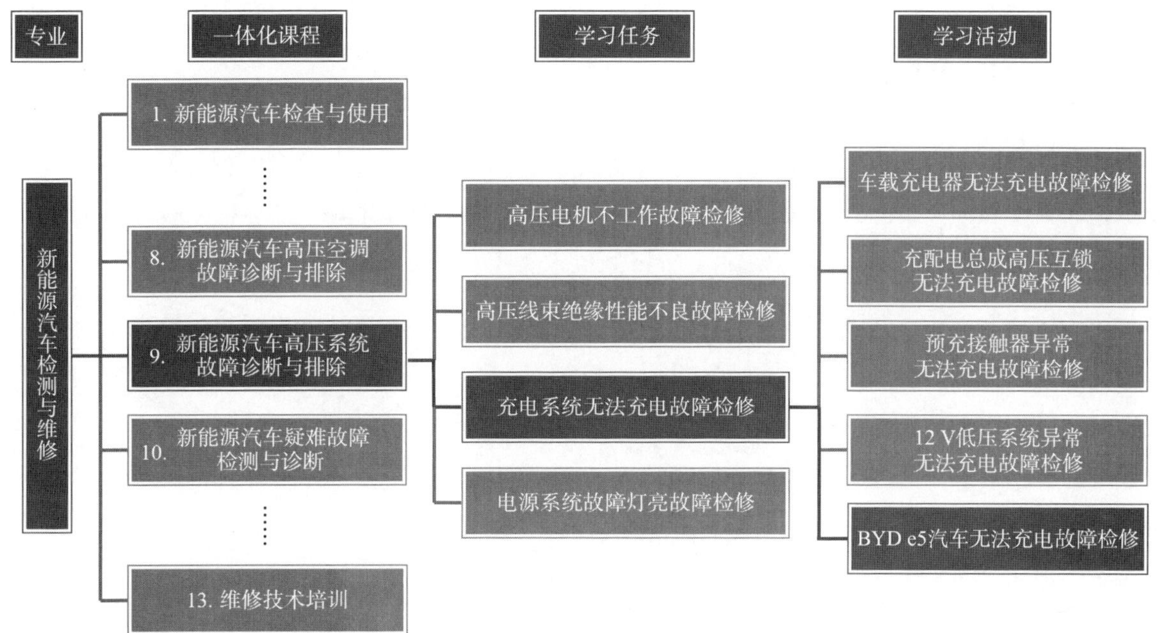


图 1　微任务来源

此前，学生已学习了检查高压安全防护装备、查阅电气原理图等内容，具备了根据电气原理图分析故障点、利用检测工具检修故障的能力。由于充电系统工作过程较复杂，因此本任务是充电系统无法充电故障检修的综合性微任务，学习本任务能提升学生对无法充电故障检修的综合能力。

**（二）完成微任务的能力要求**

为了使学习目标的制定更加精准，更高效地对接企业岗位能力要求，与企业专家共同分析完成本微任务的能力要求分析，结果见表 1。

表 1　能力要求分析

| 序号 | 能力类型 | 能力要求 |
|---|---|---|
| 1 | 专业能力 | 审阅接车问诊单、分析充电系统工作原理、筛选疑似故障点、制订检修计划、确定检修步骤、规范使用高压安全防护装备、按照检修步骤修复故障、自检并交车验收 |
| 2 | 方法能力 | 信息检索能力、制订计划的方法、数据处理的能力、评估工作的方式 |
| 3 | 社会能力 | 与同事团结协作攻克难题，与班组长、客户经理主动友善沟通交流 |
| 4 | 职业素养 | 新能源汽车维修的安全意识、环保意识、“6S”规范执行能力，检修过程中耐心细致、精益求精、热爱劳动、崇尚劳动、爱岗敬业的职业精神 |

### （三）微任务的典型性

1. 微任务顺应国家新能源汽车发展方向，有利于培养汽车维修行业紧缺人才

伴随着新能源汽车的迅猛发展，新能源汽车后市场应运而生，被称为“高级蓝领”的高级技工已经成为新能源汽车维修行业稀缺资源。学习本任务，有利于学生真正深入地了解新能源汽车维修行业，培养学生的职业认同感、自豪感。

2. 微任务是汽车维修人员的常见工作，有利于学生获得汽车维修工作经验

动力电池作为纯电动汽车的能量存储部件，汽车行驶后，需要及时补充电量。纯电动汽车充电时受工作环境和工作条件的影响，易产生“无法充电”故障，汽车维修工需要根据故障现象进行诊断、检修，恢复充电系统的功能。因此，纯电动汽车无法充电故障检修是汽车维修工一项常见的具体检修工作任务。学习本任务，有利于学生获取真实的纯电动汽车无法充电故障检修工作经验，更好地适应未来的岗位需求。

3. 微任务蕴含故障诊断的一般思路，有利于培养学生的故障诊断和排除能力

汽车维修工完成“BYD e5 汽车无法充电故障检修”工作，其工作过程如图 2 所示，是一项独立、完整的工作。

图 2 工作过程

按照企业真实检修任务，汽车维修工完成纯电动汽车无法充电故障检修工作需要熟知充电系统的工作原理，通过阅读接车问诊单、解读维修任务、查阅 BYD e5 维修手册和电气原理图、筛选疑似故障点、制定检修步骤、根据检修步骤实施检修；在检修过程中需要使用故障诊断仪读取、分析数据。通过该任务的学习，有利于提升学生的专业知识和技能水平，促进学生故障检修能力的提高。

4. 微任务蕴含“三电”系统的操作规范，有利于培养学生的安全防护意识

“三电”（电池、电机、电控）系统是新能源汽车的核心部件，而高压系统是电控系统的关键部件。在完成 BYD e5 汽车无法充电故障检修过程中，汽车维修工需要认真、仔细地检查高压安全防护装备，在高压安全防护装备的防护下完成故障诊断、检修、验收。通过该任务的学习，学生能进一步提升严谨规范、缜密细致的职业素养。

## 二、学情分析

### （一）班级概况

本微任务的学习者是新能源汽车检测与维修专业初中生源 4 年级学生，已经学习了“新能源汽

车检查与使用”“新能源汽车高压空调故障诊断与排除”等多门一体化课程，适应了一体化课程的学习方法，学生基本情况见表 2。

表 2　学生基本情况

| 项目 | 基本情况 |
|---|---|
| 班级 | 1643 班 |
| 专业名称 | 新能源汽车检测与维修专业 |
| 人数 | 16 人，全部为男生 |
| 年龄 | 19 ~ 20 岁 |
| 就业方向 | 面向新能源汽车售后服务企业，从事新能源汽车机电维修、新能源汽车性能检测、新能源汽车维修业务接待、新能源汽车销售等工作 |

**（二）职业能力**

测评意图：以“COMET 三维职业能力模型”① 为基础，对学习对象的能力内容、职业行动和能力要求进行测评和分析，其测评模型如图 3 所示。

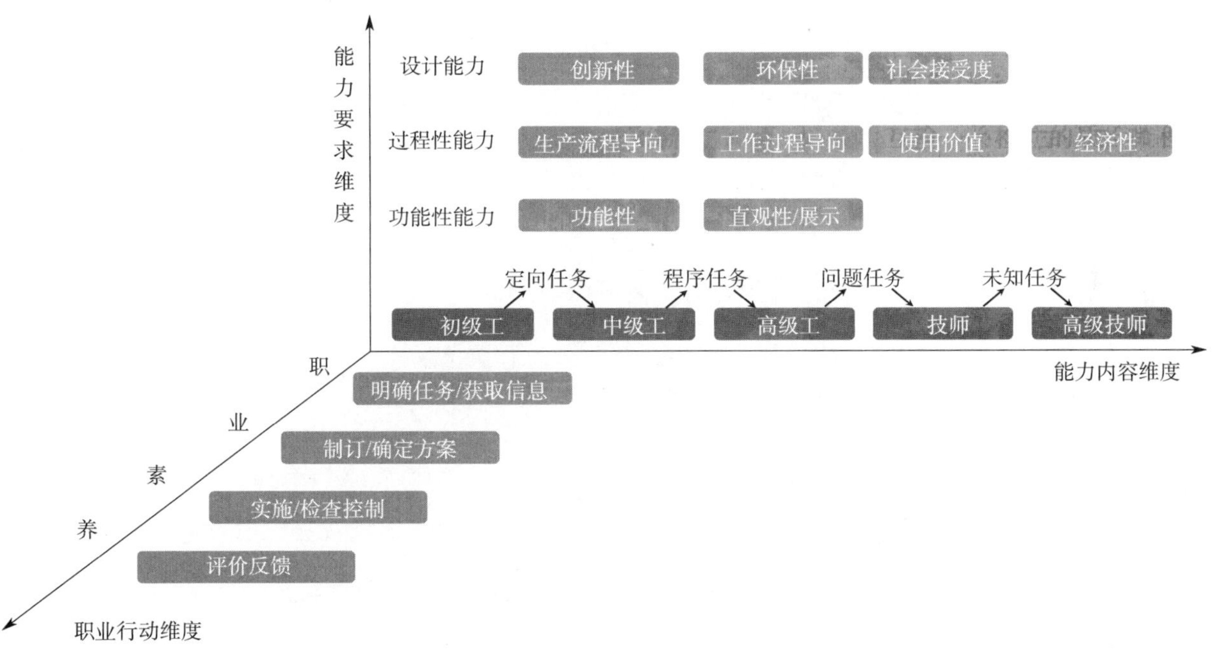


图 3　职业能力测评模型

测评项目及结果：由“职业能力测评模型”的能力内容维度可知，在设计职业能力测试试题时以程序任务为主，以问题任务为辅，以此为依据设计新能源汽车检测与维修专业能力测评试题，对学习对象进行水平测试，并对测试结果进行统计。其中制订计划环节需要操作者具备相关知识技能、

① COMET 是英文 Competence Development and Assessment in TVET 的缩写，是指职业能力与职业认同感测评项目。

质量意识、工作过程等知识，考虑创新性、环保性和社会接受度等能力。因此，最能反映操作者的职业能力水平，故选择此环节进行职业能力测评，见表 3。

表 3　职业能力测评

| 测评项目 | 测评结果 |
| --- | --- |

测评项目：

| 测评项目 | | | 得分率 |
| --- | --- | --- | --- |
| 明确任务/获取信息 | 从专业角度，恰当进行描述 | | 78% |
| | 能查阅维修手册等工具书，精准搜索网络资料 | | 75% |
| | 分析任务要求，层次分明、条理清晰 | | 72% |
| 制订计划 | 功能性能力 | 能正确识读维修手册 | 80% |
| | | 能写出充电系统的基础知识 | 78% |
| | | 检修工具的使用 | 82% |
| | | 故障诊断仪的使用 | 77% |
| | | 高压安全防护装备的使用 | 70% |
| | 过程性能力 | 检修计划的制订 | 72% |
| | | 疑似故障点的筛选 | 60% |
| | | 故障点的确定 | 60% |
| | | 故障修复 | 73% |
| 确定方案 | 方案内容正确、全面 | | 78% |
| | 从职业活动角度说明方案设计的理由 | | 70% |
| | 实现预期目标要求 | | 68% |
| 实施/检查控制 | 采取易于实现的方法，按企业工作过程顺利完成 | | 68% |
| | 在操作过程中刻苦钻研（**素养**） | | 70% |
| | 根据检修任务制订检修计划 | | 75% |
| | 有较强的安全操作意识（**素养**） | | 82% |
| | 操作过程中能够团队合作，完成分工任务（**素养**） | | 78% |
| | 能分析操作过程中的问题，并解决问题（**素养**） | | 70% |
| 评价反馈 | 从专业角度形象直观地展示 | | 74% |
| | 层次分明、条理清晰、易于理解 | | 72% |
| | 能客观、正确地评价操作结果 | | 70% |

测评结果：

学生能力水平得分率

|  |  |
| --- | --- |
| 故障检修 | 65% |
| 维修手册的查询 | 70% |
| 检修工具的使用 | 73% |
| 故障分析 | 60% |
| 电路图的识读 | 60% |
| 检修计划的制订 | 78% |

0%　20%　40%　60%　80%　100%

学生素养得分率

|  |  |
| --- | --- |
| 正确评价能力 | 80% |
| 分析、解决问题能力 | 68% |
| 安全操作意识 | 65% |
| 团结协作 | 78% |
| 刻苦钻研、严谨细致 | 62% |

0%　20%　40%　60%　80%　100%

测评结果分析：如图 4 所示。

已具备的能力

1. 能在“接车问诊单”的引导下，明确检修任务
2. 能制订检修计划
3. 能查阅维修手册
4. 能检查高压安全防护装备
5. 能使用故障诊断仪读取数据
6. 能倾听意见、分享经验

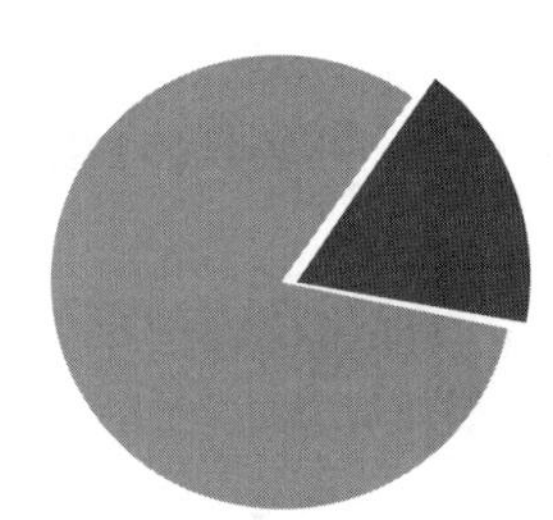

待提升的能力

1. 电气原理图的识读
2. 故障点的确定
3. 刻苦钻研、严谨细致的精神有待加强

图 4　职业能力测评结果分析

### （三）自主学习能力

测评意图：为在实际教学中设计合适的教学策略，更好地挖掘学生自主学习潜力，针对技工院校学生的特点，采用技工院校学生自主学习量表[①]进行测试。

测评工具及结果：见表 4。

① 本量表在“大学生自主学习量表”的基础上设计而来，每题均采用 6 级记分制，得分越高，说明自主学习能力越强。

表 4　自主学习能力测评

**测评工具**

齐默尔曼自主学习量表

| 类别 | 评价因子 | 题号 |
|---|---|---|
| 动机分量表 | 自我效能 | 3，9，15，20，24，27 |
| | 内在目标 | 4，10，16，21，25，28，30，32 |
| | 学习控制 | 5，11，17，22，26，29，31 |
| | 外在目标 | 6，12，18 |
| | 学习意义 | 7，13 |
| | 学习焦虑 | 8，14，19，23 |
| 策略分量表 | 一般方法 | 33，39，45，51，56，60，63，65，67，69，70，71 |
| | 学习求助 | 34，40，46，52，57，61，64，66，68 |
| | 学习计划 | 35，41，47，53，58，62 |
| | 学习总结 | 36，42，48，54，59 |
| | 学习评价 | 37，43，49 |
| | 学习管理 | 38，44，50，55 |

说明：38，44，50，55为反向计分

**测评结果**

| 因子 | 平均得分 |
|---|---|
| 自我效能 | 4.7 |
| 内在目标 | 5.2 |
| 学习控制 | 4.8 |
| 外在目标 | 4.1 |
| 学习意义 | 4.9 |
| 学习焦虑 | 4.4 |
| 一般方法 | 4.9 |
| 学习求助 | 4.6 |
| 学习计划 | 4.6 |
| 学习总结 | 4.6 |
| 学习评价 | 4.5 |
| 学习管理 | 3.4 |
| 总计 | 4.6 |

测评结果分析：

平均值：4.6 分，学生具备较好的自主学习能力。

最高值：5.2 分，学生在学习过程中，具备发自内心的学习意愿，关注知识和技能的自我提高。

最低值：3.4 分，学生的学习行为、学习时间的协调和控制能力不够。

通过以上分析，教师在教学过程中需要关注学生任务完成的进度，充分调动学生的主观能动性和自主学习习惯，同时注重培养学生的学习管理能力，引导学生充分、合理地利用和安排学习时间。

**（四）学生特征**

根据以上职业能力以及自主学习能力分析结果，结合教师平时对学生行为的观察，得出该班学生的能力特征（见表 5），为本次学习目标的制定和教学方法的采用提供了依据。

表 5　学生的能力特征

| 项目 | 能力特征 |
|---|---|
| 学习习惯 | 习惯一体化培养模式，熟悉信息化教学手段<br>学习时间的协调和控制能力不足 |
| 学习态度 | 较强的学习意愿<br>更喜欢与性格相投的同学合作，学生在遇到复杂问题时存在嫌麻烦和侥幸心理 |
| 学习兴趣 | 喜欢动手实践，希望得到认可及关注<br>充满好奇心，表现欲强 |
| 学习特点 | 喜欢直观性学习和动手实践<br>喜欢自我表达但水平欠缺 |

优：熟知故障检修规程并能熟练使用故障诊断仪读取数据，能使用检修工量具

弱：学生对疑似故障点的检测、判断能力不足

优：具备查阅维修手册、电气原理图，使用网络搜索工具的能力

弱：学生根据故障现象分析疑似故障点的能力不足

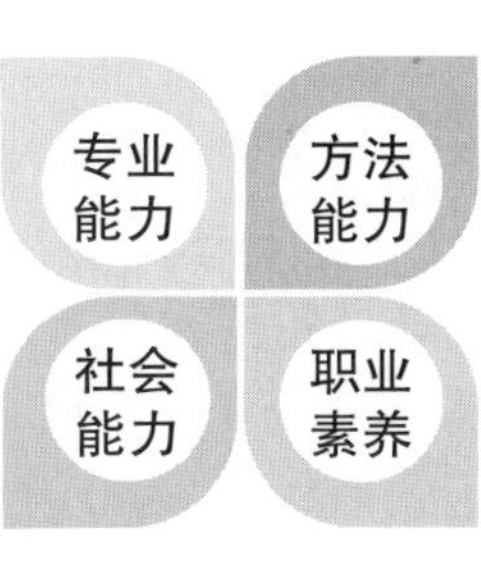


优：喜欢团队合作，乐于分享展示，能进行互评和自评

弱：学生利用专业术语交流能力不足，有待提高

优：适应小组协作的学习模式，有自我意见表达的能力，愿意倾听别人的意见，有团结协作意识

弱：耐心细致、精益求精的精神有待加强

## 三、学习目标

### （一）制定依据（见图5）

依据一体化课程目标（见表6）、微任务能力要求（见表1）和学生的能力特征（见表5），校企合作与企业专家共同制定本微任务的学习目标。满足学生未来就业岗位需求，提高岗位胜任力，提升学生高压系统故障诊断的检修能力，使其在工作中体会、践行工匠精神，培养热爱劳动、爱岗敬业的工作态度，提升职业自豪感、认同感，促进职业能力的长远发展。

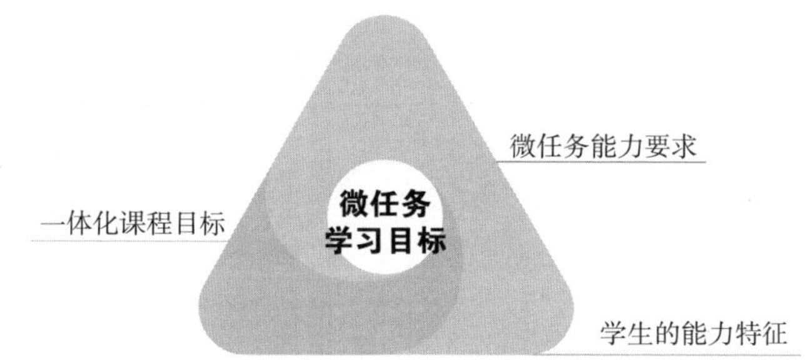


图5　学习目标制定依据

表6　一体化课程目标

| 一体化课程名称：新能源汽车高压系统故障诊断与排除 | 基准课时：146 |
|---|---|
| 课程目标 | |
| 通过本课程的学习，学生应当：<br>1. 能按维修接待工作规范和专业问诊法与客户沟通，快速获取有效故障信息，确认故障现象。<br>2. 能参照维修手册和前期获取的相关信息，综合分析故障原因，制定合理的故障诊断流程。<br>3. 能按故障诊断技术规范，在规定的时间内完成故障点的查找及维修方案的制订，在客户确认维修方案后，根据维修手册要求，实施维修作业。在维修过程中严格遵守诊断技术规范和企业车间安全、环保管理制度及6S管理规范。<br>4. 能按企业内部检验规范进行相应作业项目的自检，并正确填写维修工单的完成时间、自检结果及维修建议，确认签字后提交班组长检验。<br>5. 严格遵守汽车维修从业人员的职业道德，在维修过程中爱护车辆，养成良好的职业习惯。 | |

### （二）具体学习目标（见表7）

表7　具体学习目标

| 课前目标 | |
|---|---|
| 目标 | 设计意图 |
| 1. 查阅BYD e5电气原理图，能在前舱实物图中标出充电系统各部分的名称，并写出充电系统各部分的功能 | 学情：具备一定的信息检索、归纳能力<br>能力/素养预期：充电系统各部分的位置和功能知识点获取 |
| 2. 查询纯电动汽车发展的过程和意义，能说出纯电动汽车对环保的意义 | 学情：具备一定的信息检索能力<br>能力/素养预期：树立环保理念，激发自豪感、使命感、职业认同感 |

续表

| 课中目标 | |
|---|---|
| 目标 | 设计意图 |
| 3. 观看“BYD e5 汽车无法充电”视频，能阐述故障现象 | 学情：具备自我探究、分析问题能力，在公开场合表达自己的能力<br>能力 / 素养预期：车辆充电时正常工作状态的识别能力 |
| 4. 结合充电系统工作原理动画，听教师讲解工作原理，能复述充电系统的工作原理 | 学情：对一体化教学有一定的理解<br>能力 / 素养预期：强化充电系统的工作原理等知识点 |
| 5. 能根据故障现象筛选疑似故障点 | 学情：具备一定的信息检索能力，对故障有一定的分析能力<br>能力 / 素养预期：筛选疑似故障点 |
| 6. 能根据接车问诊单，小组协作制订工作计划和检修步骤 | 学情：具备一定的团队协作、制订计划 / 步骤、总结归纳的能力<br>能力 / 素养预期：制订工作计划的能力 |
| 7. 能双人协作完成高压安全防护装置的检查 | 学情：具备一定的团队协作能力和高压安全防护意识<br>能力 / 素养预期：学生双人协作完成高压安全防护装备的检查，提升团队协作能力 |
| 8. 按照检修流程，小组协作拆装充电系统接插件，完成疑似故障点的检测，确定故障点 | 学情：具备电气原理图、维修手册的查询能力，了解检修工具的使用方法<br>能力 / 素养预期：疑似故障点的检测、修复能力，提升团队协作、语言表达能力 |
| 9. 按照检修标准，小组协作排除故障，且无衍生故障 | 学情：具备查阅维修检修标准的能力<br>能力 / 素养预期：培养服务至上、责任担当的意识 |
| 10. 按 6S 管理规范，完成维修现场恢复 | 学情：具备规范整理现场及工量具放置的能力<br>能力 / 素养预期：养成按规范整理检修工具、恢复现场的习惯；强化安全意识、环保意识 |
| 课后目标 | |
| 目标 | 设计意图 |
| 11. 借助微信等现代化信息平台，能图文并茂地宣传纯电动汽车的发展意义 | 学情：对纯电动汽车的发展有一定的认识和理解<br>能力 / 素养预期：增强文化自信，激发保护环境的使命感 |

## 四、学习内容

学习内容是在对完成“BYD e5 汽车无法充电故障检修”任务的工作各要素进行分析的基础上，按照工作过程，用鱼骨图对完成工作任务所需的知识点、技能点和素养进行梳理和分析，并结合学情进行确定。

### （一）工作要素分析

为了确保学习内容的完整性和客观性，从工作对象，工作要求，工作方法，劳动组织形式，工具、材料、设备与资料等方面，对微任务的工作要素进行全面分析，见表8。

表8 工作要素分析

<table>
<tr><th>工作对象</th><th>工具、材料、设备与资料</th><th>工作要求</th></tr>
<tr><td>1. 电气原理图、维修手册的识读<br>2. 高压安全防护装备的检查<br>3. 无法充电故障的检修<br>4. 车辆的验收、交付</td><td>1. BYD e5 电路图<br>2. BYD e5 维修手册<br>3. 高压安全防护装备、钳形万用表、故障诊断仪等<br>4. 工作页</td><td rowspan="3">1. 需按故障现象，识读电路图、维修手册，筛选故障范围<br>2. 按高压安全防护装备操作规范检查防护装备<br>3. 按检修流程，完成故障排除<br>4. 按验收标准交付车辆，按6S管理规范恢复现场</td></tr>
<tr><th>工作方法</th><th>劳动组织形式</th></tr>
<tr><td>1. 讲解法<br>2. 小组讨论法<br>3. 资料查询法<br>4. 总结归纳法<br>5. 评价法<br>6. 实践法</td><td>1. 双人协作完成故障诊断与修复<br>2. 独立完成接车问诊单</td></tr>
</table>

### （二）学习任务分析

通过对完成学习任务主要步骤的分析，依据完成“BYD e5 汽车无法充电故障检修”的工作需求和学习目标，梳理完成本任务所需要的知识点和技能点，如图6所示（带下画线的为已学内容）。

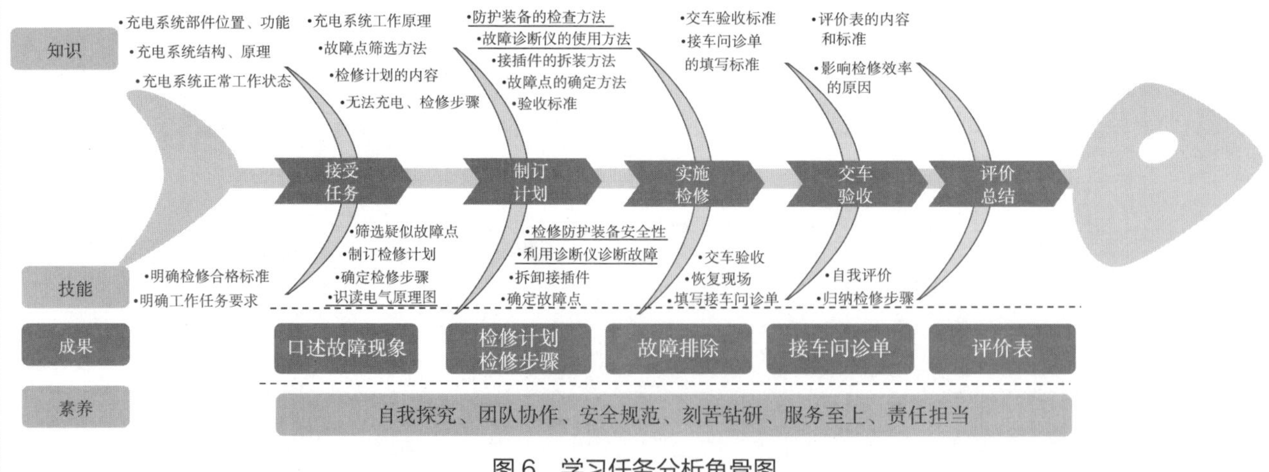


图6 学习任务分析鱼骨图

### （三）学习内容确定

根据工作要素分析和学习任务分析，结合学生的能力基础，确定本任务的学习内容（见表9）。

表 9　学习内容

| 序号 | 学习内容 | 对应的学习目标 |
| --- | --- | --- |
| 1 | 充电系统在实车上的位置及其功能 | 学习目标 1 |
| 2 | 纯电动汽车对环保的意义 | 学习目标 2 |
| 3 | 充电系统正常工作状态的特征 | 学习目标 3 |
| 4 | 充电系统的工作原理 | 学习目标 4 |
| 5 | 无法充电故障疑似故障点的筛选 | 学习目标 5 |
| 6 | 无法充电故障检修计划和检修步骤 | 学习目标 6 |
| 7 | 高压安全防护装置的检查方法 | 学习目标 7 |
| 8 | 接插件的拆装、检测方法 | 学习目标 8 |
| 9 | 故障点的确定 | 学习目标 8 |
| 10 | 交车验收标准 | 学习目标 9 |
| 11 | 评价表的内容和标准 | 学习目标 10 |
| 12 | 制作环保宣传推文的方法 | 学习目标 11 |

**（四）学习重点和难点（见表 10）**

表 10　学习重点和难点

<table>
<tr><td rowspan="3">学习重点</td><td>重点</td><td>疑似故障点的筛选</td></tr>
<tr><td>确定依据</td><td>造成无法充电故障的原因与充电系统的部件、线路异常有关，学生能够根据故障现象，对电路图进行分析，筛选疑似故障点，该环节是完成检修任务的关键，也是本任务的核心</td></tr>
<tr><td>突破方法</td><td>1. 动画演示　学习原理：教师讲解工作原理，利用动画演示便于学生理解<br>2. 在线检测　验证效果：通过在线检测，检验学生对充电系统工作原理的掌握情况<br>3. 分析原理　缩小范围：根据故障现象，结合工作原理，利用排除法缩小故障范围<br>4. 顺藤摸瓜　筛选疑点：利用学习资源“充电系统工作原理→整车电路图→前舱线束图”，引导学生逐步查找疑似故障点引脚号</td></tr>
<tr><td rowspan="3">学习难点</td><td>难点</td><td>故障点的确定</td></tr>
<tr><td>确定依据</td><td>学生能使用故障诊断仪读取数据，但根据故障现象对数据综合分析能力较薄弱；能使用检修工具对疑似故障点进行检测，但是不够细心、仔细，效率偏低</td></tr>
<tr><td>突破方法</td><td>1. 检查线束　显而易见：在高压安全防护装备的防护下，对前舱高压线束进行检查，确保无高压线松脱<br>2. 仪器读码　疑点减半：借用导通 908E 故障诊断仪读取故障码，排除疑似故障点<br>3. 按照流程　逐一检查：根据制定的检修步骤，利用检修工具对疑似故障点进行逐一检测、排除</td></tr>
</table>

## 五、学习资源

为了保证“BYD e5 汽车无法充电故障检修”学习任务的顺利实施，使学生在问题引导和任务驱动下达成学习目标，本任务选用“理实一体化”的汽车维修车间为学习场地（见图 7），以“BYD e5 汽车无法充电故障”为载体，以维修手册、电气原理图为标准，以工作页为引导，以投影仪、教学视频为手段，具体的学习资源见表 11 ~ 表 14。

集中教学区
分组学习区
汇报展示区

维修操作区
工具存放区

资料查询区

图 7　学习场地

集中教学区：配备投影仪，用于视频、课件的播放和教师集中讲授，方便学生直观学习。

分组学习区：配置桌椅（分为 4 个学习小组），用于学生自主学习和小组讨论。

汇报展示区：配备实物投影仪，用于学习计划、工作步骤、评价结果等的展示，方便学生成果汇报和相互交流。

维修操作区：设有 4 个维修工位，每个工位配置 BYD e5 实训车辆 1 台、举升设备 1 台，以真实的企业维修工作情境进行任务实施。

工具存放区：配置钳形万用表、绝缘测试仪、道通 908E 故障诊断仪等电动汽车常用检修工量具，以及车内四件套等耗材若干，便于检修使用。

资料查询区：配备 BYD e5 汽车电气原理图、维修手册等，用于学生进行资料查询和自主学习。

### （一）劳动安全防护用品（见表 11）

表 11　劳动安全防护用品

| 资源名称 | 资源图片 | 运用环节 | 资源用途 |
| --- | --- | --- | --- |
| 洗手液（1 瓶） |  | 检修任务结束后 | 检修任务结束后，清洗手上的油污，为学生卫生、健康行为习惯的养成提供物资支持 |
| 医用急救箱（1 个） |  | 贯穿课中 | 为课中意外伤害提供紧急救治的医疗保障 |

（二）信息平台资源（见表 12）

表 12　信息平台资源

| 平台名称 | 资源图片 | 运用环节 | 资源用途 |
|---|---|---|---|
| 问卷星 | 问卷星 — wjx.cn — | 课中、课后测试 | 用于充电系统工作原理测试、情感态度测试 |
| 腾讯课堂 | 腾讯课堂 | 课前、课中、课后 | 帮助教师发布课前、课中、课后任务；提供学习资源电子文件，在线收取和批阅作业；帮助小组讨论和师生讨论时发布各类信息及资料 |

（三）学习硬件资源（见表 13）

表 13　学习硬件资源

| 硬件名称 | 资源图片或示意图 | 运用环节 | 资源用途 |
|---|---|---|---|
| BYD e5 汽车（4 辆） |   | 检修过程 | 任务实施的载体，帮助学生在真实的检修过程中学习知识和技能 |
| 道通 908E 故障诊断仪（4 台） |  inwinic BYD 比亚迪汽车 BYD AUTO | 检修过程 | 用于故障数据的读取，为学生确定故障点提供依据 |
| 高压安全防护装备（8 套） | 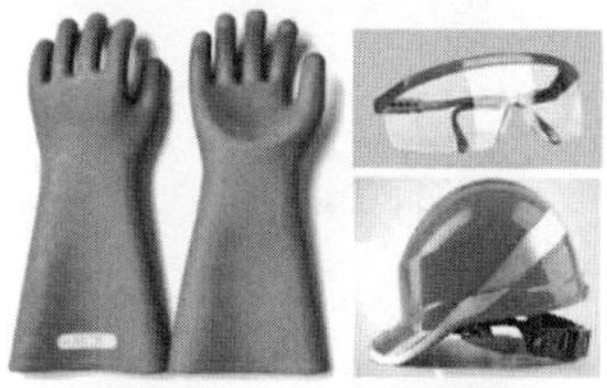  | 检修过程 | 培养学生的安全意识，同时养成良好的职业素养 |
| 检测工具（4 套） |   | 检修过程 | 为故障点的确定提供依据 |
| 测试线套装（4 套） | 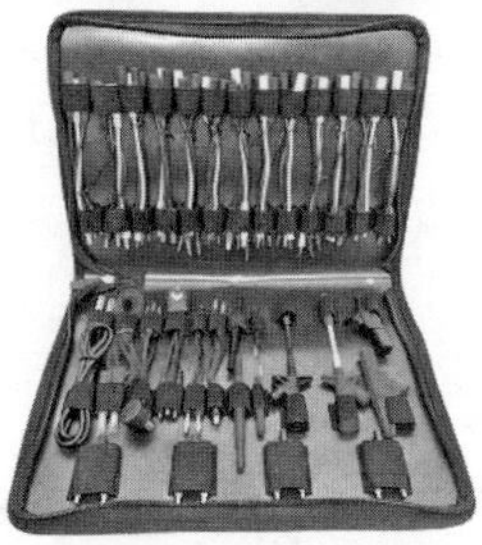  | 检修过程 | 用于线路的测量 |

续表

| 硬件名称 | 资源图片或示意图 | 运用环节 | 资源用途 |
| --- | --- | --- | --- |
| 笔记本电脑（8 台） | | 学习全过程 | 在筛选疑似故障点时以及故障检修过程中，为学生查阅资料提供依据 |
| 实物投影仪（1 台） | | 检修计划展示 | 将学生的工作计划表、流程图等投影至大屏幕，使展示更为便捷 |

**（四）学习软件资源（见表 14）**

表 14　学习软件资源

| 类别 | 名称 | 资源图片或示意图 | 导学问题 | 资源用途 |
| --- | --- | --- | --- | --- |
| 教材参考资源 | BYD e5 汽车无法充电故障工作页（16 份）<br>应用：课中 | | 无法充电工作过程、内容和方法是什么？ | 引导学生按“BYD e5 汽车无法充电故障”检修工作过程学习，培养学生的自我学习意识 |
| | 接车问诊单（16 份）<br>应用：课中 | | 无法充电的检修内容、检修步骤是什么？ | 引导学生明确学习任务要求 |
| | BYD e5 电气原理图（含整车电路图、前舱线束图、接插件引脚图）（8 份）<br>应用：课中 | | 疑似故障点的引脚号在什么位置？ | 帮助学生查找疑似故障点的接插件、引脚号，培养学生信息检索、资料查阅的能力 |

续表

| 类别 | 名称 | 资源图片或示意图 | 导学问题 | 资源用途 |
|---|---|---|---|---|
| 教材参考资源 | BYD e5 维修手册<br>（8 份）<br>应用：课中 | 比亚迪汽车 BYD AUTO e5 维修手册<br>维修手册 | 无法充电部件检测的判断依据是什么？ | 帮助学生制定检修步骤，培养学生制定检修步骤、资料查阅的能力 |
| 视频资源 | BYD e5 汽车<br>无法充电视频<br>（时长：2 min）<br>应用：任务引入 | | BYD e5 汽车正常充电时的状态是什么？ | 通过演示无法充电故障状态，引入学习任务，激发学生思考 |
| 评价资源 | 教师评价表<br>（1 份）<br>应用：课中 | 教师评价表 | 教师评价表有哪些评价指标？ | 教师对学生完成任务过程中的技能、素养进行考核，诊断学生任务的达成度和学习目标的完成情况 |
| | 组内互评表<br>（16 份）<br>应用：课中 | 组内互评表 | 组内互评表有哪些评价指标？如何客观评价组内成员？ | 引导学生互评，督促学生规范操作，促进学生认真完成任务，使评价者在互评中完成知识学习和素质养成 |
| | 学生自评表<br>（16 份）<br>应用：课中 | 学生自评表 | 学生自评表中有哪些评价指标？如何进行自我客观评价？ | 引导学生自我评价，促进学生对自己的学习行为进行反思 |

续表

| 类别 | 名称 | 资源图片或示意图 | 导学问题 | 资源用途 |
|---|---|---|---|---|
| 评价资源 | 学生对教师满意度的问卷调查<br>（16 份）<br>应用：课后 | 学生对老师满意度问…<br>1.您的性别：<br>○ 男<br>○ 女<br>2.你的老师对课堂氛围的调动<br>○ 很注重调动同学的积极性，课堂氛围很活跃<br>○ 偶尔穿插趣事，课堂氛围较轻松<br>○ 几乎不调动，很古板<br>3.老师与同学间的关系<br>○ 经常与同学沟通，和朋友一样<br>○ 偶尔与学生交流<br>○ 完全不和学生沟通，下课就不见人影<br>4.你觉得老师讲的内容<br>○ 很简单，比较轻松<br>○ 差不多能听懂，但有些知识无法掌握<br>○ 太难，完全听不懂 | 你觉得教师的授课效果如何？ | 使学生的学业发展水平测评更全面，有利于促进学生核心素养发展 |
| | 情感态度测试表<br>（16 份）<br>应用：课后 | 情感态度测试表 | 你对自己在本次课中的表现满意吗？ | 检测学生情感态度的变化 |

## 六、教学实施

### （一）教学策略

1. 设计理念

教学策略设计理念如图 8 所示，坚持“德才双馨”育人目标、“工学一体”育人路径，以企业真实工作任务作为学习内容；将“学生中心、教师主导”有机融合，采用“线上线下”相结合的“混合式学习”，将课中教学拓展至课外；课中按照“行动导向”教学理念组织教学，突出“立德树人、能力本位”的教育思想，把工匠精神、劳动教育和社会主义核心价值观融入其中，以提升学生职业素养和综合职业能力，促进学生正确价值观的养成。评价主体多元，由学生、教师、企业专家、客户协商共定标准，评价贯穿教学始终、及时可视，以达到评价过程和结果的一致性，提升学生就业时的企业接受度。

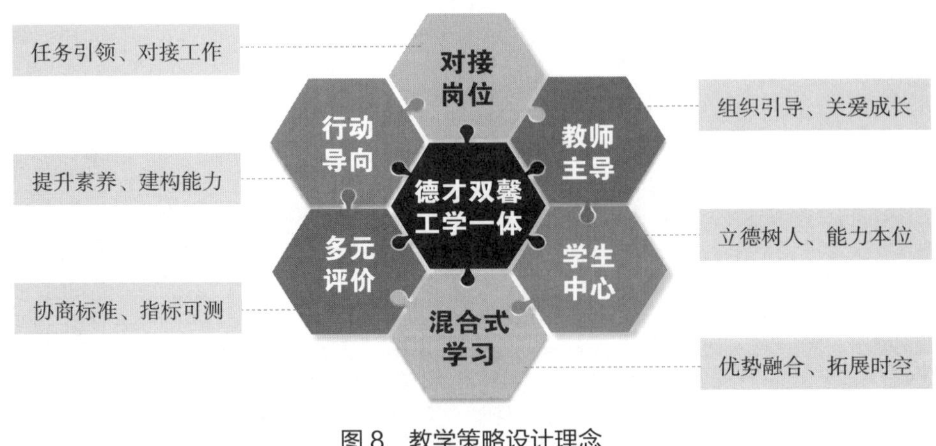


图 8　教学策略设计理念

2. 具体策略

按照教学策略设计理念，本任务围绕“德才双馨、工学一体”理念，从教学组织、学习方法、教学方法、教学手段、教学评价、教学环境等方面设计，如图 9 所示。

**教学组织**

1. 集中教学：课中教师利用动画演示，对充电系统工作原理进行讲解
2. 小组协作：按照企业维修标准，实行双人操作，完成故障检修。另设两名安全员，对操作员进行安全提醒、组内评价
3. 线上线下混合式教学：拓宽学习时间和空间

**学习方法**

1. 自主学习：课前学习充电系统各部分的组成、功能，为课中学习奠定基础
2. 小组讨论：小组协作完成无法充电故障检修任务的检修计划、检修步骤
3. 角色扮演：对接工作岗位，模拟维修任务，培养良好的职业素养

**教学方法**

1. 任务驱动法：在工作页的引导下采用任务驱动法完成检修任务
2. 情境教学法：创设真实的企业维修情境，让学生体验真实的检修工作过程
3. 评价法：通过组内互评、学生自评、教师评价对学习成果进行多维度评价

**教学手段**

1. 微视频：观看“BYD e5汽车无法充电故障”视频，明确检修任务
2. 问卷星：在线测试，检测学生对充电系统工作原理的理解
3. 动画演示：通过动画演示讲解充电系统的工作原理，加深学生的理解
4. 故障车辆：创设真实工作情境，培养学生故障诊断与分析能力

**教学评价**

1. 评价主体多元化：采用学生自评、组内互评、教师评价相结合的评价方式
2. 评价指标标准化：参考世赛的评价标准
3. 评价过程流程化：依据汽车维修工的职业活动过程展开
4. 评价内容可视化：评价内容具体、可测
5. 评价体系认同化：主体、指标、过程、内容、结果达成共识

**教学环境**

1. 集中教学区：通过动画演示讲解充电系统的工作原理，制订检修计划并展示
2. 维修操作区：小组协作，完成“BYD e5汽车无法充电故障检修”任务
3. 学习氛围：轻松、融洽、开放、合作、协作

图 9 教学策略

## （二）教学过程

依据“BYD e5 汽车无法充电故障检修”工作过程，设计本次课程的学习过程，并以此组织教学，如图 10 所示。

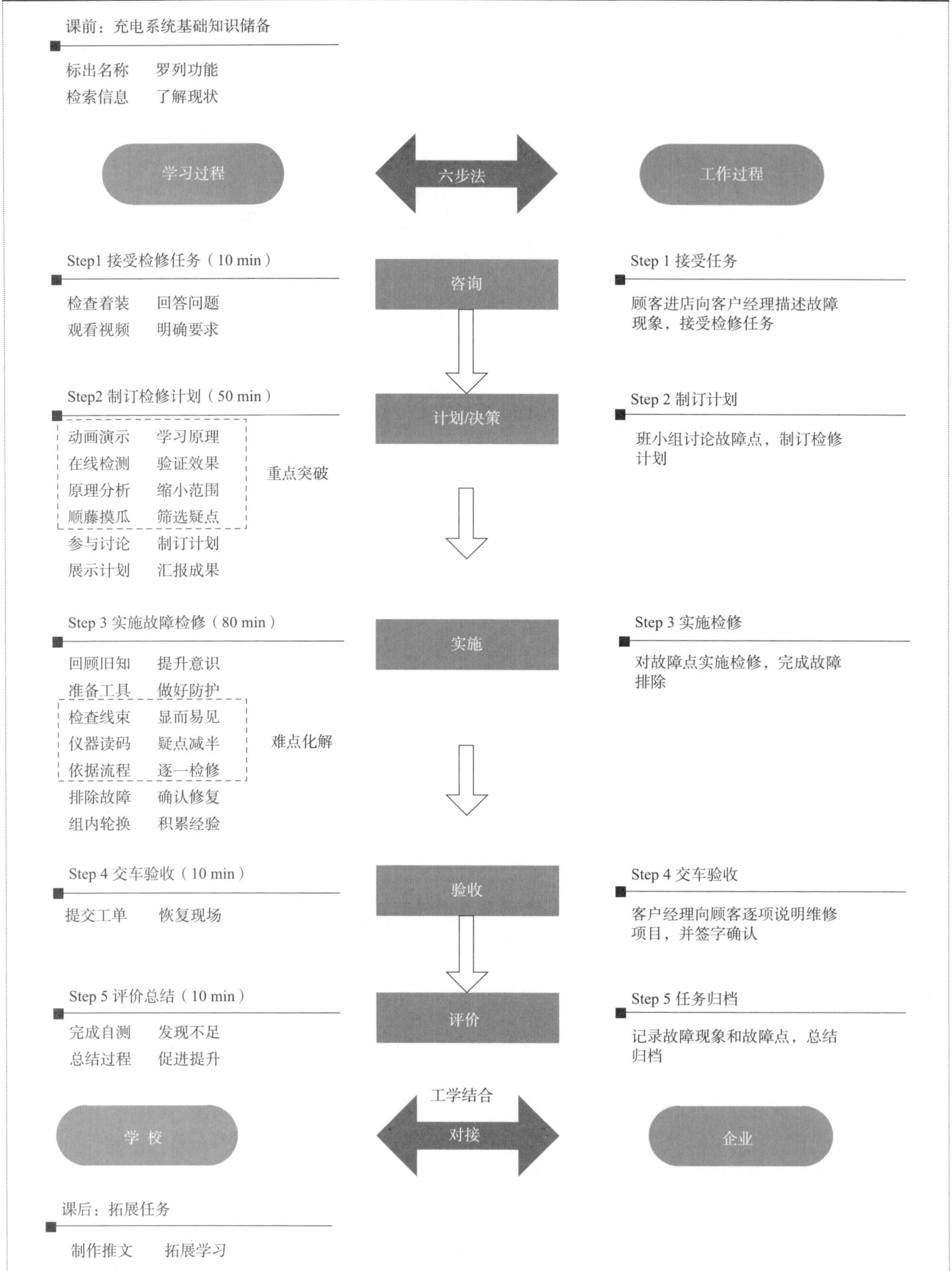

课前：充电系统基础知识储备

标出名称　罗列功能
检索信息　了解现状

学习过程　六步法　工作过程

**Step1 接受检修任务（10 min）** — 咨询 — **Step 1 接受任务**

检查着装　回答问题
观看视频　明确要求

顾客进店向客户经理描述故障现象，接受检修任务

**Step2 制订检修计划（50 min）** — 计划/决策 — **Step 2 制订计划**

重点突破：
动画演示　学习原理
在线检测　验证效果
原理分析　缩小范围
顺藤摸瓜　筛选疑点

参与讨论　制订计划
展示计划　汇报成果

班小组讨论故障点，制订检修计划

**Step 3 实施故障检修（80 min）** — 实施 — **Step 3 实施检修**

回顾旧知　提升意识
准备工具　做好防护

难点化解：
检查线束　显而易见
仪器读码　疑点减半
依据流程　逐一检修

排除故障　确认修复
组内轮换　积累经验

对故障点实施检修，完成故障排除

**Step 4 交车验收（10 min）** — 验收 — **Step 4 交车验收**

提交工单　恢复现场

客户经理向顾客逐项说明维修项目，并签字确认

**Step 5 评价总结（10 min）** — 评价 — **Step 5 任务归档**

完成自测　发现不足
总结过程　促进提升

记录故障现象和故障点，总结归档

学 校　工学结合　对接　企业

课后：拓展任务

制作推文　拓展学习

图 10　教学流程图

<table>
<tr><th colspan="6">课前学习</th></tr>
<tr><th>教学环节</th><th>学习内容</th><th>学生活动</th><th>教师活动</th><th>教学手段</th><th>教学方法</th></tr>
<tr><td rowspan="4">发布任务<br>（课前）</td><td>1. 充电系统在实车上的位置及其功能<br>2. 纯电动汽车对环保的意义</td><td>【标出名称　罗列功能】<br>1. 通过腾讯课堂接收学习任务：查阅 BYD e5 维修手册，在前舱实物图中正确标出充电系统各部分的名称；能完整地列出充电系统各部分的功能<br>2. 根据教师的反馈进行总结和反思，确定充电系统的位置、名称和功能<br>3. 按教师的引导分为 4 组，每组 4 人<br>【检索信息　了解现状】<br>4. 利用网络资源搜索纯电动汽车发展的过程和意义</td><td>【发布任务　获得反馈】<br>1. 通过腾讯课堂发布课前学习任务：在前舱实物图中正确标出充电系统各部分的名称，根据 BYD e5 电气原理图和维修手册，罗列各部分的功能，并整理归档<br>2. 检查学生在实物图中标注的名称及罗列的功能是否正确<br>3. 结合学生完成任务情况，根据“组间同质、组内异质”的原则，给学生分组<br>关注点：对于完成不理想的学生，进行有针对性的指导<br>【引导学习　增强自信】<br>4. 引导学生搜索信息，培养学生的职业认同感</td><td>1. 腾讯课堂：发布任务、接收成果，以便及时检查学生自主学习情况<br>2. 前舱实物图：让学生在图中直观标识<br>3. 网络资源：培养学生的查询能力</td><td>自主学习法：培养学生查阅资料、分析问题的能力，培养学生的自律、自学习惯</td></tr>
<tr><td colspan="5">设计意图：将充电系统各部分的名称、位置、功能等相对简单的基础性知识的学习设置为课前学习，为课中学习做好准备，提升课堂学习的效率和针对性；拓宽学生的学习时间与空间，培养学生的自主学习意识。在线了解学生课前的学习情况，方便制定教学策略，划分操作小组，以便实施个性化、差异化分层教学</td></tr>
<tr><td colspan="2">输出成果：<br>●充电系统各部分的位置、名称和功能</td><td colspan="3">预期学生提升的能力：<br>●查阅资料完成充电系统基础知识储备<br>●自主学习能力</td></tr>
<tr><td colspan="2">达成目标：<br>●达成学习目标 1</td><td colspan="3">评价方式：<br>●学生自评（评价表见表 17）<br>●教师评价（评价表见表 18）</td></tr>
</table>

续表

<table>
<tr><th colspan="6">课中学习</th></tr>
<tr><th>教学环节</th><th>学习内容</th><th>学生活动</th><th>教师活动</th><th>教学手段</th><th>教学方法</th></tr>
<tr><td rowspan="4">环节一、接受检修任务（10 min）</td><td>3. 充电系统正常工作状态的特征</td><td>【检查着装　回答问题】<br>1. 小组点名，整理工作服<br>2. 学生回答对纯电动汽车的发展和理解<br>【观看视频　接受任务】<br>3. 观看“BYD e5 汽车无法充电”故障视频，明确故障现象<br>4. 识别充电系统正常工作状态特征<br>充电系统正常状态<br>5. 仔细阅读接车问诊单，接受检修任务</td><td>【组织上课　抛出问题】<br>1. 组织上课<br>2. 检查学生对纯电动汽车发展的认识和理解<br>【播放视频　发布任务】<br>3. 播放“BYD e5 汽车无法充电”故障视频，引入本堂课的维修任务<br>关注点：任务引入时着重描述故障现象，引起学生重视<br>4. 引导学生识别充电系统正常状态特征<br>5. 引导学生阅读接车问诊单，明确故障现象<br>关注点：学生对故障现象的理解</td><td>1. “BYD e5 汽车无法充电”故障视频（直观、形象地展示无法充电故障现象）<br>2. “BYD e5 无法充电”故障接车问诊单（描述企业真实的工作任务，设置真实情境）</td><td>任务驱动法：为学生提供探究问题的真实任务情境</td></tr>
<tr><td colspan="5">设计意图：设置真实的企业维修情境，让学生在真实的工作过程中获得工作实践经验，培养学生自主探究和分析问题的能力<br>促进学生投入的措施：随机选取学生谈谈对纯电动汽车发展的认识和理解，检查课前布置的任务，保证学生对课堂的专注度</td></tr>
<tr><td colspan="2">输出成果：<br>●口述纯电动汽车对环保的意义<br>●口述充电系统无法充电故障现象</td><td colspan="3">预期学生提升的能力：<br>●自主学习能力<br>●分析问题能力</td></tr>
<tr><td colspan="2">达成目标：<br>●达成学习目标 2<br>●达成学习目标 3</td><td colspan="3">评价方式：<br>●学生自评（评价表见表 17）<br>●教师评价（评价表见表 18）</td></tr>
</table>

续表

| 教学环节 | 学习内容 | 学生活动 | 教师活动 | 教学手段 | 教学方法 |
|---|---|---|---|---|---|
| 环节二、制订检修计划（50 min） | 4. 充电系统工作原理<br>5. 无法充电疑似故障点筛选 | 第一阶段：筛选故障点（35 min）<br>【动画演示　学习原理】<br>（重点突破 1）<br>1. 学生在充电系统工作原理图中记录工作原理<br>【在线测试　验证效果】<br>（重点突破 2）<br>2. 完成在线测试，听取教师点评<br>【原理分析　缩小范围】<br>（重点突破 3）<br>3. 学生利用排除法筛选疑似故障点<br>【顺藤摸瓜　筛选疑点】<br>（重点突破 4）<br>4. 小组讨论，在整车电路图中查找疑似故障点引脚号<br>5. 小组讨论，在前舱实物图中圈出疑似故障点接插件的位置<br>6. 小组讨论，在接插件引脚图中查找疑似故障点线束接插件针脚 | 【动画演示　讲解原理】<br>1. 讲解充电系统工作原理<br>关注：学生的理解程度，及时改变语言表达方式或风格，以求学生更好地接受<br>【分布试题　进行点评】<br>2. 发布在线测试试题，点评总结<br>【原理分析　缩小范围】<br>3. 引导学生在掌握充电系统工作原理的基础上，利用排除法筛选疑似故障点<br>【查阅资料　查找引脚】<br>4. 引导学生在整车电路图中查找疑似故障点引脚号<br>5. 引导学生在前舱实物图中圈出疑似故障点接插件的位置<br>6. 引导学生查找疑似故障点线束接插件针脚 | 1. BYD e5 汽车充电系统工作原理动画<br>2. “充电系统工作原理”在线测试题<br>3. BYD e5 充电系统工作原理图<br>4. BYD e5 整车电路图<br>5. BYD e5 前舱线束图<br>6. BYD e5 接插件引脚图 | 1. 讲授法：通过动画演示，教师讲解充电系统的工作原理<br>2. 评价法：对学生的在线测试结果及制订的检修计划、步骤等进行点评<br>3. 小组讨论法：培养学生团队协作解决问题的能力 |
| | 设计意图：让学生在查阅资料、独立思考、讨论探究的过程中制定差异化的检修步骤，提升学习自信心和成就感<br>促进学生投入的措施：关注讨论不积极的学生，随机抽取学生点评分析其他小组成员的汇报情况；同时对表现积极的学生给予表扬和鼓励 | | | | |

续表

<table>
<tr><th>教学环节</th><th>学习内容</th><th>学生活动</th><th>教师活动</th><th>教学手段</th><th>教学方法</th></tr>
<tr><td rowspan="3">环节二、制订检修计划（50 min）</td><td colspan="2">输出成果：<br>●结合充电系统工作原理图，说出充电系统的工作原理<br>●疑似故障点位置</td><td colspan="3">预期学生提升的能力：<br>●信息检索能力<br>●故障分析能力</td></tr>
<tr><td colspan="2">达成目标：<br>★达成学习目标 4 和学习目标 5，突破重点</td><td colspan="3">评价方式：<br>●学生自评（评价表见表 17）<br>●教师评价（评价表见表 18）</td></tr>
<tr><td>6. 无法充电故障检修计划和检修步骤</td><td>第二阶段：制订计划（15 min）<br>【参与讨论，制订计划】<br>1. 小组讨论，在检修计划表的引导下，利用“七何分析法”制订检修计划<br><br>BYD e5汽车无法充电故障检修计划<br><table><tr><td>任务描述</td><td colspan="4">客户的BYD e5电动车插上充电枪后，充电指示灯不点亮，而且无法对动力电池进行充电，换用其他的充电枪也无法进行充电。客户将车开到我们这里进行维修，今天我们的任务就是“无法充电故障”检修。</td></tr><tr><td rowspan="4">人员分工</td><td>操作员A</td><td></td><td rowspan="4">岗位职责</td><td rowspan="2"></td></tr><tr><td>操作员B</td><td></td></tr><tr><td>安全员A</td><td></td><td rowspan="2"></td></tr><tr><td>安全员B</td><td></td></tr><tr><td>检修工具</td><td colspan="4"></td></tr><tr><td>检修流程</td><td colspan="4">参见检修流程图</td></tr><tr><td>检修标准</td><td colspan="4"></td></tr><tr><td>组织形式</td><td colspan="4"></td></tr><tr><td>维修场地</td><td colspan="4"></td></tr></table><br>2. 小组讨论，在检修流程图的引导下，查阅维修手册，结合筛选的疑似故障点，制定检修流程<br>【展示计划　汇报成果】<br>3. 小组代表汇报 BYD e5 汽车无法充电检修计划与检修流程</td><td>【引导讨论　记录评价】<br>1. 组织学生进行讨论，利用“七何分析法”制订检修计划<br><br>七何分析法<br>Why 为什么<br>What 做什么<br>Who 何人做<br>When 何时<br>Where 何地<br>How 如何<br>How much 多少<br><br>2. 引导学生，查阅维修手册，结合筛选的疑似故障点，制定检修流程<br>【听取计划　指导完善】<br>3. 组织小组代表汇报 BYD e5 汽车无法充电检修计划与检修流程</td><td>1. 检修计划表：引导学生按“七何分析法”填写计划表<br>2. 检修流程图：引导学生根据疑似故障点确定检修步骤<br>3. 实物投影仪：将工作计划表、检修流程图直观地展示出来</td><td>小组讨论法：培养学生独立思考，以及团队协作解决问题的能力<br>成果展示法：展示检修计划、检修步骤</td></tr>
</table>

续表

<table>
<tr><th>教学环节</th><th>学习内容</th><th>学生活动</th><th>教师活动</th><th>教学手段</th><th>教学方法</th></tr>
<tr><td rowspan="3">环节<br>二、制订检修计划<br>（50 min）</td><td colspan="5">设计意图：提供学生完成任务的导学资料和学习资源，培养学生独立思考、分析归纳的能力及团队协作意识；采用组内合作和教师点拨的方式，提高学习效率<br>促进学生投入的措施：激发兴趣，巡回指导，关注“边缘化”学生；安排学生汇报，进一步发挥考核的导向、促进作用；汇报展示激发学生“成就动机”，在快乐中学习</td></tr>
<tr><td colspan="3">输出成果：<br>●无法充电故障检修计划<br>●无法充电故障检修流程图</td><td colspan="2">预期学生提升的能力：<br>●团队协作能力<br>●总结归纳的能力</td></tr>
<tr><td colspan="3">达成目标：<br>●达成学习目标 6</td><td colspan="2">评价方式：<br>●学生自评（评价表见表 17）<br>●教师评价（评价表见表 18）</td></tr>
<tr><td>环节<br>三、实施故障检修<br>（80 min）</td><td>7. 高压安全防护装置的检查方法</td><td>第一阶段：准备实施（15 min）<br>【回顾旧知　提升意识】<br>1. 回答高压安全防护的注意事项<br>【准备工具　做好防护】<br>2. 小组 4 人按计划就位<br>3. 检查灭火器并记录，设置隔离带，做好安全防护<br>4. 双人协作，完成高压安全防护装置的检查<br>5. 检查钳形万用表、绝缘测试仪等高压安全防护装置<br>6. 测量绝缘垫对地电阻值</td><td>【提问学生　复习旧知】<br>1. 组织学生回顾高压安全知识<br>【引导学生　检查工具】<br>2. 组织学生按计划就位<br>3. 组织学生做好维修现场的防护工作<br>4. 组织学生检查高压安全防护装置<br>5. 组织学生检查钳形万用表、绝缘测试仪等装置<br>6. 组织学生测量绝缘垫对地电阻值<br>关注点：关注学生检查高压安全防护装置时有无漏检</td><td>1. 组内互评表：“安全员”按照互评表内容对“操作员”进行评价，达成组内相互借鉴、反思自我、提升技能的目的<br>2. BYD e5 汽车无法充电故障工作页：引导学生记录检修过程中的参数和测量结果，培养学生过程记录的良好习惯<br>3. 检修流程图：引导学生按照检修步骤实施故障检修</td><td>1. 角色分工法：角色分工使组员以不同工作角色共同参与学习，保证操作者规范操作<br>2. 实践法：强化学生操作规范，提高学生专业技能</td></tr>
</table>

续表

| 教学环节 | 学习内容 | 学生活动 | 教师活动 | 教学手段 | 教学方法 |
| --- | --- | --- | --- | --- | --- |
| 环节三、实施故障检修（80 min） | 8. 接插件的拆装与检测方法<br>9. 故障点的确定（难点） | 第二阶段：基本检查（10 min）<br>【检查线束　显而易见】<br>（难点化解 1）<br>1. 检查交流充电口<br>2. 检查前舱高压线束 <br>【仪器读码　疑点减半】<br>（难点化解 2）<br>3. 插上充电枪，使用故障诊断仪读取故障码  | 【巡回指导　逐步检修】<br>1. 组织学生检查交流充电口和前舱高压线束等<br>2. 检查学生操作，巡回指导<br>关注点：关注学生的配合度、默契度；记录员记录操作员的检查是否有遗漏；在检查高压线束时，注意高压安全防护<br>3. 引导学生利用故障诊断仪读取故障码 | 1. 组内互评表（意图同上）<br>2. BYD e5 汽车无法充电故障工作页（意图同上）<br>3. 检修流程图（意图同上）<br>4. 故障诊断仪：读取故障码，缩小疑似故障点范围 | 同上 |

续表

| 教学环节 | 学习内容 | 学生活动 | 教师活动 | 教学手段 | 教学方法 |
|---|---|---|---|---|---|
| 环节三、实施故障检修（80 min） | 同上 | 第三阶段：实施检修（20 min）<br>【按照流程　逐一检修】<br>（难点化解 3）<br>1. 拆卸低压蓄电池负极，并做好接地<br>2. 根据线束图，在实车中找到 B53（B）的 2 号针脚和 B28（A）的 13 号针脚，用钳形万用表测量该段线路的通断<br>3. 若线路导通，则进行下一步；若线路异常，使用退针器退出针脚，更换线路<br>4. 测量 B53（B）的 1 号针脚到 B28（A）的 47 号针脚线路的通断<br>5. 测量 B28（A）的 19 号针脚到 BK45（B）的 18 号针脚线路的通断<br>6. 测量 B28（A）的 12 号针脚到 G2R 的 17 号针脚线路的通断 | 【巡回指导　排除故障】<br>1. 引导学生按照检修流程对疑似故障点进行检修<br>2. 指导学生参考前舱显示图、接插件引脚图，利用钳形万用表、检测线套装等工具对线路进行检测、判断<br>B53(B) | 1. 组内互评表（意图同上）<br>2. BYD e5 汽车无法充电故障工作页（意图同上）<br>3. 检修流程图（意图同上）<br>4. 检修套装：引导学生正确使用检修工具，对疑似故障点逐一检查 | 同上 |
| | | 第四阶段：试充电（5 min）<br>【排除故障　确认修复】<br>1. 连接充电枪，确认可以正常充电<br>2. 使用故障诊断仪读取数据，检查是否有衍生故障<br>第五阶段：组内轮换（30 min）<br>【组内轮换　积累经验】<br>对重新设定故障的车辆进行检修，获得维修经验 | 【确认排除　检验成果】<br>引导学生检查故障是否消除，确定无衍生故障产生<br>操作员 操作员 角色分工 安全员 安全员<br>【重设故障　组内轮换】<br>设置故障，实行组内轮换，让学生以不同的角度体验检修过程 | 故障诊断仪：引导学生检查是否有衍生故障<br>同第一阶段至第四阶段使用的教学手段 | 实践法（意图同上）<br>角色轮换法：学生多岗位体验检修过程 |

续表

<table>
<tr><th>教学环节</th><th>学习内容</th><th>学生活动</th><th>教师活动</th><th>教学手段</th><th>教学方法</th></tr>
<tr><td rowspan="3">环节三、实施故障检修（80 min）</td><td colspan="5">设计意图：通过检查前舱高压线束，使用故障诊断仪读取故障码缩小故障范围，按照检修步骤逐一检查疑似故障点，从而确定故障点，化解学习难点<br>促进学生投入的措施：按照企业检修标准，双人协作诊断故障，实行组内分工，设置操作员、安全员，让安全员以组内互评表的评价指标对操作员进行记录、点评</td></tr>
<tr><td colspan="3">输出成果：<br>●故障修复后的车辆</td><td colspan="2">预期学生提升的能力：<br>●学生团队协作、沟通表达的能力<br>●故障诊断、排除能力</td></tr>
<tr><td colspan="3">达成目标：<br>●达成学习目标 7<br>●达成学习目标 8<br>●达成学习目标 9</td><td colspan="2">评价方式：<br>●组内互评（评价表见表 16）<br>●学生自评（评价表见表 17）<br>●教师评价（评价表见表 18）</td></tr>
<tr><td rowspan="4">环节四、交车验收（10 min）</td><td>10. 交车验收标准</td><td>【提交工单　恢复现场】<br>1. 在接车问诊单上签字，并交付车辆<br>2. 按 6S 管理规范恢复现场</td><td>【接受工单　恢复现场】<br>1. 组织学生完成交车，填写教师评价表<br>2. 关注学生是否按 6S 管理规范恢复现场</td><td>接车问诊单：引导学生规范填写车辆维修记录，培养岗位责任意识</td><td>角色扮演法：提升学生的服务意识</td></tr>
<tr><td colspan="5">设计意图：更接近真实情况的竣工检验与交车验收环节，可使学生了解完整的工作过程，提升职业适应能力，以 6S 管理规范培养学生良好的职业素养<br>促进学生投入的措施：结合服务至上理念，让学生感受检修后的愉悦感</td></tr>
<tr><td colspan="3">输出成果：<br>●接车问诊单<br>●恢复后的维修现场</td><td colspan="2">预期学生提升的能力：<br>●按 6S 管理规范整理检修工具，恢复现场<br>●环保意识和服务意识</td></tr>
<tr><td colspan="3">达成目标：<br>●达成学习目标 10</td><td colspan="2">评价方式：<br>●组内互评（评价表见表 16）<br>●学生自评（评价表见表 17）<br>●教师评价（评价表见表 18）</td></tr>
</table>

续表

| 教学环节 | 学习内容 | 学生活动 | 教师活动 | 教学手段 | 教学方法 |
|---|---|---|---|---|---|
| 环节五、评价总结（10 min） | 11. 评价表的内容和标准 | 【完成自评　发现不足】<br>1. 填写自我评价表<br>2. 认真听取教师对各组的评价，进行记录并反思<br>【总结过程　促进提升】<br>3. 认真听教师对无法充电诊断与排除故障检修思路的总结，记录、体会并感悟检修过程的精髓<br>4. 听取课后任务并记录 | 【组织测评　促进提升】<br>1. 组织学生完成自我评价<br>2. 结合教师评价表、组内互评表，对学生表现进行评价<br>3. 结合学生表现及组内互评表对无法充电诊断排除的检修思路进行总结<br>4. 布置课后任务 | 1. 组内互评表：展示学生学习情况<br>2. 工作页：用于记录 BYD e5 汽车无法充电故障检修结果 | 评价法：通过评价学会反思，培养学生独立思考的能力 |
| | 设计意图：通过自我评价、组内评价、教师总结评价，积累检修经验，升华新能源汽车维修的意义，提升学生的荣誉感，激发同学们的自信，帮助学生树立正确的劳动价值观<br>促进学生投入的措施：结合学生的表现欲、好胜心，让学生感受故障排除后的成就感 | | | | |
| | 输出成果：<br>●学生自评表<br>●组内互评表 | | | 预期学生提升的能力：<br>●提升学生评价自己、反思自我的能力<br>●提升学生评价别人和接受别人评价的能力 | |
| | 达成目标：<br>●达成学习目标 11 | | | 评价方式：<br>●组内互评（评价表见表 16）<br>●学生自评（评价表见表 17）<br>●教师评价（评价表见表 18） | |

续表

<table>
<tr><th colspan="6">课后拓展</th></tr>
<tr><th>教学环节</th><th>学习内容</th><th>学生活动</th><th>教师活动</th><th>教学手段</th><th>教学方法</th></tr>
<tr><td rowspan="4">课后拓展</td><td>12. 制作环保宣传推文的方法</td><td>【制作推文　拓展学习】<br>1. 利用微信平台制作纯电动汽车环保推文，为学生的学习成果点评、点赞和转发<br>2. 在线填写情感态度测试表和教师评价表</td><td>【布置任务　测试点评】<br>1. 组织利用微信平台宣传纯电动汽车对环保的意义<br>2. 布置学生填写情感态度测试表和教师评价表</td><td>1. 微信平台<br>2. 情感态度测试表<br>3. 教师评价表</td><td>1. 自主学习法<br>2. 评价法</td></tr>
<tr><td colspan="5">设计意图：通过自主拓展学习，分享学习成果，进一步提升学生对纯电动汽车发展的认同感和自豪感，身体力行对低碳环保理念进行宣传<br>保证学生投入的措施：学生喜欢朋友圈、抖音等分享方式，采用学生感兴趣的方式，有利于学生积极完成任务</td></tr>
<tr><td colspan="3">输出成果：<br>●宣传纯电动汽车发展意义的推文<br>●情感态度测试表<br>●学生自评表</td><td colspan="2">预期学生提升的能力：<br>●自主学习能力</td></tr>
<tr><td colspan="3">达成目标：<br>●达成学习目标 12</td><td colspan="2">评价方式：<br>●教师评价（评价表见表 18）</td></tr>
</table>

## 七、学业评价

### （一）设计思路

1. 评价主体多元化

学生不仅是学习主体，也是评价的参与者；鼓励学生、同伴和教师共同参与评价，使学生在自我评价、互相评价和师长评价中从不同角度反思得失，促进学生思维、职业素养和职业能力的提升。

2. 评价指标标准化

以学习目标为依据，借鉴国赛评分标准和理念，围绕工作过程所需的知识、技能和素养设计评价要点，关注学生学习方法、劳动态度、工匠精神等关键能力及综合素质。

3. 评价过程流程化

评价贯穿整个学习过程，按照学习过程开展学业评价，实现过程化评价和终结性评价相结合。

4. 评价内容可视化

评价过程既重视以量的方法收集数据，同时也重视质性信息，信息收集和处理都是在达成共识的基础上充分向学生公开的，实现评价民主和过程可视的有机统一。

5. 评价体系认同化

充分关注评价利益相关人（学生、教师、客户）的意见，按照“协商－共识”的思路，组织评价利益相关人一起参与评价标准的制定，以培养企业认可的产业工人，提升学生就业时的企业接受度。

### （二）评价方式规划

依据学习目标，对应各教学环节进行评价方式规划（见表 15），设计各环节评价主体、评价方式、评价配比、评价结果，实现学习目标全覆盖，确保本任务的教学评价设计完整有效。

思政元素贯穿教学各环节，为了使评价“容易操作，可持续进行”，专门设计了情感态度与价值观的测评题。

表 15　评价方式规划

| 学习目标 | 教学环节 | 学生自评 20% | 学生互评 30% | 教师评价 50% | 评价方式 |
|---|---|---|---|---|---|
| 1. 查阅 BYD e5 电气原理图，能在前舱实物图中标出充电系统各部分的名称，并写出充电系统各部分的功能 | 课前：发布任务 | √ |  | √ | 腾讯课堂在线测试 |
| 2. 查询纯电动汽车发展的过程和意义，能说出纯电动汽车对环保的意义 | 课前：发布任务 | √ |  | √ | 课中教师提问 |

续表

| 学习目标 | 教学环节 | 学生自评 20% | 学生互评 30% | 教师评价 50% | 评价方式 |
|---|---|---|---|---|---|
| 3. 观看“BYD e5 汽车无法充电”视频，能阐述故障现象 | 课中：接受检修任务 | √ | | √ | 课中教师提问 |
| 4. 结合充电系统工作原理动画，听教师讲解工作原理，能复述充电系统的工作原理 | 课中：筛选疑似故障点 | √ | | √ | 课中问卷星在线测试 |
| 5. 能根据故障现象筛选疑似故障点 | 课中：筛选疑似故障点 | √ | | √ | 课中教师点评 |
| 6. 能根据接车问诊单，小组协作制订工作计划和检修步骤 | 课中：制订检修计划 | √ | | √ | 课中教师点评 |
| 7. 能双人协作完成高压安全防护装置的检查 | 课中：实施故障检修 | √ | √ | √ | 课中组内、教师、个人 |
| 8. 按照检修流程，小组协作拆装充电系统接插件，完成疑似故障点的检测，确定故障点 | 课中：实施故障检修 | √ | √ | √ | 课中组内、教师、个人 |
| 9. 按照检修标准，小组协作排除故障，且无衍生故障 | 课中：实施故障检修 | √ | √ | √ | 课中组内、教师、个人 |
| 10. 按 6S 管理规范，完成维修现场恢复 | 课中：交车验收 | √ | √ | √ | 课中组内、教师、个人 |
| 11. 借助微信等现代化信息平台，能图文并茂地宣扬纯电动汽车的发展意义 | 课后：课后拓展 | | | √ | 线上点赞评论 |
| 情感态度综合测试：情感态度价值观是学生发展核心素养中必要品格的重要方面，由于情感态度价值观是内隐的，本次课从学生学习微任务过程中“对国家新能源政策的关心度、团队协作完成检修的配合度、学习态度、劳动态度等方面”，通过融入了“容易操作，可持续进行”的情感态度与价值观的测试题（见表 19），使学生的学业发展水平测评更全面，有利于促进学生核心素养的培养 | | | | | |

**（三）评价表**

1. 组内互评表（30%）

组内互评是对检修全过程的评价，为使评价具体、可测，参考了“汽车维修工（新能源汽车电控技术）”国赛评分标准（见图 11），设计了组内互评表（见表 16）。

通过组内评价，实现学生以不同的视角体验检修过程，获得更多的检修经验，促进学生按规范认真完成检修任务，也使评价者在评价过程中完成技能、素养的提升。

**2019 年中国技能大赛**
**全国新能源汽车关键技术技能大赛**
**汽车维修工（新能源汽车电控技术）**

**术汽车维修工（新能源汽车电控技术）**

**本部分累计得分________**

| 序号 | 作业内容 | 评分要点（各竞赛环节漏项或累计最多扣相应配分） | 配分 | 得分 | 判罚依据 |
|---|---|---|---|---|---|
| 1 | 作业准备 | □未检查设置隔离栏，扣 0.1 分<br>□未设置安全警示牌，扣 0.1 分<br>□未检查灭火器压力值（水基、干粉），扣 0.1 分<br>□未安装车辆挡块，扣 0.1 分<br>□未安装车外三件套或安装位置不正确的扣 0.1 分<br>□操作中翼子板布、格栅布自行脱落的扣 0.1 分<br>□车内四件套（方向盘、座椅、脚垫、换挡杆）少铺或未铺或撕裂的扣 0.1 分<br>□未完全落下驾驶员侧车窗的扣 0.1 分 | 0.8 | | |
| | | □未检查绝缘手套密封性或检查时未密封各扣 0.1 分<br>□未检查绝缘防护手套的耐压等级扣 0.1 分； | | | |

图 11　汽车维修工（新能源汽车电控技术）国赛评分标准

表 16　组内互评表

| 组别： | | 操作员： | | | |
|---|---|---|---|---|---|
| 序号 | 项目 | 内容 | 配分 | 评分细则 | 评分 |
| 一 | 高压安全防护装置的检查（10 分）（课中学习目标 7） | 1. 检查绝缘防护手套的密封性 | 2 | 没有检查该项扣 1 分 | |
| | | 2. 检查绝缘防护手套的耐压等级 | 2 | 没有检查该项扣 1 分 | |
| | | 3. 检查防电池电解液酸碱性手套、护目镜、安全帽外观 | 3 | 每漏一项扣 1 分 | |
| | | 4. 设置隔离栏、安全警示牌 | 2 | 每漏设置一项扣 1 分 | |
| | | 5. 检查灭火器压力值（水基、干粉） | 1 | 没有检查该项扣 1 分 | |

续表

| 组别： | | 操作员： | | | |
|---|---|---|---|---|---|
| 序号 | 项目 | 内容 | 配分 | 评分细则 | 评分 |
| 二 | 部件测试（20分）（课中学习目标8） | 1. 查阅资料，确认测试方法及技术要求 | 3 | 没有查阅扣2分，查阅方法不对扣1分 | |
| | | 2. 正确使用检测设备 | 5 | 使用检测设备不正确，每项扣1分；完全不使用扣5分 | |
| | | 3. 正确实施元件测量或试验 | 6 | 每错一项扣2分 | |
| | | 4. 正确读取和记录数据 | 3 | 每错一项扣1分 | |
| | | 5. 正确分析测量结果 | 3 | 每错一项扣1分 | |
| 三 | 电路测量（20分）（课中学习目标8） | 1. 查阅资料，确认测试连接接头及线路位置 | 3 | 没有查阅扣2分，查阅方法不对扣1分 | |
| | | 2. 正确选择测量仪器及量程 | 5 | 选择错误，每次扣2分 | |
| | | 3. 正确连接、使用测量仪器的探针 | 5 | 连接顺序错误，每次扣2分 | |
| | | 4. 正确读取和记录数据 | 3 | 每漏一项扣1分 | |
| | | 5. 正确分析测量结果 | 4 | 每错一项扣1分 | |
| 四 | 故障的确认和排除（20分）（课中学习目标8） | 1. 正确说明故障点 | 20 | 1. 未正确说明故障点，扣5分<br>2. 未确认故障点并排除，扣4分<br>3. 未记录故障处理方案，扣3分 | |
| | | 2. 正确确认故障点并排除 | | | |
| | | 3. 正确记录故障处理方案 | | | |
| 五 | 维修结果确认（15分）（课中学习目标9） | 1. 清除故障码，并再次读取故障码 | 5 | 每少一项扣1分 | |
| | | 2. 正确记录维修确认结果 | 5 | 少填写一项扣1分 | |
| | | 3. 再次确认维修过程中曾拆卸过的零部件安装正确，关注其他相关系统技术状况并记录 | 5 | 没再次确认扣2分；有确认，但安装不到位，每项扣1分；其他系统状况未关注扣1分 | |
| 六 | 现场恢复（15分）（课中学习目标10） | 1. 在维修过程中保持6S、三不落地 | 10 | 每漏一项扣1分，扣完此项配分为止 | |
| | | 2. 车辆、工具、仪器、设备、工位恢复整理 | 5 | 每漏一项扣1分，扣完此项配分为止 | |
| 总分 | | | | | |

2. 学生自评表（20%）

实事求是地评价自己是自我成长、自我完善的重要途径之一。学生自省应为一种自觉意识，使学生通过自我评价发现自己存在的问题和不足，进而有针对性地采取措施。为了更好地培养学生的自我评价意识和能力，设计了学生自评表（见表17）。

表 17　学生自评表

| 组别： | | 姓名： | | |
|---|---|---|---|---|
| 考核内容 | 配分 | 评分标准 | | 自我评价 |
| 充电系统基础知识（课前学习目标 1） | 10 | 完整地写出充电系统的组成部分 | 10 | |
| | | 写错 1 ~ 2 条组成部分 | 6 | |
| | | 写错 3 条以上组成部分 | 0 | |
| 理解纯电动汽车的发展意义（课前学习目标 2） | 5 | 能说出纯电动汽车的发展意义 | 5 | |
| 口述无法充电故障现象（课中学习目标 3） | 5 | 能说出纯电动汽车车辆充电时的正常工作状态 | 5 | |
| 充电系统工作原理（课中学习目标 4） | 10 | 结合充电系统原理图，能说出充电系统的工作原理 | 10 | |
| 筛选疑似故障点（课中学习目标 5） | 20 | 完整罗列疑似故障点 | 20 | |
| | | 遗漏 1 ~ 2 条疑似故障点 | 10 | |
| | | 遗漏 3 条及以上疑似故障点 | 0 | |
| 制订检修计划（课中学习目标 6） | 10 | 完整写出检修计划 | 10 | |
| | | 遗漏 1 ~ 2 条检修计划 | 6 | |
| | | 遗漏 3 条以上检修计划 | 0 | |
| 检查防护装置（课中学习目标 7） | 15 | 完整检查高压安全防护装置 | 15 | |
| | | 遗检 1 ~ 2 个防护点 | 8 | |
| | | 遗检 3 个以上防护点 | 0 | |
| 故障检修（课中学习目标 8） | 15 | 正确使用故障诊断仪读取故障码 | 4 | |
| | | 规范拆装接插件 | 3 | |
| | | 正确检修疑似故障点 | 8 | |
| | | 暴力拆装 | 0 | |
| 交车验收（课中学习目标 9） | 5 | 确认故障已消除，且无衍生故障 | 5 | |
| 6S 管理规范（课中学习目标 10） | 5 | 完成交车验收并提醒顾客注意事项 | 5 | |
| | | 完成交车验收但未提醒顾客 | 3 | |
| | | 未完成交车验收和提醒顾客 | 0 | |

3. 教师评价表（50%）

为了准确把握学习学生效果，为反思改进教学措施提供依据，我们设计了“教师评价表”（见表 18），避免评价简化为分数，增设语言性描述，为学生改进学习提供针对性参考。

表 18 教师评价表

| 评价项目 | 评价标准 | 配分 | 第一组 | | 第二组 | | 第三组 | | 第四组 | |
|---|---|---|---|---|---|---|---|---|---|---|
| | | | A | B | A | B | A | B | A | B |
| 充电基础知识储备（课前学习目标 1） | 能在实物图中完整标出充电系统各部分的名称，并列出各部分的功能（独立完成） | 5 | | | | | | | | |
| 纯电动汽车对环保的意义（课前学习目标 2） | 能说出纯电动汽车发展的状况和对环境保护的意义（独立完成） | 5 | | | | | | | | |
| 接受检修任务（课中学习目标 3） | 观看“BYD e5 汽车无法充电故障”视频，能口述故障现象（独立完成） | 5 | | | | | | | | |
| 充电系统工作原理（课中学习目标 4） | 结合充电系统工作原理图，能说出充电系统的工作原理（独立完成） | 10 | | | | | | | | |
| 筛选疑似故障点（课中学习目标 5） | 结合工作原理，能用排除法筛选疑似故障点并在电气原理图中标出（独立完成） | 15 | | | | | | | | |
| 制订检修计划（课中学习目标 6） | 检修计划与维修手册中关于 BYD e5 充电系统如何排故的描述相一致（小组 4 人） | 10 | | | | | | | | |
| 检查防护装置（课中学习目标 7） | 按照高压安全防护装置使用标准，检查防护装置（小组双人） | 10 | | | | | | | | |
| 实施故障检修（课中学习目标 8） | 按照检修步骤，完成疑似故障点的诊断与检修（小组双人） | 20 | | | | | | | | |
| 交车验收（课中学习目标 9） | 检修车辆恢复到位，工量具摆放有序，场地干净整洁（小组双人） | 10 | | | | | | | | |
| 学习总结（课中学习目标 10） | 完成自我评价表，梳理检修要点，完成能力提升（独立完成） | 5 | | | | | | | | |
| 知识拓展（课后学习目标 11） | 能图文并茂，借助微信等现代化信息平台，宣扬纯电动汽车的发展意义（独立完成） | 5 | | | | | | | | |

4. 情感态度测试表（见表 19）

表 19　情感态度测试表

| 编号 | 评价项 | 是 | 否 | 不确定 |
| --- | --- | --- | --- | --- |
| 1 | 我对我国纯电动汽车的发展很有信心 | | | |
| 2 | 我以后会关注与新能源汽车相关的政策 | | | |
| 3 | 课前，我会主动完成老师布置的任务 | | | |
| 4 | 在课堂上，我愿意主动回答老师的提问或与同伴讨论问题 | | | |
| 5 | 在检修过程中，我愿意与同学双人合作完成检修任务 | | | |
| 6 | 在检修过程中，我愿意担任安全员监督操作员的操作规范 | | | |
| 7 | 在检修过程中，我愿意随时听取安全员的提示，及时改正操作规范 | | | |
| 8 | 在检修过程中，我会主动按操作步骤汇报检修动态 | | | |
| 9 | 在检查高压安全防护装置时，我会严谨认真，确保安全 | | | |
| 10 | 检修结束后，我会主动按 6S 标准恢复检修现场 | | | |

5. 任务评价汇总表（见表 20）

表 20　任务评价汇总表

| 组别 | 学号 | 姓名 | 学生自评 20% | 学生互评 30% | 教师评价 50% | 情感态度（不计入总分） | 总分 |
| --- | --- | --- | --- | --- | --- | --- | --- |
| | | | | | | | |
| | | | | | | | |
| | | | | | | | |
| | | | | | | | |
| | | | | | | | |

## 八、教学反思

### （一）教学效果

本次课程取得较好的学习效果。学生能按教师布置的任务进行课前预习和课后拓展，并能就疑难问题在线与教师交流；课中学习环节，以汽车维修企业真实维修任务引入，学习过程对接企业工作过程，小组讨论，双人配合，在高压安全防护装置的防护下完成 BYD e5 汽车无法充电故障的检修，各小组均能在教师指导下依据工作页的引导完成各项任务。根据“教师评价表”“学业评价表”的统计分析出“学生成绩汇总结果”，如图 12 所示。由此可知该班学生考核得分均在 70 分以上，全部合格，达成了学习目标。

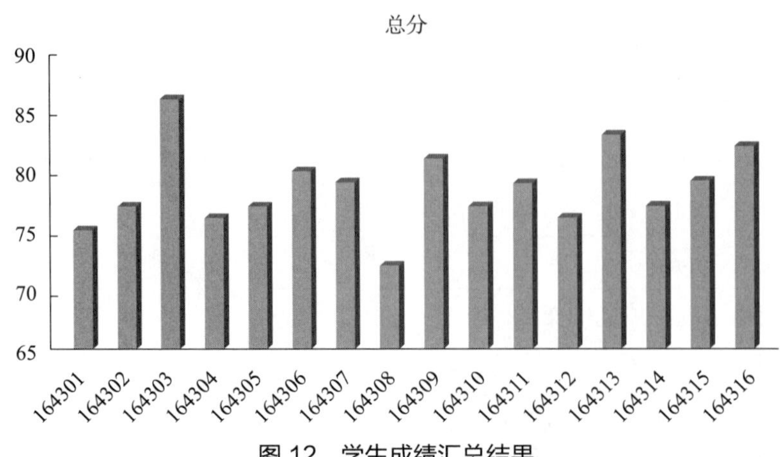


图 12　学生成绩汇总结果

情感态度测试结果如图 13 所示，通过测试反映个别学生对专业发展的关注度、学习主动性、劳动主动性还有所欠缺，将在后期的教学中有针对性地加强情感态度价值观的引导。

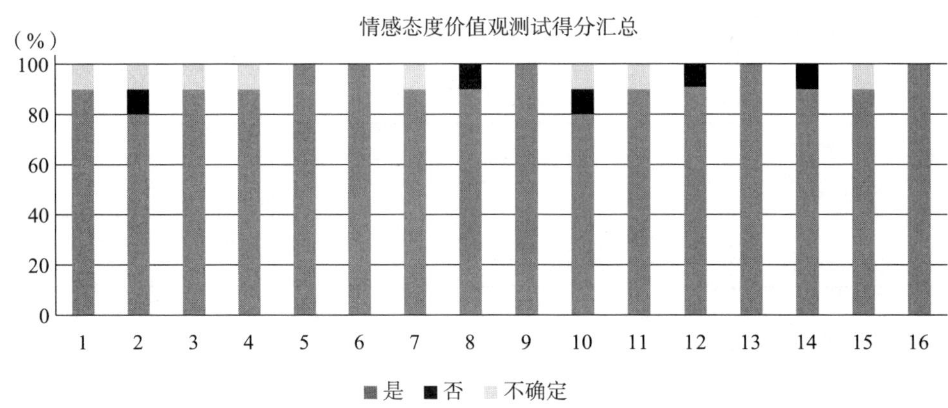


图 13　情感态度价值观测试结果

注：每人答 10 题，分数 1 代表选择答案“是”，分数 2 代表选择答案“否”，分数 3 代表选择答案“不确定”。

## （二）教学特色

1. 双人协作、组内轮换

在实操环节，采用了“双人协作、组内轮换”的方式，双人协作，组内监督，保证操作的规范性，如图 14 所示。组内轮换使每个组员以不同身份和视角体验无法充电故障的检修，达到了强化技能、规范操作和提升素养的目的。

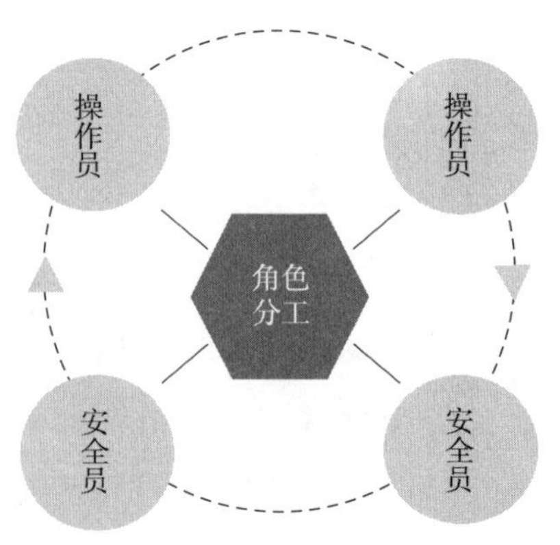


图 14　双人协作、组内轮换

2. 分层教学、同伴互助

通过对学情分析，结合课前在线学习情况和教师平时对学生行为的观察，将学生进行分组，实施差异化分层教学。在课中环节，通过双人协作、组内互助，共同完成“BYD e5 汽车无法充电故障检修”任务，实现教学相长、共同进步。

3. 价值观教育渗透全程

学习内容融入了环保理念、职业素养，课前学生自主学习纯电动汽车发展的过程和意义，增强民族自信；课中小组协作排除故障，确保无衍生故障，培养学生服务至上、责任担当的意识；课后利用信息平台制作环保宣传推文，增强文化自信，激发保护环境的使命感。

**（三）不足与改进**

1. 存在问题

通过本堂课的学习，学生基本达成了学习目标，整体教学效果良好。但学习过程中仍存在一些不足，第二组学生在制订检修计划时不够完整，双人协作不够默契，经教师指导后，计划已修改完善；检修过程在教师的帮助下，双人配合度有明显提高，能完成检修任务。

2. 改进措施

为进一步优化教学效果，后期将针对学习中的薄弱环节增拍微课视频，课后发送给学生观看，增强理解记忆，并增加汽车维修车间课后开放时间，让学生多进行强化练习，提高操作技能。多与学生沟通，深入了解学生的主观学习态度，在以后的教学中更加耐心细致地给予学生指导，让学生在工作中得到成功的喜悦，获取更大的学习动力，进而增强职业素养。

## 作者简介

**姓名**：张世金

**学校**：江苏省常州技师学院

**获奖**：第二届全国技工院校教师职业能力大赛交通类项目一等奖

**获奖感言**：“厚德笃行、尚能致业。”全国技工院校教师职业能力大赛对我来说是一次教学能力的考核，更是一次自我学习成长的机会。未来，我仍将坚守三尺讲台，继续“传道、授业、解惑”，做好学生成长路上的“四个引路人”。

## 专家点评

该任务选题来源于技工院校《新能源汽车检测与维修专业一体化课程规范（试行）》，教师结合当地实际车型和工作实际做了较好的处理，选题真实、完整。该设计能根据一体化课程目标、任务能力要求和学习情境确定本次任务的学习目标，立足于学生综合职业能力的培养，理解准确，具有工作过程结构化思维，但目标表述不够精练。学习内容分析详细，包含工作相关知识和工作的各项要素，并能很好地与目标相对应，起到较好的支撑作用。教学过程对接工作过程，活动设计重视学生学习投入与成果输出，突显了“学生主体”理念。采用多元化、标准化、流程化、可视化的思路，结合国赛技术标准设计评价方案，理念较好，但评价操作性有待提高。

# 前照灯不亮故障检修

郑州财经技师学院 / 杨爽

| 参赛项目类别 | 交通类 | | |
|---|---|---|---|
| 专业名称 | 汽车维修 | | |
| 课程名称 | 汽车电气简单故障检修 | 参赛作品题目 | 前照灯不亮故障检修 |
| 课　　时 | 4 课时 | 教学对象 | 汽车维修专业五年制高技班二年级（初中起点） |

## 一、选题价值

**（一）选题来源**

“汽车电气简单故障检修”是人社部颁布的《汽车维修专业国家技能人才培养标准及一体化课程规范（试行）》（见图 1）中的一门一体化课程，本任务来源于第三个代表性工作任务“汽车前照灯不亮故障检修”中的第三个学习活动，同时也是汽车 4S 店或维修企业常见的工作任务，属于中级工层次，共 4 课时。学习活动来源及框架结构如图 2 所示。

图 1　汽车维修专业国标及课规

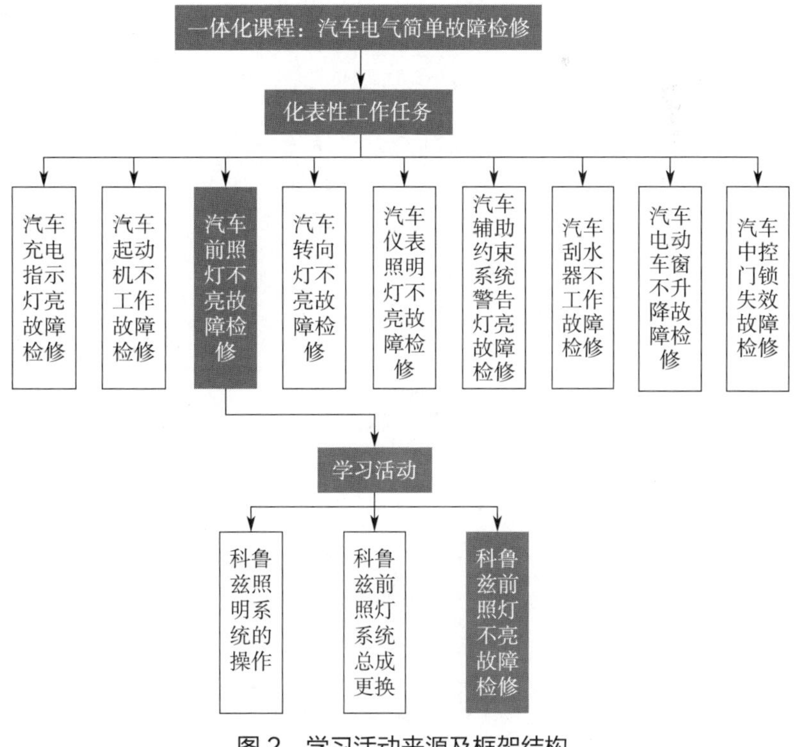


图 2　学习活动来源及框架结构

### （二）典型性分析

1. 本任务是4S店及维修企业常见的维修任务，有利于学生积累工作经验，对接岗位需求

如图3、图4所示，经过对本市其中一家雪佛兰品牌4S店的客户数据进行分析，该店基盘客户近1.82万，2019年全年进厂台次9 163辆，前照灯的故障台次占总故障台次的6.64%，有314辆车。本市的同品牌4S店共9家，该品牌车型具有较强的普遍性，而本次维修任务中使用的是雪佛兰品牌科鲁兹车型，因此科鲁兹前照灯不亮的故障检修对学生来说有极强的学习必要性。

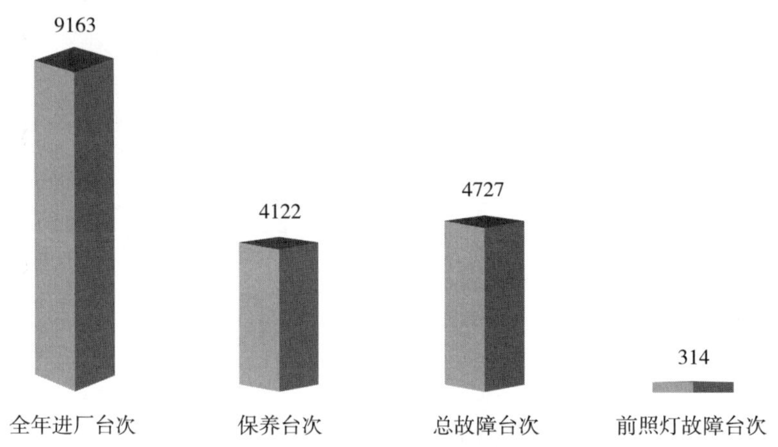


图3 前照灯故障台次与其他数据对比

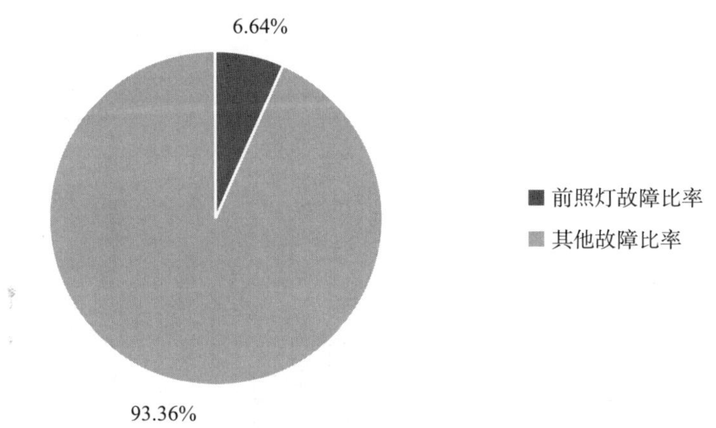


图4 前照灯故障占比

2. 本任务包含了前照灯系统故障检修的通用办法（见图5），有利于学生提升汽车维修的专业能力及职业发展能力

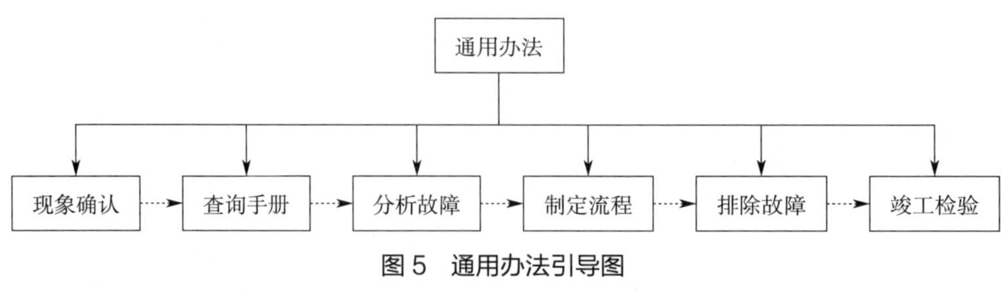


图5 通用办法引导图

目前车辆照明系统多采用模块控制，完成本次维修任务有助于学生学会前照灯系统的故障排除思路与方法，从而能举一反三，检修不同品牌的同类型故障，胜任汽车维修企业一线检修工作，实现知识迁移，为学习其他课程奠定基础。

3. 本任务通过行为习惯管理，固化劳动意识，内化敬业、诚信的职业精神与责任感，提升服务意识

实施过程管控，加强工具设备的整理、整顿，教学现场的清扫、清洁，固化劳动习惯，引导学生树立正确的劳动观；按前照灯不亮故障检修操作规范完成作业实施，发挥榜样示范和典型作用；满足客户对维修质量、经济、时间等的需求，科学制订维修方案，培养学生的质量、效率、服务意识；认真敬业、不弄虚作假，避免过度维修，节省开支、节约资源，逐步培养学生树立正确的社会主义核心价值观。

## 二、学习目标

根据课程标准、任务实施要求并结合学情分析，以立德树人为根本，以综合职业能力培养为核心，发挥学生主体、教师主导的作用，激发学生自主学习、探究的意识。将学习目标进行合理分解、细致化设计，学生能阶段性达成小目标，建立学习自信心。具体学习目标见表 1。

表 1　学习目标

| 【课前目标】 | |
|---|---|
| 1. 根据导学问题清单，通过自主查阅维修手册及汽车维修技术等网站，确定科鲁兹前照灯控制电路组成部件等<br>2. 通过阅读维修工单和评价表，能复述任务要求和评价标准<br>3. 收集行业先进事迹（第 45 届世界技能大赛选手成长事迹；五菱汽车生产口罩事件所体现的内涵），并分享感悟 | 意图：<br>1. 提高信息整合能力和自主学习意识<br>2. 标准引领，建立目标<br>3. 激发学习兴趣与动力，增强行业自信 |
| 【课中目标】 | |
| 1. 确认故障现象，读取并记录故障码<br>2. 查询维修手册，根据故障码写出前照灯控制电路的检测步骤<br>3. 分析前照灯控制电路图，确定检测步骤和检测方法<br>4. 通过观看汽车前照灯真实故障检修案例视频，在教师的指导下，小组归纳并汇报故障排除作业流程及注意事项<br>5. 根据作业流程，严格按照检测步骤操作，通过小组分工协作找到故障点<br>6. 修复车辆并正确处理旧配件<br>7. 完成质量检验，做好评价及总结<br>8. 按照本品牌 4S 店企业管理规范，整理维修现场 | 意图：<br>1. 巩固已学技能<br>2. 学习正确的工作方法<br>3. 对工作原理加以应用<br>4. 提升团队协作、沟通交流能力<br>5. 提升专业及执行工作计划的能力<br>6. 树立环保意识<br>7. 提升自我管理能力<br>8. 内化管理规范 |

续表

| 【课后目标】 | |
|---|---|
| 1. 实地探究其他品牌（别克）车型的前照灯故障，通过查询维修手册，咨询企业维修技师，分析故障原因和故障点，制定相应车型的故障排除流程<br>2. 根据任务实施情况，撰写实习报告，完成平台学习内容 | 意图：<br>1. 能举一反三制订其他品牌前照灯不亮的故障排除方案，实现知识迁移<br>2. 知识拓展与巩固 |

## 三、学情分析

学习者为汽车维修专业高技班二年级学生，共 16 人。已经学习了汽车维护、汽车底盘简单故障检修、汽车发动机简单故障检修等一体化课程，基本适应了一体化教学的学习模式，并且通过“汽车电气简单故障检修”中“汽车充电指示灯亮故障检修”“汽车起动机不工作故障检修”工作任务以及“汽车前照灯不亮故障检修”中“照明系统的操作”“前照灯系统总成更换”两个学习活动的学习，初步了解了汽车电气，有一定的安全防护和岗位责任意识，具有完成本任务的基础。

### （一）通用能力测评

学情调查表见表 2。

表 2　学情调查表

| 姓名： | 班级： | 日期： |
|---|---|---|
| 调查方向 | 调查问题 | 答案 |
| 学习态度 | 1. 你对下次维修任务的完成有信心吗？<br>A. 有信心　B. 一般　C. 不情愿 | |
| | 2. 在小组讨论中，你会怎样表现？<br>A. 积极发表意见　B. 认真倾听他人意见　C. 不知道怎样表达 | |
| | 3. 你觉得你能够用电路控制原理分析故障吗？<br>A. 经过学习能够分析<br>B. 感觉太难，学不会<br>C. 感觉控制原理理解了，但还是不知道怎么办 | |
| | 4. 你喜欢的作业类型是以下哪种？<br>A. 机械拆装作业　B. 电路控制检测 | |
| 学习方法 | 5. 在平台进行知识学习时，遇到问题你会怎么办？<br>A. 自己查阅资料　B. 问同学<br>C. 请教老师　D. 等老师讲解 | |
| | 6. 上课有记笔记的习惯吗？<br>A. 会自己记录　B. 偶尔记录　C. 听老师安排<br>D. 看其他同学记录，自己再记录　E. 没有 | |

续表

| 调查方向 | 调查问题 | 答案 |
|---|---|---|
| 学习方法 | 7. 你会收集资料并能够整理运用吗？<br>A. 会收集资料并合理运用<br>B. 会收集资料，但是不知道哪些能够用得上<br>C. 总是找不到资料 | |
| 职业要求 | 8. 你觉得下面哪种能力更重要？<br>A. 会更换部件　　B. 会检测部件　　C. 会分析故障原因 | |
| | 9. 你能跟客户讲清楚故障维修方案吗？<br>A. 能讲清楚　　B. 需要讲明白，但不知道怎么说<br>C. 没必要解释，客户不懂 | |
| 自我评价 | 10. 你对自己的成绩在意并满意吗？<br>A. 很在意，也满意　　B. 在意，但是不满意<br>C. 有些在意，但并不满意　　D. 很不满意<br>E. 不在意 | |

将学情调查表导入平台，根据测评结果显示，学生基本能够树立正确的学习态度，有学习的内在动力，渴望自我提升，普遍意识到电路控制原理的重要性，但不知道如何应用，自身能力预期较低，不自信，对解决复杂问题有心理负担。学情调查问卷情况统计如图 6 所示。

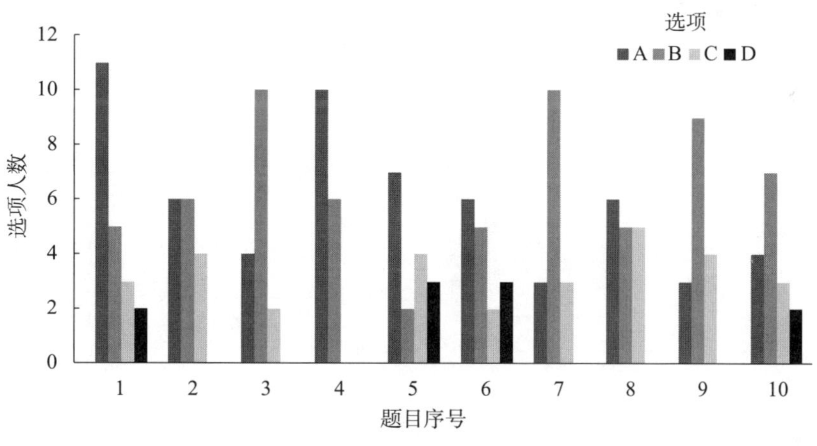


图 6　学情调查问卷情况统计

在设计学情调查表时，注重运用“强化动机理论”，对学生进行正面的提问，同时也是对学生正面的积极引导，在潜移默化中给学生传递正确的价值观与学习要求。

**（二）专业能力分析**

1. 根据前期工作任务完成后的评价结果，结合对支撑课程即“电工基础”与“常用工具的使用”的学习成果进行分析，学生能够正确选择与使用工具，但对检测方法的运用需要改进教学策略帮助其解决（见图 7、图 8）。

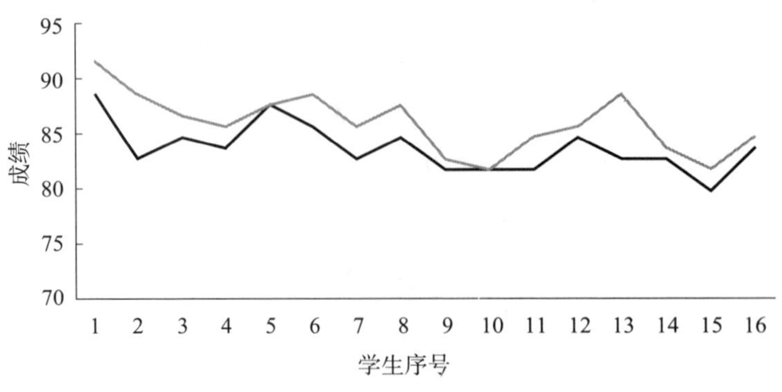


图 7　成绩统计

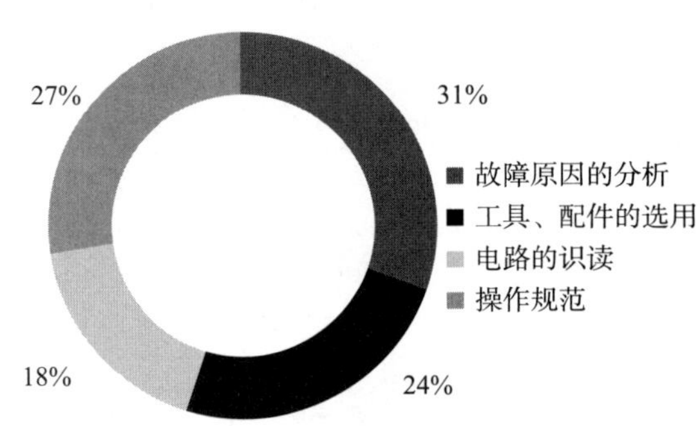


图 8　专业能力分析

2. 结合自评、互评以及对任务过程的记录，发现学生知道前照灯组成部件在实车上的布局且能正确操作，学生基本能够制定简单的作业流程，但不完善且操作规范有待提升。

**（三）学生能力基础分析（见图 9）**

01　专业能力

会操作照明系统；会更换照明相关部件；能使用万用表、诊断仪；会根据故障码确定检测步骤

02　方法能力

会查看维修工单，收集资料，但整合及运用信息的能力需加强；对抽象的电路控制原理分析存在思维障碍与畏惧心理

03　社会能力

喜欢拆装类作业项目，喜欢开展团队协作解决故障的情感体验；对复杂问题的学习有心理压力

04　职业素养

就业所需专业素养不明确，岗位认知理解片面；存在眼高手低，作业不规范、不细致的情况

主要针对性措施

自主完成故障现象的确认与故障码的读取，激发学生运用已学知识的能力，巩固专业技能

运用云立方学习平台，锻炼信息整合能力；用动画、简单预习任务，分梯度、多练习，逐步战胜对电路控制原理分析的恐惧心理

小组协作，角色分工，认领岗位职责，完成各项任务实施，建立解决问题的自信心

通过直播平台互动学习，加深规范作业的意识，设计评价表，辅助其养成规范作业的习惯

图 9　学生能力基础分析

主要突破思路：

1. 将维修企业的真实案例引入课堂，布置简单的电路分析任务，关注专业基础较薄弱学生的学习状态，将工作任务细致化、梯度化，逐步帮助学生建立学习自信心；分享检测经验，发挥榜样示范作用，建立专业自信、自豪感及学习积极性。

2. 通过角色轮换练习检修作业，让学生自己发现检测步骤的困难点，引导学生自主查询资料、小组互助，教师实时答疑，解决学生困惑，逐步化解学习难点；帮助学生解决共性及个性问题，培养学生发现问题、解决问题的能力，养成正确的学习习惯与工作习惯。

## 四、学习内容

### （一）任务描述

一辆科鲁兹汽车进厂维修，客户反映汽车前照灯不亮，经班组长初步确认故障后，需要对前照灯控制系统进行检修。汽车维修工从班组长处接受汽车维修任务，阅读维修工单，明确任务要求，通过查阅维修手册，确定作业流程与技术标准；在规定工期内完成汽车前照灯不亮故障诊断与排除，对组成部件如灯具、开关与控制线路等进行拆装与检测，使汽车恢复正常使用性能；自检合格后，填写维修工单，交付班组长进行质量检验。在工作过程中遵循现场工作管理规范。

### （二）工作要素分析

对科鲁兹汽车前照灯不亮故障检修任务进行工作要素分析（见表 3）。

表 3　工作要素分析表

<table>
<tr><th>工作对象</th><th>工具、材料、设备与资料</th><th>工作要求</th></tr>
<tr><td>1. 汽车维修工单的阅读分析<br>2. 与工具管理员、配件管理员和班组长等相关人员的沟通<br>3. 维修手册的查阅与应用<br>4. 工量具、耗材、设备的准备<br>5. 汽车电气设备的拆卸、分解、清洁、检查和修复<br>6. 汽车电气维修质量、安全性、经济性和环保性要求</td><td>1. 工具：通用工具、量具（试灯、万用表等）<br>2. 材料：电工胶布、防护用品和零配件等<br>3. 设备：汽车故障诊断仪和充电机等<br>4. 资料：安全操作规程、维修手册等</td><td rowspan="3">1. 根据维修工单，明确作业内容和要求<br>2. 根据分工，与工具管理员、配件管理员和班组长等相关人员进行专业的沟通<br>3. 依据客户对维修质量、经济性、时间等需求制定检修作业流程<br>4. 按标准规范进行拆卸、分解、清洁、检查和修复等工作<br>5. 作业过程严格执行企业安全生产制度、环保管理制度以及 7S 管理规范<br>6. 对已完成的工作进行记录、评价、反馈和总结</td></tr>
<tr><th>工作方法</th><th>劳动组织形式</th></tr>
<tr><td>维修工单的使用，维修手册的查阅，零部件的替换，电路图识读法、数据对比法和汽车维修电气质量检验法的运用等</td><td>以独立或小组合作的方式进行。从班组长处领取工作任务，从技术资料管理部门借阅维修资料，到配件部门领取零配件和辅料，到工具管理部门领取专用工量具，必要时与班组长或服务顾问进行维修情况沟通；自检合格后交付班组长进行质量检验</td></tr>
</table>

**（三）学习任务分析**

运用鱼骨图对“科鲁兹前照灯不亮故障检修”任务的作业流程和工作要求进行分析，梳理出完成本工作任务的知识、技能和素养要求，如图 10 所示。

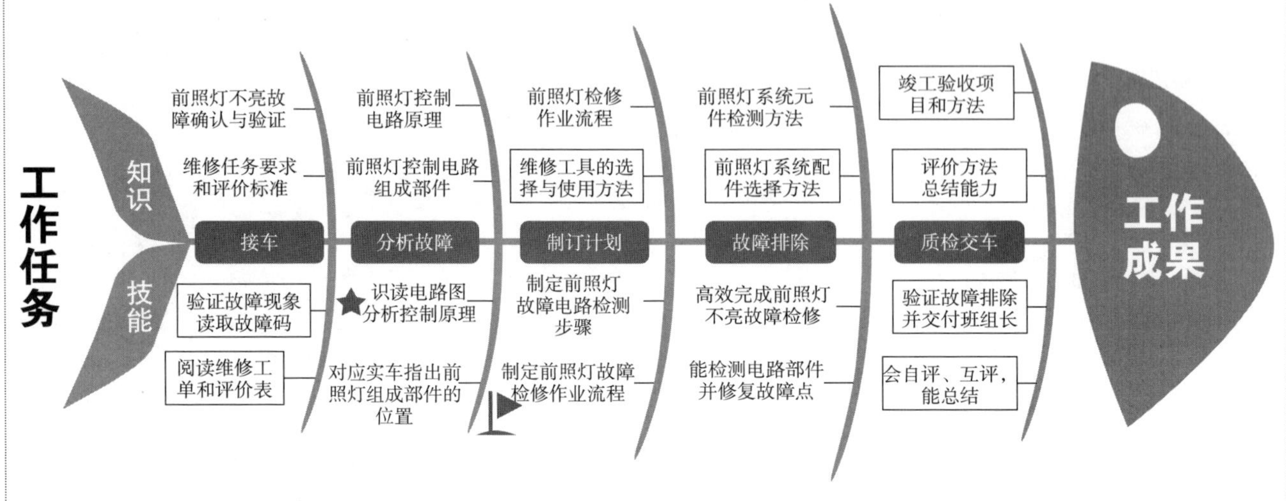


素养——分析问题能力　团队协作能力　沟通交流能力　工匠精神　诚信、友善、劳动

图 10　学习任务分析鱼骨图

注：★为难点；▶为重点；带框的为已学知识与技能，不带框的为新学内容

**（四）学习内容分析**

根据学习目标、工作要素及学习任务并结合学情，分析本次学习内容。

1. 根据对学生专业基础的梳理，确定“温故”型知识与技能的主要学习内容

（1）故障诊断仪等检测工具的使用。

（2）验证故障现象并读取故障码。

（3）旧配件环保处理的工作要求。

（4）电气部件选用标准与更换方法。

2. 结合学生认知规律及作业内容，确定“知新”型重点学习内容

（1）前照灯电路控制原理和分析方法。

（2）前照灯不亮故障排除的规范作业流程。

（3）前照灯不亮电路故障的检测步骤及方法。

（4）前照灯控制系统组成部件的故障检测方法。

### （五）重点、难点分析（见表 4）

表 4　学习重点、难点分析

<table>
<tr><td rowspan="3">学习重点</td><td>内容</td><td>前照灯不亮故障检修的规范作业流程</td></tr>
<tr><td>确定依据</td><td>根据课程标准、学习目标和学习内容，前照灯不亮故障的检修是本次任务的操作重点。根据维修任务要求及故障类型特点，正确的作业流程是故障排除的关键，因此前照灯不亮故障检修的规范作业流程是本次维修任务的重点</td></tr>
<tr><td>解决方案</td><td>【一看】观看检修流程及规范操作，完成作业流程的归纳总结，树立规范的作业意识<br>【二论】采用扩展小组法，先开展组内讨论、归纳作业流程，再进行组间汇报展示、查漏补缺，最终完成作业流程的制定<br>【三导】教师示范操作并点评各小组的汇报成果，引导学生完善作业流程<br>【四战】角色互换，在实车上完成故障检修作业流程，强化练习，攻破作业重点<br>【五评】评价表的设计以学习目标为依据，打分的同时也是对重点内容的巩固学习，辅助解决任务重点</td></tr>
<tr><td rowspan="3">学习难点</td><td>内容</td><td>前照灯电路控制原理的分析</td></tr>
<tr><td>确定依据</td><td>前照灯控制电路组成部件较多，且逻辑关系复杂，需要学生具备较强的逻辑分析、抽象思维能力；通过对学生学情及认知规律的分析，发现其在此方面的能力相对薄弱，因此前照灯控制原理的分析是本次维修任务的难点</td></tr>
<tr><td>解决方案</td><td>【看动画】观看前照灯控制电路动画，了解控制电路电流的走向，化解前照灯控制电路的分析思路障碍，迈出解决难点的第一步<br>【对实物】实车对照并熟悉电路组成部件及其位置，突破前照灯控制电路的分析思维局限，迈出解决难点的第二步<br>【组内议】讨论前照灯控制电路工作原理，完成前照灯控制电路分析方法的学习，达成解决难点三步走<br>根据学生认知规律及技能难易程度，将难点问题的解决分为三个步骤，逐渐提高技能水平，突破任务难点</td></tr>
</table>

## 五、学习资源

### （一）一体化学习工作站

根据完成工作任务的各要素，工作站布置有学习讨论区、资料查询区、工具区、配件区、旧件回收区、成果展示区、工位区等（见图 11），模拟实际工作场景，帮助学生融入岗位情境、进入工作状态，完成维修任务。

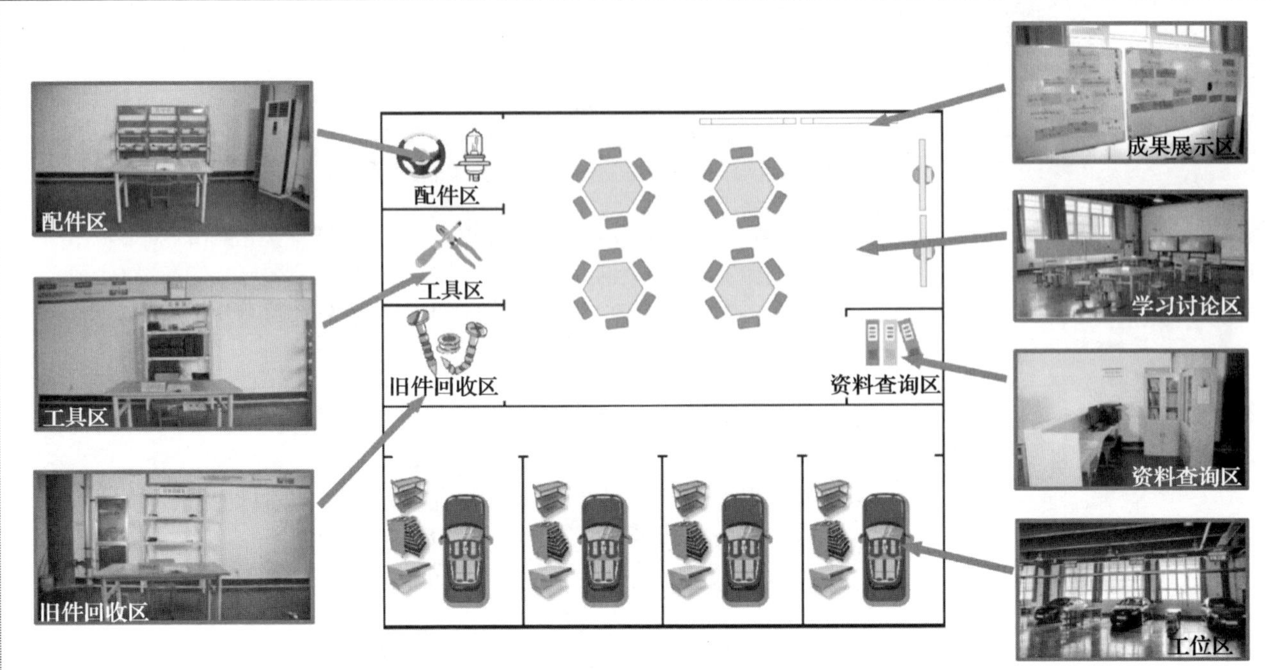


图 11　汽车维修一体化学习工作站

**（二）资源设计**

学习资源（见表 5）主要包括线上教学平台、相关视频动画、维修手册、维修工单、工作页、评价表以及工作站配置资源等，通过线上线下混合式学习，将多种教学媒体与信息化技术相结合，突出重点，化解难点，激发学生的学习兴趣，发挥学生的主体作用，本着工学一体、能力本位的教学理念，实现学生在问题引导下的学习。

表 5　主要学习资源

| 资源名称 | 图示 | 设计意图 |
| --- | --- | --- |
| 云立方<br>学习平台 |  | 用于课前预习，课中查看学习资料，课后巩固拓展。方式灵活，便于学生使用<br>主要使用环节：课前、课中、课后 |
| 课前导学<br>问题清单 |  | 导学问题：前照灯控制电路基本组成部件有哪些？<br>意图：让学生在问题引导下学习，提高信息查询、整合并解决问题的能力<br>主要使用环节：课前 |

续表

| 资源名称 | 图示 | 设计意图 |
| --- | --- | --- |
| 互动平台 |  | 导学问题：检修作业流程的关键技术点及注意事项有哪些？<br>意图：由于电气部件端子的位置隐蔽，直播示范时解决学生看不到、听不懂的问题，同时吸引学生的注意力<br>主要使用环节：课中－决策 |
| 科鲁兹前照灯控制电路动画（1 min） | 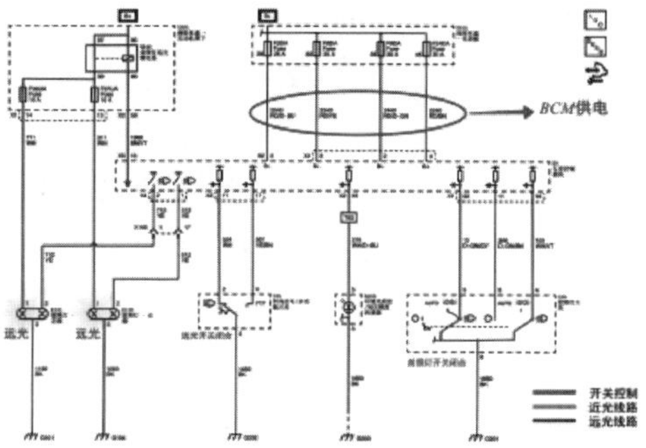 | 导学问题：前照灯控制电路的电流走向是怎样的？<br>意图：依据学生的认知规律，用动画增强其感性认识，激发学习兴趣<br>主要使用环节：课中－计划 |
| 科鲁兹前照灯不亮故障排除流程视频（10 min） | 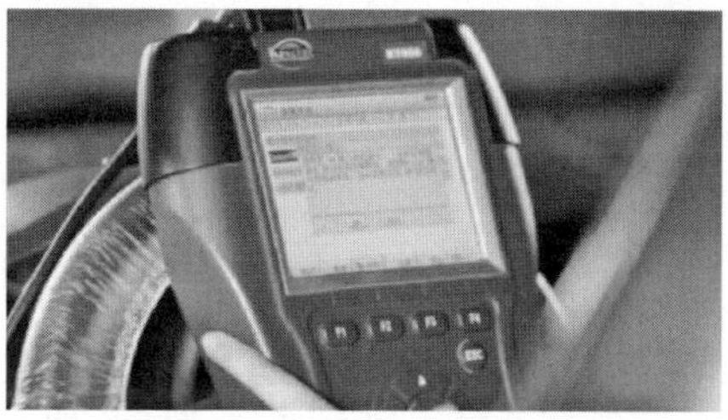 | 导学问题：前照灯不亮故障排除的流程是什么？<br>意图：针对学生特点，组织观看规范作业流程视频，为学生提供学习资源，以小组协作的形式，完成归纳、总结<br>主要使用环节：课中－计划 |
| 工作页（16 份） | 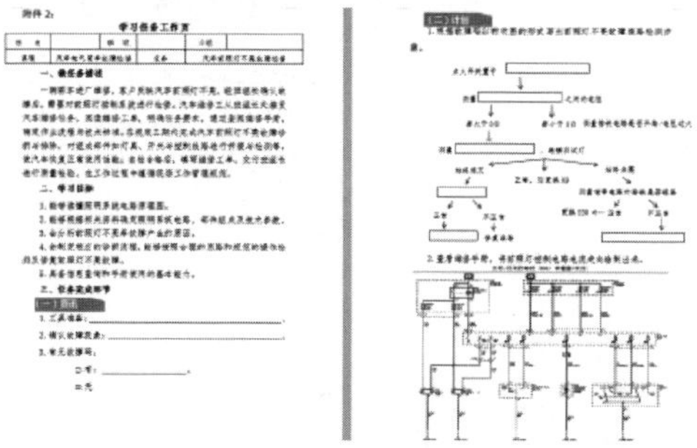 | 导学问题：维修的工作过程是什么？<br>意图：设计任务情境，突出工作中学习、学习中工作<br>主要使用环节：课中各环节 |
| 维修工单（电子版） | 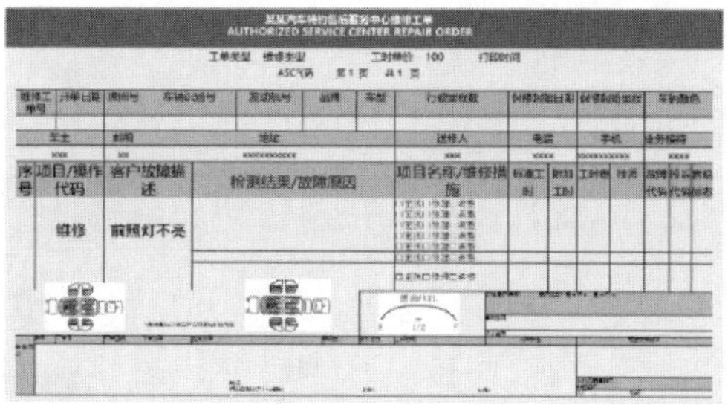 | 导学问题：维修任务是什么？<br>意图：建立岗位情境，让学生明确岗位职责，建立技能身份认同感<br>主要使用环节：课前 |

续表

| 资源名称 | 图示 | 设计意图 |
|---|---|---|
| 维修手册<br>（纸质版 8 份，<br>电子版） | 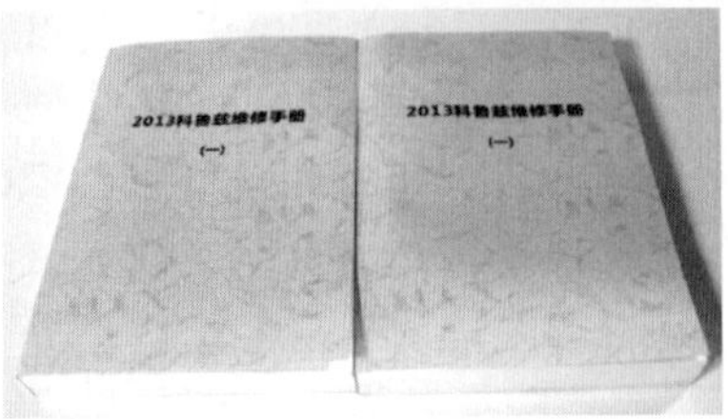 | 导学问题：如何查询电路检测步骤？<br>意图：明确作业标准，查询车辆基本信息，为制定检测步骤提供依据<br>主要使用环节：课前主要使用电子版，课中主要使用纸质版 |
| 教材<br>（16 本） | 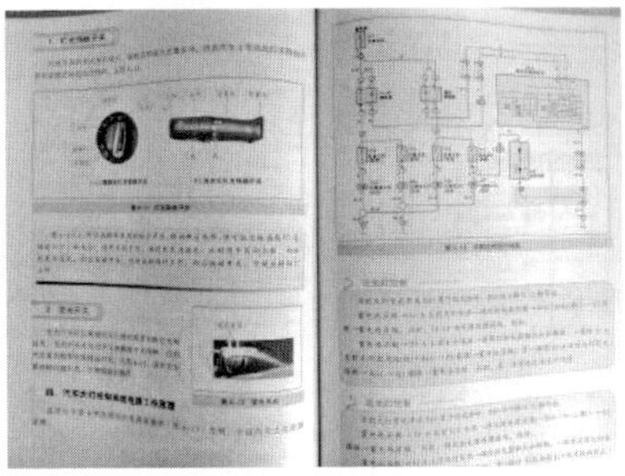 | 导学问题：前照灯控制系统组成部件有哪些？<br>意图：提供专业基础知识理论依据<br>主要使用环节：课前 |
| 评价表<br>（电子版、<br>纸质版：<br>自评表 16 份、<br>组间评价表<br>16 份、组内<br>评价表 4 份） |  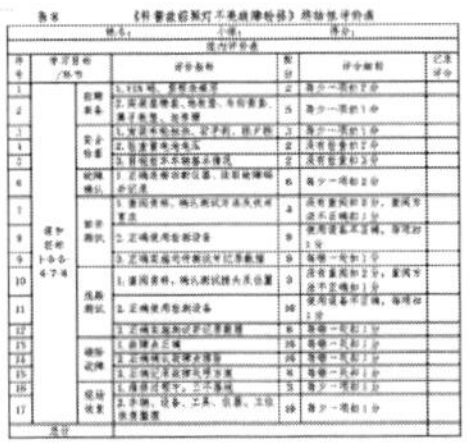 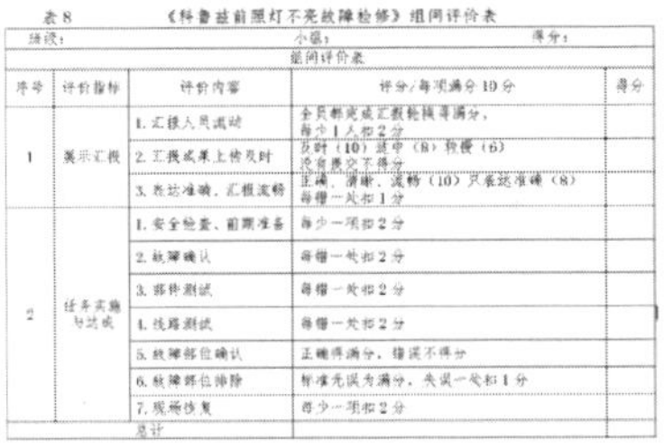 （详见表 6、表 7、表 8） | 导学问题：评价内容和标准是什么？<br>意图：根据学习目标设计评价指标，检阅学习目标达成效果，反思存在的问题，达到持续改进、促进综合职业能力、职业素养不断提升的目的<br>主要使用环节：自评表贯穿始终，组内评价表用于实施环节，组间评价表用于评价环节 |

## 六、教学实施

1. 牢记防疫知识，时刻保持防疫状态

根据常态化疫情防控形势要求，在线下教学活动中，坚持做好学生、教师的防护工作，设备、车间等学习资源及区域的清洁消毒工作。有异常情况时，按照学院疫情突发管理办法，采取相应措施及时处理。

2. 教学流程图

依据“科鲁兹前照灯不亮故障检修”工作过程，设计本次任务的教学流程，如图 12 所示。在本次课的实施过程中，采用了线上线下相结合的混合式学习模式，体现工学一体、学生为中心以及能力本位的要求，采用多种教学策略，发挥学生主体、教师主导的作用，让学生在工作中学习、在学习中工作。

课前：线上进行理论知识学习、查阅维修工单及评价表，学习行业先进榜样、世赛选手等的成功经验，减少不必要的集中授课，避免人员过多接触。

课中：将必要的学习、训练任务集中在线下课堂，开展组间讨论、探究、协作，制定检测步骤、作业流程，完成前照灯不亮故障排除。

课后：线上进行知识的查缺补漏，线下开展技能拓展练习。

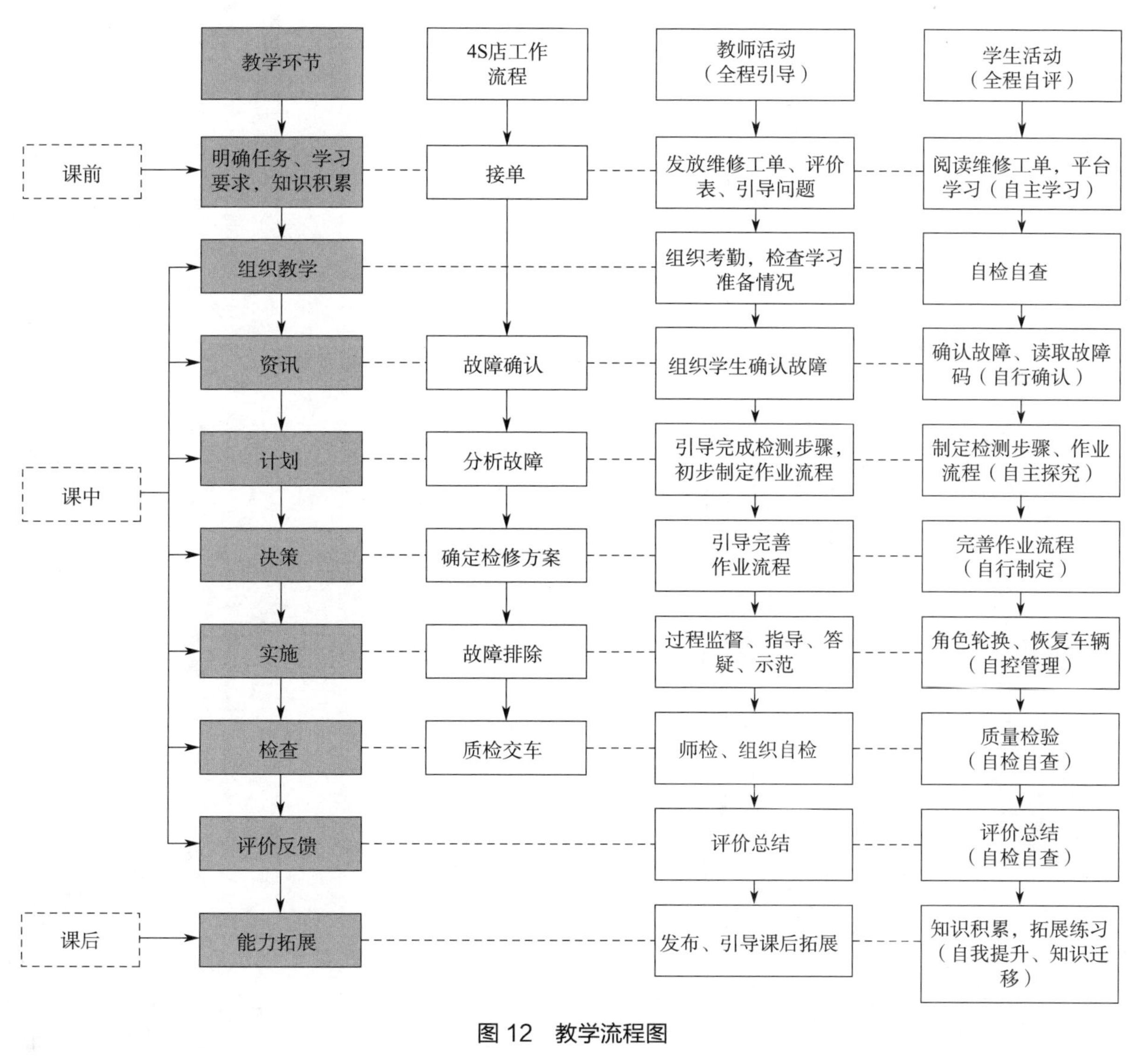


图 12　教学流程图

| 教学环节 | 学生活动 | 教师活动 | 教学手段 | 教学方法 |
| --- | --- | --- | --- | --- |
| 课前<br>明确任务 | 1. 阅读维修工单、评价表<br>2. 根据问题清单，通过查阅维修手册，浏览汽车维修技术网等网站，在学习平台上完成前照灯控制电路组成部件的预习等<br>3. 就学习问题在线与教师交流<br>4. 收集第45届世赛选手成长事迹，以及五菱汽车生产口罩事件所体现的内涵，并分享感悟 | 1. 在学习平台上发布维修工单、评价表<br>2. 依据维修任务，设计引导问题清单，在学习平台上发布<br>3. 汇总分析学习平台预习成果，解答学生疑问，及时交流指导<br>关注点：平台学习完成情况；错误率高的题目；学生作业上交是否及时<br>4. 线上分享、交流世赛选手以及行业先进事迹<br>5. 在各工位实训车上设置前照灯不亮故障<br>关注点：对先进事迹的学习，观点表达正确、清晰 | 1. 云立方学习平台：导入问题清单，完成课前知识预习与积累<br>2. 问题清单：为学生提供学习资料 | 问题引导法：解决学生需提升的整合信息、自主学习的能力，强化自我管理 |
| | 设计意图：运用学习平台实现在问题引导下学习，促进学生整合信息的能力，培养其自主学习的习惯；每课学习行业先进的成长事迹，思考其成功的原因，让学生看到通过自身的努力，能够实现技能成才、技能报国；学习中国品牌精神，激发学生的民族自豪感与使命感，增强文化自信、行业自信，引导学生树立正确的价值观 | | | |
| 课中<br>环节一<br>资讯<br>（20 min） | 1. 班长检查、汇报出勤、场地通风、消毒及测温登记情况，以及学习准备情况<br>2. 领取作业工具<br>3. 做好车辆基本检查与防护。安装座椅、转向盘等的防护用品，检查车辆驻车制动器的位置及车轮挡块的安装<br>4. 根据维修工单，查看故障现象<br>5. 安装故障诊断仪，读取故障码并记录；整理故障诊断仪 | 1. 组织学生测温，规范着装<br>2. 检查学习准备情况；提醒学生做好个人防护，注意清洁卫生<br>关注点：消毒工具落实到位<br>3. 总结、评价课前学习成果，提醒学生完成个人评价表相应环节<br>4. 组织领取作业工具<br>5. 组织学生进行车辆基本检查与防护<br>6. 组织学生到实车上查看故障现象，读取故障码<br>关注点：观察学生故障排除的前期准备工作是否完整、符合作业要求，车辆检查是否到位，并及时予以指导 | 维修工单：设置真实的岗位情境，让学生明确任务，确定任务目标 | 任务驱动法：让学生在真实工作任务要求下，开展作业，培养其岗位责任与能力 |
| | 设计意图：任务引领，按照实际作业流程开展维修任务，对接岗位作业要求；严格做好故障车辆座椅、转向盘等的防护工作，培养学生爱护客户车辆、维护客户权益、客户至上的服务意识；检查车辆挡位及驻车制动器的位置，培养学生规范作业的习惯，以及安全作业的岗位意识 | | | |

续表

| 教学环节 | 学生活动 | 教师活动 | 教学手段 | 教学方法 |
| --- | --- | --- | --- | --- |
| 课中<br>环节二<br>计划<br>（40 min） | 活动 1（20 min）：看动画、对实物、组内议<br>1. 观看电路动画，小组讨论控制电流的走向，完成工作页并汇报；认真听取其他小组汇报及教师的评价<br>2. 查阅维修手册，在实车上完成线路部件的查找，对照实车说出控制电路的走向<br>3. 根据维修手册，小组讨论绘制故障检测树状图，汇报并完善检测步骤 | 1. 播放电路图动画，听取小组汇报，并将电路图拆分讲解<br>2. 组织学生在实车上进行电路部件的查找与分析<br>3. 组织学生将故障线路检测步骤以故障树的形式绘制出来，并展示汇报<br>关注点：汇报人员的流动性；鼓励不善发言表达的学生，帮助其提升表达能力；观察学生由简单电路迁移到复杂控制电路的能力 | 1. 维修手册：<br>提供标准依据，明确规范<br>2. 动画：<br>增强学生感性认识，便于学生反复多次学习，巩固知新 | 1. 探究法：<br>培养学生自主学习，以及发现问题、解决问题的能力<br>2. 展示法：<br>锻炼小组团结协作、语言表达的能力 |
| | 设计意图：通过“静态到动态、图片到实物、观看视频到练习操作”多个教学活动的延续，不断加深对前照灯控制电路的熟知程度，巩固控制电路在学生头脑中的记忆，结合实车探究摸索、确认，逐步化解学生对控制电路的畏惧与排斥心理，从而攻克任务难点 | | | |
| | 活动 2（20 min）：一看视频、二论流程，初步制定故障排除作业流程<br>1. 观看故障排除作业流程视频<br>2. 小组讨论制订故障排除作业方案<br>3. 小组展示汇报，认真听取其他小组汇报并记录<br>4. 对各组计划展示情况进行评价<br>5. 认真听取教师的引导、评价 | 1. 播放故障排除作业流程视频<br>2. 组织各小组展示、汇报故障排除作业流程<br>3. 点评、引导、完善<br>4. 组织自评和互评<br>关注点：学生问题探究、讨论情况，适当引导，协助组织 | 视频：<br>激发学生的学习兴趣，增强学生感性认识，便于学生反复多次学习，巩固知新 | 扩展小组法：<br>培养团队协作解决问题的能力，提升其归纳总结能力 |
| | 设计意图：采用扩展小组法，先由组内 1 对 1 开展讨论，然后组内 2 对 2 归纳汇总，达成共识，形成初步的作业流程，其次经过组间汇报，查缺补漏，再由教师评价引导，形成最终的故障排除流程。以此保证学生人人参与、人人有收获，既锻炼学生归纳总结的能力，又增强团队协作意识 | | | |

续表

<table>
<tr><th>教学环节</th><th>学生活动</th><th>教师活动</th><th>教学手段</th><th>教学方法</th></tr>
<tr><td rowspan="2">课中<br>环节三<br>决策<br>（20 min）</td><td>“三导示范、修计划、展成果”完善故障排除作业流程<br>1. 认真观看教师的操作示范并记录<br>2. 讨论并完善故障排除计划<br>3. 小组派代表汇报最终计划</td><td>1. 直播示范技术难点及易错点的检测方法<br>2. 组织小组讨论，完善故障排除计划<br>3. 检验学生最终的检测计划<br>关注点：能记录并完善计划</td><td>微信平台：<br>直播示范、发布工作任务、收集学生的学习成果、实时答疑解惑</td><td>演示法：<br>通过实车与直播演示方法，便于学生直观感受，易于形成规范操作意识</td></tr>
<tr><td colspan="4">设计意图：通过教师直播示范故障排除与检测流程过程中的技术难点及易错点，学生易于接受并加深记忆；各小组记录作业流程中的关键点，强化安全、规范的作业意识</td></tr>
<tr><td>课中<br>环节四<br>实施<br>（65 min）</td><td>四战：实战练习<br>活动 1（20 min）：角色分配，故障排除<br>1. 按照组员角色分工，在实车上完成前照灯不亮故障检修工作</td><td>1. 组织学生在实车上完成故障排除，做好角色分工，说明角色的岗位职责<br>关注点：不同岗位角色的认真、负责态度<br><br>前期准备工作<br>确认现象，读取故障码<br>有故障码<br>无故障码<br>B1395，B2575<br>B2699，B257A<br>B2580，……<br>F3DA<br>F8DA<br>F9DA<br>……<br>按照故障码提示进行相关检测<br>验证故障点<br>部件损坏<br>线路损坏<br>更换部件<br>修复线路<br>竣工质检<br>检测相关熔断器<br>不正常<br>更换<br>正常<br>检测KR48继电器<br>不正常<br>更换<br>正常<br>检测灯泡<br>不正常<br>更换<br>正常<br>检测开关<br>不正常<br>更换<br>正常<br>检测部件间、相关线路、搭铁<br>不正常<br>修复线路<br>正常<br>更换车身控制模块<br><br>故障排除流程图</td><td>1. 工作页：<br>引导学生实现正确、完整的检测工作<br>2. 维修手册：<br>提供电路检测标准与步骤</td><td>1. 巡回指导法：<br>引导学生规范操作<br>2. 角色扮演法：<br>1名检修技师、1名规范记录员、1名安全监督员、1名视频拍摄员。学生以不同的角色共同参与学习，分散学习复杂问题的心理压力</td></tr>
</table>

续表

| 教学环节 | 学生活动 | 教师活动 | 教学手段 | 教学方法 |
|---|---|---|---|---|
| 课中<br>环节四<br>实施<br>（65 min） | 2. 根据维修手册及故障排除计划完成检测步骤<br>（1）做好车辆防护、准备工具等前期工作<br>（2）按照线路检测树状图开始检测<br>1）断开 S30 开关线束连接器，测试端子 6 和搭铁之间的电阻是否正常<br>2）断开 K9 车身控制模块 X1 线束连接器，恢复车辆供电，在 B+ 与信号线路之间连接测试灯<br>3）若测试灯始终熄灭，测量信号电路对电压源是否短路 / 开路 / 电阻过大<br>4）若正常则更换 S30<br>5）如果测试灯始终点亮，测试信号电路对搭铁是否短路<br>6）若所有线路测试都正常，则更换 K9 模块<br>7）测试 S30 开关是否正常，不正常则更换<br>3. 根据故障检测结果，提交、展示维修方案并完成故障修复<br>4. 作业过程中完成故障诊断维修记录表 | 2. 巡回指导，及时帮助学生解决实际问题，记录学生的学习过程<br>3. 查看流程及细节是否完整、到位<br>关注点：车辆防护是否到位，注重安全作业的监督与引导；工具选择与使用是否正确<br>4. 记录易错点、失误点及学生表现<br>关注点：前照灯开关与电源开关，是否正确配合检测步骤；线路检测方法是否正确<br>5. 审核维修方案，引导学生科学、合理地执行维修方案<br>**部分维修方案展示**<br>故障原因：开关针脚腐蚀，接触电阻过大<br>维修方案：维修 \| 维修方案：更换<br>关注点：合理制订维修方案，不过度维修，节约资源及维修成本<br>6. 配合学生完成部件的领取、旧配件的回收处理<br>7. 引导学生及时、正确地填写记录表 | 3. 故障诊断维修记录表：<br>作业实施过程记录，引导作业流程，梳理检测思路 | 3. 练习法：<br>学生通过实际动手操作，练习作业技能，积累经验，锻炼其发现问题、解决问题的能力 |
| | 设计意图：多人分工、帮扶，严格控制质量标准，发挥榜样示范和典型作用，培养学生的岗位责任意识；不夸大故障范围，不过度维修，保质量、提速度，为客户节约开支，养成诚信待人、节俭的作风，对更换下来的旧配件做好回收处理，遵循环保管理制度 | | | |

续表

| 教学环节 | 学生活动 | 教师活动 | 教学手段 | 教学方法 |
| --- | --- | --- | --- | --- |
| 课中环节四实施（65 min） | 活动 2（15 min）：看示范、学标准、规避易错点<br>1. 对作业实施过程中发现的问题进行汇报，寻求解决办法<br>2. 分享检测经验<br>3. 根据部件检测视频，结合维修手册，进行部件检测练习，为后续实车检测打好基础 | 1. 组织分享检测经验并汇报检测难点<br>2. 播放部件检测视频；组织学生进行部件检测练习<br>共性问题解决：K9 端子测试；开关部件检测<br>个性问题解决：具体问题具体指导，或组间、组内讨论、互助解决<br>3. 巡回指导、示范检测注意事项<br>关注点：经验分享及检测难点的汇报；通过部件检测练习攻克易错点 | 视频：<br>部件检测视频，化解检测易错点；激发学习兴趣，增强感性认识；便于反复学习，巩固知新 | 探究法：<br>培养学生自我探究的能力，在问题引导下，会分析问题、解决问题 |
| | 设计意图：由于电气部件的隐蔽性增加了针脚测量的难度，为避免对车辆造成人为的二次损伤，通过教师示范，重点学习规范操作及检测易错点，组织部件检测的单独练习，让学生自主讨论探究、展示成果，锻炼学生表达自我思想、相互沟通交流、相互协作的能力 | | | |
| | 活动 3（30 min）：角色轮换，轮流操作<br>1. 完成角色轮换，小组协作完成故障排除<br>2. 完成本环节自评、互评 | 1. 监督角色轮换完成情况<br>2. 关注操作细节、规范及重点解决情况<br>3. 查看故障点的检测情况<br>4. 引导自评、互评<br>关注点：学生观看教师示范、部件检测视频后，检测能力的提升效果 | 组内评价表：<br>记录员为操作员打分，可监督、提示，同时可巩固学习作业流程；辅助任务重点突破 | 评价法：<br>学会自评与互评，能够反省并接受他人指导 |
| | 设计意图：通过“学、练、做”三个阶段活动设计，帮助学生逐步攻克作业重点；严格操作规范，提高一次性维修率，降低故障返修率，对接岗位要求，培养学生精益求精、一丝不苟的工匠精神 | | | |
| 课中环节五检查（15 min） | 1. 组员自检、组内互检<br>2. 向教师请求复检<br>3. 完成质量检验，恢复车辆正常工作状态<br>4. 竣工交车<br>5. 一体化工作站的整理、整顿，做好个人防护与清洁，设备整理与消毒 | 1. 引导学生完成自检、互检<br>2. 检查学生任务完成情况，协助交车<br>3. 检查工作现场整理、清洁情况<br>关注点：故障排除情况；自检完成度，工作站是否整洁，消毒、通风是否到位 | 评价表：<br>为学生自检、互检提供依据，建立良好的作业习惯 | 观察法：<br>培养学生认真细致的工作习惯，从观察中学习他人优点，发现问题 |
| | 设计意图：完善作业流程，养成良好的作业习惯，对接岗位要求；规范做好定置管理、一体化工作站的整理工作，点评、点赞劳动模范，营造尊重劳动、热爱劳动的氛围，固化劳动习惯，引导学生树立正确的劳动观 | | | |

续表

| 教学环节 | 学生活动 | 教师活动 | 教学手段 | 教学方法 |
|---|---|---|---|---|
| 课中<br>环节六<br>评价反馈<br>（20 min） | 五评：巩固学习<br>1. 上传操作视频<br>2. 完成自评表<br>3. 小组互评，总结汇报<br>4. 认真听取教师总结、点评<br>5. 接受课后拓展任务及要求，做好下节课维修任务的预习 | 1. 组织学生上传操作视频，完成自评、互评及教师评价<br>2. 组织学生进行总结，教师总结<br>3. 评选优秀学生及优胜小组<br>4. 布置课后拓展任务与要求<br>5. 布置下节课维修任务预习工作<br>关注点：针对学习任务表现出困难的学生，给予重点关注与鼓励 | 组间评价表：<br>提供学习标准，形成自检、自查的意识；自评与互评，巩固学习内容与标准 | 评价学习法：<br>实时自检、自查，学习他人的优点 |
| | 设计意图：强化学习目标达成，以评价标准引领任务实施各环节，促进学生思想素质、劳动精神和综合职业能力提升；促进学生养成工作总结的习惯，学会自我肯定与反思，学会客观评价他人行为，敢于指出问题、学习他人优点，树立诚信、友善的社会主义核心价值观；评选优胜小组与个人，激发学生团队荣誉感与自豪感，发挥榜样示范作用 | | | |
| 课后<br>能力拓展 | 1. 到其他品牌（如别克）4S 店学习，与维修技师交流维修任务的学习情况，反馈并集中探讨，分析不同品牌、车型的故障原因与故障点<br>2. 撰写实践报告<br>3. 完成平台知识的学习 | 1. 对学生去 4S 店学习的安全管控及学习情况的关注<br>2. 引导学生完成实践报告<br>3. 根据学习情况，调整课后拓展内容，增加线上平台学习资源<br>关注点：实践报告的分析、总结、整理；学习平台知识学习情况，及时为学生答疑解惑；课后拓展项目的关注度及完成情况 | 1. 实践报告：<br>培养学生总结、归纳、分析问题、解决问题、知识迁移的能力<br>2. 学习平台：<br>为学生课后学习提供资料与引导，延展学习时间与空间 | 自主探究法：<br>培养学生知识运用能力，积累工作经验 |
| | 设计意图：提升学生知识迁移、举一反三的能力；帮助学生拓宽学习思路，积累更多的工作经验，提高故障探究的技能与方法，逐步培养学生爱学、会学的习惯与能力；通过撰写实践报告，及时总结、反馈，养成良好的学习习惯；接触 4S 店实际工作与管理，锻炼与专业人员沟通的能力。完成平台知识的学习，进一步巩固电工基础知识，查缺补漏，为后续学习打下基础 | | | |

## 七、学业评价

### （一）评价方式

1. 个人评价

设计意图：根据学习目标，按照学习过程设计过程性评价表，旨在为学生明确阶段目标，了解学习流程与作业内容，逐步完成小目标，培养学生会学习、能学会及建立完成任务的信心。设计加分项，对接岗位评价指标，提升综合能力。

使用方法：由学生按照时间节点完成评价并上传微信平台，可以实时开展横向比较、查找不足，养成客观、真实的自我评价习惯，提升自我管理能力（见表6）。

表6　过程性评价表

| 学习过程评价表 / 自评表 | | | | | | | |
|---|---|---|---|---|---|---|---|
| 班级： | | 姓名： | | 小组： | | 得分： | |
| 序号 | 学习目标 / 环节 | | 评价指标 | 配分 | 评分细则 | 得分 | 能力素养 |
| 1 | 课前目标 | 接受任务 | 1. 查看维修工单、评价表 | 4 | 清晰（4）一般（2）<br>查看但不清晰（1） | | 专业 |
| 2 | | | 2. 收集先进事迹，分享感悟 | 4 | 观点正确、表达清晰（4）<br>观点正确（2） | | 思政 |
| 3 | | 知识积累 | 会查阅维修手册及资料，完成平台知识学习 | 6 | 正确完成（6）<br>及格（3） | | 方法 |
| 4 | 课中目标 | 准备工作 | 准备好维修手册、工作页、评价表、教材，完成测温登记，配合考勤、着装检查 | 8 | 每少1项扣1分 | | 社会 |
| 5 | | 资讯 | 做好车辆防护，读取故障码 | 4 | 每错1处扣1分 | | 专业 |
| 6 | | 计划 | 1. 独立查看维修手册中的前照灯控制电路图，叙述前照灯电路的检测步骤 | 8 | 参照维修手册，每错1处扣1分 | | 专业 |
| 7 | | | 2. 叙述前照灯控制电路原理，叙述检测方法 | 8 | 叙述正确、表达清晰（8）<br>叙述正确（5）<br>每错1处扣1分 | | 专业 |
| 8 | | | 3. 参与小组讨论，协助完成本次组内任务 | 6 | 代表发言（6）<br>参与发言内容讨论（3）<br>认真倾听发言（2） | | 社会 |

续表

| 序号 | 学习目标 / 环节 | | 评价指标 | 配分 | 评分细则 | 得分 | 能力素养 |
|---|---|---|---|---|---|---|---|
| 9 | 课中目标 | 决策 | 积极参与小组讨论及成果展示 | 5 | 代表发言（5）积极参与讨论（3）认真倾听发言（1） | | 社会 |
| 10 | | 实施 | 1. 车辆防护、安全检查 | 4 | 每少检查 1 项扣 2 分，扣完为止 | | 专业 |
| 11 | | | 2. 准备工具：万用表、接线盒、手电、诊断仪 | 4 | 每少 1 项扣 1 分 | | 专业 |
| 12 | | | 3. 按维修作业流程规范作业 | 8 | 每错 1 处扣 1 分 | | 专业 |
| 13 | | | 4. 正确记录数据，分析测量结果 | 6 | 每错 1 处扣 1 分，扣完为止 | | 专业 |
| 14 | | | 5. 是否一次性检测维修，没有返工 | | 精准完成 +2 分 | | 专业 |
| 15 | | | 6. 正确处理旧配件 | 4 | 不登记扣 1 分 | | 思政 |
| 16 | | 检查 | 1. 完成检测时进行自检、互检 | 4 | 未做质检不得分<br>积极帮助他人 +2 分 | | 专业 |
| 17 | | | 2. 现场恢复 | 4 | 每失误 1 项扣 1 分<br>劳动模范 +2 分 | | 思政 |
| 18 | | 评价反馈 | 积极参与完成个人、组内、组间评价和总结 | 5 | 好（5）良好（3）合格（1） | | 社会 |
| 19 | 课后目标 | 拓展 | 完成课后拓展任务，及时上报，撰写实践报告 | 4 | 不上报不得分，积极完成 +2 分 | | 方法 |
| 20 | | | 按时完成平台知识学习 | 4 | 正确完成（4）及格（2） | | 专业 |
| 总计 | | | | | | | |

备注：过程性评价由学生在各阶段完成任务后对照标准评分，并立即上传平台。注意观察屏幕显示的评价表，比较同班同组自评得分，自发养成发现自身不足、不断修正完善自己的习惯，逐步做到自评客观、真实。

2. 小组评价

根据成果共建共享的总体要求，通过小组评价，树立学习典型，发挥榜样作用；激发学生相互学习、协同作业、共同提高的工作氛围；促进学生积极按照规范完成任务，培养劳动习惯及精神。

设计意图：组内评价表主要针对本次维修任务的作业重点设计评分内容，通过小组自评、互评，明确作业流程的重要性，培养学生养成规范、细致的作业习惯。同时，强化学生对作业流程的记忆与理解，为攻破作业重点起到补充作用。组间互评主要培养学生团队协作意识以及团队荣誉感，形成相互竞争、互助的学习氛围，逐步培养学生树立双赢的工作意识。

使用方法：组内评价表（见表 7）由小组中规范记录员的角色进行打分，记录员为操作员打分的同时也起到监督与提示的作用，也是对作业流程的巩固学习，实现共同进步。组间评价主要通过对展示汇报、操作视频等项目完成评价（见表 8）。

表 7　组内评价表

| 组内评价表 | | | | | | |
|---|---|---|---|---|---|---|
| 班级： | | 姓名： | | 小组： | 得分： | |
| 序号 | 学习目标 / 环节 | | 评价指标 | 配分 | 评分细则 | 记录评分 |
| 1 | 课中目标 1、3、5、6、7、8 | 前期准备 | 1. VIN 码、里程表填写 | 2 | 每少 1 项扣 2 分 | |
| 2 | | | 2. 安装座椅套、地板垫、转向盘套、翼子板垫、前格栅布 | 5 | 每少 1 项扣 1 分 | |
| 3 | | 安全检查 | 1. 安装车轮挡块、拉驻车制动、挂 P 挡 | 3 | 每少 1 项扣 1 分 | |
| 4 | | | 2. 检查蓄电池电压 | 2 | 没有检查扣 2 分 | |
| 5 | | | 3. 目视检测车辆基本情况 | 2 | 没有检查扣 2 分 | |
| 6 | | 故障确认 | 正确连接诊断仪器，读取故障码并记录 | 6 | 每少 1 项扣 2 分 | |
| 7 | | 部件测试 | 1. 查阅资料，确认测试方法及技术要求 | 4 | 没有查阅扣 2 分，查阅方法不正确扣 1 分 | |
| 8 | | | 2. 正确使用检测设备、工具 | 8 | 使用设备不正确，每项扣 1 分 | |
| 9 | | | 3. 正确实施元件测试并记录数据 | 8 | 每错 1 处扣 1 分 | |
| 10 | | 线路测试 | 1. 查阅资料，确认测试接头及位置 | 3 | 没有查阅扣 2 分，查阅方法不正确扣 1 分 | |
| 11 | | | 2. 正确使用检测设备 | 10 | 使用设备不正确，每项扣 1 分 | |
| 12 | | | 3. 正确实施测试并记录数据 | 6 | 每错 1 处扣 1 分 | |
| 13 | | 故障排除 | 1. 故障点正确 | 10 | 正确得满分，错误不得分 | |
| 14 | | | 2. 正确确认故障点已排除 | 10 | 每错 1 处扣 1 分 | |
| 15 | | | 3. 正确记录故障处理方案 | 8 | 每错 1 处扣 1 分 | |
| 16 | | 现场恢复 | 1. 维修过程中做到“三不落地” | 3 | 每错 1 处扣 1 分 | |
| 17 | | | 2. 车辆、设备、工具、仪器、工位恢复并整理 | 10 | 每少 1 项扣 1 分 | |
| 总计 | | | | | | |

表 8　组间评价表

| 组间评价表 | | | | |
|---|---|---|---|---|
| 班级： | 小组： | | 得分： | |
| 序号 | 评价指标 | 评价内容 | 评分（每项满分为 10 分） | 得分 |
| 1 | 展示汇报 | 1. 汇报人员流动 | 全员都完成汇报轮换得满分，每少 1 人扣 2 分 | |
| | | 2. 汇报成果上传及时 | 及时（10）适中（8）较慢（6）<br>没有提交不得分 | |
| | | 3. 表达准确、汇报流畅 | 正确、清晰、流畅（10）只表达准确（8）<br>每错 1 处扣 1 分 | |
| 2 | 任务实施与达成 | 1. 安全检查、前期准备 | 每少 1 项扣 2 分 | |
| | | 2. 故障确认 | 每错 1 处扣 2 分 | |
| | | 3. 部件测试 | 每错 1 处扣 2 分 | |
| | | 4. 线路测试 | 每错 1 处扣 2 分 | |
| | | 5. 故障部位确认 | 正确得满分，错误不得分 | |
| | | 6. 故障部位排除 | 标准无误为满分，失误 1 处扣 1 分 | |
| | | 7. 现场恢复 | 每少 1 项扣 2 分 | |
| 总计 | | | | |

3. 教师评价

设计意图：教师评价贯穿始终，引导学生按照任务要求、评价标准，规范个人行为、监察小组行动，激励学生提高专业技能、素质能力、岗位要求、劳动精神及思政素养。

使用方法：在教学环节中，参照 5 个评价维度，根据学生实际表现合理分配“星级”表彰，善于观察学生表现，对于有明显进步及贡献的学生要“点赞”，培养学生对学习的热情与专注。最后根据“星级”“点赞”获得数量进行统计核算，评选出榜样小组、学生，增强学生团队荣誉感和自信心（见表 9、表 10）。

表 9　终结性评价表

| 教师评价表 | | | | | | |
|---|---|---|---|---|---|---|
| 班级： | | | 小组： | | | |
| 序号 | 评价指标 | 评价内容 | 评分 | | | 总分 |
| | | | 好 10 | 良好 8～9 | 合格 6～7 | |
| 1 | 课前 | 1. 完成平台学习情况 | | | | |
| | | 2. 先进事迹的表述，观点是否正确，表达是否清晰 | | | | |

续表

| 序号 | 评价指标 | 评价内容 | 评分 | | | 总分 |
|---|---|---|---|---|---|---|
| | | | 好 10 | 良好 8～9 | 合格 6～7 | |
| 2 | 展示汇报 | 1. 汇报人员态度积极 | | | | |
| | | 2. 汇报成果上传及时，表达准确、汇报流畅 | | | | |
| 3 | 分工协作 | 1. 积极参与组内讨论，学习氛围良好 | | | | |
| | | 2. 组员相互协作，分工合理，及时完成任务实施 | | | | |
| 4 | 任务达成 | 1. 归纳、完善故障排除计划的制订 | | | | |
| | | 2. 完成前照灯不亮故障检修任务 | | | | |
| | | 3. 保持工作现场整洁有序 | | | | |
| 5 | 课后 | 完成平台拓展知识、实践报告 | | | | |
| 总计 | | | | | | |

备注：学生自评成绩占 20%，组间互评成绩占 20%，组内互评成绩占 20%，教师评价成绩占 40%。

表 10 评价展板

| 课中评星展板 | | | | | | |
|---|---|---|---|---|---|---|
| 评价环节 | 评价维度（3 星 /2 星 /1 星）+ 点赞 | | | | | 成果 |
| | 准确度 | 规范度 | 效率 | 工作态度 | 能力素养 | |
| 展示汇报 | | | | | | |
| 分工协作 | | | | | | |
| 任务达成 | | | | | | |

**（二）评价结果分析方式**

对于学生维修任务的完成，采用雷达图的形式进行综合评价，根据学习目标以及岗位能力要求，从专业能力、方法能力、社会能力、职业素养、劳动精神、环保安全及思政素养几个方面进行分析，清晰地反映学生能力与素养的表现，客观反映优势与不足，发挥评估的导向和激励作用。

将学生自评结果、小组互评结果、教师评价结果采取折线图的方式进行统计分析，清晰地对比出个人自评与小组互评的评价趋势，逐渐帮助学生建立客观、正确的评价观念。同时，采取横向对比与纵向对比的方式，对学生成长轨迹进行记录，及时发现学生的学习状态与效果，发挥评价作用。

## 八、教学反思

### （一）教学效果

从评价结果分析，学生在专业能力上对比之前维修任务的完成有较大的进步，能够完成技能目标，劳动精神方面也有较好表现，不足之处在于社会能力有所欠缺，学生在表达与沟通方面，仍然需要教师合理设计教学环节，帮助学生进行有效练习，提升其能力，才能更好地满足社会能力要求。

从雷达图（见图 13）中，可以清晰地对比出各小组在综合职业能力方面的优势与不足，发挥榜样示范作用，让学生不仅注重技能的锻炼，也能提升职业发展能力。依次展示成绩汇总表中的结果，一方面，学生能够看到个人表现在整体中的位置与影响作用，激发学生“比学赶超”的动力；另一方面，可以看出成绩整体趋势的一致性（见图 14），说明学生基本养成诚信、客观的评价习惯。

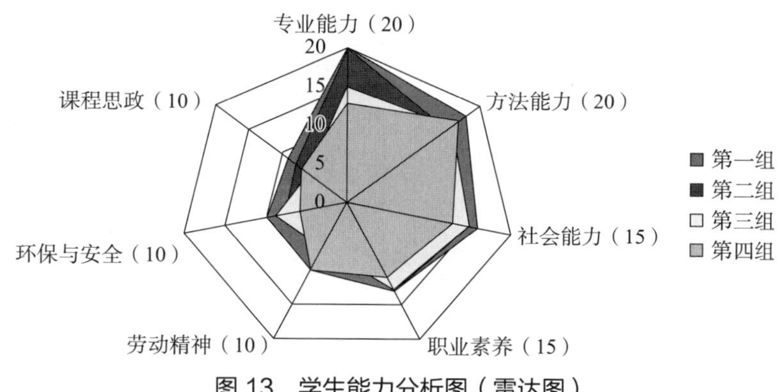


图 13　学生能力分析图（雷达图）

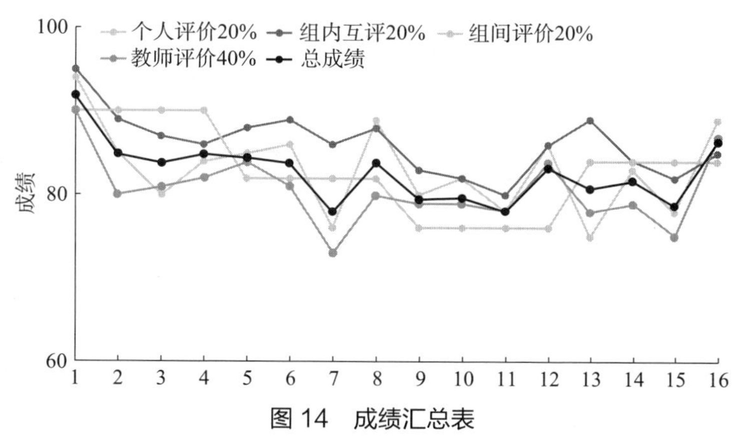


图 14　成绩汇总表

### （二）教学特色

“寓价值塑造于专业知识传授、专业技能学习之中，集育德育才于一体”，在教学活动中引入行业规范、职业道德的要求，让学生在潜移默化中认同和接受科学的人生观、价值观、世界观。本次课程的设计，依据学生学习行为、学习心理及学习特点，根据企业实际工作流程与工作目标，引导学生发现问题、解决问题，养成独立思考、团结协作的工作方法，培养学生专业自信的精神，提升岗位能力。

1. 问题引导，由简到繁、由浅入深，激发学生的学习兴趣，进阶提升学生认知

课前抛出维修任务，激发学生的学习兴趣，设计引导性问题清单，让学生针对简单照明电路故障进行分析，帮助学生逐渐熟悉前照灯控制电路，为课中剖析控制电路原理，理解电路检测目的打下基础。简单故障的解决能帮助学生建立自信心，激励学生敢于解决实际车辆控制电路故障，为后续课程的学习打下扎实的基础。

成果：学生逐渐适应此种教学模式，积极主动地提出疑问，参与讨论的概率明显提升，学习效率及质量有所提高。多数学生能够将自己提出的问题，在学习过程中进行解决，也积极主动地向教师、同学寻求帮助，增加了团队之间的协作及凝聚力。

2. 评价标准引领，找到学习抓手

针对学生学习注意力不集中、精力分散且抓不住重点、实操训练时摸不着头脑的现状，设计个人学习过程评价表，此表不仅是学生对个人行为的打分表，同时也引领学生明确学习标准、技能要求及素质要求等，鼓励学生关注学习的各个环节。

成果：学生在学习过程中，工作主动性有所提升，在角色轮换中认真完成各个岗位要求，逐渐形成积极反思、客观总结的工作习惯。

**（三）不足与改进措施**

1. 不足

（1）展示汇报时，个别同学性格内向，声音较小，表达不够清晰、准确，行为拘束，不善于表现。

（2）存在部分同学在检测时能够按照检测步骤正确找到检测位置进行测量，但对测量意图与检测方法理解不够透彻，导致易出现检测错误的现象。

2. 改进措施

（1）在与学生沟通交流时，实时鼓励学生，引导学生模仿教师的语言表达及行为表现，客观赞扬学生的进步，逐渐帮助学生建立自信。

（2）及时调整课后平台学习内容，查缺补漏，巩固电工电子基础知识，在之后的教学设计中注重基础知识的测试与巩固。

## 作者简介

**姓名**：杨爽

**学校**：郑州财经技师学院

**获奖**：第二届全国技工院校教师职业能力大赛交通类项目二等奖

**获奖感言**：作为一名技工院校教师，注重传授技能成才的本领，将岗位经验、职业精神传递给学生，帮助其树立正确的价值观。而比赛对于教师来讲，既是生活与工作中的一次挑战，更是一次机遇。在技工院校不断完善一体化教学的过程中，希望每一位在各自岗位踏实钻研、认真负责的教师都能够抓住机遇、迎接挑战。用不断进取的精神感染学生，更好地践行“以赛促学、以赛促教、以赛促改”。

## 专家点评

该文本设计在确定学习目标时，立足于学生综合职业能力的培养，理念清晰。根据前照灯故障检修的工作要求，在充分分析学情的基础上，确定了课前、课中、课后目标，定位准确，表述规范。学习内容能很好地对接工作内容，工作结构逻辑清晰、分析到位。教学活动以学生为中心，通过“一看二论三导四战五评”，较好地运用了行动导向教学法，体现了以学生为中心，使“学中做”“做中学”的教学理念落到了实处。教学评价能很好地呼应学习目标，评价指标设计合理，便于操作，达到了“以评促教，以评促学”的教学效果。

# 汽车远光灯不亮故障检修

武汉技师学院 / 李晟

| 参赛项目类别 | 交通类 | | |
|---|---|---|---|
| 专业名称 | 汽车维修 | | |
| 课程名称 | 汽车电气简单故障检修 | 参赛作品题目 | 汽车远光灯不亮故障检修 |
| 课　　时 | 2 课时 | 教学对象 | 中技 19311 班（二年级） |

## 一、选题价值

“汽车电气简单故障检修”是汽车维修工作岗位中的典型工作任务，也是依据人社部《汽车维修专业国家技能人才培养标准及一体化课程规范（试行）》开发的一门一体化课程。由于车辆使用不当或使用年限等原因，造成充电指示灯亮、起动机不工作、前照灯或转向灯不亮、电动车窗不升降等故障现象，需要对电气系统进行检修，并通过采用紧固、调整或更换零部件等小修作业方式排除故障，恢复其正常使用性能。课程框架结构如图 1 所示。

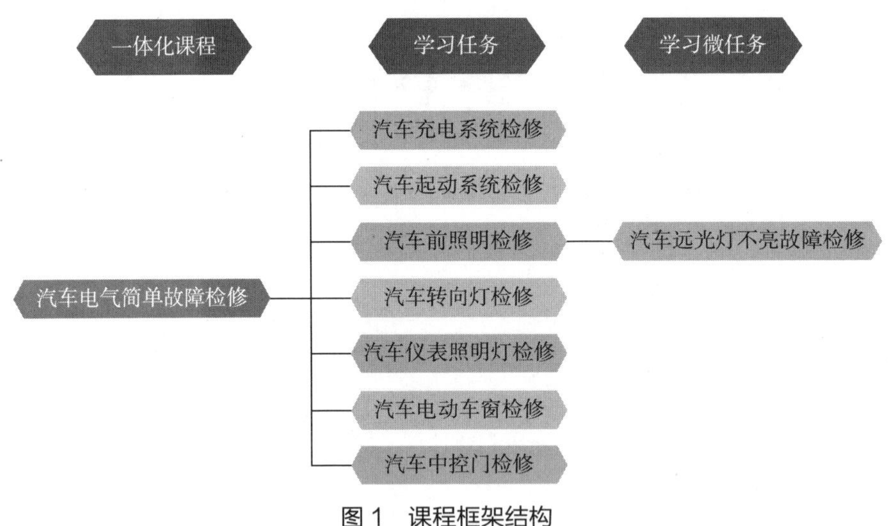


图 1　课程框架结构

我校教师与校企合作的 4S 店一线技术人员共同合作，开发了 7 个学习任务及相关配套教学资料。其中“汽车远光灯不亮故障检修”为代表性学习任务“汽车前照灯检修”下的一个微任务，也是我校三年制中级工班第二学年的一门核心专业课程。

为了体现在工作中学习的理念和学会如何工作，在远光灯不亮的任务设计上，引入 4S 店真实的、有代表性的故障案例，将灯泡损坏、继电器损坏、接触不良故障事先设置在两辆威朗车型上，并将企业的维修流程与教学活动相对接，培养与岗位相适应的专业能力、方法能力和社会能力。

工作过程与学习活动转化如图 2 所示。

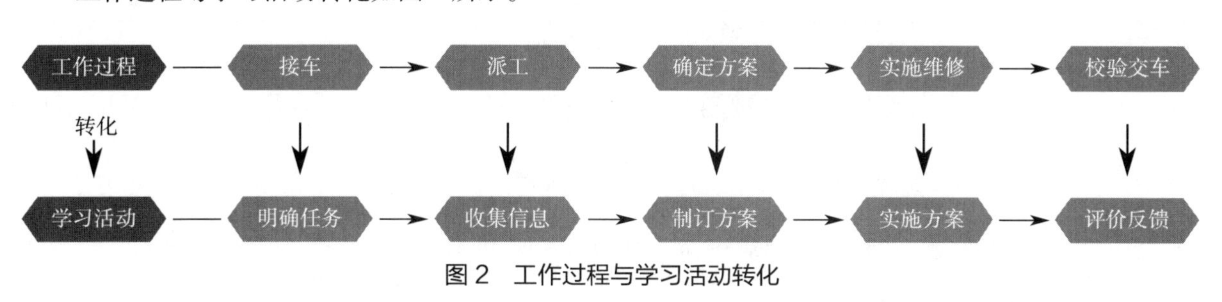


图 2　工作过程与学习活动转化

## 二、学习目标

### （一）教学对象

本次微任务的教学对象是我校汽车维修专业中级工 19311 班学生，目前处于第二学年第二学期。全班 33 名学生分为两个大组进行不同一体化课程的学习，本课程学习人数为 16 人。结合学生学习基础、性格特点和课程任务将学生分为 4 组，每组 4 人。学生特征分析如图 3 所示。

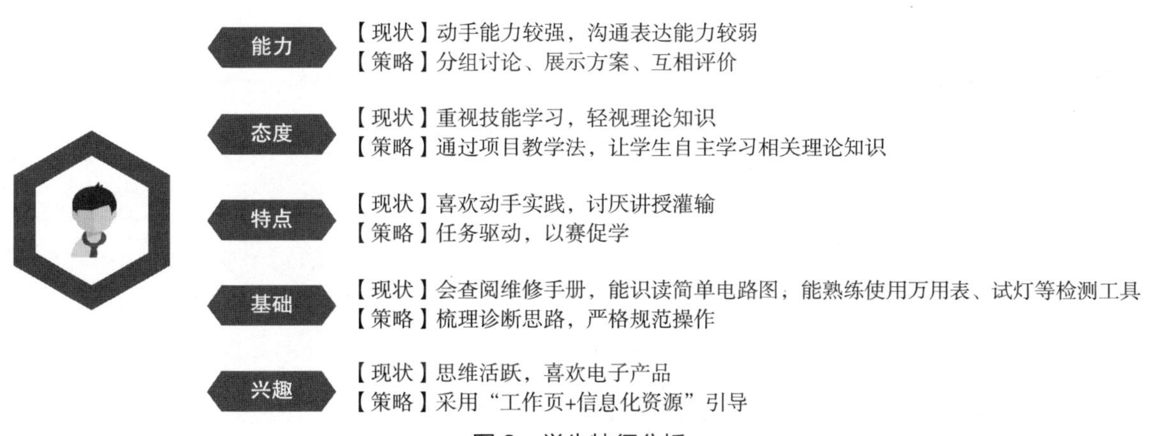


图 3　学生特征分析

### （二）学习目标

本次微任务采用混合式学习方法，学习活动贯穿课前、课中、课后三个阶段。结合对教学对象的分析，从提升学生综合职业能力的角度出发，确定以下学习目标。

| 阶段 | 学习目标 |
|---|---|
| 课前 | 能在工作页的引导下，认识照明系统各部件，能准确描述照明系统的组成、结构和功能，并能指出照明系统各部件在实车上的布置位置 |
| 课中 | 1. 能实车检查前照灯的工作情况，确认故障现象<br>2. 能查阅维修手册，正确识读远光灯电路图，分析其故障原因<br>3. 能归纳整理远光灯工作不良的故障现象，并分析其故障原因<br>4. 团队协作查阅相关资料，制订远光灯不亮故障维修的工作方案，并在课上进行说明及展示<br>5. 能根据编制的维修方案，对车辆故障进行基本检查，查找出故障位置<br>6. 能按照维修手册要求修复故障，更换故障部件，作业过程应安全规范<br>7. 任务实施过程中，能按照 6S 管理规范进行现场管理 |

续表

| 阶段 | 学习目标 |
|---|---|
| 课后 | 能将本任务所学到的知识及技能进行深化总结，独立分析前照灯其他故障的原因并制订检修方案 |

通过完成以上学习目标培养学生的综合职业能力。

| 阶段 | 专业能力 | 方法能力 | 社会能力 |
|---|---|---|---|
| 课前 | 描述照明系统的组成、结构和功用 | 能运用数字化资源收集资料 | 通过沟通交流获取信息 |
| 课中 | 识读远光灯电路图<br>分析远光灯故障现象及原因<br>制订维修方案，修复故障，更换故障部件<br>作业过程应安全规范 | 归纳、分析、整理<br>综合利用多种途径、资源查找学习资料 | 团队协作学习<br>讨论分析问题 |
| 课后 | 分析前照灯其他故障的原因并制订检修方案 | 综合运用所学知识 | 独立思考问题 |

## 三、学习内容

### （一）学习情境

某客户驾驶别克威朗轿车到店，反映其轿车远光灯不亮，需要维修。根据客户需求，在规定时间（参照维修资料）内，按专业要求对上述故障进行检查并更换零部件，做好记录，完成后交付班组长验收。

### （二）学习内容（见图 4）

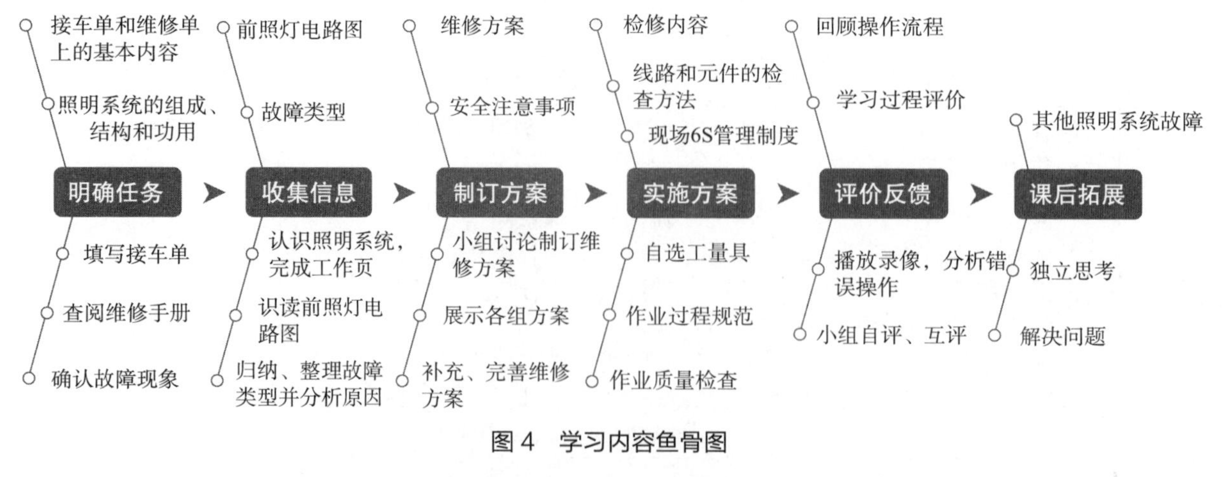


图 4　学习内容鱼骨图

### （三）学习重点、难点

| 项目 | 内容 | 确定理由 | 突破策略 |
|---|---|---|---|
| 学习重点 | 远光灯不亮故障检修的诊断思路和操作规范 | 该内容是学习（工作）的核心任务 | 1. 二分法、工作页引导<br>2. 小组讨论，制订方案<br>3. 展示汇报，优化方案<br>4. 大赛标准，以赛促学 |
| 学习难点 | 继电器相关线路检测 | 四针脚的位置容易混淆 | 1. 操作过程，抓拍纠错<br>2. 回放照片，现场整改 |
| | 继电器检测时，1、2号针脚供电接线 | 连接线选择错误或连接错误，易造成短路，存在一定的安全隐患 | 1. 教师讲解，示范操作<br>2. 组长进行安全提示 |

## 四、学习资源

### （一）企业资源

车辆原厂电路图、维修手册、工作岗位职责、安全作业规范、维修工单等。

### （二）硬件资源

一体化教室：小组讨论学习区（多媒体一体机、活动黑板、桌椅等）、实操区（别克威朗轿车、维修设备、工量具、劳保用品等）。

### （三）软件资源

学习工作页、多媒体课件、维修手册、车辆用户手册、网络资源等。

| 类别 | 资源名称 | 图例 | 运用环节 | 功能 |
|---|---|---|---|---|
| 企业资源 | 工作岗位职责 | | 制订方案 | 与汽车维修企业、4S店真实工作岗位对接，将学习内容转化为工作过程 |
| | 安全作业规范 | 汽车维修工安全操作规程 | 实施方案 | |

续表

| 类别 | 资源名称 | 图例 | 运用环节 | 功能 |
| --- | --- | --- | --- | --- |
| 企业资源 | 维修工单 | 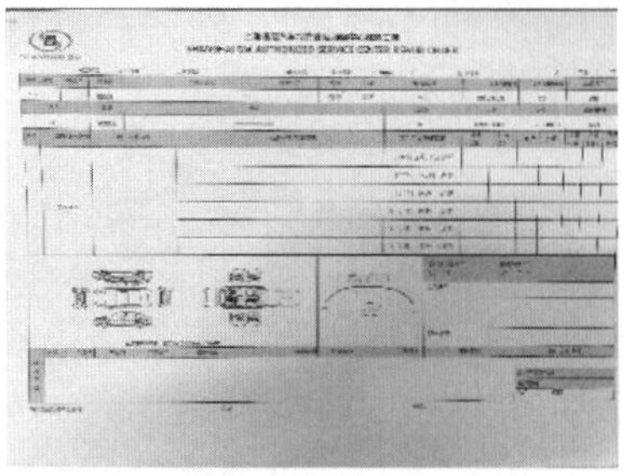 | 情境再现，明确任务 | 与汽车维修企业、4S店真实工作岗位对接，将学习内容转化为工作过程 |
| 硬件资源 | 小组讨论学习区 |  | 收集信息，制订方案 | 接受作业单、制订方案、展示汇报 |
| | 实操区 |  | 实施方案 | 技能养成及提升 |
| 软件资源 | 学习工作页 | 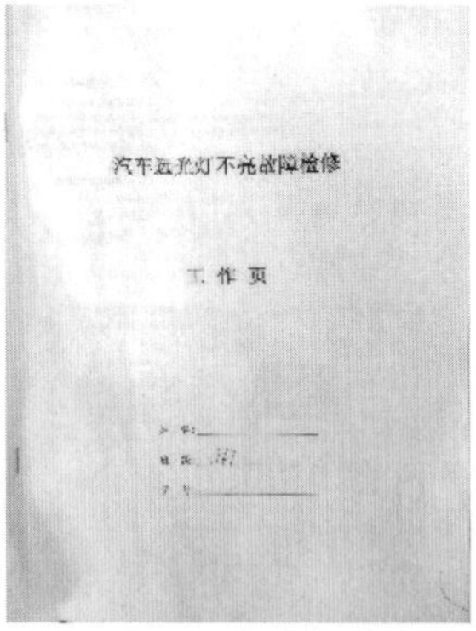 | 明确任务、收集信息、制订方案、实施方案、评价反馈 | 进行任务驱动教学 |
| | 多媒体课件 |  | 收集信息、制订计划 | 展示图片，帮助学生可视化记忆 |

续表

| 类别 | 资源名称 | 图例 | 运用环节 | 功能 |
|---|---|---|---|---|
| 软件资源 | 维修手册、车辆用户手册、网络资源等 | | 收集信息、制订方案、实施方案 | 按照维修手册等的要求完成故障的检查和修复，正确操作车辆 |

一体化教室平面示意图如图 5 所示。

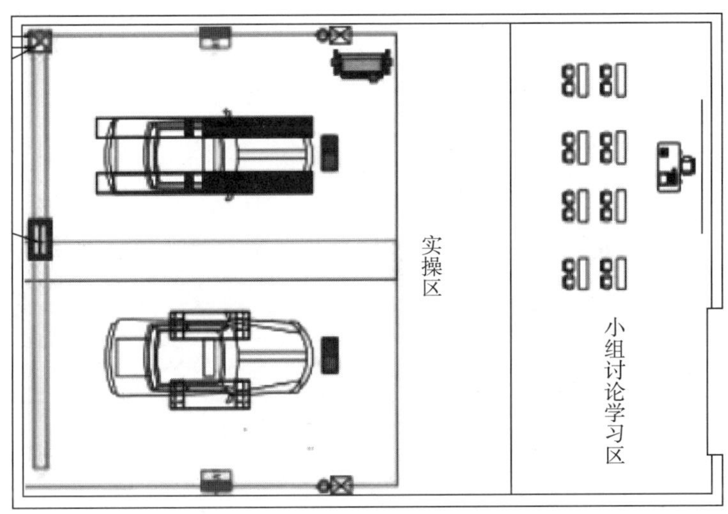


图 5　一体化教室平面示意图

## 五、教学实施过程（见图 6）

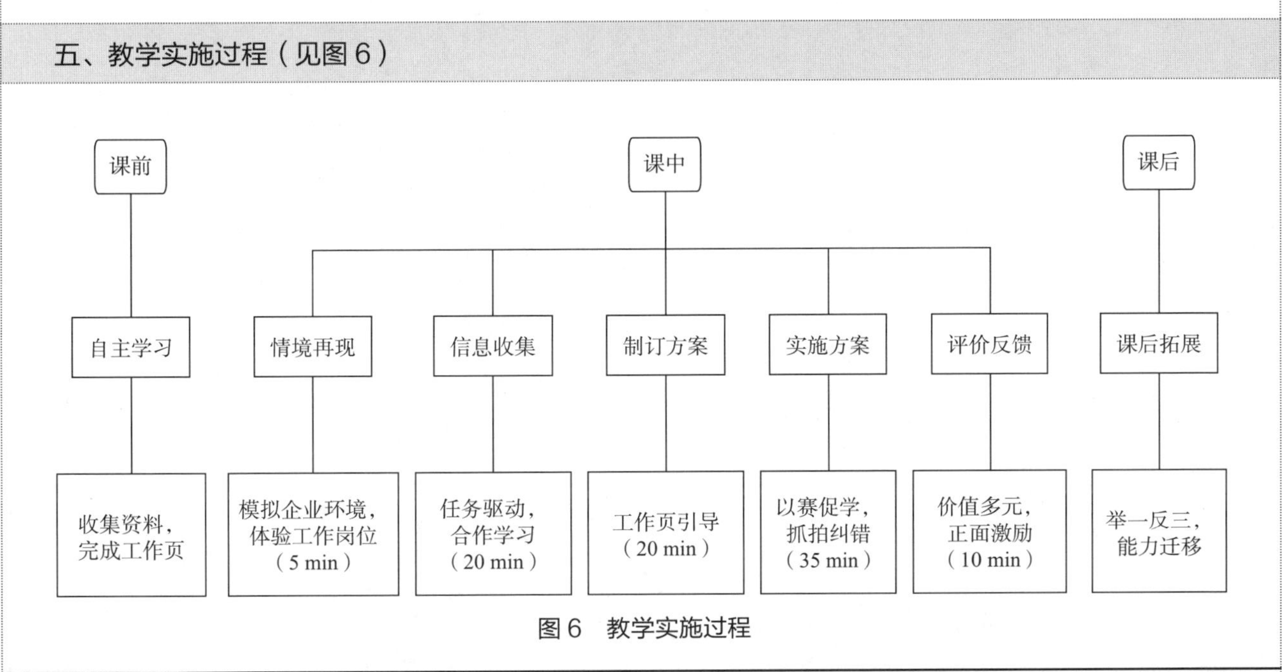


图 6　教学实施过程

**课前自主学习**

学习目标：

1. 能在工作页的引导下，自主学习认识照明系统各部件，并能够准确地描述照明系统的组成、结构和功能及在汽车上的实际布置位置
2. 能通过网络或实地学习，收集、归纳、整理远光灯工作不良的故障现象，并分析其原因

| 学习内容 | 学生活动 | 教师活动 | 教学手段 | 教学方法 | 设计意图 |
| --- | --- | --- | --- | --- | --- |
| 1. 利用手机APP学习照明系统的组成、结构和功能<br>2. 归纳整理远光灯工作不良的故障现象，并分析其原因 | 1. 完成APP/网络平台上发布的任务，学习照明系统的组成、结构和功能<br>2. 收集信息并填写工作页，归纳整理远光灯工作不良的故障现象，并分析其原因 | 1. 利用手机APP发布学习任务<br>2. 分发工作页及用户手册、维修手册等资料<br>3. 在学习平台上查阅学生完成情况，关注学习有困难的学生并给予帮助 | 1. 手机APP/网络平台<br>2. 工作页 | 读书指导法<br>观察归纳<br>问题导向 | 1. 能够准确地描述照明系统的组成、结构和功能<br>2. 学会自主学习<br>3. 培养学生观察、归纳的方法能力 |

续表

<table>
<tr><td colspan="6">教学环节 1　情境再现（5 min）</td></tr>
<tr><td colspan="6">学习目标：<br>1. 能与客户沟通、问诊，填写接车单<br>2. 能实车检查前照灯工作情况，判断故障</td></tr>
<tr><td>学习内容</td><td>学生活动</td><td>教师活动</td><td>教学手段</td><td>教学方法</td><td>设计意图</td></tr>
<tr><td>接车检查，确认故障现象，填写接车单</td><td>1. 向客户提供接车服务，询问客户“这种故障是否偶尔出现”<br>2. 试车，检查前照灯工作情况，并进行接车时的现场直观检查，包括熔丝、灯泡外观等<br>3. 接受修理委托，填写维修工单</td><td>1. 设置故障、作为客户描述故障现象<br>2. 分组、有序进入场地，进行安全文明教育<br>3. 组织、观察学生</td><td>维修工单</td><td>情境再现</td><td>1. 锻炼与客户沟通交流的能力<br>2. 熟悉工作程序</td></tr>
<tr><td colspan="6">教学环节 2　信息收集（20 min）</td></tr>
<tr><td colspan="6">学习目标：<br>1. 能查阅维修手册，正确识读远光灯电路图，并分析故障原因<br>2. 能准确地叙述各元器件及相关线路的测量方法</td></tr>
<tr><td>学习内容</td><td>学生活动</td><td>教师活动</td><td>教学手段</td><td>教学方法</td><td>设计意图</td></tr>
<tr><td>分享课前学习成果</td><td>1. 小组代表分享课前对照明系统的组成、结构和功能的学习成果<br>2. 相互点评，完善工作页</td><td>组织展示学习成果，总结点评并讲解共性问题</td><td>工作页、多媒体一体机</td><td>代表发言<br>比较学习<br>教师总结讲授</td><td>培养学生的语言表达能力</td></tr>
</table>

续表

| 学习内容 | 学生活动 | 教师活动 | 教学手段 | 教学方法 | 设计意图 |
|---|---|---|---|---|---|
| 头脑风暴 | 用头脑风暴法进行故障查询和修理准备工作。根据脑图和因果分析图提出问题 | 组织学生展开头脑风暴，完成工作页中的因果分析图 | 因果分析图 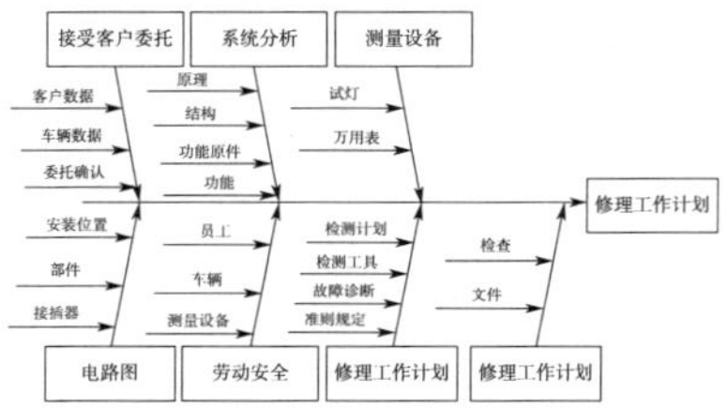 | 头脑风暴 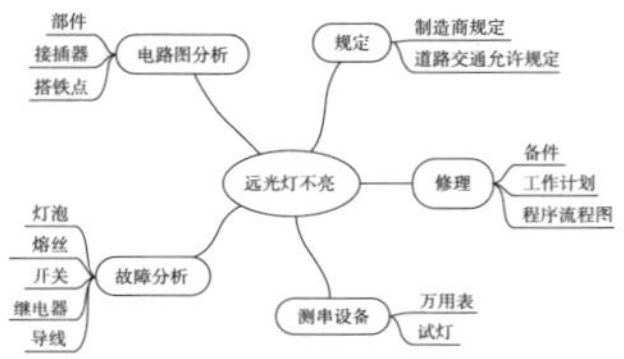 | 使学生畅所欲言，互相启发和激励 |
| 分析远光灯电路图 | 1. 查阅维修手册<br>2. 画一画，画出远光灯电路图<br>3. 写一写，写出电流路径<br>4. 找一找，认识电器元件，找到其在实车上的安装位置 | 1. 指导学生完成工作页的填写<br>2. 帮助学生梳理、分析电路 | 维修手册、iPad、工作页 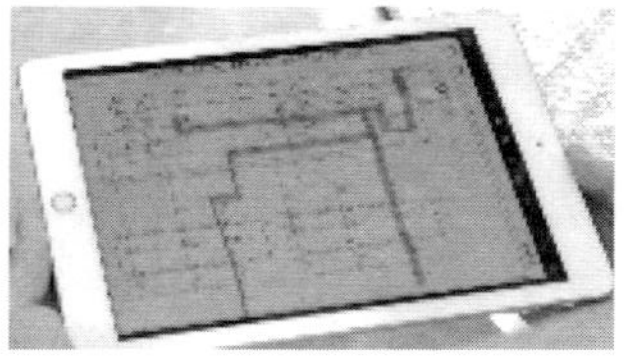 | 讲授法 | 1. 熟练使用维修手册<br>2. 培养学生独立分析问题的能力 |
| 分析远光灯不亮的故障原因 | 1. 小组讨论，采取头脑风暴法分析可能的故障原因并填写在工作页中<br>2. 展示小组讨论成果，相互参考 | 1. 听取小组讨论情况，观察、记录学生的表现<br>2. 组织学生讨论、展示汇报，点评、总结 | iPad  | 小组学习<br>头脑风暴 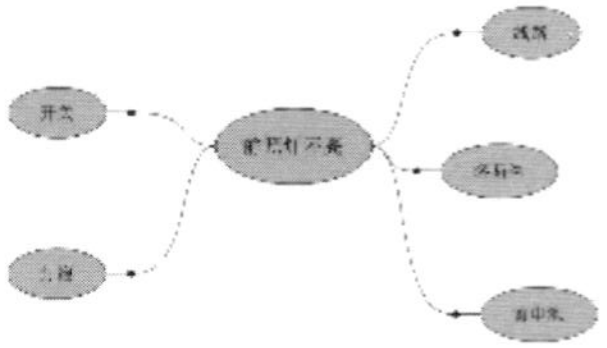 | 1. 建立正确的分析思路<br>2. 养成较好的行为习惯 |

续表

| 学习内容 | 学生活动 | 教师活动 | 教学手段 | 教学方法 | 设计意图 |
|---|---|---|---|---|---|
| 灯泡、继电器、熔丝等元件及相关线路的测量方法 | 1. 测一测，熟悉灯泡、继电器、熔丝等元件的测量方法<br>2. 观看教师示范，学习难点、易错点的操作方法 | 1. 巡视、指导<br>2. 讲解安全操作要点<br>3. 抽查学生的学习效果并适当给予帮助<br>4. 教师示范继电器检测通电操作，突出重点，突破难点 | 工作页、灯泡、继电器、熔丝、万用表等  | 问题导向<br>任务驱动<br>教师演示  | 巩固各元器件及相关线路的测量方法<br>教师示范、突破难点 |

教学环节 3　制订方案（20 min）

学习目标：

1. 能用故障树、鱼骨图分析故障原因，建立排故思路
2. 能制订排故方案，并选择最佳方案

| 学习内容 | 学生活动 | 教师活动 | 教学手段 | 教学方法 | 设计意图 |
|---|---|---|---|---|---|
| 制订维修方案 | 依据维修手册，采取二分法分组讨论，制订维修方案，包括人员安排、检测计划、检测工具、检测流程、准则规定等 | 1. 组织学生依据维修手册，采取二分法讨论分析，制订维修方案<br>2. 听取小组讨论情况，适当给予引导或帮助<br>3. 观察、记录学生的表现 | 维修手册、工作页 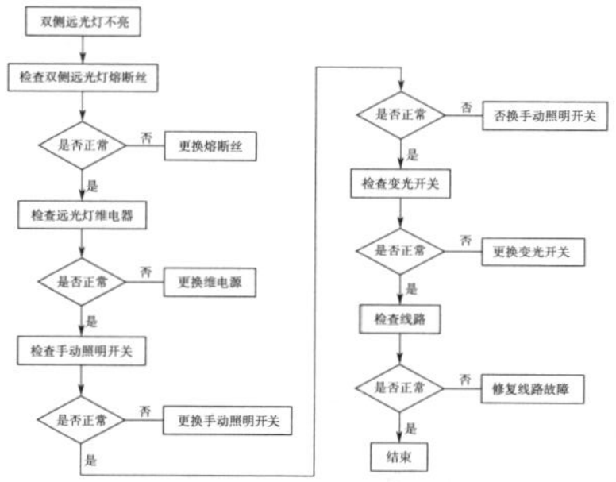<br>双侧远光灯不亮<br>检查双侧远光灯熔断丝<br>是否正常 否 更换熔断丝<br>是<br>检查远光灯维电器<br>是否正常 否 更换维电源<br>是<br>检查手动照明开关<br>是否正常 否 更换手动照明开关<br>是<br>是否正常 否 否换手动照明开关<br>是<br>检查变光开关<br>是否正常 否 更换变光开关<br>是<br>检查线路<br>是否正常 否 修复线路故障<br>是<br>结束 | 二分法<br>小组讨论 | 1. 锻炼学生的分析能力和逻辑思维能力<br>2. 构建排故思路 |

续表

| 学习内容 | 学生活动 | 教师活动 | 教学手段 | 教学方法 | 设计意图 |
| --- | --- | --- | --- | --- | --- |
| 优化方案，做出决策 | 1. 由代表发言展示各组维修方案<br>2. 相互点评各组维修方案<br>3. 优化、完善各组维修方案，做出决策 | 1. 组织学生展示计划<br>2. 听取学生分析点评<br>3. 师生共同优化维修方案<br>4. 检查优化后的维修方案，确认无安全隐患 | 维修手册<br>工作页<br>多媒体一体机 | 代表发言<br>比较学习 | 相互学习、取长补短 |

**教学环节 4　实施方案（35 min）**

学习目标：
1. 能根据编制的维修方案，对车辆故障进行基本检查，查找出故障位置
2. 能按照维修手册要求修复故障，更换故障部件，作业过程符合安全规范
3. 任务实施过程中，能按照 6S 规范进行现场管理

| 学习内容 | 学生活动 | 教师活动 | 教学手段 | 教学方法 | 设计意图 |
| --- | --- | --- | --- | --- | --- |
| 根据编制的维修方案，对车辆故障进行基本检查，查找出故障位置并按照维修手册要求修复故障，更换故障部件 | 1. 安全员宣读安全操作要求<br>2. 1、2 小组成员分工<br>组　长：统筹协调<br>安全员：安全提示<br>操作员：实际操作<br>质检员：竣工验收<br>分工合作，按维修方案实施作业，操作完成后进行角色轮换<br>3. 3、4 小组分别对 1、2 小组打分，填写作业过程评价表，并用手机抓拍纠错 | 1. 强调安全注意事项<br>2. 布置各小组工作任务<br>3. 确认车辆状况<br>4. 巡视指导，要求操作规范，提醒操作安全 | 安全操作规范<br>小组分工合作<br>以赛促学 | 抓拍纠错<br>示范模仿 | 1. 安全文明作业<br>2. 正确使用设备<br>3. 提升专业技能 |

续表

**教学环节 5　评价反馈（10 min）**

学习目标：

1. 能对整个学习过程进行总结
2. 学生应能正视自己的优点与缺点，客观填写评价表

| 学习内容 | 学生活动 | 教师活动 | 教学手段 | 教学方法 | 设计意图 |
|---|---|---|---|---|---|
| 观看抓拍图片，找出其中的优点和问题 | 1. 观看抓拍图片<br>2. 各小组相互点评作业过程中的优点和问题 | 组织学生相互点评操作过程中的问题并进行总结 | 一体机 | 总结归纳法<br>讨论法 | 1. 通过抓拍直观认识，形成可视化记忆<br>2. 培养学生的语言表达能力 |
| 针对学习活动过程进行总结、评价 | 1. 分组开展自我点评和总结，填写学习活动过程评价表<br>2. 评选“优秀员工” | 1. 组织学生点评、总结<br>2. 回顾分析操作过程中出现的问题并总结<br>3. 填写学习活动过程评价表<br>4. 颁发“优秀员工”证书 | 学习活动过程评价表、“优秀员工”证书 | 讨论法<br>讲授法 | 取长补短<br>多元评价 |

续表

| 课后拓展 | | | | | |
|---|---|---|---|---|---|
| 学习目标：<br>能举一反三，将本任务所学到的知识与技能进行深化总结，能独立分析前照灯其他故障的原因并制订检修方案 | | | | | |
| **学习内容** | **学生活动** | **教师活动** | **教学手段** | **教学方法** | **设计意图** |
| 拓展1：设置左前近光灯不亮的故障 | 自选任务，独立分析故障原因并制订检修方案，方案通过教师审核后预约实训室完成操作 | 1. 设置故障，发布任务<br>2. 检查学生制订的方案，给予指导 | 工作页 | 任务驱动 | 能力迁移<br>巩固提升 |
| 拓展2：设置左前转向灯不亮的故障 | | | | | |

## 六、学业评价

本次任务评价方式分为过程性评价和结果性评价。评价内容以学习目标为依据，综合评价学生的专业能力和职业素养，可综合反映本次任务的学习效果。

### （一）过程性评价

1. 作业过程评价表（见表 1）

表 1　作业过程评价表

| 选手参赛号 | | 比赛时间 | min　□完成　□未完成 | 裁判签字 | |
|---|---|---|---|---|---|

| 车辆信息 | 整车型号 |
|---|---|
| | 车辆识别代码 |
| | 发动机型号 |

| 故障描述 | 双侧远光灯不亮 |
|---|---|

| 作业项目 | 作业内容 | | | 配分 | 扣分说明 | 扣分 |
|---|---|---|---|---|---|---|
| 一、前期准备 | | | | 5 | | |
| 二、安全检查 | | | | 5 | | |
| 三、故障现象确认 | 确认故障现象并记录（根据不同故障范围，进行功能检测，并填写检测结果） | | | 5 | | |
| | | □正常 | □不正常 | | | |
| | | □正常 | □不正常 | | | |
| 四、确定故障范围 | 请根据控制原理、电路图及故障现象确认结果进行分析判断，以下哪些是可能的故障原因： | | | 5 | | |
| 五、基本检查 | ①线路 / 连接器外观及连接情况<br>②元件安装等 | □正常<br>□正常 | □不正常<br>□不正常 | 5 | | |

续表

<table>
<tr><th>作业项目</th><th colspan="3">作业内容</th><th>配分</th><th>扣分说明</th><th>扣分</th></tr>
<tr><td rowspan="10">六、电路测量</td><td colspan="3">结合诊断流程和电路图对相关线路进行测量，在下表中标注和判断所有系统相关线路（注明接插件代码和编号，控制单元针脚代号以及测量结果）</td><td rowspan="10">20</td><td rowspan="10"></td><td rowspan="10"></td></tr>
<tr><td>线路范围</td><td>测量结果</td><td>检查或测试后的判断结果</td></tr>
<tr><td></td><td></td><td>☐正常 ☐不正常</td></tr>
<tr><td></td><td></td><td>☐正常 ☐不正常</td></tr>
<tr><td></td><td></td><td>☐正常 ☐不正常</td></tr>
<tr><td></td><td></td><td>☐正常 ☐不正常</td></tr>
<tr><td></td><td></td><td>☐正常 ☐不正常</td></tr>
<tr><td></td><td></td><td>☐正常 ☐不正常</td></tr>
<tr><td></td><td></td><td>☐正常 ☐不正常</td></tr>
<tr><td></td><td></td><td>☐正常 ☐不正常</td></tr>
<tr><td rowspan="10">七、部件测试</td><td colspan="3">对相关部件进行测试</td><td rowspan="10">20</td><td rowspan="10"></td><td rowspan="10"></td></tr>
<tr><td>部件</td><td>测量结果</td><td>检查或测试后的判断结果</td></tr>
<tr><td></td><td></td><td>☐正常 ☐不正常</td></tr>
<tr><td></td><td></td><td>☐正常 ☐不正常</td></tr>
<tr><td></td><td></td><td>☐正常 ☐不正常</td></tr>
<tr><td></td><td></td><td>☐正常 ☐不正常</td></tr>
<tr><td></td><td></td><td>☐正常 ☐不正常</td></tr>
<tr><td></td><td></td><td>☐正常 ☐不正常</td></tr>
<tr><td></td><td></td><td>☐正常 ☐不正常</td></tr>
<tr><td></td><td></td><td>☐正常 ☐不正常</td></tr>
<tr><td rowspan="6">八、故障部位确认和排除</td><td colspan="3">根据上述所有检测结果，确定故障内容并注明：<br>1. 确定的故障是</td><td rowspan="6">10</td><td rowspan="6"></td><td rowspan="6"></td></tr>
<tr><td>☐零件损坏</td><td colspan="2">写明元件名称：</td></tr>
<tr><td>☐线路故障</td><td colspan="2">写明线路区间：</td></tr>
<tr><td>☐其他</td><td colspan="2"></td></tr>
<tr><td colspan="3">2. 故障点的排除说明</td></tr>
<tr><td>☐更换</td><td>☐维修</td><td>☐调整</td></tr>
</table>

续表

| 作业项目 | 作业内容 | 配分 | 扣分说明 | 扣分 |
|---|---|---|---|---|
| 九、维修结果确认 | 无须填写 | | | |
| 十、现场恢复 | | 10 | | |
| 工作安全操作规范 6S 管理规范 | | 15 | | |

| 裁判长签字 | |
|---|---|
| 日期 | |

2. 学习活动过程评价表（见表 2）

表 2　学习活动过程评价表

| 主要测评项目 | | 评价依据 | 学生自评（20%） | 小组评价（30%） | 教师评价（50%） |
|---|---|---|---|---|---|
| 专业能力 | 描述照明系统的组成、结构和功能（10 分） | 工作页完成 | | | |
| | 制订远光灯不亮故障的维修方案（20 分） | 成果汇报 | | | |
| | 检测作业完成质量（20 分） | 考核评价表 | | | |
| 方法能力 | 归纳、整理、记录问题（10 分） | 成果汇报<br>工作页完成 | | | |
| | 综合利用多种途径、资源查找学习资料（10 分） | | | | |
| 社会能力 | 遵守纪律，遵守学习场所管理规定（10 分） | 课堂考勤<br>课堂观察 | | | |
| | 具有安全意识、规范意识、责任意识（10 分） | | | | |
| | 具有团队合作意识，注重沟通，能自主学习及相互合作（10 分） | | | | |
| 个人自评收获与不足 | | | | | |
| 教师评价 | | | | 总评 | |

### （二）结果性评价

1. 评选“优秀员工”，并颁发证书。

2. 学习效果分析如图 7 所示。注：数据来源于学习活动过程评价表，各项分数折算为 10 分，8.5 ~ 10 分：良好；7 ~ 8.4 分：中等；6 ~ 6.9 分：合格；低于 6 分：不合格。

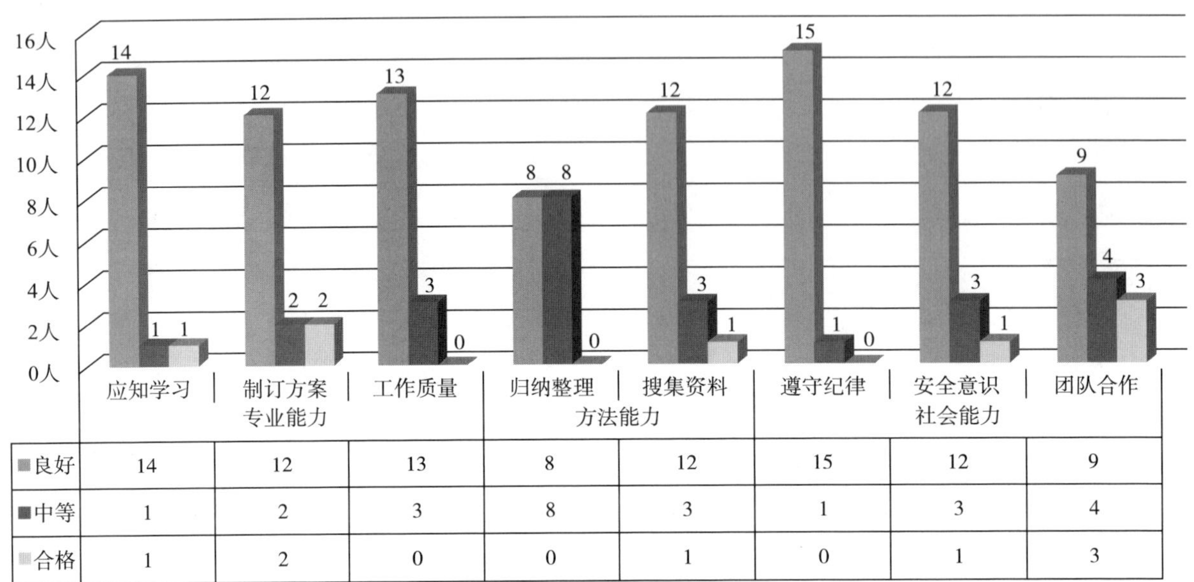


| | 应知学习 | 制订方案 | 工作质量 | 归纳整理 | 搜集资料 | 遵守纪律 | 安全意识 | 团队合作 |
|---|---|---|---|---|---|---|---|---|
| 良好 | 14 | 12 | 13 | 8 | 12 | 15 | 12 | 9 |
| 中等 | 1 | 2 | 3 | 8 | 3 | 1 | 3 | 4 |
| 合格 | 1 | 2 | 0 | 0 | 1 | 0 | 1 | 3 |

图 7　学习效果分析

## 七、教学反思

### （一）教学亮点

1. 针对学生特点，将手机及 iPad 引入课堂辅助学习，综合利用信息化手段激发学生的学习兴趣。

2. 在头脑风暴法的框架内进行故障查询和修理的准备工作。根据脑图和因果分析图提出问题，然后解答这些问题以进行信息收集和分析、制订工作计划和执行具体工作。

3. 在任务方案的实施过程中，参照企业工作流程，引入大赛标准，以赛促学，培养学生竞争意识和规范操作意识，培养工匠精神。

4. 抓拍分析，让学生直观认识到自己操作过程中的优点和问题，及时固化，并形成可视化记忆。

### （二）不足与改进措施

1. 教学不足

（1）在教学过程中，引导学生自主学习的手段不够丰富，学生在自主学习电路图的过程中基本是通过工作页及多媒体资料，在决策及实操过程中缺乏规范化引导，导致有些组制订方案或实施方时犯了如车轮挡块没有放置好的低级错误。

（2）课后，通过分析，学生在应知学习、工作质量和遵守纪律方面表现较好，但在归纳整理和团队合作方面较弱。

2. 改进措施

（1）针对规范化引导问题，可以采用录制标准方案及标准操作方法，如继电器与接插件的检查、车辆维修前的标准准备流程等微课，通过微课来引导学生规范化操作，少走弯路，同时能激发学生的学习兴趣。

（2）针对归纳整理和团队合作方面较弱等情况，可设计恰当的学习活动进行专项训练。

## 作者简介

**姓名：**李晟

**学校：**武汉技师学院

**获奖：**第二届全国技工院校教师职业能力大赛交通类二等奖

**获奖感言：**以赛促教、以赛促改，本次大赛给我指引了方向，让我打磨内功外功、深耕教研教学、深入企业实践、挖掘学生潜能、践行课堂改革，不断历练成长。作为一名技工院校教师，我时刻铭记教书育人的使命，路虽远，行则将至；事虽难，做则必成。

## 专家点评

该学习任务对接企业真实任务，并将实际工作过程转化为与学习过程对接，学情分析详细，教学策略行之有效。采用混合式学习模式，课前、课中、课后各板块，在工作页问题的引导下让学生进行辅助学习，通过问题引导层层递进，提高学生解决问题的能力；在作业过程中，设计了“画一画、写一写、找一找、测一测”等学习活动，符合学生的认知和学习规律。重视对学生规范操作的技能培养，使学生养成精益求精的工匠精神，全面提升学生的综合职业能力。学业评价环节可更加细化，有效检验目标达成度。此外，文本的规范性有待提高。

# 水泥标准稠度用水量的测定

山西交通技师学院 / 张志辉

| 参赛项目类别 | 交通类 | | |
| --- | --- | --- | --- |
| 专业名称 | 公路施工与养护 | | |
| 课程名称 | 原材料试验 | 参赛作品题目 | 水泥标准稠度用水量的测定 |
| 课　　时 | 4 课时 | 教学对象 | 初中起点 / 五年制 / 高级工 / 二年级 |

## 一、选题价值

### （一）课程内容与任务来源

原材料试验课程是在开展行业和企业调研，召开实践专家访谈会，提取典型工作任务，并进行工作任务转化的基础上形成的一体化课程，是公路施工与养护专业的核心课程。该课程是混合料试验、路基路面施工、公路施工与养护、桥梁施工与养护等课程的学习基础。

本课程由土工试验、集料试验、水泥试验、沥青试验 4 个学习任务组成。“水泥标准稠度用水量的测定”是水泥试验学习任务中的第 2 个微任务（见图 1）。

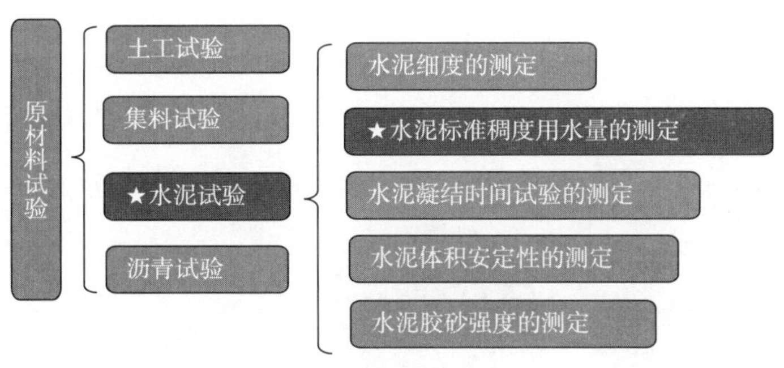


图 1　任务来源

### （二）本任务的选题价值

1. 典型性分析

（1）任务真实

水泥标准稠度用水量的测定是公路养护作业中的一项真实工作任务，是公路试验员必备的基础技能。

（2）内容完整

水泥标准稠度用水量的测定是一个独立的工作任务，公路试验员可独立“接受任务→查阅规程→制订方案→确定方案→试验操作→数据处理→查阅规范→指标评价”，具备完整的工作流程。

2. 价值分析

（1）学习价值

在本任务的学习中，学生通过收集信息、制订方案、规范操作、处理数据，培养规范操作、处理数据的技能，提高分析问题、解决问题和归纳总结的能力，提升严谨认真、实事求是、团队协作的职业素养。

（2）思政教育

试验员作为交通建设的基础工作者，其所从事的试验检测工作贯穿于工程建设的全过程。本任务需准确测定水泥标准稠度用水量，其结果作为水泥凝结时间和体积安定性两个指标的试验基础，直接影响水泥质量的最终判定，对保证工程质量起到重要作用。

本任务实施过程中，通过教育学生树立质量意识、为交通强国做贡献的情怀，渗透爱国主义教育；通过教育引导学生对试验数据保持实事求是、认真负责的态度，渗透诚实守信的价值观教育；通过试验过程中的思想、行动等方面的正确引导，适时开展思想品德教育。

## 二、学情分析

本任务的教育对象是初中起点五年制高级工二年级学生，共 20 人，结合学生实际，按组内异质原则分为 4 个组，每组 5 人。学情分析如图 2 所示。

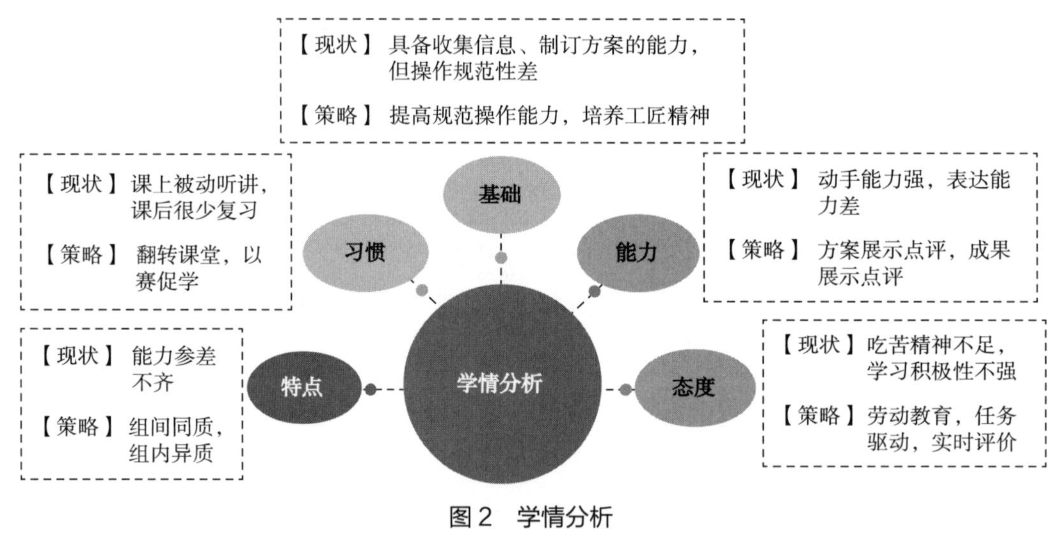


图 2　学情分析

## 三、学习目标

根据课程标准和任务实施要求，结合学情，从提升学生的综合职业能力角度出发，学习目标如下：

**（一）课前目标**

通过观看相关视频和微课自主学习，完成问题清单，明确水泥标准稠度用水量基本知识及测定步骤。

（二）课中目标

1. 通过工作页引导，结合信息化资源，小组合作制订水泥标准稠度用水量测定的实施方案。

2. 通过自主学习、小组协作，按照规程完成水泥净浆的拌制。

3. 通过“小组打擂”的方式，按照规程要求将水泥净浆装入试模并完成测定。

4. 通过查阅技术规范，以小组讨论的方式，评定水泥标准稠度用水量指标。

5. 通过方案及成果展示评价，提高学生语言表达及有效沟通能力。

（三）课后目标

1. 根据 6S 管理规范要求，清理场地，提高学生的职业素养。

2. 通过网络查询，完成拓展作业；收集废弃水泥的处理方法，提高学生知识迁移、举一反三的能力。

## 四、学习内容

（一）学习情境描述

在某水泥混凝土路面施工中，需要用到大量的水泥，工地实验室需对水泥的标准稠度用水量进行测定，判定此水泥标准稠度用水量指标是否合格。

实验室主任（教师）下达任务，由试验员（学生）在规定时间内，收集信息，查阅《公路工程水泥及水泥混凝土试验规程》（JTG E30—2005），分工合作、讨论实施完成，并按要求进行试验。试验完毕，查阅《公路水泥混凝土路面施工技术规范》（JTG F30—2018）评定水泥标准稠度用水量是否符合技术规范要求，出具该水泥的评定报告，交由实验室主任验收。

（二）学习内容描述

以学习目标和学情为基础，结合学生的认知规律，本任务的学习内容分析见图 3。

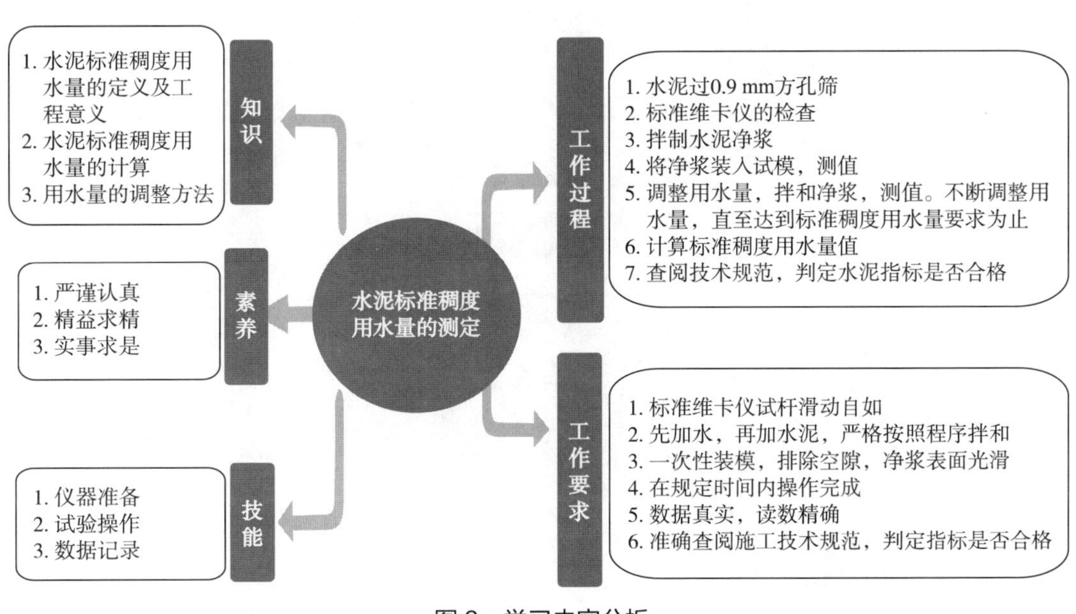


图 3　学习内容分析

### （三）学习重点、难点分析（见表 1）

表 1　学习重点、难点分析

<table>
<tr><td rowspan="3">学习重点</td><td>重点内容</td><td>水泥净浆的拌和</td></tr>
<tr><td>确定理由</td><td>按规范拌和水泥净浆是准确测定用水量的必要条件；水泥凝结时间的测定和体积安定性的测定学习任务都需要拌和水泥净浆，学生必须掌握该项技能</td></tr>
<tr><td>学习策略</td><td>1. 翻转课堂　课前学生线上自主学习，并完成问题清单<br>2. 自主探究　课上分组讨论，分析制订操作方案<br>3. 模仿操作　观看视频和教师演示，并记录要点，模仿操作<br>4. 以赛促学　学生通过实操打擂强化试验操作能力，体验认真、严谨态度的重要性</td></tr>
<tr><td rowspan="3">学习难点</td><td>难点内容</td><td>用水量的调整</td></tr>
<tr><td>确定理由</td><td>首次用水量根据经验确定，再根据测定值判断用水量的调整方向，需反复操作，反复调整</td></tr>
<tr><td>突破策略</td><td>1. 翻转课堂　课前学生自主学习，并观看相关视频，完成问题清单<br>2. 以赛促学　引入竞争机制，以团队整体表现对小组进行考核，促使小组成员之间主动进行“传帮带”，实现集体进步<br>3. 反复操作　操作过程中，需不断调节拌和用水量，重新拌和，规范操作的同时培养学生精益求精、一丝不苟的工匠精神<br>4. 梳理要点　操作完成，梳理要点，进一步强化记忆</td></tr>
</table>

## 五、学习资源

### （一）学习场地

水泥试验一体化工作站包括多媒体操作区、分组实训工作区、资料查询区、成果展示区、仪器设备存放区、教学区、材料存放区（见图 4）等。工作站内温度要求为 20±2 ℃，相对湿度应不低于 50%。

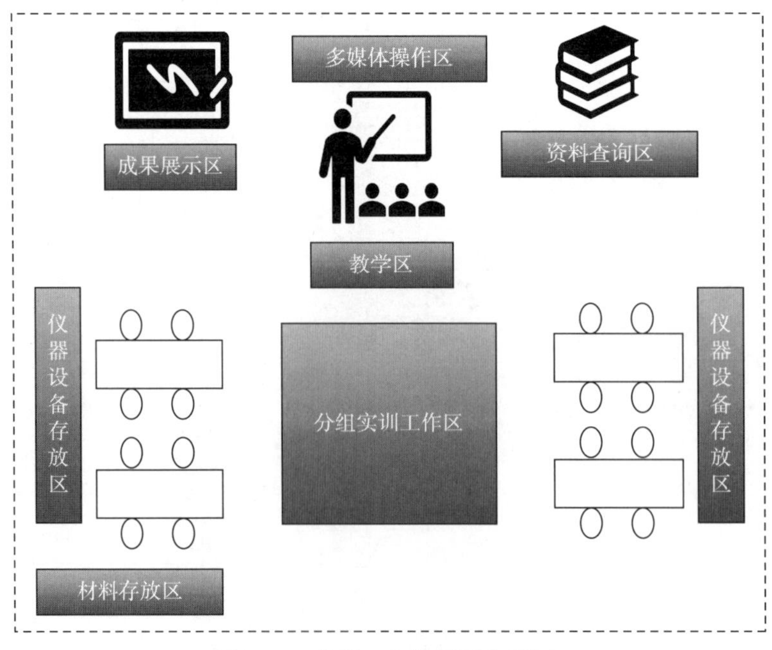


图 4　一体化工作站平面布局图

（二）学习资源（见表2）

表2 学习资源配备情况

| 信息资源 | | |
|---|---|---|
| 名称 | 图示 | 意图 |
| 教学课件 |  | 点评课前学生学习情况，解答难题 |
| 钉钉学习交流群 | 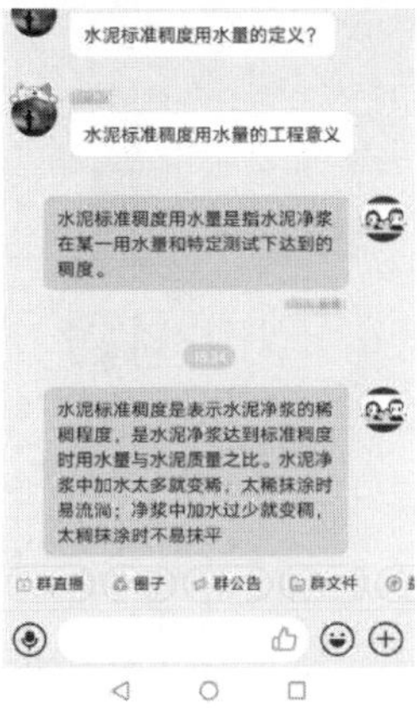 | 把课堂教学有效延伸到课前与课后，可进行实时网络互动，答疑交流，能激发学生的学习积极性，为有效利用课堂时间提供保障 |
| 微课：水泥标准稠度用水量微课（时长为 6 min）<br>视频：水泥标准稠度用水量视频（来自微公路试验检测视频，时长为 4 min） | 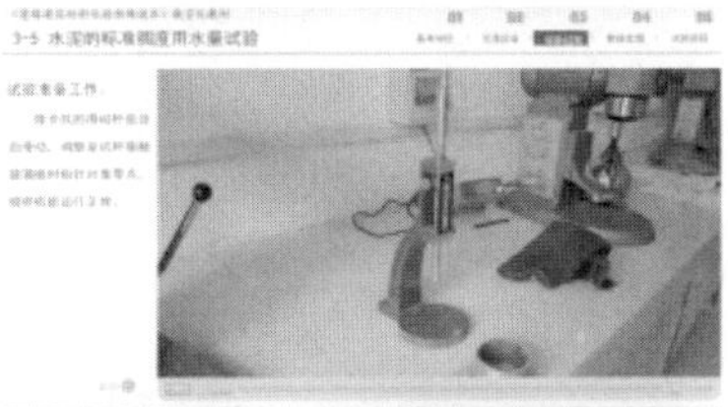 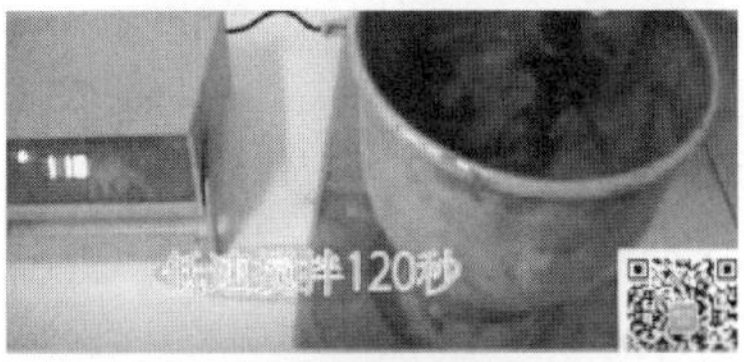 | 能直观地展现操作过程，便于课前学生自主学习 |
| 视频：水泥混凝土路面施工视频（时长为 2 min）<br>动画：工地实验室动画（时长为 1.5 min） |   | 通过视频和动画导入情境 |

续表

| 仪器设备 | | |
|---|---|---|
| 名称 | 图片 | 意图 |
| NJ-160 型水泥净浆搅拌机 |  | 操作过程中，用来拌和水泥净浆 |
| 标准维卡仪 |  | 操作过程中，用来测定水泥标准稠度用水量 |
| 学习资料 | | |
| 参考教材《筑路材料试验》 |  | 课中查阅资料 |
| 《公路工程水泥及水泥混凝土试验规程》（JTG E30—2005）<br>《公路水泥混凝土路面施工技术规范》（JTG F30—2018） |  | 行业标准是水泥标准稠度测定的技术要求，用来判定水泥标准稠度用水量是否可用于施工路段 |
| 工作页、任务单、水泥检验报告单 | 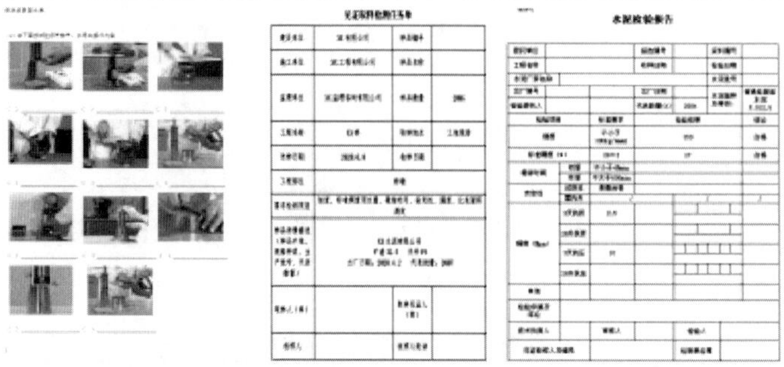 | 明确工作要求，引导学生完成任务 |

## 六、教学实施

教学流程如图 5 所示。

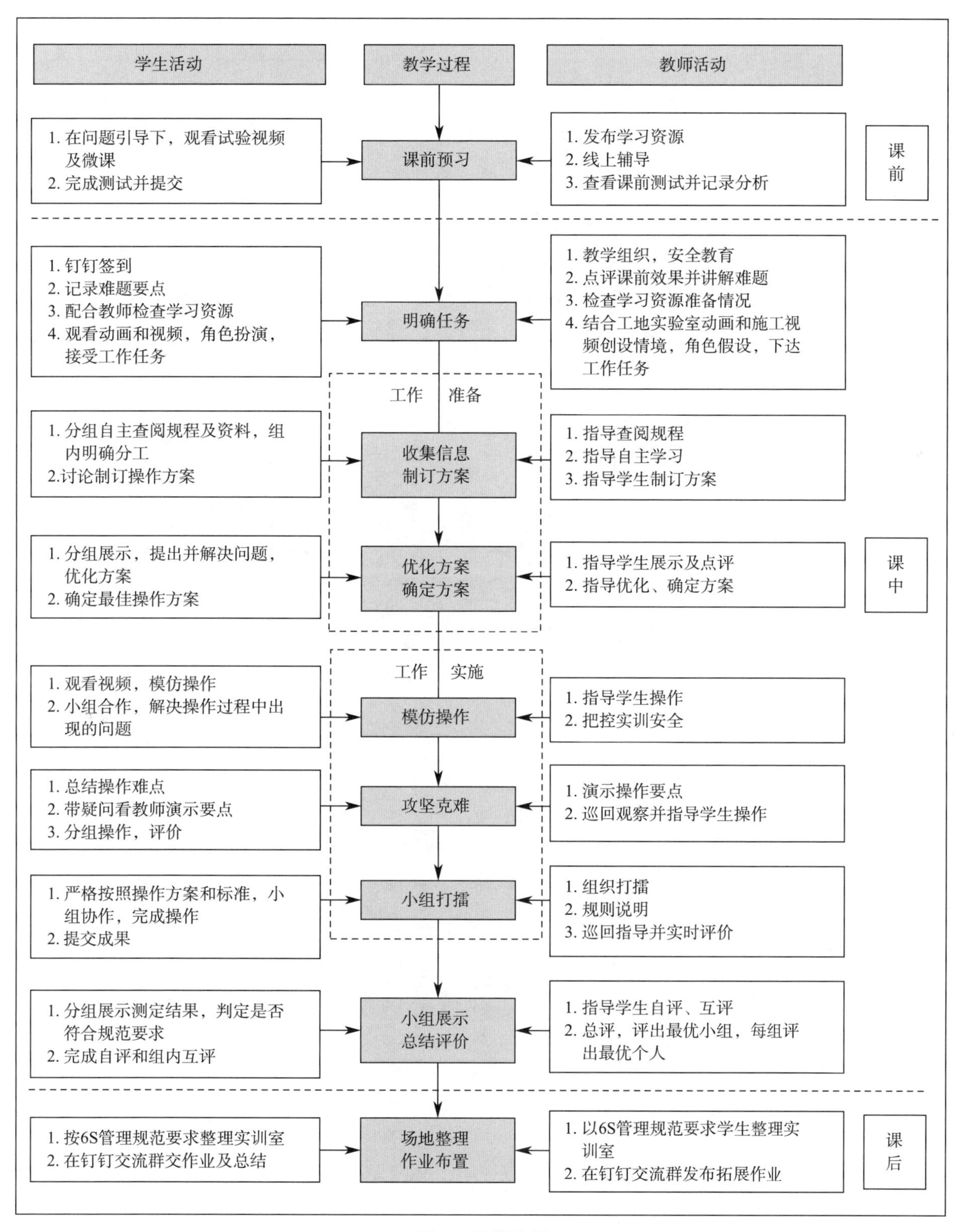


图 5　教学流程

| 教学环节 | 学生活动 | 教师活动 | 教学手段及设计意图 | 教学方法 |
| --- | --- | --- | --- | --- |
| 课前预习 | 【课前任务】<br>利用钉钉交流群接收课前学习任务和学习资源<br>【自主探究】<br>在问题清单的引导下观看水泥标准稠度用水量视频及水泥标准稠度用水量微课<br>【提交成果】<br>填完问题清单并提交至钉钉作业：<br>（1）描述水泥标准稠度用水量的定义<br>（2）水泥标准稠度用水量的试验原理是什么<br>（3）水泥标准稠度用水量试验的测定需要的仪器设备有哪些<br>【巩固成果】<br>回看直播解决问题，巩固成果<br>【确认分组】<br>确定自己所在组别 | 【上传资料】<br>上传试验视频、微课和工作页至钉钉交流群，并下达课前学习任务<br>【线上辅导】<br>在线上辅导学生完成课前问题清单<br>【查看成果】<br>查看课前学习成果、学生存在的共性问题，可通过钉钉直播解答，必要时可通过视频会议解决。最终测试结果中合格作业达到80%时，可开新课<br>【课前分组】<br>共分4组，每组5人，以组内异质为原则分组，确定四个组名分别为“港珠澳大桥”“南京长江大桥”“新首钢大桥”“长江大桥”，将分组情况发到交流群 | 1. 利用先进的网络技术培养学生自主查询资料、自主学习和信息处理能力<br>2. 通过以斩获2020年国际桥梁大会六项大奖中的四座桥梁名称作为组名，激发学生的专业荣誉感和强国自豪感 | 问题引导法<br>自主探究法 |
| 明确任务<br>（20 min） | 【记录安全及管理要求】<br>记录安全及管理要求，做到心中有数<br>【资源准备】<br>学习委员配合教师检查教学资源准备情况 | 【教学组织】<br>1. 检查钉钉签到及着装情况<br>2. 下达实训安全及实训室管理要求<br>【检查教学资源准备情况】<br>检查场地温度、湿度、场地内资源配置是否齐全<br>【课前学习效果点评】<br>点评课前学习情况，解答难题 | 1. 严格按照企业要求进行考勤及着装检查，提高学生职业素养 | 讲授法<br>任务驱动法<br>角色扮演法 |

续表

<table>
<tr><th colspan="2">教学环节</th><th>学生活动</th><th>教师活动</th><th>教学手段及设计意图</th><th>教学方法</th></tr>
<tr><td colspan="2">明确任务<br>（20 min）</td><td>【课前学习巩固】<br>记录难题解答内容：<br>1. 水泥标准稠度用水量试验原理是：水泥浆对标准试杆沉入具有一定的阻力，通过试验不同用水量时水泥净浆的穿透性，以确定水泥净浆达到标准稠度所需的用水量<br>2. 试杆下沉 <5 mm 时，增大用水量<br>【接受任务】<br>1. 观看工地实验室动画和水泥混凝土路面施工视频，体验角色<br>2. 以实验室试验员的角色，接受任务：<br>（1）测定水泥标准稠度用水量<br>（2）填写检验报告</td><td>【下达任务】<br>1. 结合工地实验室动画及施工视频，将学生代入真实的工作场景<br>2. 情境导入：某水泥混凝土路面施工，为保证工程质量，要检验进场水泥，判定其水泥标准稠度用水量指标是否合格。教师以实验室主任角色下达水泥标准稠度用水量测定的任务</td><td>2. 利用动画和视频，创设真实的工作场景，加强学生的工作体验，培养走入工作岗位的自信心</td><td>讲授法<br>任务驱动法<br>角色扮演法</td></tr>
<tr><td>工作准备</td><td>收集信息<br>制订方案<br>（20 min）</td><td>【组内分工】<br>组长选取组名，并根据学生特点，对其他四人进行分工，分工如下：<br>组员 1：称量水泥和水<br>组员 2：拌和<br>组员 3：测定<br>组员 4：计时<br>【收集信息】<br>结合工作页和试验规程，按企业规范操作的要求，归纳总结水泥标准稠度用水量测定的要点<br>【讨论并制订方案】<br>根据归纳的要点，向教师提问题，再讨论，制订方案，方案要点如下：</td><td>【组织引导分工】<br>确定组长为监督员，并明确其职责：监督组内成员安全，有序操作<br>【发放评价表】<br>发放任务过程性评价表和操作要点评价表<br>【指导收集信息】<br>1. 巡查各组自主学习情况，及时进行纠正引导<br>2. 指导学生查阅教材及试验规程</td><td>1. 根据岗位实际明确分工，培养学生的自我管理能力<br>2. 培养学生查阅资料、分析问题、小组合作的能力</td><td>自主探究法<br>小组讨论法<br>归纳总结法</td></tr>
</table>

续表

| 教学环节 | | 学生活动 | 教师活动 | 教学手段及设计意图 | 教学方法 |
|---|---|---|---|---|---|
| 工作准备 | 收集信息<br>制订方案<br>（20 min） | 1. 仪器设备<br>2. 测定步骤<br>3. 计算公式<br>【填写工作页】<br>填写工作页中的技能操作学习部分 | 【指导制订方案】<br>1. 巡回指导<br>2. 解答提问<br>【检查工作页】<br>检查学生填写的工作页 | 3. 通过方案的制订，提高学生将信息转换为可操作方案的能力和归纳总结的能力 | 自主探究法<br>小组讨论法<br>归纳总结法 |
| | 优化方案<br>确定方案<br>（20 min） | 【展示方案】<br>在展示区张贴方案，各小组说明本方案的亮点及依据<br>【组间点评】<br>每组展示完毕，其他组同学积极讨论，说出方案的优缺点，提出修改意见<br>【确定方案】<br>各小组结合其他组和教师的点评内容，分析并找出问题，返回修改，确定最终方案<br>【组内评价】<br>组长对组员的方法能力进行评价 | 【组织方案展示】<br>组织各组进行方案展示<br>【组织方案点评】<br>引导各组对其他组方案进行点评<br>【总评方案】<br>1. 总结各组方案的优缺点，提出修改意见<br>2. 解决方案中出现的问题，使学生明确正确、规范的操作过程<br>【引导评价】<br>评价要点：独立查阅资料；制订操作方案，观察并记录要点；分析问题、解决问题的能力 | 1. 通过方案展示，提高学生的语言表达能力和自信心<br>2. 通过修改方案，培养学生分析问题、解决问题的能力 | 头脑风暴法<br>谈话法 |
| 工作实施 | 模仿操作<br>（15 min） | 【观看视频】<br>记录操作要点<br>【模仿操作】<br>初次进行水泥净浆的拌和，并测定用水量 | 【播放视频】<br>播放水泥标准稠度用水量的测定视频，并提示要点<br>【把控实训安全】<br>初次试验，保证操作安全<br>【观察学生操作】<br>记录并纠正学生的易错点 | 通过模仿操作，发现操作难点 | 分工合作法 |

续表

| 教学环节 | | 学生活动 | 教师活动 | 教学手段及设计意图 | 教学方法 |
|---|---|---|---|---|---|
| 工作实施 | 攻坚克难<br>（25 min） | 【记录操作难题】<br>根据模仿操作中出现的问题，总结待解决的难题。例如，有可能出现搅拌锅装不上的难题<br>【解决操作难题】<br>观看教师演示，多次练习操作易错点 | 【演示操作】<br>演示操作，同时提醒学生注意操作要点及易错点，让学生多次练习<br>【规范操作】<br>指导学生按规范操作 | 1. 通过教师演示操作难点，解决学生的疑惑<br>2. 通过易错点的练习，提高学生的操作规范性 | 演示法<br>练习法 |
| | 小组打擂<br>（60 min） | 【明确规则和要求】<br>为小组打擂做好准备<br>【进行打擂】<br>小组成员团结协作、认真严谨地按试验标准进行水泥标准稠度用水量的测定，计算用水量值，查阅规范判定水泥是否合格，填写检验报告<br>【提交成果】<br>结束后举手报告，提交检验报告 | 【组织打擂】<br>1. 明确规则<br>2. 提出要求<br>（1）规定时间内，按标准要求测定水泥标准稠度用水量<br>（2）精确计算用水量值<br>（3）判定水泥标准稠度用水量是否符合施工技术规范<br>（4）尽量减少重复拌和次数，减少水泥用量<br>【巡回指导】<br>巡回指导各小组试验操作，记录各小组表现 | 1. 通过小组打擂的方式，强化学生对水泥标准稠度用水量的测定的实际操作能力<br>2. 通过小组分工合作，增强学生的沟通交流能力<br>3. 通过多次测定，直到测得标准用水量，培养学生精益求精的工匠精神 | 小组竞赛法<br>任务驱动法<br>分工合作法 |

续表

| 教学环节 | 学生活动 | 教师活动 | 教学手段及设计意图 | 教学方法 |
| --- | --- | --- | --- | --- |
| 小组展示<br>总结评价<br>（20 min） | 【成果展示】<br>每组派一名代表展示数据记录及检验报告并分享操作经验。例如，小组打揺过程中，是怎样调节用水量的<br>【学生评价】<br>1. 学生自评，自评要点包括职业素养、社会能力、方法能力、专业能力等<br>2. 对组内评价进行整理<br>【听取教师评价】<br>认真听取教师的总结和点评，实现有效提升 | 【教师点评成果】<br>点评各组数据及检验报告<br>【教师总结】<br>1. 总结用水量的调节方法<br>2. 帮助操作用时最长的小组找出并解决问题<br>【教师评价】<br>点评学生操作过程中各组的表现，并评价个别同学在任务完成、试验态度、小组协作、个人能力展示方面的表现<br>【指导评价并总评】<br>指导学生自评，对各组组间评价赋分，并进行总评 | 1. 通过学生展示，锻炼学生的语言表达能力<br>2. 通过回顾操作过程，有效提升学习效果<br>3. 通过教师点评，营造“赶帮超”的学习氛围，利于学生反思提升 | 讨论法<br>谈话法<br>小组合作法 |
| 场地整理<br>作业布置 | 1. 以 6S 管理规范要求整理实训室<br>2. 利用信息资源完成拓展作业，并上交钉钉交流群 | 1. 按 6S 管理规范要求学生整理实训室<br>2. 通过钉钉交流群发布拓展作业，并与学生交流任务收获<br>3. 发布下一个学习任务的学习资源 | 1. 培养学生的 6S 管理理念<br>2. 通过翻转课堂巩固学习，拓展学生独立分析问题的能力 | 自主探究法 |

## 七、学业评价

本次任务评价以学生综合职业能力提升为核心，围绕学习目标设计评价要素，采取过程性评价和技术要点评价相结合的方式进行。

总评 = 过程性评价得分 + 技术要点评价得分

**（一）过程性评价表（一人一表，见表 3）**

在工作任务实施过程中，多方位进行实时评价，从自评、组内评价、组间评价三个角度进行控制。

表 3　过程性评价表

| 任务 | | 水泥标准稠度用水量的测定 | 姓名 | | 组别 | |
|---|---|---|---|---|---|---|
| 项目 | | 评价内容 | 自评 | | 组内评价 | |
| 职业素养 | 1 | 无迟到早退，仪容整洁 | □ | | □ | |
| | 2 | 学习态度积极主动 | □ | | □ | |
| | 3 | 精益求精，追求卓越 | □ | | □ | |
| | 4 | 服从安排，积极接受任务 | □ | | □ | |
| | 5 | 较强的安全意识 | □ | | □ | |
| | 6 | 较强的节约与环保意识 | □ | | □ | |
| | 7 | 较强的 6S 管理意识 | □ | | □ | |
| 社会能力 | 8 | 积极主动帮助别人 | □ | | □ | |
| | 9 | 语言表达能力强 | □ | | □ | |
| | 10 | 团队合作良好，注重沟通 | □ | | □ | |
| | 11 | 积极动手，热爱劳动 | □ | | □ | |
| 方法能力 | 12 | 会独立查阅资料 | □ | | □ | |
| | 13 | 会制订操作方案 | □ | | □ | |
| | 14 | 会观察并记录要点 | □ | | □ | |
| | 15 | 具有较强的分析、解决问题能力和决策能力 | □ | | □ | |
| 专业能力 | 16 | 课前预习效果较好 | □ | | □ | |
| | 17 | 会描述水泥标准稠度用水量的基础知识 | □ | | □ | |
| | 18 | 设备选择恰当 | □ | | □ | |
| | 19 | 能检查标准维卡仪 | □ | | □ | |
| | 20 | 能完成工作页的填写 | □ | | □ | |
| 小计 | | | | | | |
| 组间评价得分 | | | | | | |
| 任务过程性得分 | | | | | | |

备注：学生表现符合要求，在□打“√”，每个“√”得 5 分，组间评价得分按照各组展示效果，由教师根据其他组点评赋分

自评得分 ×20%+ 组内评价得分 ×20%+ 组间评价得分 ×20%= 过程性评价得分

### （二）技术要点评价表（一组一表，见表 4）

本表用于教师巡回指导过程中对小组的表现进行评定，侧重于专业能力评价。

表 4　技术要点评价表

| 项目 | 水泥标准稠度用水量的测定 | 组别 | |
|---|---|---|---|
| 序号 | 评价内容 | 师评 | |
| 1 | 水泥样品搅拌均匀，通过 0.9 mm 方孔筛 | □ | |
| 2 | 装模前，指针对准零点 | □ | |
| 3 | 水和水泥称量准确 | □ | |
| 4 | 先加水，再加水泥（5 ~ 10 s 完成） | □ | |
| 5 | 搅拌程序（慢速 120 s →停 15 s →快速 120 s）正确 | □ | |
| 6 | 装模后净浆表面光滑，内部没有空隙 | □ | |
| 7 | 拧紧螺丝 1 ~ 2 s，突然放松，试杆下沉 30 s 或停止 | □ | |
| 8 | 读数准确 | □ | |
| 9 | 水泥标准稠度用水量计算准确 | □ | |
| 10 | 正确查阅规范，判定水泥是否合格 | □ | |
| 总计 | | | |

备注：学生表现符合要求，在□打“√”，每个“√”得 10 分
总计 ×40%= 技术要点评价得分

## 八、教学反思

### （一）教学成效

1. 本次课程运用数字化、互联网等手段，课前预习，课后拓展，将课堂时间更多地用于学生的技能水平提高，有效地提高了课堂效率。

2. 本次课程以真实的工作任务驱动，学生自主探究、制订方案、分组操作、自行评价，实现了以学生为中心，以能力为本位。

3. 教学设计将目标分层化解，学生先模仿操作，找出难点，教师演示操作，学生反复练习，在比赛中突破难点。

4. 在分组时，遵循“组间同质，组内异质”的原则组建合作小组，发挥合作学习、优化组合、相互促进的优势。

**（二）不足之处及改进措施**

1. 学生在展示环节表现得不够自信，语言组织与表达能力较差，今后应加强学生表达能力的锻炼。

2. 小组合作的默契度和协调性欠缺，应激励组内成员有效沟通。

## 作者简介

**姓名：**张志辉

**学校：**山西交通技师学院

**获奖：**第二届全国技工院校教师职业能力大赛交通类项目二等奖

**获奖感言：**经历过这届大赛，我的视线延伸了，我的视野拓宽了，我的教育观点提升了。我将借此契机，继续努力进取，使自己成长的道路上多一份志向、多一份精神、多一份素养、多一份品性。

## 专家点评

该任务来自公路养护作业中的一项真实工作任务，选题价值分析略显单薄。通过对工作要素的分析来确定学习内容，具备工作结构分析思维，但工作过程主线不够突出。结合学情分析，遵循“组间同质、组内异质”的原则组建合作小组，起到优化组合、相互促进的优势，在工作页问题的引导下进行合作学习；利用信息化的学习手段，激发了学生的学习热情，提高了学习效率；在操作过程中，在强化规范作业的同时培养学生精益求精的工匠精神；以“小组打擂”的方式，按照规程要求，强化试验操作能力，以赛促学；在作业过程中还渗透了质量意识和诚信等思政元素，起到一定的教书育人的作用。

# 起动系统故障诊断与排除

北京汽车技师学院 / 赵方

| 参赛项目类别 | 交通类 | | |
|---|---|---|---|
| 专业名称 | 汽车维修 | | |
| 课程名称 | 汽车电气与空调<br>疑难故障诊断与排除 | 参赛作品题目 | 起动系统故障诊断与排除 |
| 课　　时 | 6 课时 | 教学对象 | 高级工一年级第一学期学生 |

## 一、选题价值

### （一）选题来源

本课题源自人社部《汽车维修专业国家技能人才培养标准及一体化课程规范（试行）》高级工层级的一门一体化核心课程，如图 1 所示。该课程是在中级工阶段先修了“汽车电气简单故障检修”之后，再将故障诊断分析等融入汽车电气与空调维修工作中的实践安排，同时为后续“汽车疑难故障诊断”课程奠定专业知识和技能操作基础，起着承上启下的作用。

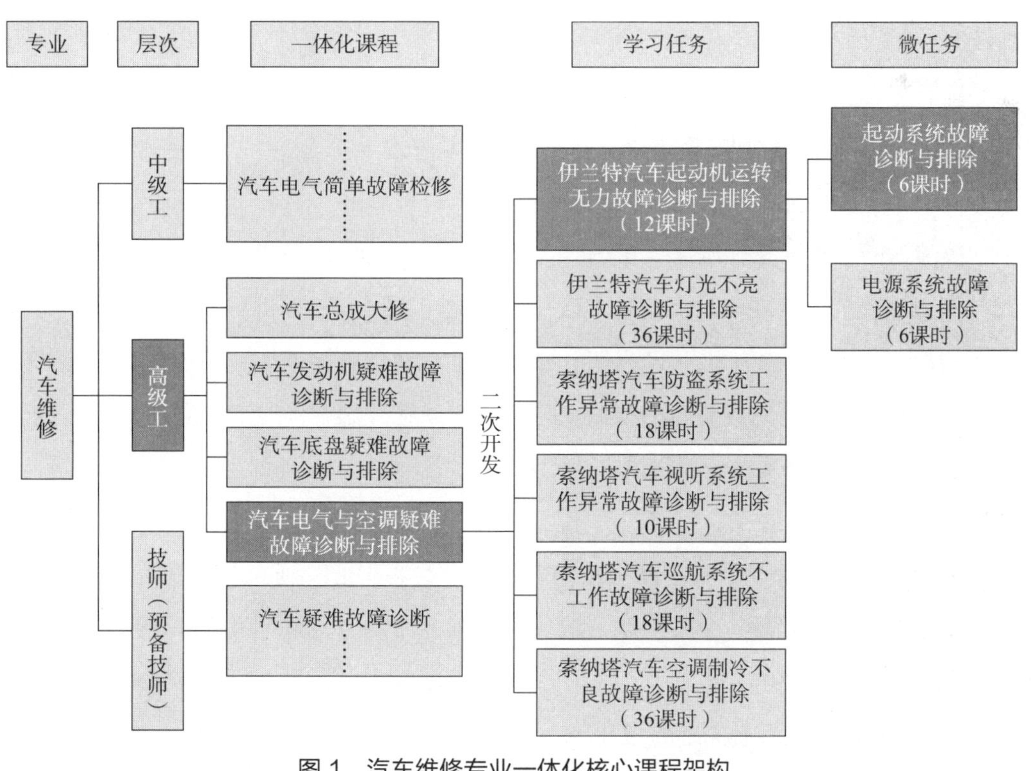


图 1　汽车维修专业一体化核心课程架构

我院根据企业需要，由企业实践专家、课程专家和专业教学团队对该课程进行了二次开发，设置了6个参考性学习任务，“伊兰特汽车起动机运转无力故障诊断与排除”是首个学习任务。通过对汽车维修企业调研，发现起动系统故障、电源系统故障、发动机机械和电控系统故障（在“汽车发动机疑难故障诊断与排除”课程中完成）是导致车辆无法正常启动最常见的故障形式，其中，“起动系统故障诊断与排除”作为首个独立完整的微任务，通过对起动系统电路的分析和故障树的构建，形成起动系统诊断思路，并结合故障点的检测和零部件的更换实现功能的恢复。

### （二）任务价值

1. 典型性

根据我院前期对汽车维修企业的调研可知，发动机相关系统的电路故障中“起动系统故障”占比超过60%。尤其是对于行驶年限超过8年、里程超过100 000 km的汽车，起动系统工作异常是最常见的电路系统故障。因此，起动系统故障的诊断与排除任务具有典型性和代表性，是高级工人才培养必须完成的任务。

2. 真实性

学习任务源自某4S店真实工作和培训案例。案例中行驶里程为60 000 km的某车型经过喷漆后出现起动机运转无力的故障。维修过程中，维修工依据主机厂维修手册对起动机、电源、继电器、线束进行了检测，但未能解决问题。在技术总监和技师指导下，利用故障树对车辆故障进行深入分析，指出漏检“搭铁点”的问题，并顺利解决了维修难题。我院在与该4S店开展校企合作过程中，认识到该培训案例对学生综合职业能力培养的重要意义，将该案例转化为一体化课程的学习任务，用于对高级工学生的培养。

3. 学习价值

（1）学习过程对接工作过程，聚焦核心专业技能的培养

如图2所示，本微任务的学习过程依照完整的工作过程展开，培养学生排除起动系统故障的能力。其中“故障诊断分析”是在维修人员的脑海中进行的，是工作经验、理论知识的综合运用，也是维修人员能力培养的关键要素。因此，本微任务针对“故障诊断分析”设计了六步学习活动，以递进式学习的形式，引导学生形成诊断思路，破解思维活动学习的难点，实现心智技能的养成，并在此基础上编写检修方案，完成故障的检修，锻炼学生手脑并用解决专业问题的能力，为后续防盗系统、空调系统等复杂电路系统的故障检修奠定基础。

（2）学习活动“以学生为中心”，凸显关键能力的培养

本微任务的学习有效承载了关键能力的培养，以学生为中心，通过学生探究式和合作式学习，培养学生自主学习、信息处理、分析问题、解决问题等方法能力；整个过程注重对学生的沟通表达和团队合作等社会能力的培养，以便学生能积极应对不断变化的世界，不断获得新的职业知识和技能，对学生未来的职业发展具有深远的意义。

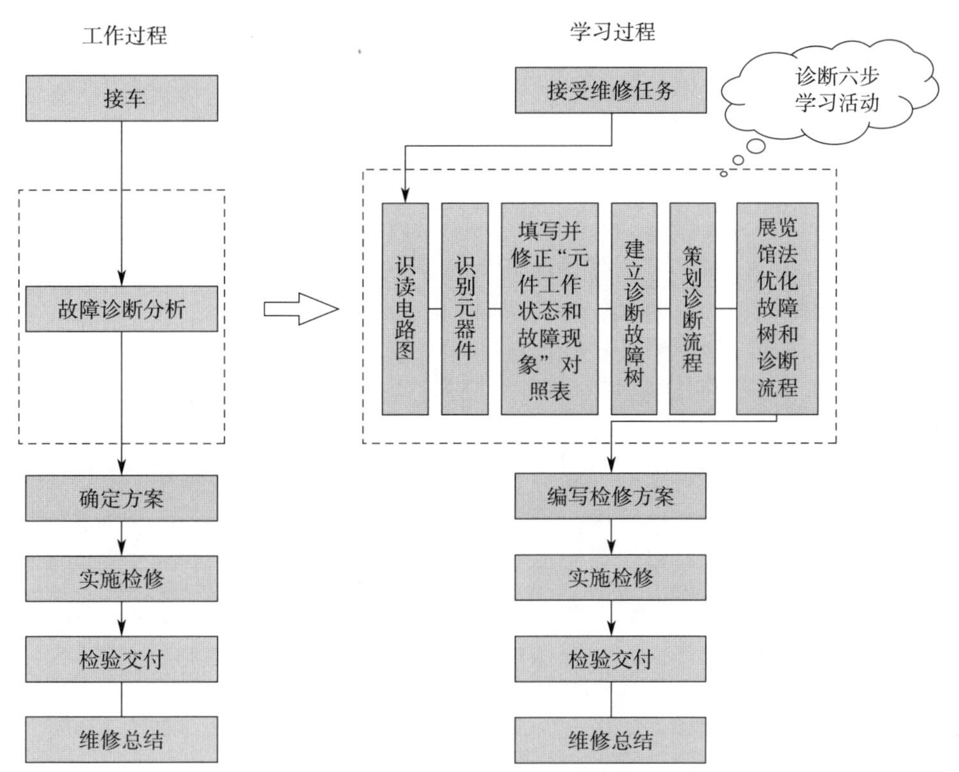


图 2　学习任务工作过程与学习过程对照图

（3）学习过程体现“爱岗敬业做修理，严谨求实勇创新”的劳动价值观

“无诊断不维修”“七分诊断、三分修理”已成为当今社会汽车维修行业的显著特征，汽车维修企业缺少的不是汽车“护士”，即普通维修工，而是汽车“医生”，即具备故障诊断分析能力的高技能人才，这已经成为新形态下制约汽车维修企业持续发展的瓶颈。本节课使学生对汽车维修职业的认知从“简单的动手操作”转变为“结合了诊断分析的故障检修”，加深了对汽车维修职业的认同感和自豪感。同时，学生通过本节课的学习能够掌握相应的专业技能，排除具有挑战性的疑难故障，增强了职业信心，坚定了职业方向，树立了爱岗敬业的价值观。

学习过程有助于培养学生严谨、求实的劳动精神；同时学生勇于突破自我，完成起动系统故障树的建立，充分体会到总书记提到的“实干兴邦，创新在人”的劳动价值观。在教学实施过程中，全面融入企业员工的工作标准与要求，培养学生的质量意识与责任意识，为实现学生与岗位无缝对接打下基础。

## 二、学习目标

为了培养学生的自主学习能力，提高课上学习效率，采用翻转课堂的方式，把伊兰特汽车起动系统电路图的识读、故障树的基本结构组成等知识性学习的内容放在了课前，把成果归纳总结与知识迁移等内容放在课后，课中重点让学生进行起动系统故障分析，确定诊断思路，并制订检修方案实施检修等，共计 6 课时。根据课程标准和工作过程分析，本课题学习目标分为课前、课中、课后三个阶段，具体内容如图 3 所示。

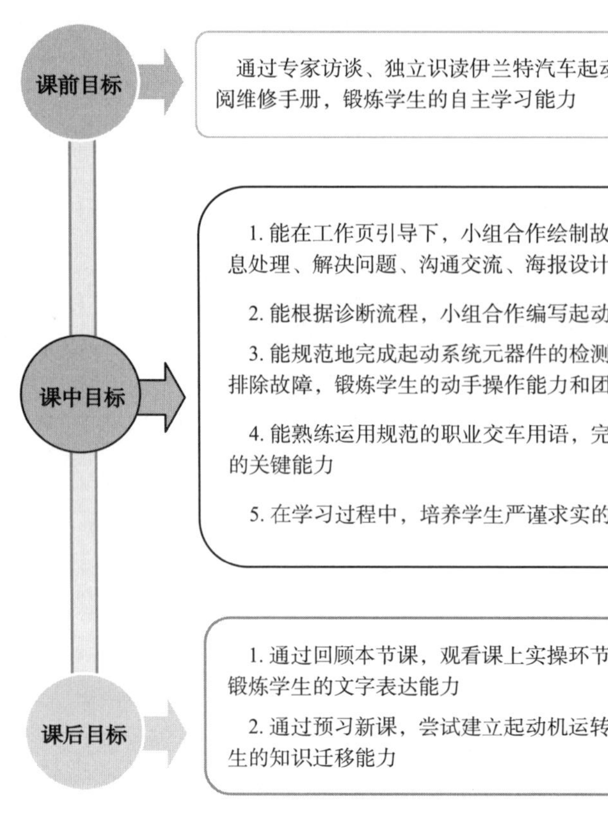


图 3　学习目标

## 三、学情分析

### （一）班级学生个体性分析

本次授课对象为汽车维修专业高级工一年级学生，全班共有 16 名学生。结合实际，本班学生 5 人有绘画基础，10 人动手操作能力较强，8 人理论功底扎实，按照异质原则，分为 4 个小组，每组 4 名学生，便于开展小组合作式学习。

### （二）班级学生整体能力现状及学习预期分析

本微任务的学习者是汽车维修专业高级工一年级的学生，已学习过中级工阶段“汽车电气简单故障检修”一体化课程中的 9 个学习任务，具备了一定的学习方法和学习能力，学生能力现状及学习预期见表 1。

表 1　学生能力现状及学习预期

| 能力 | 学生能力现状 | 学习预期 |
| --- | --- | --- |
| 专业能力 | 1. 已完成汽车电气简单故障检修课程的学习，能根据检修方案进行起动系统简单故障的检修<br>2. 已掌握起动机的结构和工作原理 | 1. 通过团队合作、探究式学习，能对疑难故障进行诊断分析，建立诊断思路，编制检修方案并排除故障<br>2. 能借助起动机的结构和工作原理等知识，对各种可疑故障部位进行分析 |

续表

| 能力 | 学生能力现状 | 学习预期 |
| --- | --- | --- |
| 专业能力 | 3. 已经学过通用型起动系统控制电路<br>4. 已掌握数字式万用表、蓄电池测试仪等工具的使用方法<br>5. 能根据元器件的数据分析工作状态，但是缺乏根据故障现象推导可疑故障部位的“由果导因”的能力 | 3. 课前能通过工作页引导，按照“电路识读三步曲”的步骤，识读伊兰特汽车起动系统电路图，识别系统元器件<br>4. 能使用数字式万用表、蓄电池测试仪等工具检测电路中元器件的状态或主要参数值<br>5. 在教师的引导下，能运用逆向思维，“由因导果”建立“元器件工作状态 – 故障现象”对照表，再通过对照表分析某个故障现象对应的所有可疑的故障部位 |
| 方法能力 | 1. 会查阅维修手册并利用网络资源进行检索<br>2. 欠缺分析问题的能力 | 1. 能引导学生通过查阅资料、信息处理自主学习<br>2. 在工作页的引导下，学生查阅参考资料，小组合作逐步培养分析问题、解决问题的能力 |
| 社会能力 | 1. 尊重教师，能在教师的指导下开展各种实训<br>2. 团队合作能力有待进一步加强<br>3. 对大篇幅内容的阅读存在障碍，且欠缺语言表达和文字撰写能力 | 1. 创设独立和团队工作的学习情境，尝试在没有教师指导的条件下进行思考<br>2. 能对团队中的分歧和冲突进行处理，熟悉组内沟通和交流的技巧<br>3. 能以互助形式开展信息页阅读，遇到问题及时在平台讨论降低阅读难度；通过设计故障树和诊断流程、绘制海报、个人演讲和书写工作总结的方式打破学生表达、撰写等方面的障碍 |
| 学习特点 | 1. 思考的意愿不强，偏爱动手操作<br>2. 对职业认识不足，缺乏职业自豪感 | 1. 在教师引导下，尝试进行思维过程的建立，并取得专家认可，提升自信<br>2. 通过心智技能的培养，产生职业自豪感，坚定职业信心 |

## 四、学习内容

### （一）学习情境描述

一辆伊兰特手动挡汽车，行驶里程为 60 000 km。据车主描述，一个月前该车辆发生碰撞后进行大修，近期出现车辆打火后启动不畅，偶发无法启动发动机的现象。维修人员检查后发现，该车起动开关置于 ST 挡位时，能听到驱动齿轮向外推出的“咔嚓声”，但起动机运转缓慢、无力，初步判断起动系统存在故障。据车主描述，该车在前面的维修过程中进行过发动机的大修，并进行了全车保养和喷漆，维修前该车启动正常。现请维修工依据上述车况和故障现象，进行故障诊断和检修。

### （二）工作内容分析

为了更好地对接工作过程，对本微任务的工作内容进行分析，如图 4 所示。

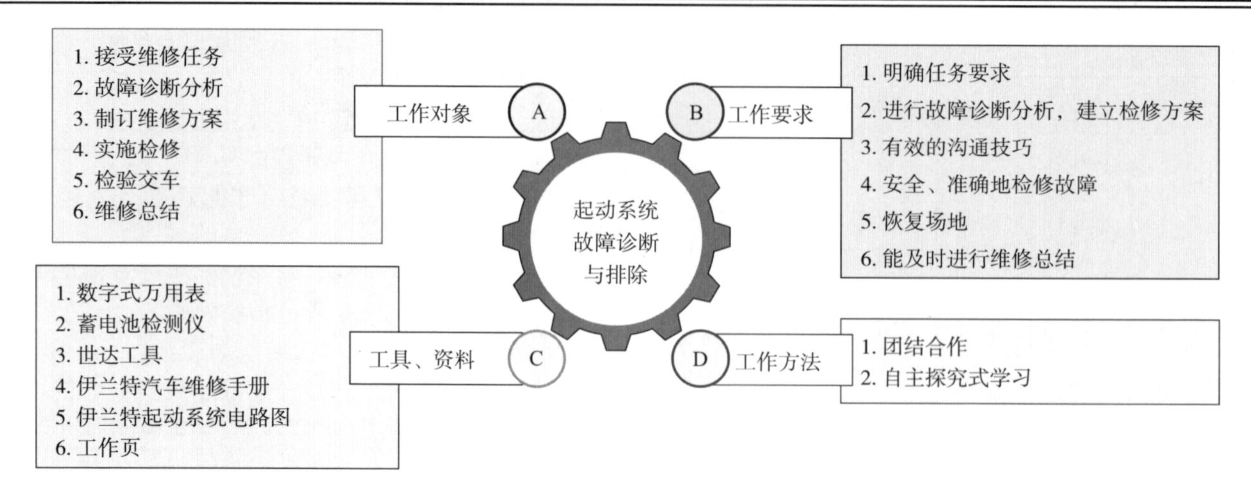


图 4　工作内容分析

本设计利用鱼骨图技术实现工作过程与学习过程的对接，根据行动导向六步法确定本微任务的各工作环节作为鱼骨图主干，根据学习目标，在工作分析的基础上，选取和设定各工作环节的知识、技能、素养等学习内容，如图 5 所示（其中，带下画线部分内容为学生本次课的学习增量，其他为学生已经学习过的内容，是需要在学习过程中不断加大练习的内容）。

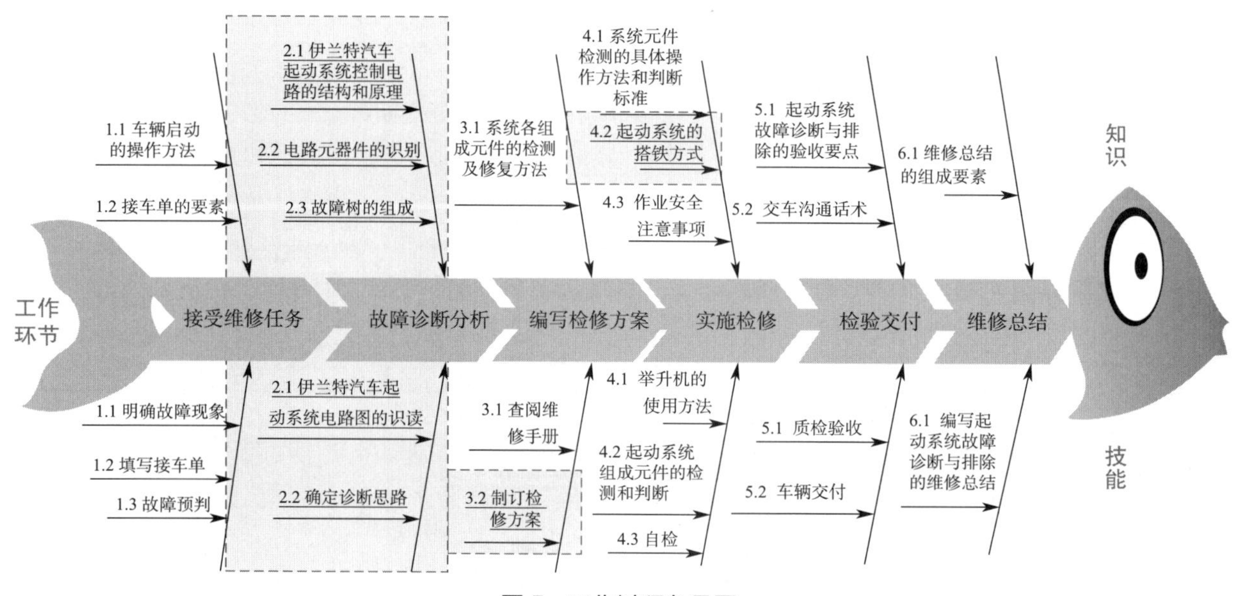


图 5　工作过程鱼骨图

## （三）学习内容分析

1. 微任务学习内容

根据鱼骨图的工作过程分析，结合学生已有的知识基础，为确保本次课程目标的达成，本微任务为学生选取的学习内容见表 2。

2. 重点、难点分析

根据学习目标及职业岗位能力需求，结合学习内容及学生实际，确定本次课的重点和难点，见表 3。

表 2　学习内容

| 教学环节 | 学习内容 |
|---|---|
| 课前预习 | 1. 诊断思路建立的基本路径<br>2. 伊兰特汽车起动系统电路图识读、元器件识别<br>3. 故障树的基本结构<br>4. 起动机运转无力——起动系统可能的故障原因 |
| 课中环节 | 1. 起动系统的故障诊断思路（学习重点、难点）<br>2. 起动系统的故障检修方案<br>3. 起动系统故障的检修<br>4. 起动系统故障维修竣工验收要点<br>5. 交车沟通话术 |
| 课后拓展 | 1. 归纳总结：撰写维修总结报告<br>2. 知识迁移：建立起动机运转无力——电源系统的故障树 |

表 3　重点、难点分析

| 学习重点、难点 | 起动系统故障诊断思路 |
|---|---|
| 确定依据 | 1. 根据课程标准、学习目标和工作岗位需求，以及国家职业标准（汽车维修高级工）考核内容，同时“七分诊断，三分修理”已经成为当今社会汽车维修行业的显著特征，因此，建立起动系统故障诊断思路是学习的重点<br>2. 维修技师根据多年的维修经验，在脑海中已经建立了丰富的“元器件工作状态 - 故障现象”关系链，故障诊断时，可以轻松自如地调取相关的“可疑故障部位”形成诊断思路，而根据学情分析，学生维修经验不足，尚不具备故障诊断分析能力，因此建立起动系统故障诊断思路是学习的难点 |
| 强化 / 破解策略 | 课前预知：<br>1. 课前访谈专家，了解诊断思路确立的基本路径<br>2. 查阅维修手册，明确起动系统可能的故障原因<br>3. 识读伊兰特汽车起动系统电路图，识别系统元器件<br>课中强化 / 突破：<br>1. 分析元器件状态与故障现象的对应关系，填写“元器件工作状态 - 故障现象”对照表，采取专家访谈、实训台试验的方式修正对照表<br>2. 查阅对照表，构建起动机运转无力的故障树，明确诊断流程<br>3. 以展览馆的方式组间互通有无、教师答疑，完善并优化故障树、诊断流程<br>课后巩固拓展：<br>1. 撰写总结报告<br>2. 建立起动机运转无力——电源系统的故障树 |

## 五、学习资源

### （一）教学场地

为了模拟企业真实的工作环境，达成学习目标，根据现代汽车 4S 店车间现场布置，创建汽车电气与空调故障诊断与排除一体化学习工作站（见图 6），具备实车、耗材等硬件组成的实训区，以及分组讨论、信息检索等功能区。

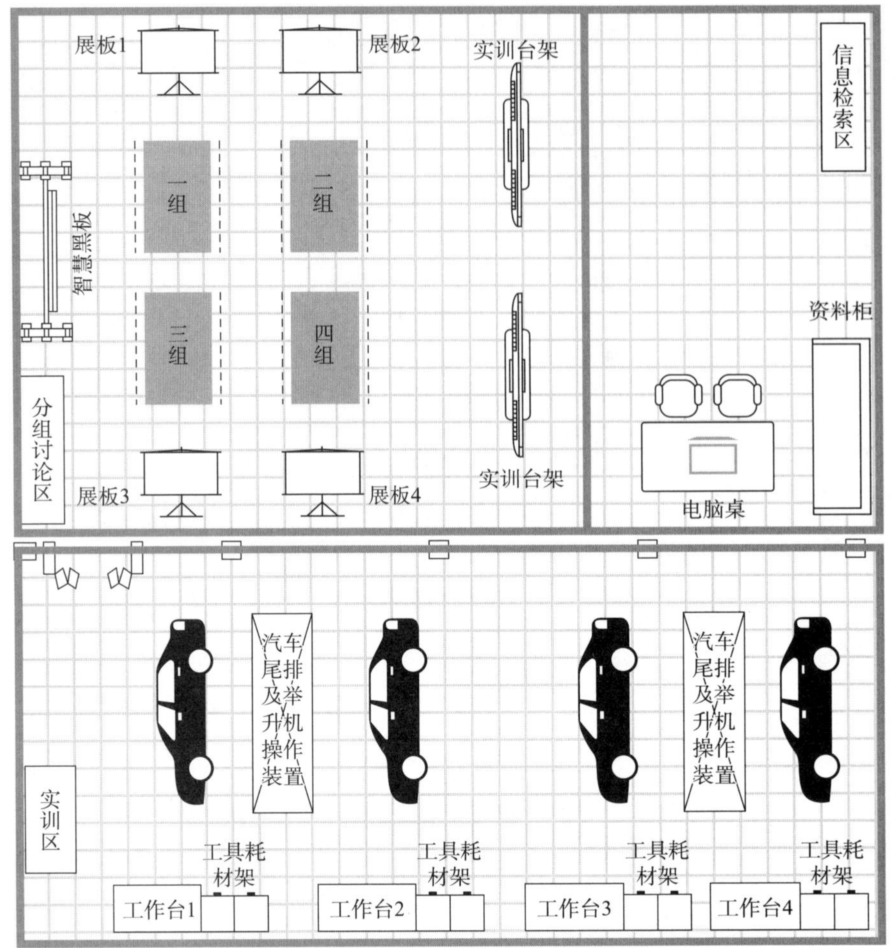


图 6　一体化学习工作站平面布局图

1. 实训区：配备 4 个工作区（每个工作区有 1 辆实训教学车和废气抽排系统、1 台举升机、1 个工作台和 1 辆工具车）。

2. 分组讨论区：配备智慧黑板、4 个小组讨论区以及 2 个起动系统实训台架。

3. 信息检索区：配备计算机和资料柜，计算机装有电子版伊兰特汽车维修手册等，资料柜用于存放学材资料、纸质版维修手册等。

一体化学习工作站实景图如图 7 所示。

实训区

分组讨论区

信息检索区

图 7　一体化学习工作站实景图

### （二）学习软硬件资源

本次学习任务的学习软硬件资源及使用要点见表 4。

表 4　学习软硬件资源及使用要点

| 资源类型 | 资源名称 | 图片 | 适用环节 | 使用要点与作用 |
|---|---|---|---|---|
| 软件资源 | 学习通平台 | 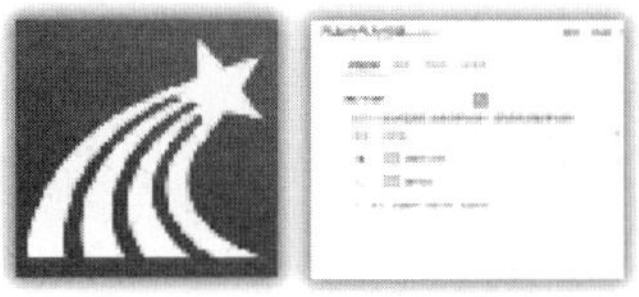  | 课前预习<br>课后拓展 | 信息化平台，课前用于教师发布资源，学生在平台上完成课前内容的学习并提交作业，完成课前目标；课后用于学生上传作业，完成课后目标 |
|  | 课中 PPT |   | 课中各环节 | 多媒体课件，直观形象地展现抽象的学习内容，便于学生理解 |
|  | 维修工单 | 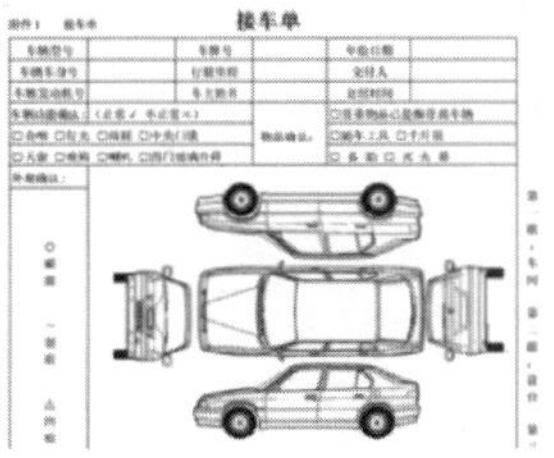  | 接受维修任务 | 通过阅读维修工单，明确维修任务，熟悉真实的工作环节 |
|  | 汽车企业专家资源 |   | 课前预习<br>故障诊断分析 | 课前学生通过腾讯会议访谈 4S 店专家，了解诊断思路确定的基本路径；课中企业专家进课堂，对学生填写的对照表提供反馈修改建议，使本节课的培养贴近企业的实际需求 |

续表

| 资源类型 | 资源名称 | 图片 | 适用环节 | 使用要点与作用 |
| --- | --- | --- | --- | --- |
| 软件资源 | 网络资源 | | 课前预习<br>故障诊断分析<br>制订检修方案 | 通过搜索网络资源，锻炼学生的自主学习能力 |
| | 信息页 | | 课前预习 | 本节课的知识型要素为课中对照表、故障树和诊断流程的制定奠定理论依据 |
| | 工作页 | | 课前、课中、课后各环节 | 学生在工作页的问题引导下开展自主式、探究式学习，进行故障分析诊断、建立检修方案、实施检修、检验交付等 |
| | 学习参考资料 | 汽车电气设备构造与维修<br>汽车电气维修 | 课前预习 | 课前辅助学生完成课前知识型内容的掌握 |
| | 维修手册 | | 课前预习<br>故障诊断分析<br>制订检修方案 | 课前帮助学生明确起动系统可能的故障原因；课中锻炼学生通过查找专业工具书解决专业问题的能力 |
| | 评价表 | | 课中各环节 | 观察、记录、评价学生课中的学习积极性及关键能力培养等（见表 7、表 8、表 9） |

续表

| 资源类型 | 资源名称 | 图片 | 适用环节 | 使用要点与作用 |
|---|---|---|---|---|
| 硬件资源 | 手机 |  | 课前预习<br>实施检修<br>检验交付<br>课后拓展 | 学生课前、课后用于登录学习通平台自学并提交作业；课中用于组内拍摄实施检修和交付阶段视频，以便课后反思实操阶段的不规范行为，有针对性地提高技能弱项 |
| | 起动系统实训台 | 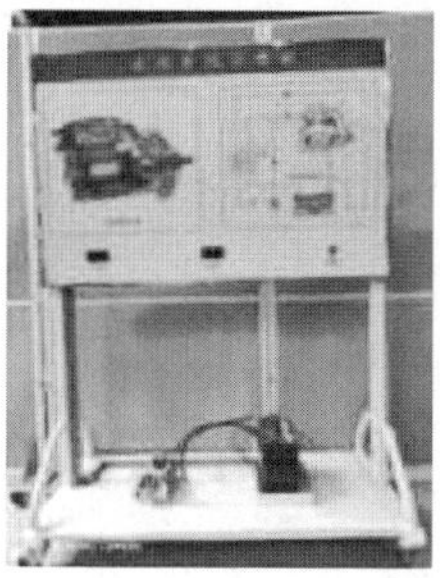 | 故障诊断分析 | 帮助学生验证“元器件工作状态－故障现象”的对应关系，并修正对照表 |
| | 展示板、磁扣、海报纸、彩笔等 | 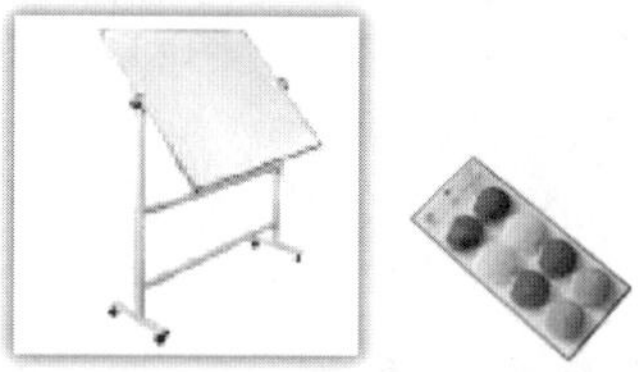 | 故障诊断分析 | 用于学生设计海报，展示故障树和诊断流程 |
| | 实车、工作台、工具车、举升机、废气抽排系统 |  | 实施检修 | 用于学生分小组进行起动系统的检修实训，为真实工作任务提供资源保障，满足学生的技能操作要求 |
| | 扭力扳手、世达工具、万用表、蓄电池测试仪 | 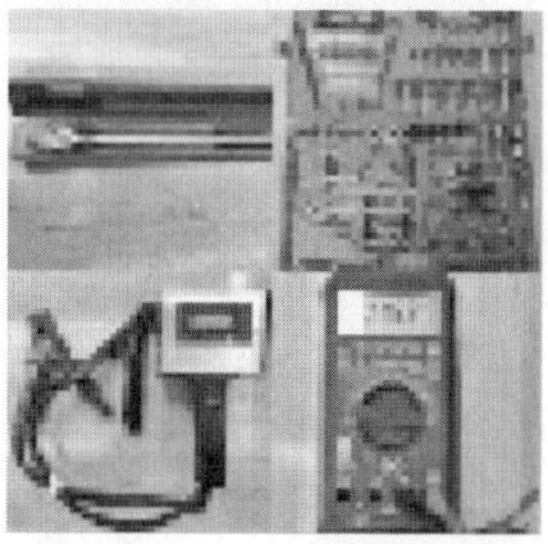 | 实施检修 | 实操工具，用于元器件的拆装和检测 |
| | 蓄电池、导线等零件 | 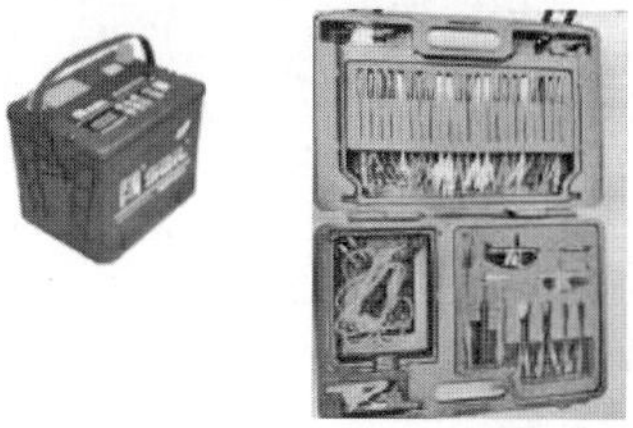 | 实施检修 | 进行起动机的空载测试 |

## 六、教学实施

### （一）学习流程图（见图8）

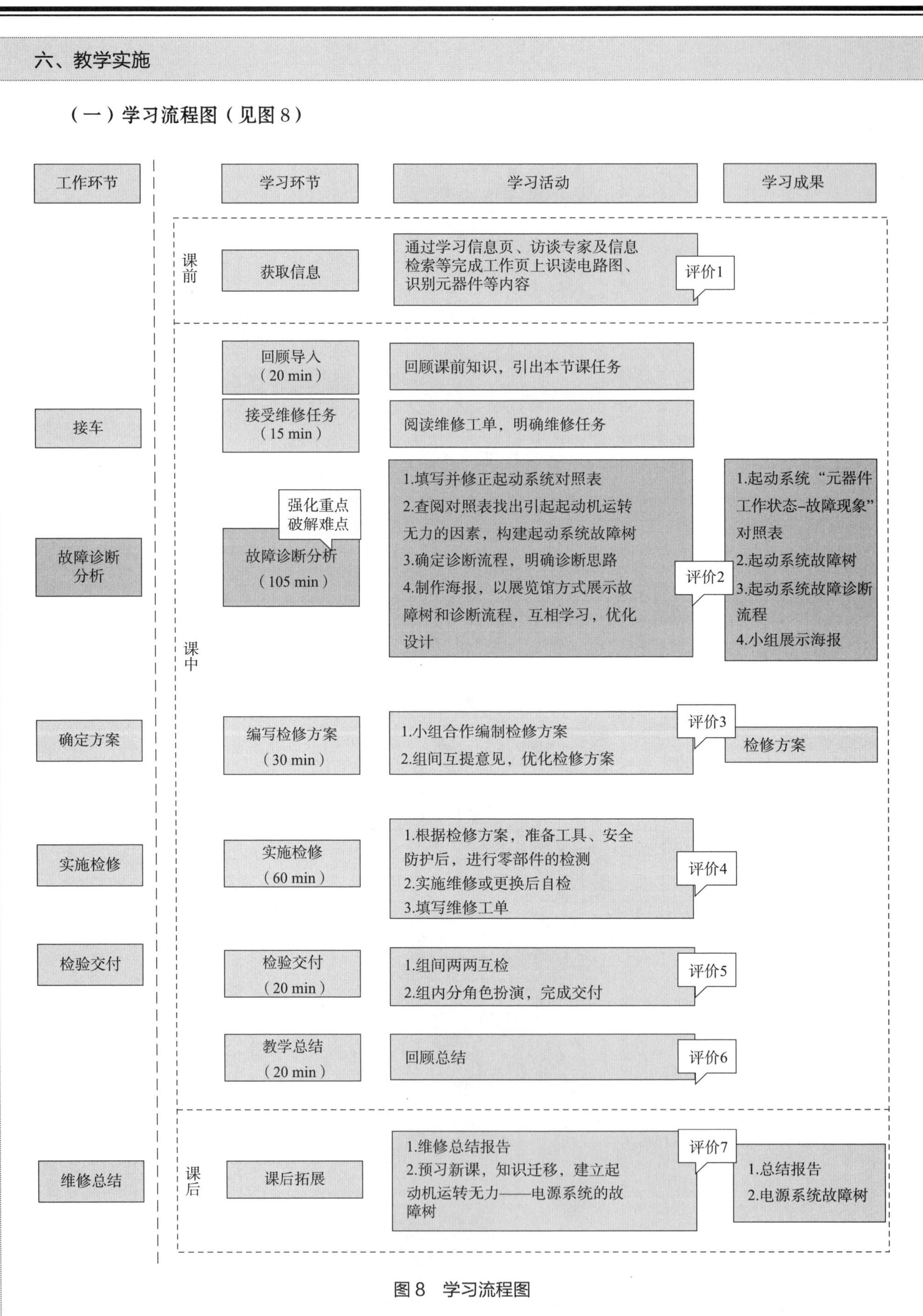


图8　学习流程图

**（二）教学实施过程（见表5）**

表5　教学实施过程

| 教学环节 | | 学生活动 | 教师活动 | 教学手段 | 教学方法 | 设计意图 |
|---|---|---|---|---|---|---|
| 课前环节 | 获取信息 | ◎问：通过专家访谈了解如何确定诊断思路<br>◎学：在学习通平台上学习课前信息页，识读伊兰特汽车起动系统电路图，识别元器件；查阅维修手册，了解起动系统可能的故障原因；收集故障树实例，了解故障树的组成<br>◎议：师生在线交流，讨论<br>◎填：在充分讨论的基础上，完成课前工作页的填写，将作业成果拍照上传至学习通平台提交 | ◎教师在学习通平台上传课前预习资料，发布通知<br>◎发放工作页<br>◎学习通平台在线答疑<br>◎监督课前资料的阅读情况，批阅学生提交的作业，关注学生的问题点，完成平台作业打分（评价1） | ◎腾讯会议（专家访谈）<br>◎工作页引领（按照“电路识读三步曲”识读伊兰特汽车起动系统电路图）<br>◎查阅维修手册<br>◎查阅网络资源<br>◎师生在线讨论 | ◎翻转课堂（将知识性内容的学习集中到课前，培养学生的自主学习能力）<br>◎颜色标注法<br>◎实例法（故障树实例） | ◎通过腾讯会议请教企业专家诊断思路的确立路径，工学结合，为故障诊断分析的开展提供依据<br>◎识读伊兰特汽车起动系统电路图，识别系统元器件，为故障诊断分析中的“填写对照表”奠定基础<br>◎学习故障树实例，为诊断分析过程中建立故障树环节做好准备<br>◎查阅维修手册，了解起动系统可能的故障原因，为课中“头脑风暴－归纳分类”环节做好准备 |
| | | “问－学－议－填”达成课前目标，初识重点，预知难点 | | | | |

续表

| 教学环节 | 学生活动 | 教师活动 | 教学手段 | 教学方法 | 设计意图 |
|---|---|---|---|---|---|
| 课中环节<br>（回顾导入）<br>20 min | ◎玩：玩“齐眉竿”小游戏，体会团队合作的重要性<br>◎讲：通过学习通平台摇一摇，选一名学生向全班描述控制过程；全班纠错后，该生准确复述 | ◎正式上课前通过学习通平台线上考勤<br>◎组织学生上课，组织“齐眉竿”小游戏<br>◎点评课前工作的完成情况<br>◎随机“摇一摇”选一名学生向全班描述控制过程；组织全班纠错 | ◎学生讲述 | ◎游戏法<br>◎提问法<br>◎纠错法 | ◎“齐眉竿”小游戏的引入，启发学生对团队合作重要性的思考，同时引起学生兴趣，为本节课内容的开展做好准备<br>◎提问法检验学生课前自学掌握情况，抓住课前作业中的问题集中点，再次为学生扫除遗留的疑惑点 |
| | 使学生精力充沛、信心满满地期待本节课接下来的活动 | | | | |

续表

| 教学环节 | 学生活动 | 教师活动 | 教学手段 | 教学方法 | 设计意图 |
| --- | --- | --- | --- | --- | --- |
| 课中环节<br>（接受维修任务）<br>15 min | ◎读：学生以小组为单位，阅读维修工单，小组讨论，获取有用信息，明确故障现象<br>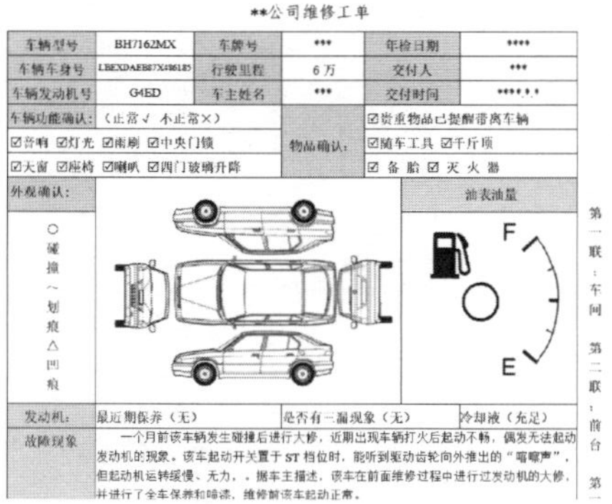<br>**公司维修工单<br>车辆型号 BH7162MX；车牌号 ***；年检日期 ****<br>车辆车身号 LBEXDAEB87X486185；行驶里程 6万；交付人 ***<br>车辆发动机号 G4ED；车主姓名 ***；交付时间 ****.*.*<br>车辆功能确认：（正常√ 不正常×）☑音响 ☑灯光 ☑雨刷 ☑中央门锁 ☑天窗 ☑座椅 ☑喇叭 ☑四门玻璃升降<br>物品确认：☑贵重物品已提醒带离车辆 ☑随车工具 ☑千斤顶 ☑备胎 ☑灭火器<br>外观确认：○碰撞 ～划痕 △凹痕；油表油量 F E<br>发动机：最近期保养（无）；是否有三漏现象（无）；冷却液（充足）<br>故障现象：一个月前该车辆发生碰撞后进行大修，近期出现车辆打火后起动不畅，偶发无法起动发动机的现象。该车起动开关置于ST档位时，能听到驱动齿轮向外推出的“嘀嗒声”，但起动机运转缓慢、无力，。据车主描述，该车在前面维修过程中进行过发动机的大修，并进行了全车保养和喷漆，维修前该车起动正常。<br>第一联：车间 第二联：前台 第三联<br>◎想：针对维修工单中的故障现象进行头脑风暴，列举起动机运转无力可能的故障原因，并对原因进行归纳分类，明确本节课的研究范围<br>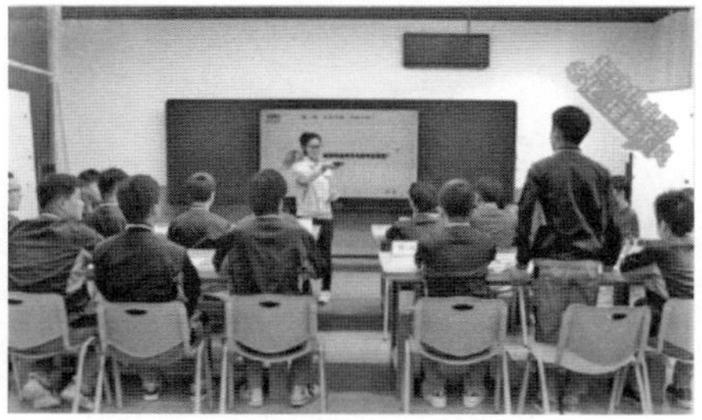 | ◎发放维修工单<br>◎听取学生对本节课任务的理解，引导学生针对故障现象进行头脑风暴、归纳分类<br>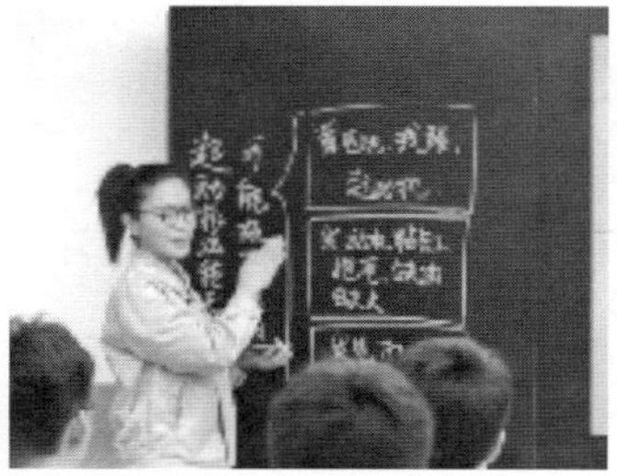 | ◎维修工单（阅读真实的工作文件，了解真实的工作环节） | ◎头脑风暴法<br>◎归纳法 | ◎通过阅读维修工单，明确维修任务，熟悉企业真实的工作环节<br>◎在教师的引导下，学生针对维修工单中的故障现象进行头脑风暴、归纳分类，梳理知识结构，明确本节课的研究范围 |

续表

<table>
<tr><th colspan="2">教学环节</th><th>学生活动</th><th>教师活动</th><th>教学手段</th><th>教学方法</th><th>设计意图</th></tr>
<tr><td rowspan="2">课中环节（故障诊断分析）105 min<br>重点 难点</td><td>1. 填写并修正“起动系统元器件工作状态－故障现象”对照表<br>35 min</td><td>◎填：小组合作将课前识别的起动系统元器件填入对照表，查阅维修手册和网络资源，列出元器件的正常工作状态或参数值；分析元器件异常工作状态，并运用因果分析法结合查阅资料的方法列出对应元器件异常状态下的故障现象，完成对照表的填写<br>◎改：采取 1、2 组在起动系统实训台上试验验证，3、4 组听取专家意见的方式修正对照表，10 min 后两组互换</td><td>◎发放对照表（空表）<br>◎教师巡回观察，适时参与讨论，实时指导更正<br>◎教师完成评价打分（评价 2）</td><td>◎工作页引导<br>◎查阅网络资源<br>◎查阅维修手册<br>◎咨询专家<br>◎实训台试验</td><td>◎因果分析法<br>◎理论分析结合试验验证</td><td>◎学生通过“查阅资料”－“实训台试验”－“访谈专家”的方式填写并修正对照表，培养学生自主解决问题的能力，过程体现严谨求实的劳动精神<br>◎本环节采用逆向思维设计，“由因导果”将元器件“工作状态－故障现象”进行关联，为“由果导因”建立故障树奠定基础<br>◎实训台试验是一支兴奋剂，将对照表枯燥的内容可视化，加深学生的理解，体现“理实一体”教学<br>◎由企业专家把关，体现“工学结合”，保证对照表的准确性</td></tr>
<tr><td colspan="6">本环节，各组学生展开合作式、探究式学习，组内各抒己见，在进行组内充分讨论的基础上完成对照表的填写，自主设计并实施实训台试验，与企业专家进行充分的沟通交流，高质、高效地完成对照表的填写和优化，为接下来故障树的建立打下坚实的基础</td></tr>
</table>

续表

| 教学环节 | | 学生活动 | 教师活动 | 教学手段 | 教学方法 | 设计意图 |
|---|---|---|---|---|---|---|
| 课中环节（故障诊断分析）105 min | 2. 构建故障树 20 min | ◎选：在对照表上，勾选出引起起动机运转无力故障的起动系统所有可疑的故障部位<br>◎绘：小组合作按照故障树的基本逻辑符号的规范形式构建起动机运转无力起动系统故障树 | ◎带领学生进一步总结故障树的结构组成（逻辑门符号的正确使用）和故障诊断原则<br>与门 或门 事件符号 基本事件 未展开事件<br>◎巡回观察，适时参与讨论，掌控整体节奏 | ◎工作页引领<br>◎故障树实例（根据故障树实例，绘制本节课起动系统故障树）<br>◎查阅维修手册 | ◎任务驱动法<br>◎小组合作法 | ◎故障树建立过程可以锻炼学生突破自我，自主分析问题、解决问题的能力，体现创新意识的培养<br>◎该过程培养学生的规范意识 |
| 重点 难点 | 3. 制定诊断流程 15 min | ◎制：以小组为单位，根据故障树，查阅维修手册和参考资料，综合考虑维修时间和维修成本等因素，根据“诊断原则”制定合理的诊断流程 | ◎提醒学生综合考虑诊断原则，制定诊断流程<br>诊断原则<br>①先简后繁、先易后难<br>②先思后行、先熟后生<br>③先上后下、先外后里<br>④先易损件、后非易损件<br>⑤依据电流走向<br>◎巡回观察、适时指导 | ◎工作页引领<br>◎查阅维修手册 | | ◎学生小组合作，制定诊断流程，形成诊断思路，锻炼学生自主获取信息、解决问题的能力 |

续表

| 教学环节 | | 学生活动 | 教师活动 | 教学手段 | 教学方法 | 设计意图 |
|---|---|---|---|---|---|---|
| 课中环节（故障诊断分析）105 min<br>重点<br>难点 | 4. 用展览馆法展示、优化故障树和诊断流程<br>35 min | ◎展：设计海报展示故障树和诊断流程，每组推选出一名讲解员，并以展览馆方式为前来参观的学生展示讲解故障树、诊断流程，进一步探讨诊断流程的合理性（小组在参观过程中进行讨论，提出意见，反思如何进一步改进本组的设计），参观结束后，各组优化本组设计<br>◎评：组间互评（评价 2）<br>◎选：投票选出最佳组<br>◎听：最佳组进行成果分享 | ◎指挥整个参观过程的有序进行，保证讨论的范围和方向不出偏差，对参与度低的学生提出问题，适当提醒<br>◎听取学生的讲解，及时发现错误结论，收集记录学生讨论中有价值的争论点，用于最后的讲解和点评<br>◎教师实时评价各组绘制的故障树和制定的诊断流程成果，填写打分表（评价 2）<br>◎教师点评最佳组和各组表现 | ◎海报展示<br>◎优秀成果分享 | ◎展览馆法<br>◎切磋交流 | ◎小组合作绘制海报，并通过展览馆法达到小组间分享成果、互相学习的目的<br>◎海报绘制和讲解过程锻炼学生的信息处理和表达能力 |
| | | 在本环节，学生思维碰撞，对核心技术研讨的深度远远超出教师的预期 | | | | |
| | 在该环节，学生通过小组合作、查阅资料、访谈专家、实训台试验、教师指导，专注、投入地进行故障分析，形成诊断思路，达成课中目标 1，强化重点、破解难点。加深了学生对汽车维修职业的认知，提高了学生对本职业的认同感、自豪感。学习过程培养学生严谨求实与创新的劳动精神，达成课中目标 5 | | | | | |

续表

| 教学环节 | 学生活动 | 教师活动 | 教学手段 | 教学方法 | 设计意图 |
| --- | --- | --- | --- | --- | --- |
| 课中环节<br>（编写检修方案）<br>30 min | ◎编：小组合作查阅维修手册等，根据诊断流程，考虑用什么工具、如何检、如何修，参照工作页中建议的格式编写起动系统的检修方案<br>◎改：将检修方案粘贴在白板上，1、2 组之间，3、4 组之间互相征求意见后，各组优化方案 | ◎教师巡回指导<br>◎教师完成评价表上相关项目的打分（评价 3）<br>◎给出修改建议 | ◎查阅维修手册<br>◎学生组间互助 | ◎小组合作法<br>◎组间互提意见 | ◎检修方案的编制过程锻炼学生小组合作、信息处理、自主解决问题的能力，增强学生做事的计划性和决策能力 |
| | 在本环节，学生查阅资料，团队合作，集思广益完成检修方案的编写，进而小组间认真负责地为对方组提出修改建议，教师巡回观察，适时提出引导性的问题，促进学生完成检修方案的编写，达成课中目标 2，为后续实施检修过程提供“操作指南” | | | | |

续表

| 教学环节 | 学生活动 | 教师活动 | 教学手段 | 教学方法 | 设计意图 |
|---|---|---|---|---|---|
| 课中环节<br>（实施检修）<br>60 min | ◎备：学生两两互相整理仪表后，组长负责组内分工，领取并检查工量具，安好车外、车内三件套，放好车轮挡块<br>◎检：再次确认故障现象，小组分工合作，根据检修方案，逐一对起动系统各部分实施检测，找出故障点，分析故障原因<br>（1）检查蓄电池（起动电压、极桩是否腐蚀）<br>（2）查看熔丝、继电器的接触是否良好 | ◎安全教育，检查工位安全情况，向学生强调安全注意事项，并进行规范操作教育，强调在实习场地执行6S管理规范<br>◎教师巡回指导答疑，必要时进行示范操作，随时监控安全，制止不安全行为 | ◎实车检修<br>◎教师讲解 | ◎实操法<br>◎小组合作法 | ◎小组合作实施检测并修复故障，锻炼学生的动手操作等专业能力及团队合作等社会能力<br>◎拍摄视频，以便课后查找不规范操作 |

续表

| 教学环节 | 学生活动 | 教师活动 | 教学手段 | 教学方法 | 设计意图 |
| --- | --- | --- | --- | --- | --- |
| 课中环节<br>（实施检修）<br>60 min | （3）检测起动机 30 号、50 号端电压<br>（4）拆下起动机，进行起动机空载测试<br>（5）检查起动系统搭铁状况<br>◎修：完成修复、自检，恢复场地，进行 6S 管理<br>◎录：每组另外安排一名学生负责拍摄本组检修过程视频<br>◎评：每组设置观察员实施组间互评打分（评价 4） | ◎针对起动系统搭铁点的位置进行引导、讲解<br>◎教师实时评价小组实施检修过程，完成打分，并记录学生不规范操作，为本节课最后的总结评价做准备（评价 4） | ◎实车检修<br>◎教师讲解 | ◎实操法<br>◎小组合作法 | ◎小组合作实施检测并修复故障，锻炼学生的动手操作等专业能力及团队合作等社会能力<br>◎拍摄视频，以便课后查找不规范操作 |
| | 在本环节，学生按照企业规范和安全规程，小组成员分工合作，认真、规范地完成起动系统的检修，尝到了成功的喜悦，达成课中目标 3 | | | | |

续表

| 教学环节 | 学生活动 | 教师活动 | 教学手段 | 教学方法 | 设计意图 |
| --- | --- | --- | --- | --- | --- |
| 课中环节<br>（检验交付）<br>20 min | ◎检：组间两两互检，将点火开关旋至“起动挡”，看起动机是否正常运转，并观察是否有其他问题。对检查合格的车辆，签字确认，进行下面的交车环节，对检查不合格的车辆，需要返工<br>◎交：组内分角色扮演，由维修工向车间主任汇报检修工作完成情况，完成交付过程，并拍摄过程视频<br>◎评：小组间对交付过程互评打分（评价 5），并由观察员对互助组的实施检修和检验交付环节进行点评 | ◎教师检查各组的互检结果<br>◎为学生实施检验交付过程评价打分（评价 5） | ◎实车检验交付 | ◎角色扮演法 | ◎实施检验有助于学生养成严谨、一丝不苟的工作作风，提高质量意识、责任意识<br>◎实施交付有助于学生的表达、与人交流等职业素养的养成（达成课中目标 4）<br>◎拍摄视频，以便课后查缺补漏 |
| | 在本环节，学生认真进行互检，规范向车间主任交工，圆满完成任务，达成课中目标 4 | | | | |

续表

| 教学环节 | 学生活动 | 教师活动 | 教学手段 | 教学方法 | 设计意图 |
|---|---|---|---|---|---|
| 课中环节<br>（教学总结）<br>20 min | ◎玩：抢椅子小游戏<br>◎忆：游戏胜利者回顾本节课的收获<br>◎听：听取并记录教师重点、难点回顾，听取对各组整体表现的点评意见，领取课后作业<br>◎评：学生进行自我总结性评价，组长对组员进行总结性评价（评价6） | ◎组织抢椅子小游戏<br>◎借助游戏胜利者的叙述带学生回顾本节课重点、难点知识<br>◎点评本节课各组的表现<br>◎布置课后作业，并引出下节课的内容 | ◎语言描述 | ◎游戏法 | ◎在课程最后学生易浮躁阶段，再次通过游戏引起学生的兴趣和注意，进而高效率地进入总结过程<br>◎回顾重点、难点知识<br>◎反思本节课的课堂表现<br>◎布置课后作业 |
| | 在本环节，学生认真回顾本节课的重点、难点知识，全神贯注地听取并记录教师点评，为自己的成绩感到骄傲，真诚地为自己鼓掌 | | | | |

续表

| 教学环节 | 学生活动 | 教师活动 | 教学手段 | 教学方法 | 设计意图 |
| --- | --- | --- | --- | --- | --- |
| 课后拓展 | ◎写：观看课上实施检修阶段拍摄的视频，查找不规范操作，便于后期改进；通过回顾本节课，撰写维修总结报告，并上传至学习通平台<br>◎建：预习新课，尝试建立起动机运转无力——电源系统的故障树 | ◎批阅课后作业（评价7）<br>查看详情<br>教师批阅<br>得 90 分<br>◎课后反思，改进教学 | ◎学习通平台<br>◎影音资料 | ◎归纳总结<br>◎知识迁移 | ◎学生从课上拍摄视频中查找不规范操作，体现严谨求实、一丝不苟的工作态度，撰写总结报告，锻炼文字表达能力，养成及时归纳总结的好习惯<br>◎预习新课，建立起动机运转无力——电源系统的故障树，达到知识迁移的目的 |
| | 达成课后目标 | | | | |

## 七、学业评价

### （一）评价设计思路

评价总分按百分制。学业评价对应相应的学习目标，共进行 7 次评价，跨越课前、课中、课后，评价方式包括师评、组间互评、自评和组长评价，学业评价分数分布如图 9 所示。

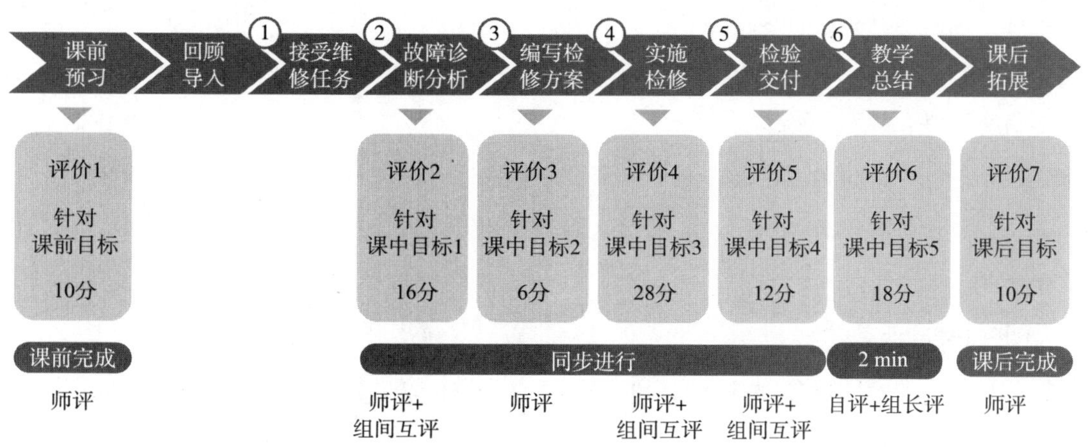


图 9　学业评价分数分布

本微任务的评价从专业能力、方法能力和社会能力三个方面评价学生的综合职业能力，并对学生的学习过程表现进行总结性评价。具体学业评价方式及主体分配见表 6。

表 6　学业评价方式及主体分配表

| 学习阶段 | 评价要素 | 评价主体及分数 | | | | 分数占比 |
|---|---|---|---|---|---|---|
| | | 师评 | 组间互评 | 组长评价 | 学生自评 | |
| 课前（评价个人） | 方法能力 | 10 分 | | | | 26% |
| 课后（评价个人） | | 10 分 | | | | |
| 课中（评价小组） | | 6 分 | | | | |
| | 专业能力 | 32 分 | 18 分 | | | 50% |
| | 社会能力 | 6 分 | 4 分 | | | 10% |
| 下课前（评价个人） | 课堂表现总结性评价 | | | | 6 分 | 14% |
| | | | | 8 分 | | |
| 合计 | | 64 分 | 22 分 | 8 分 | 6 分 | 100 分 |

### （二）遵循原则

1. 简易原则

尽可能地简化评分表，降低配分区间，评分表的项目配分均为 2 分，评价人按照 2–1–0 分进行打分，分别表示“优秀、合格、不合格”，评分时无须进行过多的主观评判。

2. 全过程原则

第一设计维度为评价环节维度，整个评价设计涵盖了课前、课中和课后，保证评价环节涵盖学生活动的全过程，使评价内容完整。

3. 多元原则

第二设计维度为评价者维度，包含教师评价、组长评价、学生自评、组间互评，评价者尽可能多样化，力求使评价结果客观。

4. 多角度原则

第三设计维度为评价角度维度，整个评价设计包含过程性评价和结果性评价，兼顾专业能力和非专业能力的评价，在部分评价中还要求学生留下视频等可反馈溯源的过程性材料，以保证评价过程的多角度化。

**（三）评价表展示**

1. 课前评价和课后评价分别对应相应的课前、课后目标，以教师在学习通平台完成作业打分的形式进行。

2. 课中教师评价表见表 7。

表 7　课中教师评价表

| 被评小组 | | | | 小组成员 | | | |
|---|---|---|---|---|---|---|---|
| 序号 | 环节 | 评价要素 | 评价项目 | 配分 | | | 项目得分 |
| | | | | 优秀（2分） | 合格（1分） | 不合格（0分） | |
| 1 | 故障诊断分析 | 专业能力 | 1. 正确建立对照表 | | | | |
| | | | 2. 规范进行实训台试验验证对照表 | | | | |
| | | | 3. 故障树内容准确 | | | | |
| | | | 4. 故障树逻辑符号规范 | | | | |
| | | | 5. 建立合理的诊断流程 | | | | |
| | | 方法能力 | 6. 信息处理能力 | | | | |
| | | | 7. 分析问题、解决问题的能力 | | | | |
| | | | 8. 创新能力 | | | | |
| | | 社会能力 | 9. 沟通交流能力 | | | | |
| | | | 10. 海报设计能力 | | | | |
| | | | 11. 语言表达能力 | | | | |
| 2 | 编写检修方案 | 专业能力 | 1. 正确选用工具 | | | | |
| | | | 2. 检测方法简便、易行 | | | | |
| | | | 3. 修复方法合理 | | | | |

续表

| 序号 | 环节 | 评价要素 | 评价项目 | 配分 | | | 项目得分 |
|---|---|---|---|---|---|---|---|
| | | | | 优秀（2分） | 合格（1分） | 不合格（0分） | |
| 3 | 实施检修 | 专业能力 | 1. 正确选用工具 | | | | |
| | | | 2. 熟练使用工具进行检测 | | | | |
| | | | 3. 找出故障点 | | | | |
| | | | 4. 正确完成修复 | | | | |
| | | | 5. 完成自检 | | | | |
| | | | 6. 操作中未出现破坏性、危险性操作 | | | | |
| 4 | 检验交付 | 专业能力 | 1. 正确、规范地进行质检 | | | | |
| | | | 2. 规范地完成交车 | | | | |
| 合计 | 44 分 | | | 得分 | | | |

3. 课中组间互评表见表 8，用于对他组的专业能力和社会能力进行评价。

表 8　课中组间互评表

| 被评小组 | | | | 小组成员 | | | |
|---|---|---|---|---|---|---|---|
| 序号 | 环节 | 评价要素 | 评价项目 | 配分 | | | 项目得分 |
| | | | | 优秀（2分） | 合格（1分） | 不合格（0分） | |
| 1 | 实施检修 | 专业能力 | 1. 衣着规范 | | | | |
| | | | 2. 熟练使用工具进行检测 | | | | |
| | | | 3. 找出故障点 | | | | |
| | | | 4. 正确完成修复 | | | | |
| | | | 5. 完成自检 | | | | |
| | | | 6. 操作中未出现破坏性、危险性操作 | | | | |
| | | | 7. 6S 执行情况 | | | | |
| | | 社会能力 | 8. 团队合作的能力 | | | | |
| 2 | 检验交付 | 专业能力 | 1. 正确、规范地进行质检 | | | | |
| | | | 2. 规范地完成交车 | | | | |
| | | 社会能力 | 3. 与人交流的能力 | | | | |
| 总分 | 22 分 | 评分人 | | | 得分 | | |

4. 下课前总结性评价表见表 9（自评、组长评）。

表 9　总结性评价表

<table>
<tr><td colspan="2">评价人</td><td colspan="2"></td><td>所在小组</td><td></td><td>组长</td><td></td></tr>
<tr><td rowspan="2">环节</td><td rowspan="2">评价要素</td><td rowspan="2">评价主体</td><td rowspan="2">项目</td><td colspan="3">配分</td><td rowspan="2">项目得分</td></tr>
<tr><td>优秀（2 分）</td><td>合格（1 分）</td><td>不合格（0 分）</td></tr>
<tr><td rowspan="7">课堂小结</td><td rowspan="7">总结性评价（课堂表现）</td><td rowspan="3">自评</td><td>1. 认真完成信息页相关知识的学习和工作页的填写</td><td colspan="3"></td><td rowspan="3"></td></tr>
<tr><td>2. 能进行独立思考，对新问题有自己的见解</td><td colspan="3"></td></tr>
<tr><td>3. 小组合作时能发挥自我价值，创造性地运用已有的知识解决新问题</td><td colspan="3"></td></tr>
<tr><td rowspan="4">组长评</td><td>1. 学习态度认真</td><td colspan="3"></td><td rowspan="4"></td></tr>
<tr><td>2. 在团队合作中参与感强，能独立思考、出谋划策</td><td colspan="3"></td></tr>
<tr><td>3. 能提出创造性的意见和建议</td><td colspan="3"></td></tr>
<tr><td>4. 未出现破坏性行为</td><td colspan="3"></td></tr>
<tr><td colspan="2">合计</td><td colspan="2">14 分</td><td colspan="2">实际得分</td><td colspan="2"></td></tr>
</table>

## （四）学生评价结果及分析

1. 评价结果

本次课学生通过团队合作的形式，较顺利地完成了汽车起动机运转无力——起动系统故障诊断与排除。本次课学生最终成绩见表 10。

表 10　成绩汇总表

| 组别 | 姓名 | 分数组成 | | | | 综合得分（满分：100） |
|---|---|---|---|---|---|---|
| | | 专业能力（满分：50） | 方法能力（满分：26） | 社会能力（满分：10） | 情感特征（满分：14） | |
| 一组 | 高孙策 | 45 | 24 | 8 | 13 | 90 |
| | 赵家辉 | 45 | 23 | 8 | 12 | 88 |
| | 方志奥 | 45 | 23 | 8 | 12 | 88 |
| | 马瑞亮 | 45 | 22 | 8 | 11 | 86 |
| 二组 | 赵一凡 | 42 | 23 | 9 | 13 | 87 |
| | 陈志佳 | 42 | 25 | 9 | 13 | 89 |
| | 付小龙 | 42 | 22 | 9 | 11 | 84 |
| | 马豪 | 42 | 20 | 9 | 11 | 82 |

续表

| 组别 | 姓名 | 分数组成 | | | | 综合得分（满分：100） |
|---|---|---|---|---|---|---|
| | | 专业能力（满分：50） | 方法能力（满分：26） | 社会能力（满分：10） | 情感特征（满分：14） | |
| 三组 | 鲁志远 | 43 | 24 | 8 | 12 | 87 |
| | 王千喜 | 43 | 25 | 8 | 12 | 88 |
| | 裴佳浩 | 43 | 23 | 8 | 11 | 85 |
| | 张博轩 | 43 | 20 | 8 | 10 | 81 |
| 四组 | 郭家文 | 42 | 24 | 8 | 12 | 86 |
| | 李梦晗 | 42 | 23 | 8 | 11 | 84 |
| | 宋正雨 | 42 | 23 | 8 | 12 | 85 |
| | 马龙雨 | 42 | 20 | 8 | 10 | 80 |

2. 结果分析

本次课学习过程中，学生团队合作融洽，学习积极性较高，学习任务的完成情况良好，学生平均分为 85.625 分，其中最高分 90 分，最低分 80 分，班级 16 名学生均达成了学习目标。学生综合得分情况如图 10 所示。

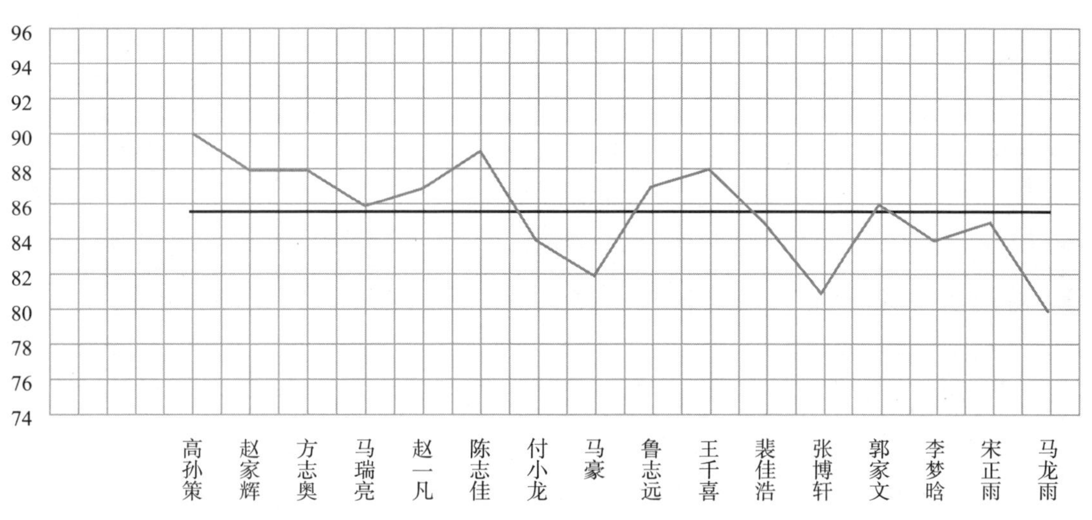


图 10　学生综合得分情况

根据表 10，统计各组各项成绩得分率雷达图，如图 11 所示。由雷达图可见，各组学生专业能力、方法能力、社会能力整体得到提升，其中一组学生专业能力优于其他各组，二组学生的团队合作等社会能力较为突出，三组、四组学生的课堂表现不及一组、二组。

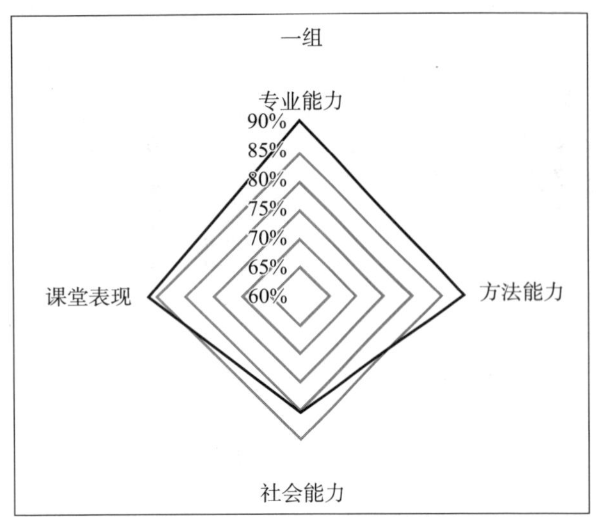


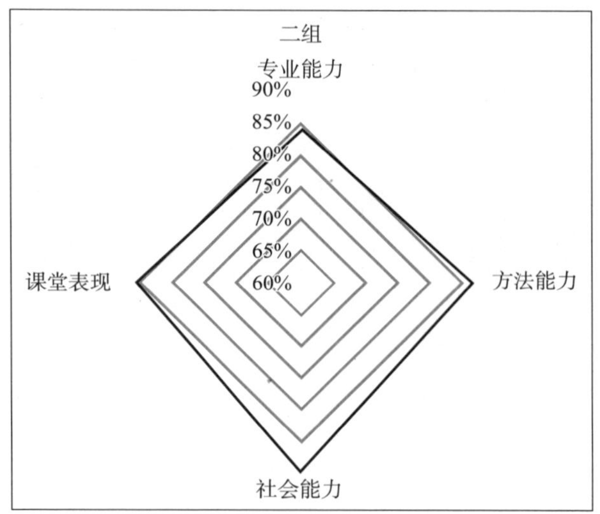


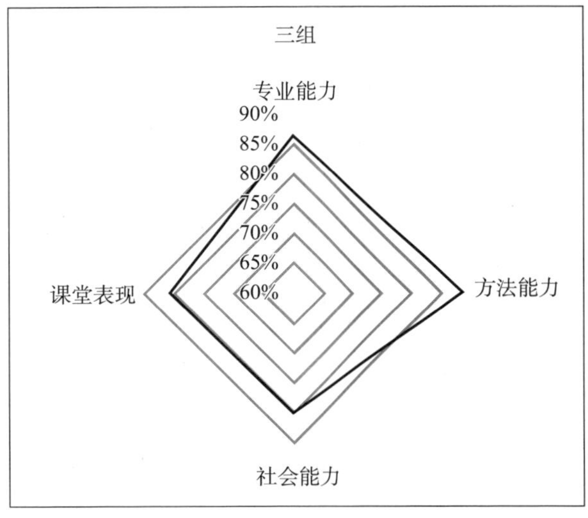


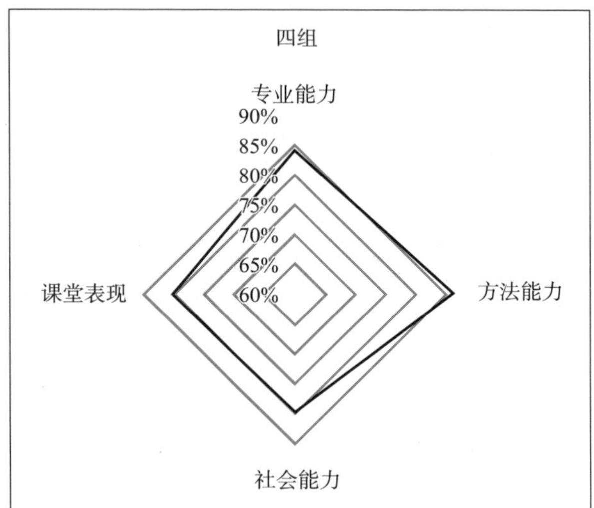


图 11　四个小组成绩得分率雷达图

本节课的微任务采取合作式和探究式的学习模式来完成起动系统的故障诊断与排除。其中，根据故障现象进行故障诊断分析的心智技能的培养是学习难点，也是本节课的学习增量，是高级工区别于中级工层级学生需要具备的典型技能。通过本节课的教学实施，大部分学生初步获得了此项技能。在今后的教学过程中，教师要更加注重学生心智技能和实操技能的同步培养，有针对性地反复训练学生的核心专业技能，让学生习惯手脑并用解决专业问题，从而为汽车维修企业培养更多合格的高技能人才。

## 八、教学反思

本次微任务的亮点体现在：

1. 翻转课堂

利用学习通平台发布学习资源，学生在问题引导下，课前进行自学，课中以解决实际任务为主线，课后对所学知识点进行拓展提高。采用这种线上线下混合式学习模式，实现“翻转课堂”，从而提高学生的学习效率。

2. 工学结合

“伊兰特汽车起动机运转无力故障诊断与排除”工作任务来源于4S店的真实案例。在此基础之上选取的教学内容更贴近企业，并且在本次课的教学实施过程中，全面融入企业的工作规范和要求，从而培养学生的综合职业能力，为实现“学生”与“企业员工”无缝对接打下基础。

3. 任务驱动

以“伊兰特汽车起动机运转无力故障诊断与排除”这一真实工作任务为载体引入案例，学生聚焦“故障诊断分析”制订方案、排除故障，过程体现“学生主体、教师主导”的教学理念，以工作过程为导向组织课堂教学活动，使学生在解决问题的同时达成学习目标。本次课学生参与度高，学习气氛好。

4. 能力本位

利用工作页进行引导，并提供相应的学习资源，帮助学生明确学习目标、内容和方法，以问题为导向，培养学生自主探究的学习能力。以故障树的建立为载体，采用逆向思维，把“由果导因”建立故障树的问题巧妙转变为“由因导果”建立“元器件工作状态－故障现象”对照表的问题，从而引导学生运用因果分析法建立“元器件工作状态－故障现象”对照表，优化对照表后通过查阅对照表来建立故障树，教会学生建立故障树的方法，从而解决实际工作中的难点环节，为解决此类问题提供了新思路和新参考。

## 作者简介

**姓名**：赵方

**学校**：北京汽车技师学院

**获奖**：第二届全国技工院校教师职业能力大赛交通类项目二等奖

**获奖感言**："德才双馨展风采，工学一体育英才！"本次大赛以鲜明的主题道破了职业教育的努力方向。职业教育不仅要通过遵循"学生中心、能力本位、工学一体"的教育理念来设计教学活动、组织课堂，让学生在"做中学，学中做"的过程中获得知识和技能，以提升自己的专业能力；更要将思想政治教育有机融入课程，潜移默化地提升学生的思想意识和行为举止，实现培养"德才双馨"的建设者和接班人的宏伟目标。通过大赛的锻炼和磨炼，我收获了很多先进的教学理念和有效的教学方法，引发我对职业教育新的认识，也让我更加热爱这份职业。今后，我将热衷于汽车维修职业教育，将所学有效融入课堂，培养更多社会需要的汽车维修专业高技能人才。

## 专家点评

该任务来源于《汽车维修专业国家技能人才培养标准及一体化课程规范（试行）》，将工作过程与学习过程做了较好的对接，具备工学结合理念。学习目标定位与描述准确度与规范性有待提高。学习内容分析较为翔实、规范。本设计采用翻转课堂的方式，把知识性学习的内容放在了课前，锻炼学生自主学习的能力，提高课堂效率；课中重点让学生进行起动系统故障分析，运用逆向思维，"由因导果"建立"元器件工作状态－故障现象"对照表，再分析故障原因，建立故障树，有效锻炼了学生信息处理、解决问题等关键能力。学生在工作任务的驱动下进行探究学习，层层递进，实现"以学生为中心、以能力为本位"，全面提升综合职业能力。

# 更换制动片

牡丹江技师学院 / 姚东升

| 参赛项目类别 | 交通类 | | |
|---|---|---|---|
| 专业名称 | 汽车维修 | | |
| 课程名称 | 汽车底盘简单故障检修 | 参赛作品题目 | 更换制动片 |
| 课　　时 | 3 课时 | 教学对象 | 19 秋汽车维修 2 班（高级工） |

## 一、选题价值

**（一）选题来源**

汽车维修专业课程体系是依据人社部颁发的《汽车维修专业国家技能人才培养标准及一体化课程规范（试行）》，并结合世界技能大赛原型制作项目技术标准构建的，如图 1 所示。

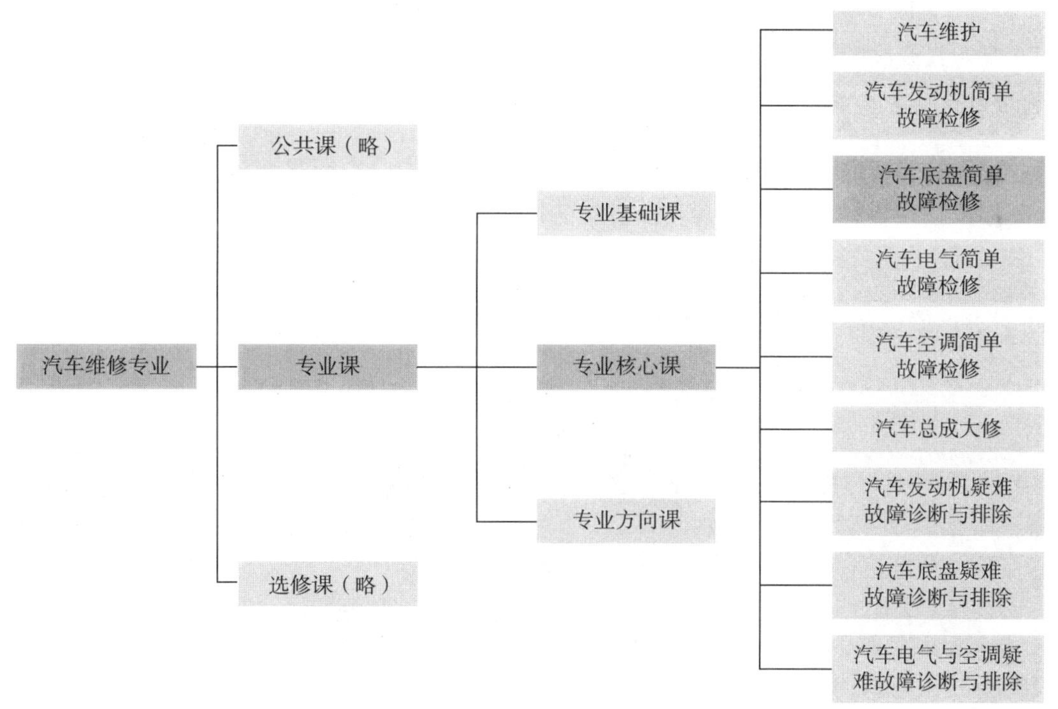


图 1　汽车维修专业课程体系

汽车底盘简单故障检修是汽车维修专业的一门核心课程，起到承上启下的作用，课程前接汽车维护、汽车发动机简单故障检修等课程，后续汽车电气简单故障检修、汽车空调简单故障检修、汽车总成大修等课程，为实现本专业的人才培养目标起到重要的支撑和促进作用。

汽车底盘简单故障检修课程共设置了6个代表性工作任务，每个任务独立且完整。汽车制动无力故障检修为第4个代表性工作任务，它包含6个微任务，更换制动片为其中第4个微任务，如图2所示。

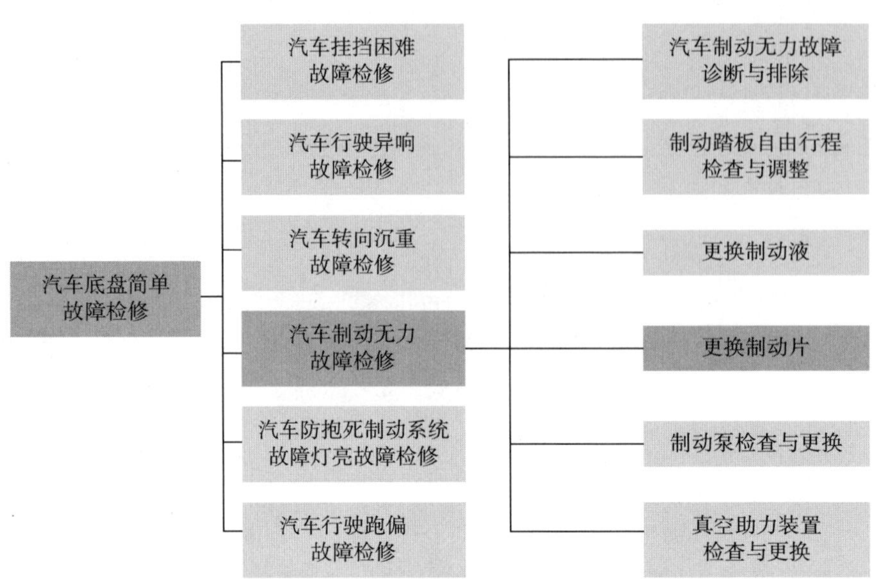


图2　汽车底盘简单故障检修代表性工作任务

### （二）学习任务价值

制动系统为汽车行驶安全提供保障，制动片磨损严重、裂纹等故障会威胁汽车的行驶安全，制动片又是汽车易损耗零部件之一。因此，制动片的检测与更换尤为重要。“更换制动片”是根据一体化课程“汽车底盘简单故障检修”和企业真实工作任务设计的一个完整的微任务，本课题可以让学生在学习中工作、在工作中学习，实现学生学习过程与工作过程相统一，实现工学一体化教学，具有较高的教育价值和应用价值。选题典型性分析如图3所示。

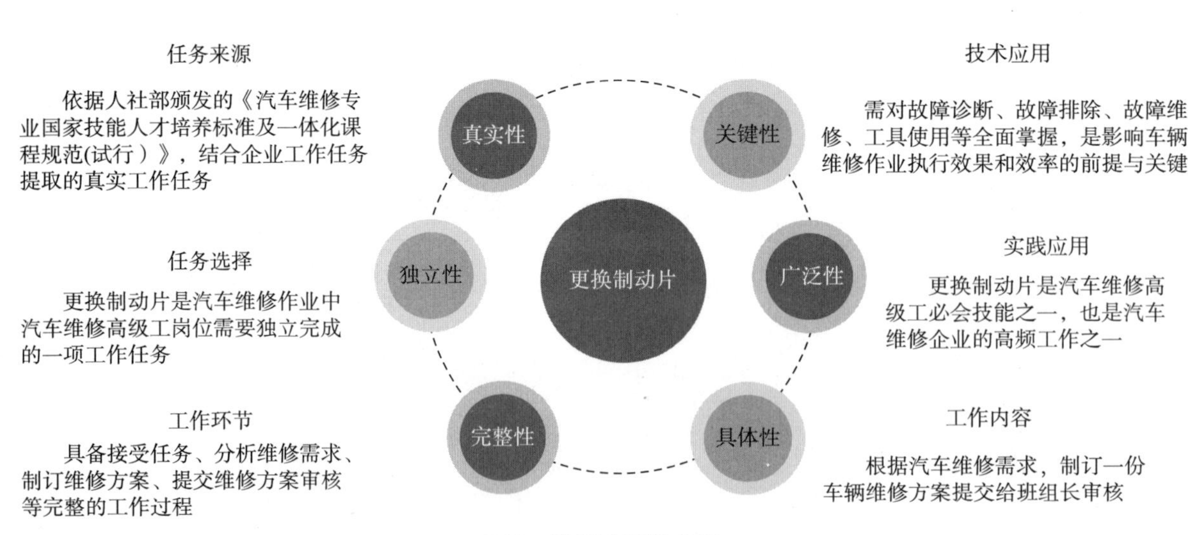


图3　选题典型性分析

## 二、学习目标

### （一）学习者特征分析

教学对象为 2019 秋汽车维修专业五年制高级工第一学年第二学期的学生，全班共 16 人，全部为男生。学习者特征分析如图 4 所示。

图 4　学习者特征分析

### （二）学习目标

结合一体化课程“汽车底盘简单故障检修”和企业真实工作任务，本次学习目标根据学习者特征分析，遵循技能人才的认知和成长规律，从简单到复杂、从单一到综合的教学原则，分别从课前、课中、课后三个阶段设定学习目标，如图 5 所示。

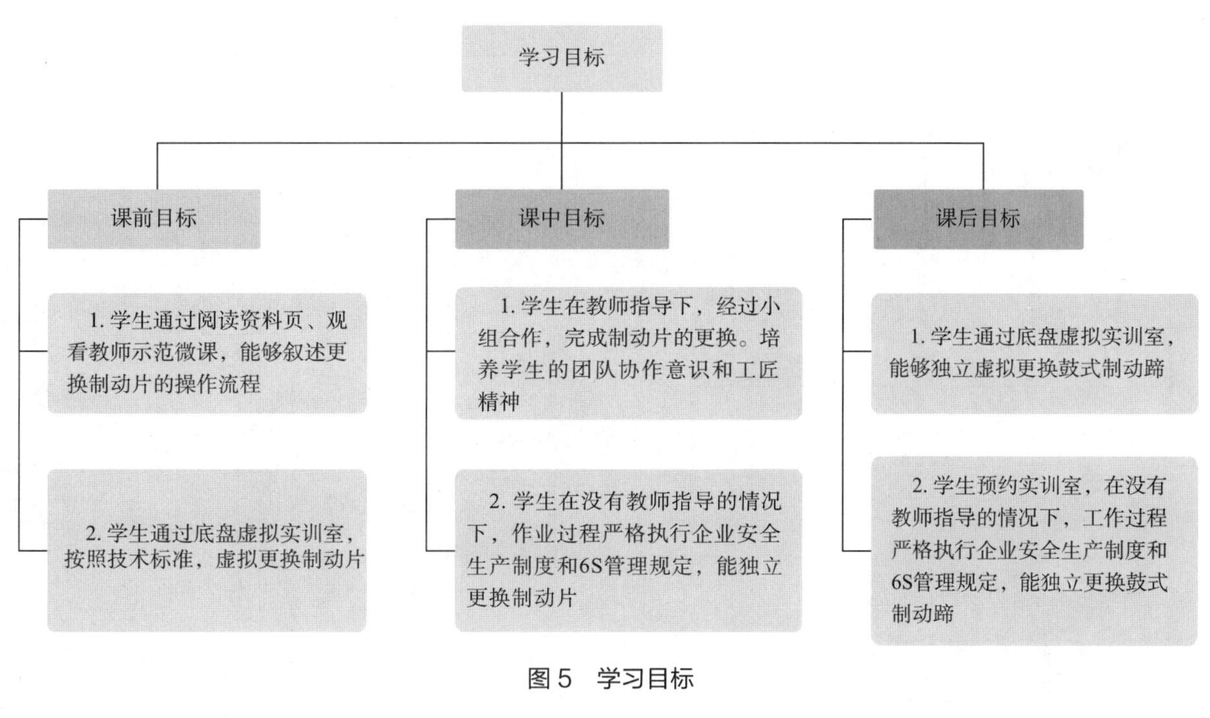


图 5　学习目标

## 三、学习内容

### （一）学习情境描述

某租车公司有 4 辆大众 13 款捷达汽车进厂维修，客户反映在汽车制动时感觉制动效果差。经班组长初步检查，判断为制动片磨损严重，需要对其进行更换。

汽车维修工从班组长处接受汽车维修任务，通过阅读维修工单，明确任务要求，查阅维修手册，确定作业流程与技术标准；在规定工期内完成待修汽车制动片更换工作，使汽车恢复正常使用性能；自检合格后，填写维修工单，交付班组长进行质量检验。工作过程严格执行企业安全生产制度、环保管理制度和 6S 管理规定。汽车维修售后接车单如图 6 所示，维修手册如图 7 所示，更换制动片二维码学习任务书如图 8 所示。

### （二）学习内容分析

通过对更换制动片维修方案的工作对象、工具材料及设备、工作要求、工作方法等要素进行分析，将学习过程与工作过程对接，学习内容与工作要素对接，借助鱼骨图分析更换制动片的工作过程，如图 9 所示。

**维修售后接车单**

| 客户姓名 | | 车牌号 | | 车型 | | 客户电话 | |
|---|---|---|---|---|---|---|---|
| 行驶里程 | | 油量册 | | 接车日期 | | 交车时间 | |

问题描述

________km 常规保养 □　钣金喷漆 □　事故车 □　大修 □　其他 □

故障描述及诊断结果

环车检查

| 备注项目 | | 旧件：带走ˉ 不带走ˉ | 外观检查（有损坏处○出） |
|---|---|---|---|
| 机油 | | 油量显示（用 e 标记） | 左　右 |
| 机滤 | | | |
| 空滤 | | | |
| 汽滤 | | | |
| 空调滤 | | | |
| 火花塞 | | | |
| 灯光检测 | | | |
| 刹车检测 | | | |
| 轮胎检测 | | | |
| 底盘检测 | | | |
| | | | |
| | | | |

| 维修项目 | 工时 | 材料 | 数量 | 报价 | 小计 |
|---|---|---|---|---|---|
| | | | | | |
| | | | | | |
| | | | | | |
| | | | | | |
| | | | | | |
| 合计 | | | | | |

接车员签字：　　　　顾客签字：

图 6　汽车维修售后接车单

图 7　捷达轿车维修手册

**更换制动片学习任务书**

| 姓名 | 组别 | 组长 | 其他成员 |
|---|---|---|---|
| | | | |

更换制动片资料页　　微课　　企业维修售后接车单

**案例引入**

某租车公司有4辆大众13款捷达汽车进厂维修，客户反映在汽车制动时感觉制动效果差。经班组长初步检查，判断为制动片磨损严重，需要对其进行更换。

**任务要求**

汽车维修工从班组长处接受汽车维修任务，通过阅读维修工单，明确任务要求，查阅维修手册，确定作业流程与技术标准；在规定工期内完成待修汽车制动片更换工作，使汽车恢复正常使用性能；自检合格后，填写维修工单，交付班组长进行质量检验。工作过程严格执行企业安全生产制度、环保管理制度和6S管理规范。

**二维码资料**

扫描二维码认真阅读企业维修售后接车单、更换制动片资料页，观看教师示范微课。学习更换制动片工具的使用方法，叙述更换制动蹄的操作流程和操作要求。

通过资料查找、网络学习，填写企业售后维修注意事项。

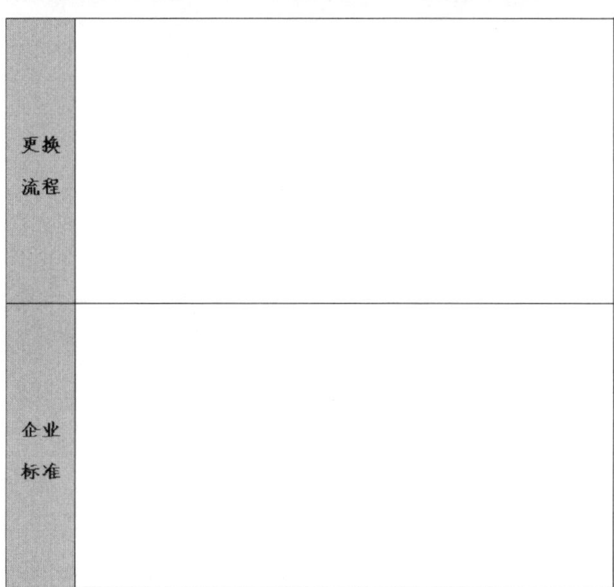


图8　更换制动片二维码学习任务书

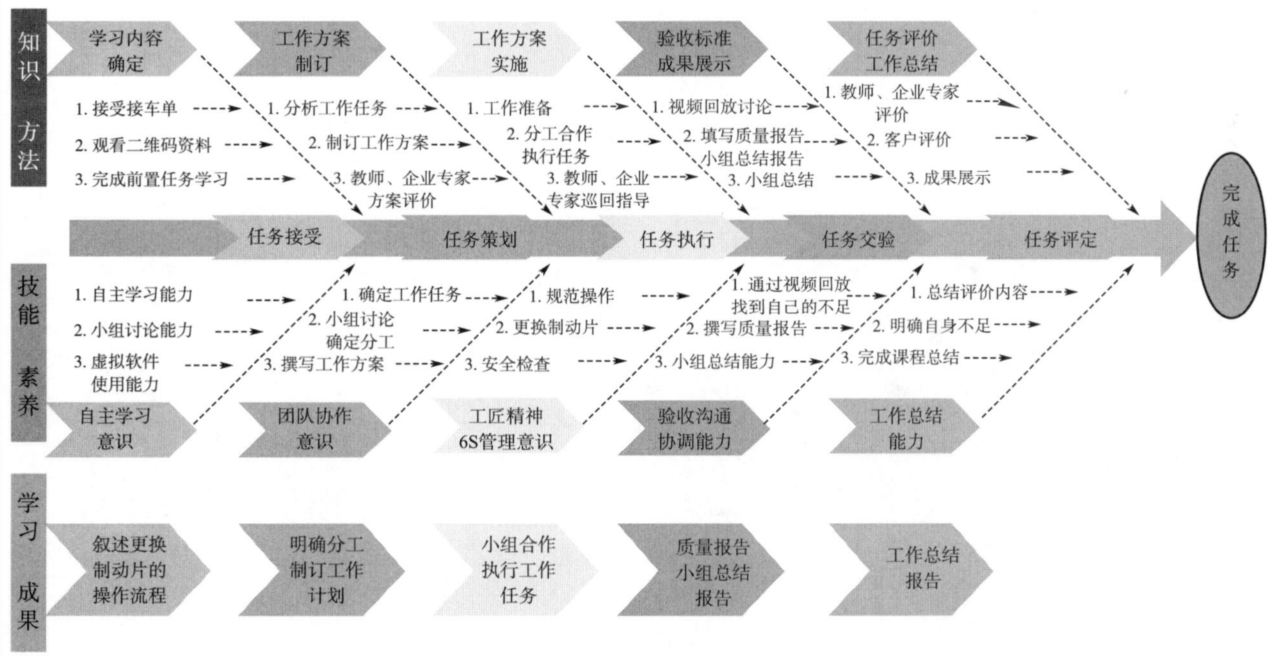


图9　工作过程

### （三）学习重点和难点

根据《汽车维修专业国家技能人才培养标准及一体化课程规范（试行）》、汽车底盘简单故障检修课程标准和企业实际工作情况确定本次课程的学习重点和学习难点，并结合学生的学情分析，确定学习重点、难点的突破方法（见表 1）。

表 1　学习重点、难点

| | | |
|---|---|---|
| 学习重点 | 重点内容 | 更换制动片的技术操作要领 |
| | 确定原因 | 更换制动片的技术操作要领正确才能保证制动片安装到位，保障汽车的行驶安全 |
| | 突破方法 | 1. 学生虚拟更换制动片<br>2. 教师重点讲解<br>3. 学生反复练习 |
| 学习难点 | 重点内容 | 制动片与制动钳的配合方法 |
| | 确定原因 | 1. 制动片安装时需与制动钳底座固定到位<br>2. 制动钳需与制动片安装到位 |
| | 突破方法 | 1. 教师示范指导<br>2. 学生反复练习 |

## 四、学习资源

一体化工作站如图 10 所示。

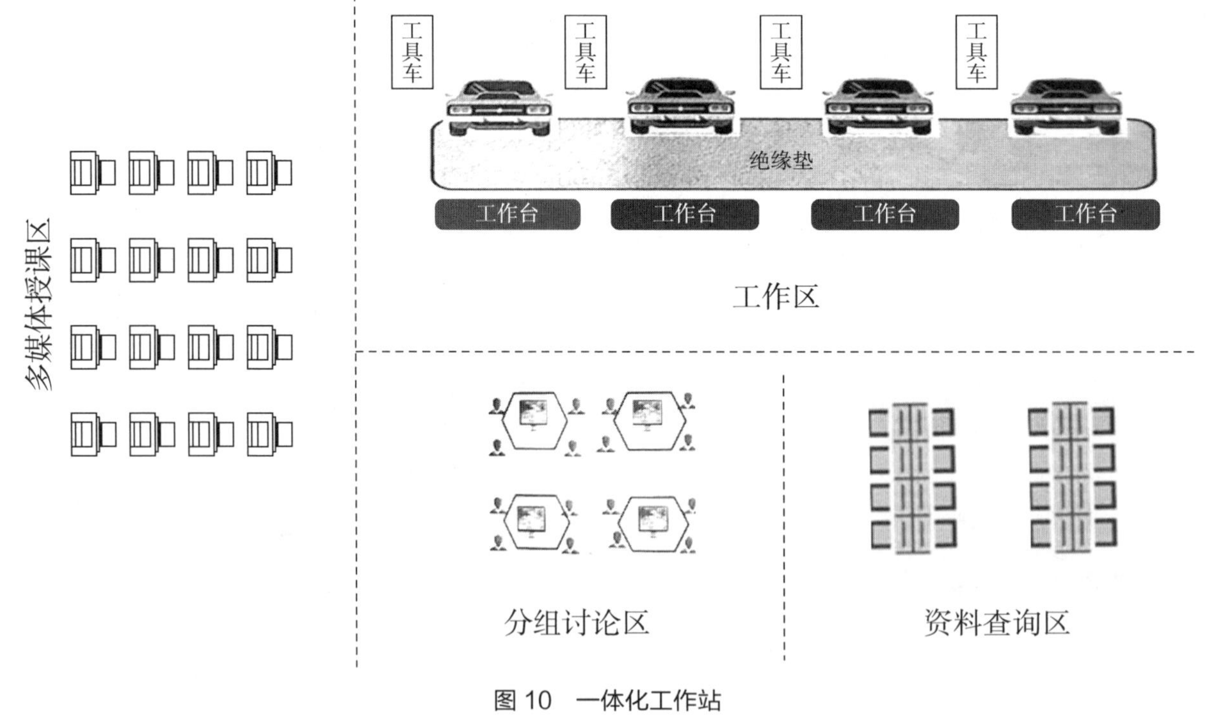


图 10　一体化工作站

主要教学资源见表 2。

表 2　主要教学资源

| 类型 | 资源名称 | 图例 | 运用环节 | 功能 | 备注 |
|---|---|---|---|---|---|
| 硬件资源 | 仿真模拟实训室 |  | 前置任务学习 | 提供理论虚拟学习经验交流场所 | 以班组为单位 |
| | 多媒体授课区 |  | 情境教学 | 知识讲解 | 以班组为单位 |
| | 资料查询区 |  | 资料查询 | 资料查询 | 培养自主学习能力 |
| | 实际操作区 |  | 工学一体实际操作 | 工学一体完成制动片的更换 | 企业场景真实化 |
| | 分组讨论区 |  | 小组讨论学业评价 | 实现小组讨论及学业评价 | 以班组为单位 |
| | 13 款大众捷达 4 辆 |  | 情境教学任务实施 | 提供维修车辆 | 企业场景真实化 |
| | 设备及安全防护工具 |  | 任务实施 | 辅助工作安全防护 | 培养安全意识，还原企业真实工作状态 |

续表

| 类型 | 资源名称 | 图例 | 运用环节 | 功能 | 备注 |
|---|---|---|---|---|---|
| 硬件资源 | 举升机4台 |  | 情境教学任务实施 | 举升车辆完成工作任务 | 企业场景真实化 |
| 软件资源 | 超星学习通 |  | 课前准备任务实施 | 网络学习平台 | 发布任务、接受任务、师生互动、考核评分 |
| | 微课、仿真软件 |  微课堂 | | 前置课堂引导学生自主学习 | 模拟仿真，熟悉任务操作流程 |
| | 二维码资料页 | 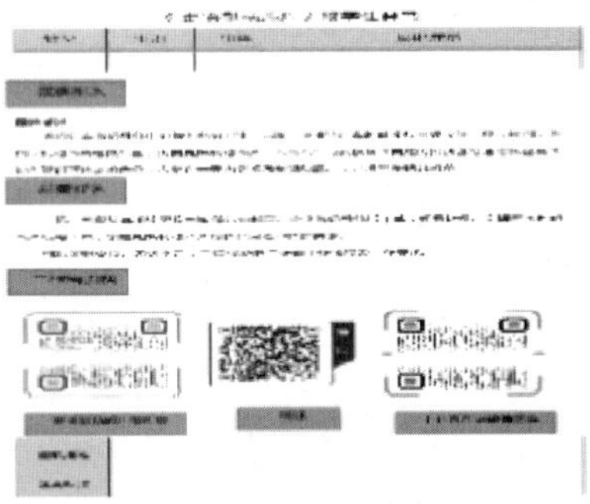 | | “互联网+教学”，引导学生自主学习 | 前置课堂，实现翻转课堂，随时随地查阅资料 |
| | 捷达轿车维修手册 |  捷达轿车维修手册 | | 工学一体、校企合作 | 熟悉企业工作流程及评价标准 |

续表

| 类型 | 资源名称 | 图例 | 运用环节 | 功能 | 备注 |
|---|---|---|---|---|---|
| 软件资源 | 汽车维修专业国家技能人才培养标准及一体化课程规范（试行） |  | 课前准备任务实施 | 规范课程 | 国家标准 |
|  | 钉钉 APP |  | 课后迁移 | 将课后成果上传平台 | 课后任务检查 |

## 五、教学实施

在教学实施过程中，为锻炼学生的思考能力，梳理工作思路，在任务策划阶段引导学生绘制工作流程图，如图 11 所示，为一组工作计划。

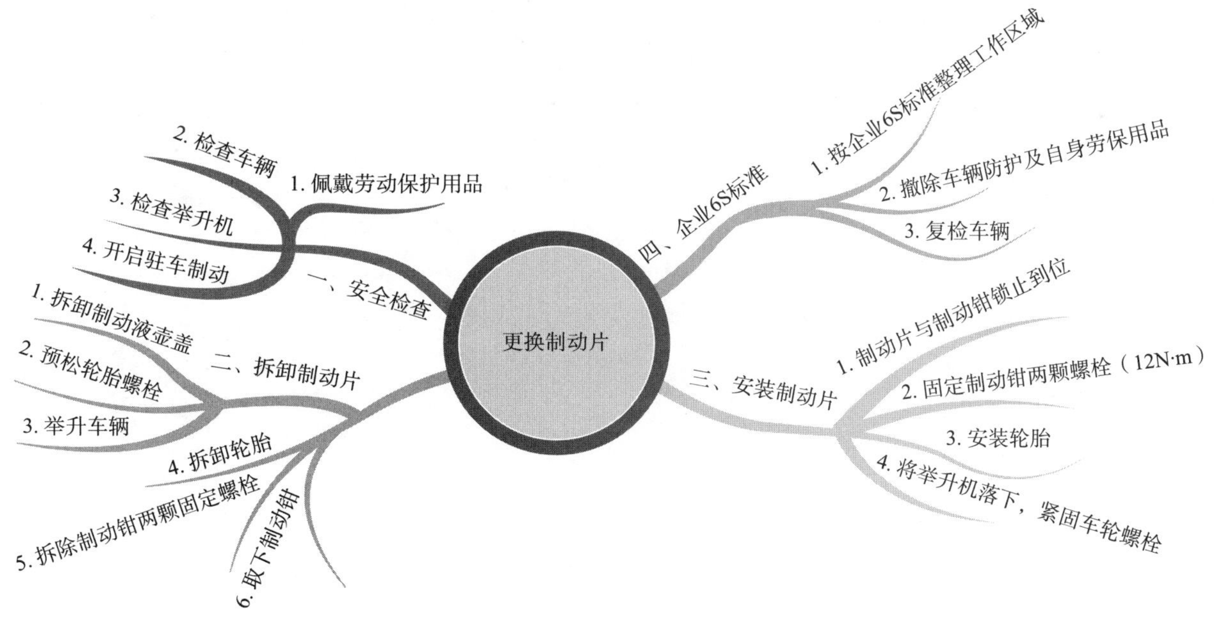


图 11　一组工作计划

依据“更换制动片”工作流程设计本次微任务的教学过程，如图 12 所示。教师发挥启发、引导、监控的主导作用，学生为学习过程的主体。教学过程充分体现“学生中心、能力本位、工学一体”的教学理念。整个教学过程分为课前探究、课中内化、课后迁移三个环节（见表 3）。

1
课前探究
发布课前学习任务，在线解答疑问
下载企业维修售后接车单、捷达轿车维修手册、二维码学习资料页
上传企业维修售后接车单、捷达轿车维修手册、二维码学习资料页
超星学习平台
叙述更换制动片的操作流程
在线解答、引导叙述更换制动片的操作流程
学生（维修工）活动
教师（班组长）活动
接受课前学习任务，在线寻求帮助
2
课中内化
学生活动
工作流程
教学流程
教师活动
学习资源
01 巩固知识
技能巩固
复习回顾
01 视频回放复习
多媒体展板
02 明确任务
工作接受
讲授新课
02 任务分析
多媒体展板
03 任务策划
工作策划
学生自学
03 方案评价
资料手机
04 任务实施
工作执行
教学实施
04 巡回指导
工具手机
05 任务交验
工作交验
教学检验
05 工作检验
交车单质量报告
06 总结不足
工作评定
教学总结
06 任务评定
评价表总结报告
学生（维修工）活动
教师（班组长）活动
3
课后迁移
发布任务、拓展延伸、成果迁移
下载任务书、上传评价表
上传任务书、线上评价表
钉钉APP
任务实施、任务交验、提交作业
审核作业、成果转化、客户使用
学生（维修工）活动
教师（班组长）活动
接受任务、内化项目、成果转化
完成
政府
政策落实
学校
校企合作
企业
解决问题
客户
响应政策
人才输出
人才培养
工学一体
校企融通
寻求帮助
客企互助
实现：技能提升、知识升华

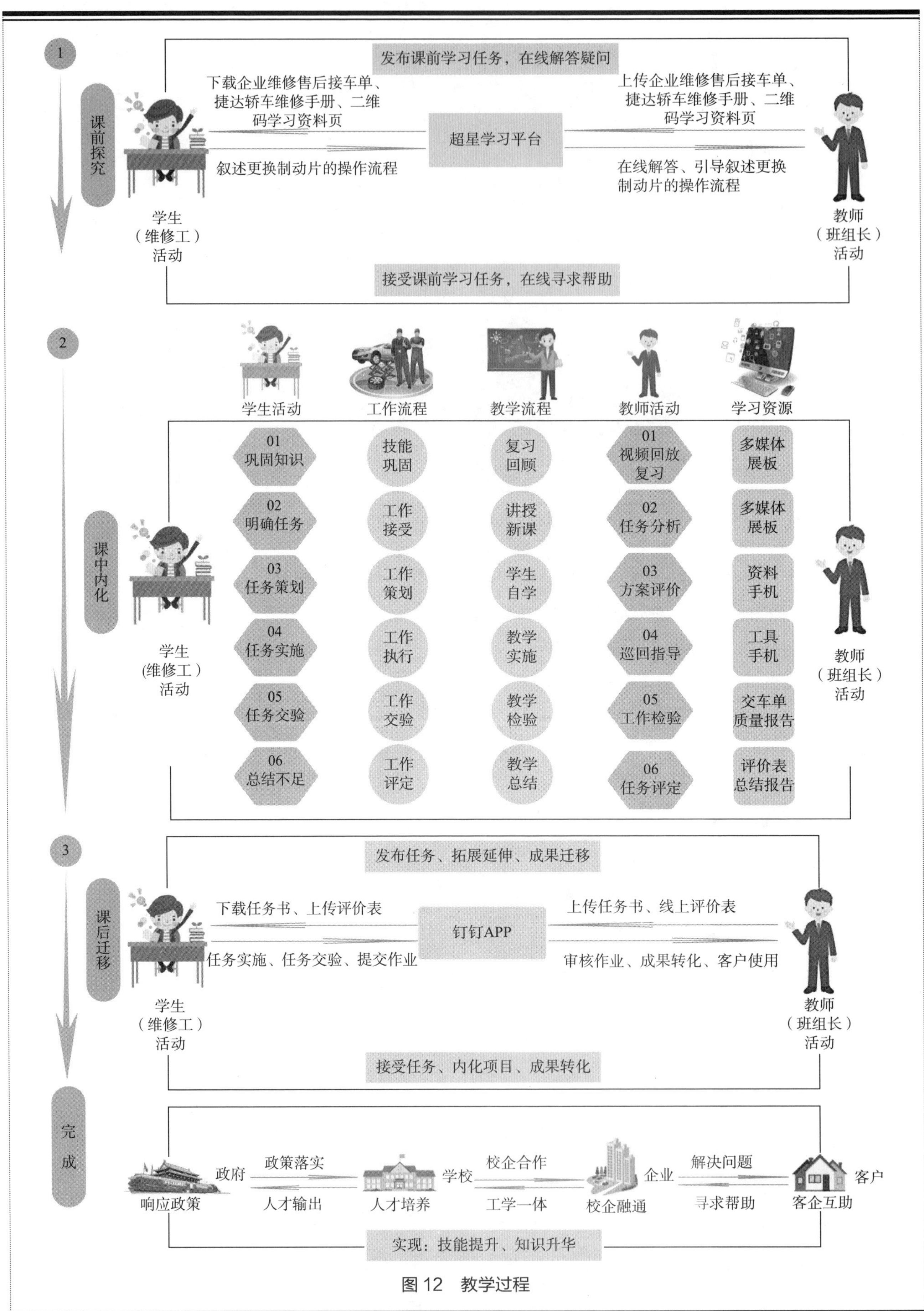

图 12 教学过程

表 3　教学实施过程

| 教学环节 | 教学内容 | 学生活动 | 教师活动 | 教学手段 | 教学方法 | 设计意图 |
|---|---|---|---|---|---|---|
| 课前探究 | | | | | | |
| 课前探究（课余时间） | 1. 更换制动片操作流程和注意事项<br>二维码学习任务书<br>2. 在汽车底盘虚拟实验室虚拟更换制动片 | 1. 在超星学习平台接收企业维修售后接车单、捷达轿车维修手册、二维码资料页以及任务书<br>2. 通过观看教师示范微课、查阅资料，学习更换制动片的操作流程<br>3. 在自习课时间，利用虚拟实验室虚拟更换制动片<br>4. 填写前置学习任务单，发送到超星学习平台 | 1. 上传企业维修售后派工单、捷达轿车维修手册、二维码学习任务书、资料页，供学生自主学习<br>2. 按照强弱结合原则进行分组<br>3. 引导学生运用线上、线下资源搜索资料，完成前置任务学习<br>4. 检查学生前置任务的学习情况 | 1. 超星学习平台<br>2. 二维码资料页<br>3. 微课视频<br>4. 底盘虚拟软件<br>5. 底盘虚拟实验室 | 1. 任务驱动法<br>2. 自主学习法 | 1. 把知识性学习放在课前，提高课中教学效率，为课中学习做好准备<br>2. 将所有资料制作成二维码，方便学生随时随地查阅<br>3. 在线答疑及批阅，了解学生学习状况，提高课中学习的针对性 |

续表

| 教学环节 | 教学内容 | 学生活动 | 教师活动 | 教学手段 | 教学方法 | 设计意图 |
|---|---|---|---|---|---|---|
| 课中内化 | | | | | | |
| 学习准备（5 min） | 1. 学习签到<br>2. 教育口号：厚德至诚，精工至善，创新致远，实干争先，匠人匠心，至诚至精<br>3. 安全教育：个人劳保用品佩戴、车辆防护、举升机使用 | 1. 整理着装<br>2. 背诵教育口号，树立工匠精神<br>3. 接受安全教育，培养安全意识<br>4. 按小组落位  | 1. 组织学生签到<br>2. 安全教育<br>3. 引导学生分组落位 | 一体化工作站 | 讲授法 | 本环节主要帮助学生立规矩、抓养成，规范教学过程，培养学生的工匠精神和安全意识 |
| 视频回放复习（5 min） | 利用同屏视频回放，复习更换汽车制动液，引入新课 | 1. 观看同屏视频，回顾上节课知识：更换制动液 <br>2. 总结自身的不足，制订整改计划  | 1. 将制作好的同屏视频播放<br>2. 结合视频，引导学生发现自身的不足 | 1. 多媒体<br>2. 微课视频 | 演示法 | 利用视频回放，发现工作问题，让学生引以为戒 |

续表

| 教学环节 | 教学内容 | 学生活动 | 教师活动 | 教学手段 | 教学方法 | 设计意图 |
| --- | --- | --- | --- | --- | --- | --- |
| 课前探究评价<br>（5 min） | 1. 总结前置学习情况<br>2. 评价学生上传的前置学习任务单<br>学生前置学习任务单 | 1. 听取前置学习总结，找出不足之处并记录整改措施<br>2. 听取本组前置学习任务单评价，对照其他小组学习任务单，找出不足之处并记录整改措施 | 1. 总结班级前置学习情况<br>2. 点评各组前置学习任务单，引导学生发现自身的不足并整改 | 前置学习任务评价表 | 评价法 | 1. 帮助学生确定学习任务<br>2. 引导学生总结前置学习任务的不足并整改 |
| 任务分析<br>（10 min） | 1. 确定本节课学习重点：更换制动片技术操作要领<br>2. 确定本节课学习难点：制动片与制动钳的配合方法<br>3. 企业安全管理规定 | 1. 学生听取教师任务分析，熟记本次课程的学习重点、难点<br>2. 学生听取企业专家对任务的分析，学习企业安全管理规定 | 1. 强调本次任务的重点、难点知识<br>2. 介绍企业专家，引导学生学习企业安全管理规定 | 多媒体 | 讲授法 | 通过强调本次任务的重点、难点知识，为学生策划工作任务打下基础；通过安全管理规定，培养学生的工作安全意识 |

续表

| 教学环节 | 教学内容 | 学生活动 | 教师活动 | 教学手段 | 教学方法 | 设计意图 |
| --- | --- | --- | --- | --- | --- | --- |
| 任务策划（15 min） | 1. 学生根据学习任务，制订工作计划<br>2. 教师分析各组工作计划，帮助学生完成工作计划 | 1. 小组讨论，明确小组成员分工<br>2. 按小组查阅资料、小组讨论，制订更换制动片的工作计划<br>3. 听取教师对工作计划的分析，完善工作计划，最终完成本组工作计划 | 分析各组工作计划，引导学生完善工作计划，最终确定工作计划 | 1. 移动白板<br>2. 互联网设备<br>3. 资料 | 1. 演示法<br>2. 讨论法 | 1. 通过任务策划，帮助学生养成团队协作意识<br>2. 通过制订工作计划，帮助学生厘清工作思路，养成良好的职业习惯 |
| 任务实施（60 min） | 1. 更换制动片的技术操作要领<br>2. 制动片与制动钳的配合方法<br>3. 更换工具的使用方法 | 1. 按小组分工工作<br>（1）主操作员：根据口令完成相应操作<br>（2）副操作员：递放工具，辅助主操作员工作 | 1. 与企业专家巡回指导，及时发现问题并解决问题 | 1. 捷达轿车维修手册<br>2. 企业安全生产制度、6S 管理规范 | 1. 任务驱动法<br>2. 情境教学法<br>3. 练习法 | 1. 利用小组分工合作，培养学生的团结协作意识 |

续表

| 教学环节 | 教学内容 | 学生活动 | 教师活动 | 教学手段 | 教学方法 | 设计意图 |
| --- | --- | --- | --- | --- | --- | --- |
| 任务实施（60 min） | 企业安全生产管理制度 | （3）口令员：对照工作计划喊出口令，提醒操作员操作，记录本组工作难点<br>（4）检察员：检查主操作员的操作规范性和正确性，录制工作视频<br>2. 小组探讨更换汽车右前轮制动片，工作困难时寻求教师帮助<br>3. 小组合作独立更换汽车左前轮制动片，工作过程严格执行作业标准、操作规程、企业安全生产制度、6S管理规范 | 2. 示范操作制动片与制动钳的配合方法<br>3. 检查操作正确性和规范性 | 1. 捷达汽车维修手册<br>2. 企业安全生产制度、6S管理规范 | 1. 任务驱动法<br>2. 情境教学法<br>3. 练习法 | 2. 生产过程严格执行作业标准、操作规程、企业安全生产制度、6S管理规范，养成良好的职业素养 |

续表

| 教学环节 | 教学内容 | 学生活动 | 教师活动 | 教学手段 | 教学方法 | 设计意图 |
|---|---|---|---|---|---|---|
| 任务交验（15 min） | 1. 任务完成，交付验收<br>2. 撰写质量报告<br>3. 填写小组总结表 | 1. 任务完成，向班组长交付车辆，等待验收 <br>2. 小组撰写质量报告单 <br>3. 小组利用拍摄的工作视频和记录的工作难点，视频回放讨论，填写小组总结表  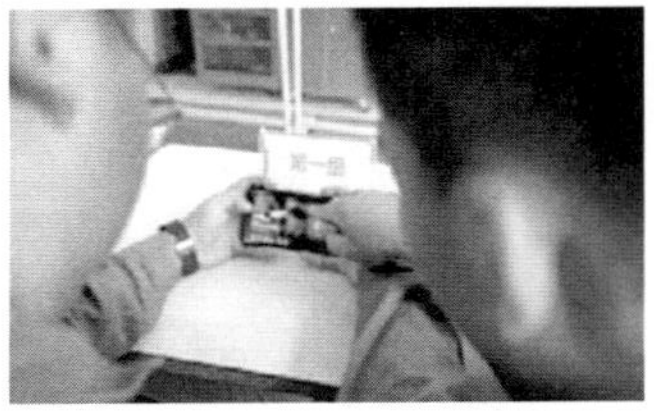 | 1. 验收车辆 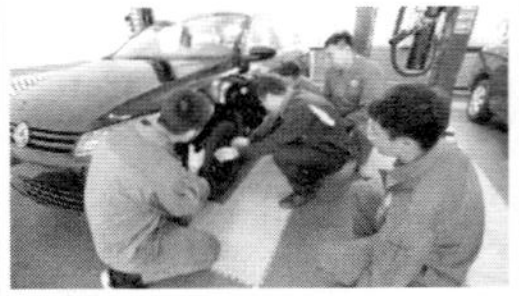  | 1. 质量报告单<br>2. 小组总结表 | 1. 情境教学法<br>2. 讨论法<br>3. 自主学习法 | 1. 按照企业生产工作环节，培养学生的工作认知能力<br>2. 利用视频回放讨论，直观分析工作难点的原因，帮助学生反思，制订整改计划 |

续表

| 教学环节 | 教学内容 | 学生活动 | 教师活动 | 教学手段 | 教学方法 | 设计意图 |
|---|---|---|---|---|---|---|
| 任务交验（15 min） | 1. 任务完成，交付验收<br>2. 撰写质量报告<br>3. 填写小组总结表 | 4. 小组代表总结发言 | 2. 引导学生撰写质量报告单和小组总结表 | 1. 质量报告单<br>2. 小组总结表 | 1. 情境教学法<br>2. 讨论法<br>3. 自主学习法 | 3. 填写质量报告单，培养学生精益求精的工匠精神<br>4. 填写小组总结表，培养学生的自主讨论能力和表达能力 |
| 任务评定（15 min） | 1. 组间互评<br>2. 教师、企业专家评价学生工作过程<br>3. 客户试车，作为各组工作成果展示<br>4. 客户评价汽车维修质量<br>5. 交付车辆 | 1. 听取教师、企业专家、客户的评价，总结自身不足，填写课程总结报告<br>2. 各组组长陪同客户试车，检验车辆维修质量<br>3. 向客户交付车辆 | 1. 评价各组工作<br>2. 设置客户验车情境 | 1. 大众捷达汽车<br>2. 课程总结报告单 | 1. 情境教学法<br>2. 评价法 | 1. 通过任务评定，提升学生的总结能力<br>2. 通过情境教学，让学生真实体验企业的工作流程<br>3. 通过验车环节进行成果展示，提高学生的自信 |

续表

| 教学环节 | 教学内容 | 学生活动 | 教师活动 | 教学手段 | 教学方法 | 设计意图 |
|---|---|---|---|---|---|---|
| 任务拓展（5 min） | 布置课后学习任务：学生在课后制订更换鼓式制动蹄的工作计划，并按照工作计划预约实训室进行实际操作 | 记录课后学习任务 | 向学生布置课后学习任务 | 多媒体 | 讲授法 | 为课后迁移和布置下节课学习任务做铺垫 |
| 教学环节 | 教学内容 | 学生活动 | 教师活动 | 教学手段 | 教学方法 | 设计意图 |
| 课后迁移 | | | | | | |
| 课后学习（课余时间） | 更换13款大众捷达汽车后轮鼓式制动蹄 | 学生按照工作计划，小组合作，更换13款大众捷达汽车后轮鼓式制动蹄，并将工作视频传至钉钉APP班级群 | 通过钉钉APP查阅学生工作视频，记录各组的不足 | 钉钉APP | 任务驱动法 | 学生学习本节课后，在课后对知识进行迁移、重组，完成13款大众捷达汽车后轮鼓式制动蹄的更换 |

## 六、任务评定

根据本次任务的学习目标和汽车维修岗位能力要求，围绕设定的学习目标，科学合理地对学习效果和工作效果进行评价，评价方式分为组间互评、教师评价、企业评价和客户评价四种，从四个不同角度促进学生思维能力的提升以及职业素养与综合职业能力的提高，评价表见表 4 ~ 表 7。

表 4　小组互评表

| 序号 | 评价内容 | 第一组 | 第二组 | 第三组 | 第四组 |
|---|---|---|---|---|---|
| 1 | 分工明确（20 分） | | | | |
| 2 | 工作计划合理（20 分） | | | | |
| 3 | 团队配合默契（20 分） | | | | |
| 4 | 遵循企业标准（20 分） | | | | |
| 5 | 任务完成情况（20 分） | | | | |
| 合计（满分 100 分） | | | | | |

表 5　客户评价表

| 序号 | 评价内容 | 第一组 | 第二组 | 第三组 | 第四组 |
|---|---|---|---|---|---|
| 1 | 接待服务情况（10 分） | | | | |
| 2 | 车辆故障讲解（20 分） | | | | |
| 3 | 维修方案讲解（20 分） | | | | |
| 4 | 交车引导流程（10 分） | | | | |
| 5 | 车辆维修情况（40 分） | | | | |
| 合计（满分 100 分） | | | | | |

表 6　教师、企业技师评价表

| 考查项目 | | 评分标准 | 第一组 | 第二组 | 第三组 | 第四组 |
|---|---|---|---|---|---|---|
| 规范性 | 正确使用工具<br>按 6S 标准摆放整齐（10 分） | 1. 工具错误 –2 分 / 件<br>2. 摆放不齐 –4 分 / 件 | | | | |
| | 正确使用工具<br>按照拟定计划规范地更换制动片（20 分） | 1. 工具错误 –2 分 / 件<br>2. 零件摆放不齐 –4 分 / 件<br>3. 动作不规范 –2 分 / 次<br>4. 未按技术要领操作 –5 分 / 次<br>5. 工具或零件掉落 –2 分 / 次<br>6. 零件损坏或人员受伤 –10 分 | | | | |
| | 按要求填写售后维修工单并进行总结（20 分） | 1. 未按要求填写售后维修工单 –10 分<br>2. 未进行总结 –10 分 | | | | |

续表

| 考查项目 | | 评分标准 | 第一组 | 第二组 | 第三组 | 第四组 |
|---|---|---|---|---|---|---|
| 规范性 | 正确使用工具<br>在实车上按照4S店要求规范地更换制动片（20分） | 1. 工具选用错误 –2 分 / 次<br>2. 零件摆放不齐 –2 分 / 次<br>3. 动作不规范 –2 分 / 次<br>4. 未按照 4S 店要求进行工作 –5 分 / 次<br>5. 工具或零件掉落 –2 分 / 次<br>6. 零件损坏或人员受伤 –10 分 | | | | |
| 纪律 | 优秀 +20 分　好 +10 分<br>一般 +5 分　差 +0 分 | | | | | |
| 时间 | 第一名 +20 分　第二名 +10 分<br>第三名 +5 分　第四名 +0 分 | | | | | |
| 总成绩 | | | | | | |

表 7　总评价表

| 评价方式<br>组别 | 小组互评（10%） | 教师评价（30%） | 企业评价（30%） | 客户评价（30%） | 总分 |
|---|---|---|---|---|---|
| 一组 | | | | | |
| 二组 | | | | | |
| 三组 | | | | | |
| 四组 | | | | | |

教学文本
教学视频
现场说课

## 作者简介

**姓名：**姚东升

**学校：**牡丹江技师学院

**获奖：**第二届全国技工院校教师职业能力大赛交通类项目二等奖

**获奖感言：**“凡为教者必期于达到不须教”，本次比赛帮助我磨砺职业技能，提升职业能力。在今后的教学中，我会时刻秉承“学生中心、能力本位、工学一体”的教学理念，不忘教师初心，牢记教师使命，争做一名优秀的技工院校教师。

## 专家点评

更换制动片这一学习任务来源于企业实际工作任务，选题分析较为详细充分。学情分析到位，设置了由虚拟实训到实车实践进阶的梯度学习目标，符合学习规律，有利于后续教学活动的开展和实施，从而突破重点与难点。利用虚拟仿真实训室，激发学生的学习兴趣，寓教于乐。教师将所有资料制作成二维码，方便学生随时随地查阅，提高学习效率，值得借鉴。教学过程中，学生为学习过程的主体，教师发挥启发、引导、监控的主导作用，充分体现“学生中心、能力本位、工学一体”的教学理念。学业评价与目标的呼应性和操作性还有待提高。

# 威朗左前车窗不升降故障检修

江西省交通高级技工学校 / 李小武

| 参赛项目类别 | 交通类 | | |
| --- | --- | --- | --- |
| 专业名称 | 汽车维修 | | |
| 课程名称 | 汽车电气维修 | 参赛作品题目 | 威朗左前车窗不升降故障检修 |
| 课　　时 | 4 课时 | 教学对象 | 中技汽车维修二年级学生 |

## 一、选题价值

### （一）微任务来源

本课程属于汽车维修专业课程，根据人社部颁布的《汽车维修专业国家技能人才培养标准及一体化课程规范（试行）》中的要求，本次微任务选自一体化课程“汽车电气维修”学习任务四“电动车窗不工作故障检修”，根据校企合作企业——上汽通用别克 4S 店汽车维修岗位需求及一体化教材内容二次开发而来（见图 1）。

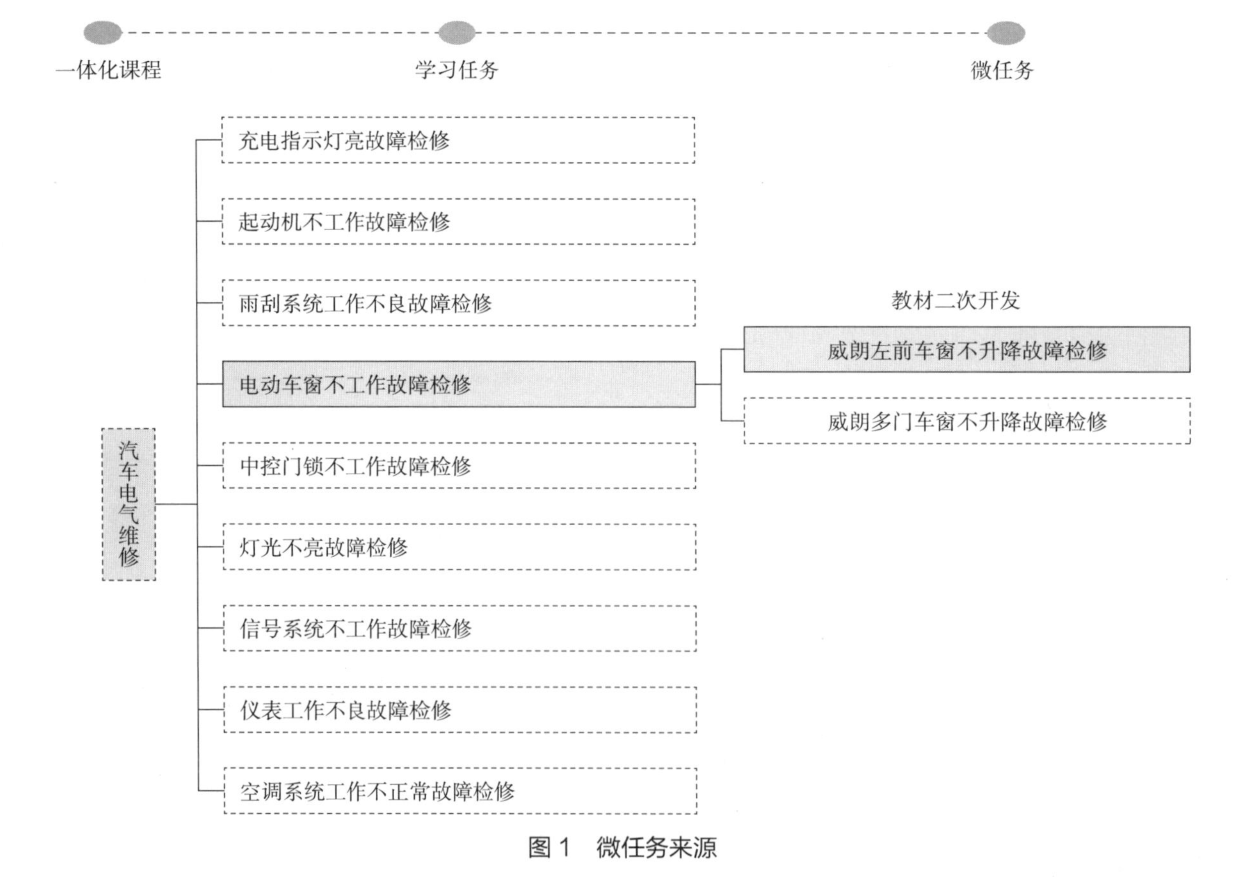


图 1　微任务来源

### （二）选题价值

1. 任务典型

左前车窗位于驾驶员侧，集合了全车车窗控制开关，结构复杂，维修技术难度大。由校企合作企业提供的统计数据可知，左前车窗发生故障的频率约占车窗故障总数的60%，是企业常见的检修工作内容，具有典型性，如图2所示。

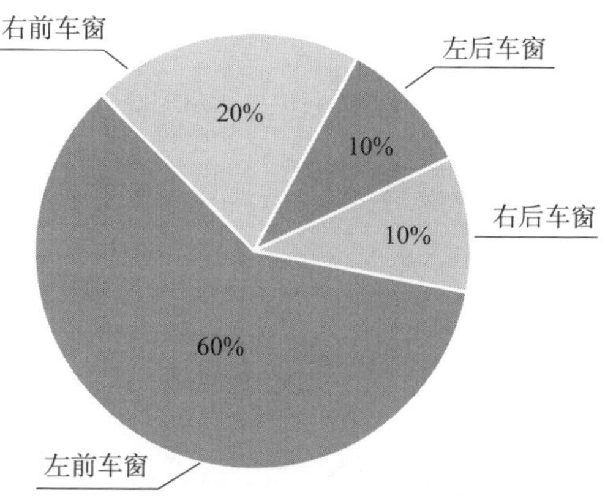


图2 维修企业电动车窗故障占比分析

2. 独立完整

“威朗左前车窗不升降故障检修”微任务含“电动车窗不工作故障检修”学习任务中的关键知识点与技能点，按照企业“维修工单－接受任务－分析故障－制订计划－维修施工－质检交车”工作过程展开，以工作过程为导向组织教学，能培养学生独立进行故障检测的能力，实用性强，独立完整，便于知识迁移。

3. 综合提升

本次微任务以学生为主体，融入世界技能大赛技能要求，有利于培养高技能水平的学生，满足企业对高技能人才的需要。通过故障原因的讨论分析和检修方案的制订，培养学生的逻辑思维能力、解决问题的能力和团队协作能力；通过故障检修实施，提高学生专业技能，培养学生的工匠精神；通过完成客户车辆故障检修工作任务，培养学生与客户的沟通能力、安全生产意识和良好的道德品质，将自主学习、团队合作和信息处理贯穿于教学全过程。

## 二、学情分析

本次授课对象为中技汽车维修专业二年级学生，全班共16人。他们向往企业工作环境，喜欢玩手机，喜欢实操的教学方式，通过前置课程的学习，已掌握工量具的使用方法和线路通断的检测方法，但电路分析、解决实际问题的能力较弱，缺乏精益求精的工作态度。学生学情调查分析如图3所示。

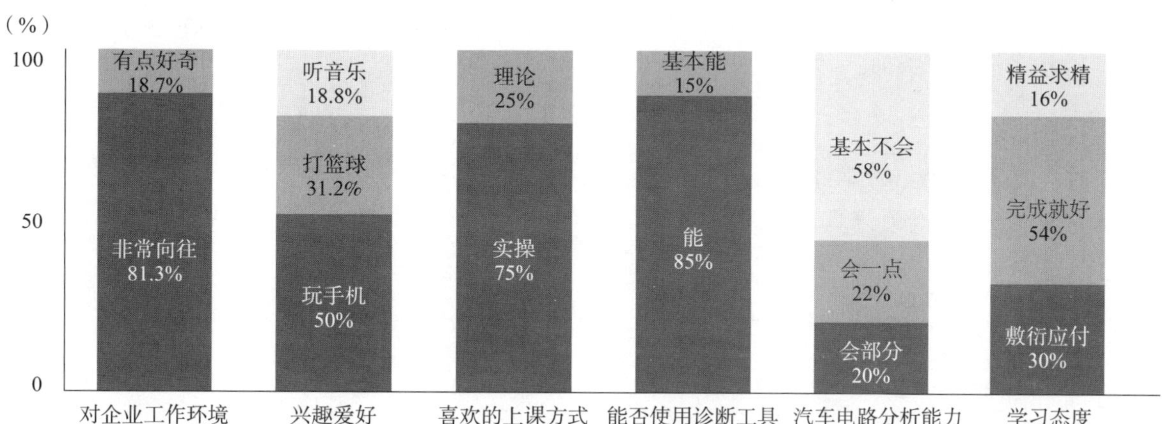


图3 学生学情调查分析

通过对学情分析，根据学生特点，结合学校实际，有针对性地制定以下应对策略，如图 4 所示。

| 分析 | 基础 | 兴趣 | 习惯 | 方法 | 能力 | 态度 |
|---|---|---|---|---|---|---|
| 特点 | 向往工作，对企业工作内容比较感兴趣 | 喜欢玩游戏，习惯从手机或网络上接收信息 | 习惯传统的被动学习，课后较少主动学习 | 更喜欢实操课，认为理论教学枯燥无味 | 已掌握万用表等基本工量具的使用方法，电路逻辑分析能力差 | 大多数认为学习任务完成就好，少数追求精益求精，部分敷衍应付 |
| 策略 | 导入企业情境 | 信息化教学<br>闯关游戏 | 混合式教学<br>任务驱动 | 实践教学<br>工学一体 | 示教板引导发言、展示成果 | 工匠精神<br>劳动纪律 |

图 4　学生学情应对策略

## 三、学习目标

### （一）课前目标

1. 通过观看车门饰板拆装视频，自主查询维修手册和分析车窗电路图，能说出车窗电路工作原理，写出车门饰板拆装步骤。

2. 通过观看世界技能大赛视频，培养工匠精神、爱国情怀和职业荣誉感。

### （二）课中目标

1. 全程遵守 7S 管理规范、维修质量要求和安全生产管理要求。

2. 能与客户有效沟通，确认故障现象，完成维修工单的填写。

3. 小组协作分工，依照电动车窗电路图，能展示自己的故障检修思路。

4. 能小组协作制订“威朗左前车窗不升降故障”的检修方案。

5. 能进行教具车车门饰板拆装和电路检测，确定故障原因并排除故障。

6. 能完成客户汽车左前车窗不升降故障检修，并完成质量检验。

7. 能树立正确的劳动观，感受爱国情怀，具备良好的道德品质。

### （三）课后目标

参照“威朗左前车窗不升降故障检修”微任务的实施，团队协作完成“速腾左前车窗不升降故障检修”课后工作任务，并在学习平台发布检测结果。

## 四、学习内容

### （一）工作情境描述

客户李先生的威朗汽车出现左前车窗无法升降故障，到店维修，维修工单如图 5 所示。

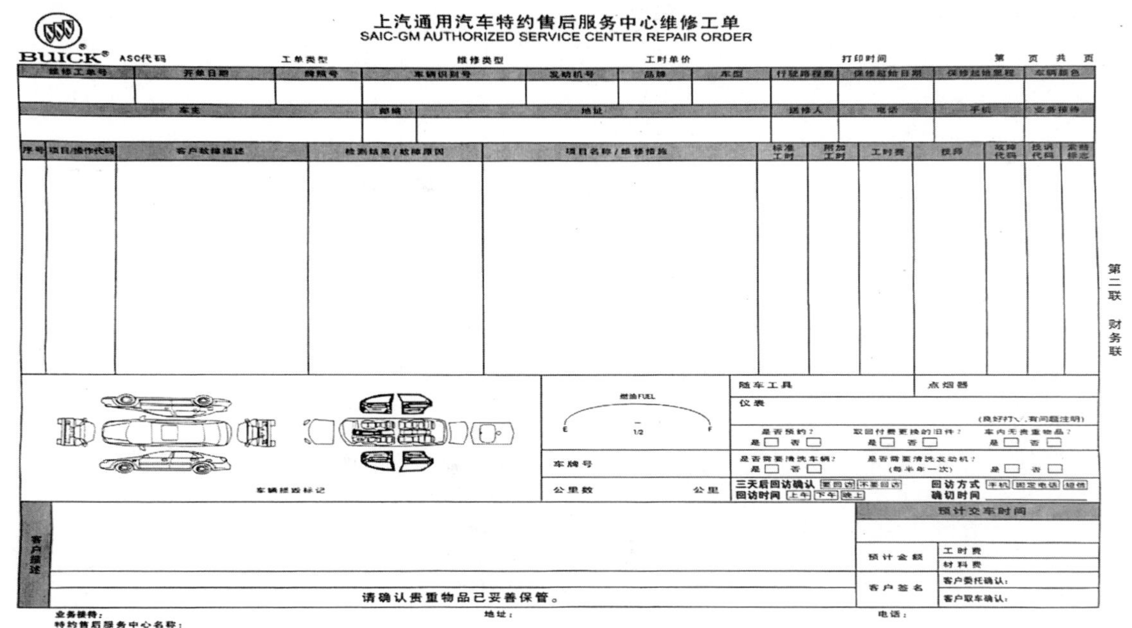

BUICK®

上汽通用汽车特约售后服务中心维修工单

SAIC-GM AUTHORIZED SERVICE CENTER REPAIR ORDER

ASC代码　工单类型　维修类型　工时单价　打印时间　第　页　共　页

| 维修工单号 | 开单日期 | 牌照号 | 车辆识别号 | 发动机号 | 品牌 | 车型 | 行驶路程数 | 保修起始日期 | 保修起始里程 | 车辆颜色 |
|---|---|---|---|---|---|---|---|---|---|---|
| | | | | | | | | | | |

| 车主 | 邮编 | 地址 | 送修人 | 电话 | 手机 | 业务接待 |
|---|---|---|---|---|---|---|
| | | | | | | |

| 序号 | 项目/操作代码 | 客户故障描述 | 检测结果/故障原因 | 项目名称/维修措施 | 标准工时 | 附加工时 | 工时费 | 技师 | 故障代码 | 培训代码 | 索赔标志 |
|---|---|---|---|---|---|---|---|---|---|---|---|
| | | | | | | | | | | | |

第二联　财务联

车辆损毁标记

燃油FUEL　E　1/2　F

车牌号

公里数　公里

随车工具　点烟器

仪表

（良好打√，有问题注明）

是否预约？是□　否□　取回付费更换的旧件？是□　否□　车内无贵重物品？是□　否□

是否需要清洗车辆？是□　否□　是否需要清洗发动机？（每半年一次）是□　否□

三天后回访确认 要回访 不要回访　回访方式 手机 固定电话 短信

回访时间 上午 下午 晚上　确切时间

客户描述

预计交车时间

预计金额　工时费　材料费

客户签名　客户委托确认：　客户取车确认：

请确认贵重物品已妥善保管。

业务接待：

特约售后服务中心名称：　地址：　电话：

图 5　维修工单

工作任务：检修汽车左前车窗不升降故障。

**（二）学习内容分析**

本次微任务参考企业“维修工单—接受任务—分析故障—制订计划—维修施工—质检交车”的完整维修工作流程，借助鱼骨图分析，从知识、方法、技能、素养方面梳理本次课程的学习内容，实现学习过程与企业工作过程对接，如图 6 所示。

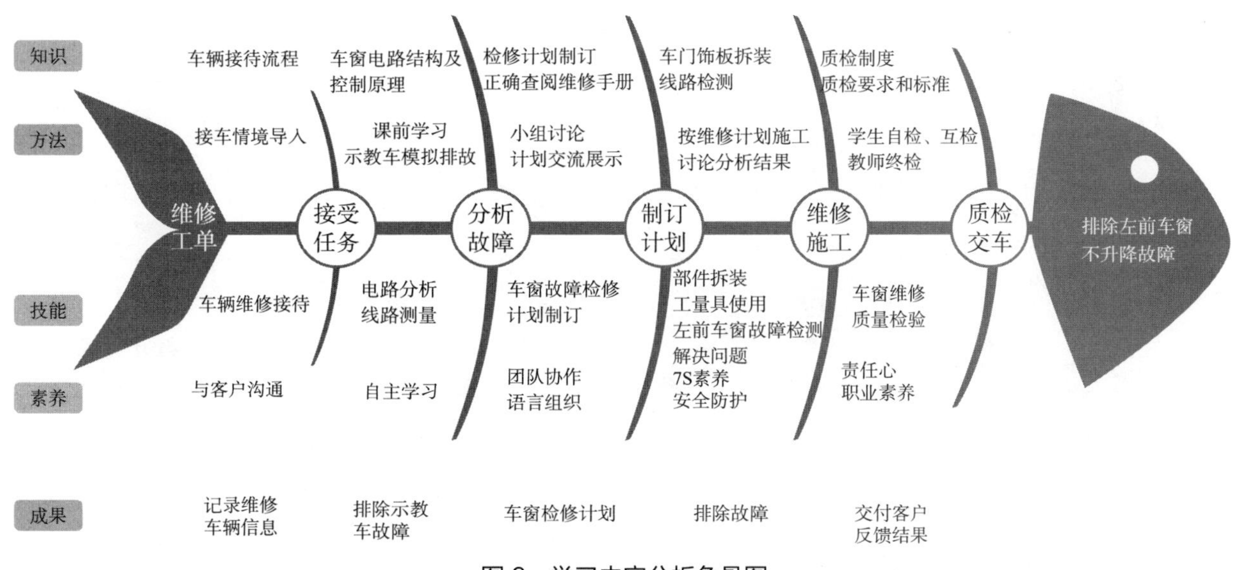


图 6　学习内容分析鱼骨图

**（三）学习内容演进**

通过鱼骨图分析故障检修工作过程，结合学生已有能力，为确保学习目标的达成，教学内容分别在电路图、示教板、教具车和客户车辆四个教学载体中进行，实现知识、技能层层递进和迁移，将知识点和技能点内化为学生的综合职业能力，实现专业学习与工作实践学做合一。学习内容演进如图 7 所示。

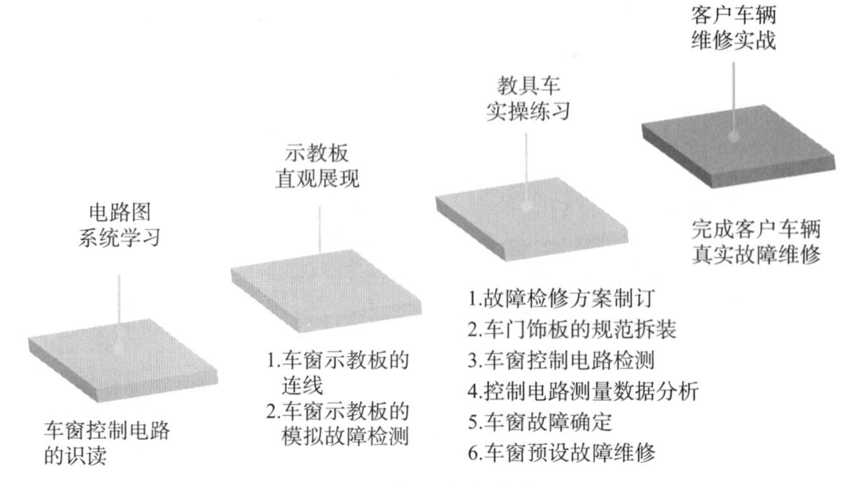


图 7　学习内容演进

### （四）学习重点、难点分析

学习重点、难点分析见表 1。

表 1　学习重点、难点分析

| | | |
|---|---|---|
| 学习重点 | 重点内容 | 能正确分析电动车窗控制电路 |
| | 确定理由 | 学生专业基础普遍薄弱，电路分析能力较差，掌握电路分析方法，正确分析电路，有助于提升学生分析故障、解决故障的能力 |
| | 突破方法 | 课前自主探究：通过微课视频学习，完成课前任务，引导学生自主探究分析电动车窗电路<br>课中讨论分析：小组讨论，使用示教板模拟连线，在示教板上模拟排除故障，汇报展示学习成果<br>课中内化吸收：通过实车测量线路，逐步排查可疑部位，强化电路分析能力 |
| 学习难点 | 难点内容 | “左前车窗不升降”故障检测方法 |
| | 确定理由 | 电动车窗结构较为复杂，导致故障原因多样化。检测过程需要分步骤测量和数据分析，对学生电路分析能力要求较高，需要学生熟练掌握电路检测方法 |
| | 化解方法 | 示教板引导：依照电路图，在示教板上进行电路测量，找到故障点并排除故障<br>小组讨论：小组对各步骤测量结果反复进行验证和分析讨论，精益求精，依据精准的数据测量，做出正确判断<br>强化练习：通过小组工位轮换和完成课后作业，学生反复练习，熟悉车窗电路诊断方法，掌握诊断规律<br>个别指导：针对基础薄弱且学习能力、理解能力差的学生，教师进行个别指导 |

## 五、学习资源

### （一）学习环境

本学习任务在我校汽车维修一体化实训室内完成，有讲授教学区和汽车一体化实训区，一体化实训室分区及实景如图 8、图 9 所示。

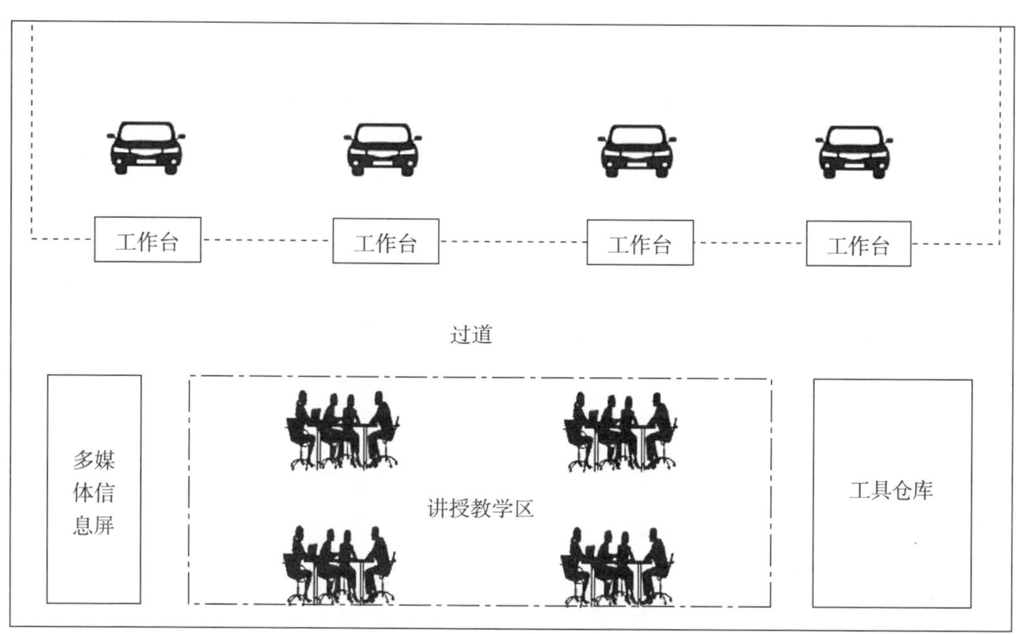


图 8　一体化实训室分区

图 9　一体化实训室实景

### （二）学习资源

学习资源包括硬件资源和软件资源，见表 2。

表 2　学习资源

| 类别 | 资源名称 | 内容 | 实物图片 | 教学环节 |
|---|---|---|---|---|
| 硬件资源 | 工量具 | 包括万用表、诊断电脑、常用工具箱、试灯、万用接线盒等，汽车专用卡扣工具各 4 套 | | 课中检修方案实施 |
| | 实训教学用车 | 别克威朗汽车 4 台 | | 课中信息收集、检修方案实施 |
| | 教学台架 | 车窗系统教学示教台架 1 台 | | 课中车窗控制原理学习 |
| | 信息化教学设备 | 多媒体显示一体机 1 台、笔记本电脑 4 台 | | 课中情境导入 PPT 及视频播放，课中信息收集 |
| 软件资源 | 线上学习平台 | 超星学习通 | 超星学习通 | 自主学习和测评 |
| | 学习视频 | 车门饰板拆装视频、世赛获奖视频 | | 课前学习 |
| | 工作页 | 车窗不升降故障检修任务课前、课中、课后工作页各 1 份 | 汽车车窗电器故障拆检<br>课前任务单 | 课前作业，课中检修步骤记录，课后作业 |
| | 维修手册 | 威朗汽车电子维修手册 | 2018款别克威朗维修手册 | 课中信息收集 |
| | 企业维修工单 | 维修工单、追加项目单、维修质量控制检验表各 4 份 | | 课中教学辅助 |

## 六、教学实施

### （一）教学流程

教学流程图如图 10 所示。

| 阶段 | 学生活动 | 环节 | 环节 | 教师活动 |
| --- | --- | --- | --- | --- |
| 课前 | 课前自主学习并完成测试 | | | 发布学习资源和测试 |
| 课前 | 填写课前学习工作页 | | | 分析测试结果并对应分组 |
| 课前 | 明确小组信息 | | | 发布课前工具准备任务 |
| 课前 | 准备任务所需工量具 | | | |
| 课中 | 接受维修工单<br>确认故障现象 | | | 课前内容回顾<br>世界技能大赛视频、任务情境导入<br>发布维修工单、闯关游戏 |
| 课中 | 确定工作任务<br>完成示教板模拟故障检修<br>(关卡①) | 获取信息 | 资讯 | 通过示教板分析车窗电路<br>引导学生缩小故障范围并对可疑故障制定检测对策 |
| 课中 | 小组讨论制订检测计划<br>各组展示交流探讨 | 制订计划 | 计划 | 巡查指导<br>点评小组初步计划 |
| 课中 | 优化制订最终检测计划 | 做出决策 | 决策 | 点评并引导学生正确制订检修计划 |
| 课中 | 根据计划维修施工<br>拆装车门饰板（关卡②）<br>教具车故障检修（关卡③）<br>客户车辆真实故障维修<br>（关卡④） | 实施计划 | 实施 | 巡回指导和现场安全管理<br>记录发现的问题<br>确认任务完成，发布对应指令 |
| 课中 | 接受返工/复原指令<br>车辆拆装复原自检、互检 | 检查控制 | 检查 | 对车辆拆装复原结果终检 |
| 课中 | 线上自评、互评<br>听取企业专家点评和总结<br>反思改进 | 评定反馈 | 评价 | 线上线下对学生、小组评价<br>点评和总结学习情况 |
| 课中 | 现场7S管理<br>垃圾归类<br>接收小组课后作业任务 | | | 发布课后作业<br>劳动安排 |
| 课后 | 完成课后作业任务<br>在教学平台上传检测结果 | | | 检验评定小组作业完成情况 |

图 10　教学流程图

（二）教学实施过程

| 教学环节 | | 学生活动 | 教师活动 | 教学手段 | 教学方法 | 设计意图 |
|---|---|---|---|---|---|---|
| 课前学习 | | 1. 线上课程资源自主学习并完成测试<br>2. 查询维修手册，填写课前学习工作页<br>3. 分组：包括组长、成员、组名等<br>4. 信息收集，包括主要部件插头针脚、相关熔丝、搭铁、中转连接位置信息<br>5. 明确实训要求，准备任务所需工量具 | 1. 在超星学习通网络学习平台上推送世界技能大赛获奖视频、车门饰板拆装视频，发放车门电路图、维修手册和工作页<br>2. 提出课前学习任务、学习目标和学习要求<br>3. 根据学情进行分组，选出各小组组长<br>4. 监测学生任务完成情况，分析学生课前知识掌握情况<br>5. 在教具车上设置两组故障，每组两辆车<br>故障 1：车窗升降开关故障<br>故障 2：车窗电机供电故障 | 1. 超星学习通<br>2. 工作页<br>3. 维修手册<br>4. 学习视频 | 1. 混合教学<br>2. 自主学习<br>3. 任务驱动 | 1. 培养学生自主学习能力和劳动习惯<br>2. 分组施教，实现差异化教学<br>3. 设置平行任务，提高学生专业技能并实现迁移<br>4. 培养职业素养和安全意识 |
| 课中 | 情境导入（5 min） | 1. 登记客户车辆信息，确认故障现象，填写维修工单，接受工作任务<br>2. 回顾课前知识，回答教师的问题 | 1. 对学生接车过程进行记录与评价<br>2. 线上测评分析，检查工作页填写情况，通过提问回顾线上课程内容 | 1. 超星学习通<br>2. 工作页<br>3. 维修工单 | 1. 讲授法<br>2. 情境导入 | 1. 确认学生的知识薄弱环节<br>2. 导入情境，增加学生职业代入感 |
| | 资讯（20 min） | 闯关关卡①：小试牛刀<br>1. 说出示教板车窗控制电路工作原理，分析可能的故障原因<br>2. 完成示教板模拟故障检修 | 1. 在示教板上设置模拟故障<br>2. 巡回指导，了解学生的知识掌握情况，针对薄弱环节加强引导 | 1. 示教板<br>2. 工作页<br>3. 维修工单 | 1. 讲授法<br>2. 自主探究 | 1. 闯关增加学习趣味性<br>2. 锻炼语言组织能力<br>3. 示教板模拟故障检修，突破学习重点 |

续表

| 教学环节 | | 学生活动 | 教师活动 | 教学手段 | 教学方法 | 设计意图 |
|---|---|---|---|---|---|---|
| 课中 | 计划<br>（20 min） | 根据收集的信息，小组讨论制订初步故障检修方案 | 1. 引导学生结合工作五要素进行检修方案的制订<br>2. 通过巡回走动，发现各小组在方案制订过程中的问题并适当纠错 | 1. 工作页<br>2. 维修手册<br>3. 笔记本电脑 | 1. 自主探究<br>2. 小组讨论<br>3. 项目教学 | 培养学生沟通交流、处理信息、团队协作的能力 |
| | 决策<br>（10 min） | 1. 各小组展示并汇报分享本组初步检修方案<br>2. 从各组展示和教师评价中发现问题，吸取经验，查缺补漏，优化检修方案 | 对各小组展示的检修方案进行评价，提出改进建议 | 1. 维修手册<br>2. 工作页<br>3. 多媒体设备 | 1. 讨论<br>2. 自主探究<br>3. 项目教学<br>4. 讲授法 | 1. 培养学生的沟通表达能力<br>2. 培养学生严谨求实的工作作风 |
| | 实施<br>（80 min） | 闯关关卡②：庖丁解牛<br>1. 各小组车门饰板拆卸能力大比拼，小组团队协作，完成车门饰板的拆卸。组内分工，设置 4 个岗位角色，分别承担操作、步骤提示、工具递送、过程监督记录的工作职责<br>闯关关卡③：按图索骥<br>2. 按方案进行故障检测，在工作页中写出诊断步骤和测量数据，最终确定故障点，并提报追加项目单<br>3. 对故障点进行维修，排除故障点<br>4. 还原拆卸部件<br>5. 组内岗位轮换，组间故障任务互换，重复练习<br>闯关关卡④：大功告成<br>6. 完成客户车辆真实故障维修 | 1. 教师和企业专家在各小组巡回检查，对学生的检修实施过程进行全程监控，记录问题并进行指导<br>2. 根据小组闯关情况，颁发“我爱中国”小红旗 | 1. 工作页<br>2. 维修手册<br>3. 追加项目单 | 1. 演示法<br>2. 自主探究<br>3. 项目教学<br>4. 角色扮演 | 1. 提高学生的电路分析能力，化解学习难点<br>2. 通过故障互换练习，实现知识与技能的迁移<br>3. 培养爱国情怀 |

续表

| 教学环节 | | 学生活动 | 教师活动 | 教学手段 | 教学方法 | 设计意图 |
|---|---|---|---|---|---|---|
| 课中 | 检查（10 min） | 对维修车辆自检、互检，并在维修质量控制检验表上签字 | 教师通过终检审核学生完工情况，确定工作任务是否完成 | 1. 工作页<br>2. 维修质量控制检验表 | 1. 自主探究<br>2. 项目教学 | 模拟企业质量检验流程，培养质量意识 |
| 课中 | 评价（15 min） | 1. 听取指导教师和企业专家点评<br>2. 根据评分反思不足并进行改进<br>3. 完成 7S 现场管理 | 1. 根据各小组学习目标完成情况、工作态度和团队表现进行综合评价，并结合企业真实客户的个人财产损失案例，进行职业素养教育<br>2. 提出课后学习改进建议<br>3. 表彰本次闯关活动的优胜小组，颁发“能工巧匠”红旗 | 1. 超星学习通<br>2. 小组评价表 | 1. 项目教学<br>2. 讲授法 | 1. 促进学生自我认知，提升职业素养<br>2. 提升学习成就感<br>3. 树立正确的劳动观，培养工匠精神 |
| 课后拓展 | | 1. 小组协作完成“速腾左前车窗不升降故障检修”课后工作任务<br>2. 小组在线上学习平台提报课后作业完成情况 | 1. 发布“速腾左前车窗不升降故障检修”课后工作任务<br>2. 线上检查、评价课后作业完成情况 | 超星学习通 | 任务驱动 | 完成课后任务，实现知识与技能再迁移 |

## 七、学业评价

### （一）学业评价设计

本次学习微任务以提升学生综合职业能力为目标，采用过程性评价和结果性评价相结合的评价模式，使用线上超星学习通和线下纸质评价表分别对学生个人与小组进行评价，同时在小组评价环节引入了企业专家评价，如图 11 所示。

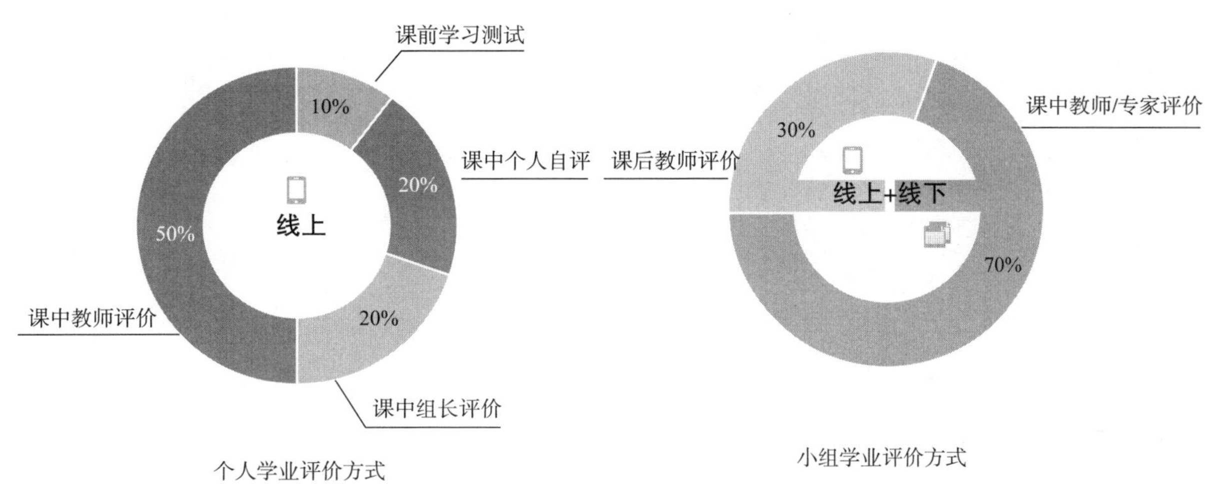


图 11　评价方式

### （二）评价实施

1. 个人学业评价

任务完成后，在网络学习平台上学生通过自评、互评完成过程性评价（互评由组长完成，组长的互评由组员集体评分并取平均值），教师在线上完成结果性评价，见表 3 和表 4。

表 3　学生过程性考核评价表

| 序号 | 评价内容 | 评星 | 备注 |
|---|---|---|---|
| 1 | 能主动与客户顺畅沟通 | ☆ | 对组员表现进行评分，一颗星为 10 分，60 分及格 |
| 2 | 服从小组分工安排 | ☆ | |
| 3 | 参与故障分析讨论，发言 2 次以上 | ☆ | |
| 4 | 能正确描述电路控制逻辑 | ☆ | |
| 5 | 能使用塑料卡扣工具拆装车门饰板 | ☆ | |
| 6 | 测量数据正确并在工作页中如实填写 | ☆ | |
| 7 | 能找到左前车窗不升降的故障原因 | ☆ | |
| 8 | 工作过程中做到“三不落地” | ☆ | |
| 9 | 能通过电路图找到左前门车窗开关线束端视图 | ☆ | |
| 10 | 能通过查找维修手册正确拆装部件 | ☆ | |
| 合计 | | | |

表 4　学生结果性考核评价表

| 序号 | 评价内容 | 权重 | 得分 | 备注 |
|---|---|---|---|---|
| 1 | 能正确完成工作页的填写 | 20 | | |
| 2 | 服从小组分工安排 | 5 | | |
| 3 | 参与故障分析讨论，发言 2 次以上 | 5 | | |
| 4 | 车门饰板拆装规范，能通过质检 | 10 | | |
| 5 | 工作过程中做到“三不落地” | 10 | | |
| 6 | 能正确制订车窗不升降故障检修方案 | 10 | | |
| 7 | 能找到故障原因并说出排故逻辑 | 20 | | |
| 8 | 能找到左前门车窗开关线束端视图 | 10 | | |
| 9 | 部件拆装时应佩戴手套进行防护 | 5 | | |
| 10 | 能够保持场地干净整洁 | 5 | | |
| 合计 | | 100 | | |

个人学业评价 = 课前测试（占比 10%）+ 自评（占比 20%）+ 互评（占比 20%）+ 师评（占比 50%）。

2. 小组学业评价

课中，指导教师和企业专家在对各小组学习活动巡查和指导过程中，对各小组出现的问题通过纸质评价表进行记录和线下评价。课后，企业专家根据学生在学习平台提交的课后作业检修结果进行线上评价，评价表见表 5 和表 6。

小组学业评价 = 课中小组综合评价（占比 70%）+ 课后作业评价（占比 30%）。

表 5　小组综合考核评价表

| 序号 | 评价内容 | 权重 | 得分 | 备注 |
|---|---|---|---|---|
| 1 | 工作页内容填写正确 | 10 | | |
| 2 | 小组分工协作 | 5 | | |
| 3 | 积极参与讨论和提问发言 | 5 | | |
| 4 | 车门饰板拆装规范，通过质检 | 10 | | |
| 5 | 工作过程中做到“三不落地” | 10 | | |
| 6 | 能正确制订车窗不升降故障检修方案 | 15 | | |
| 7 | 准确找到故障原因并说出排故逻辑 | 20 | | |
| 8 | 熟练使用维修手册查询维修信息 | 10 | | |
| 9 | 规范拆装，全程佩戴手套进行防护 | 5 | | |
| 10 | 现场工作环境干净整洁 | 10 | | |
| 合计 | | 100 | | |

表 6　小组课后作业考核评价表

| 序号 | 评价内容 | 权重 | 得分 | 备注 |
|---|---|---|---|---|
| 1 | 提交的测量步骤和数据准确 | 20 | | |
| 2 | 排故逻辑分析清晰、有条理 | 40 | | |
| 3 | 检修方案制订正确 | 20 | | |
| 4 | 能准确找到故障原因 | 20 | | |
| 合计 | | 100 | | |

教学文本
教学视频
现场说课

## 作者简介

**姓名：**李小武

**学校：**江西省交通高级技工学校

**获奖：**第二届全国技工院校教师职业能力大赛交通类项目二等奖

**获奖感言：**参加这次比赛让我在锻炼和磨砺中进步、成长，同时对一体化教学内涵的理解又上了一个新的台阶。后期，我会将所学所悟融入教学，力争为国家培养优秀且适应工作岗位需求的高技能人才。

## 专家点评

该任务以实际工作任务为载体，任务选取具有一定的典型性，结合学生学情特点进行剖析，有针对性地提出教学应对策略。结合企业“维修工单－接受任务－分析故障－制订计划－维修施工－质检交车”的工作流程，利用鱼骨图工具梳理学习内容，思路清晰，实现了学习过程与企业工作过程相对接。巧妙利用电路图、示教板、教具和客户车辆四个教学载体，利用闯关模式，实现知识、技能层层递进和迁移，让学生在趣味性的课堂中习得各项知识与技能，实现综合职业能力的提升。学业评价方案的操作性还有待提高。

# 汽车充电指示灯常亮故障检修

云南冶金高级技工学校 / 杨芸

| 参赛项目类别 | 交通类 | | |
| --- | --- | --- | --- |
| 专业名称 | 汽车维修 | | |
| 课程名称 | 汽车电气维修 | 参赛作品题目 | 汽车充电指示灯常亮故障检修 |
| 课　　时 | 6 课时 | 教学对象 | 2019 级汽车维修高技班（福贡班） |

## 一、选题价值

新时代技工教育需要突出工匠精神和社会主义劳动观的价值引领。本课程注重挖掘理工类课程蕴含的思想政治教育元素，将其有机融入教学过程，实现“汽车电气知识传授”和“工匠精神价值引领”的有机统一。

技工教育的目的在于把学生培养成真正具备综合职业能力、企业满意的合格从业者。以能力为本位的教学理念有助于大力弘扬劳动光荣、技能宝贵、创造伟大的时代风尚和工匠精神。

### （一）课题来源

“汽车电气维修”课程来源于人社部颁布的《汽车维修专业国家技能人才培养标准及一体化课程规范（试行）》，依据工学结合一体化课程的开发理念，为了更好地适应本地区的行业需求，我校进行了二次开发。依托我校先进的校企合作模式——“招工即招生、入企即入校，引企入校、企校双师联合培养”（见图 1），企校双方共建联合培养指导委员会，共组双导师队伍，共同制订本专业人才（员工）培养方案，共编学习教材，共评学员技能，共建工学中心及网络学习平台，共育职业素养，共建章程体系。在此基础上，开展行业企业调研（见图 2），召开实践专家访谈会（见图 3），提取典型工作任务（见图 4），并在进行学习任务转化的基础上，形成适应本地区社会发展的工学结合一体化核心课程体系（见图 5）。学习任务“汽车充电指示灯常亮故障检修”是课程“汽车电气维修”的学习任务之一，根据维修企业汽车故障出现频度及其代表性情况，本课程设置有 9 个学习任务，其中，汽车充电指示灯常亮故障检修是汽车电气维修中常见的、有代表性的工作任务，对于培养学生职业能力水平有不可替代的作用与价值。

本课程旨在培养学生对故障汽车相应的电气系统进行检查、判断、修复，更换损坏零件，排除故障的能力。在教学过程中，通过让学生检修不同汽车电气设备故障，一方面培养学生使用维修手册、汽车维修工量具和检测设备的能力；另一方面培养学生对汽车电气设备常见故障的分析诊断能力，为下一步“汽车电气与空调疑难故障诊断”课程的学习奠定基础。

图 1　校企合作

图 2　行业企业调研

图 3　实践专家访谈会

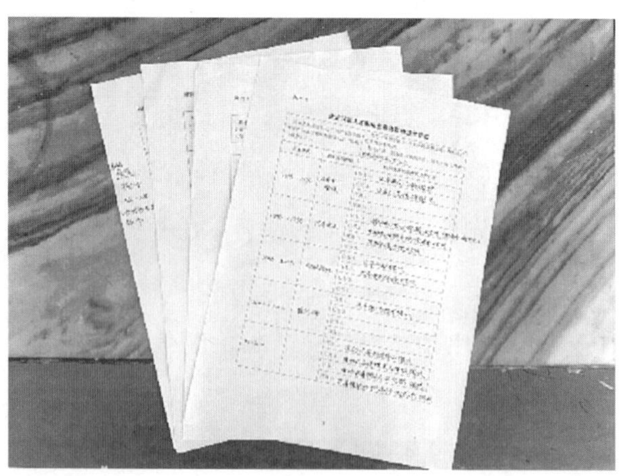

图 4　提取典型工作任务

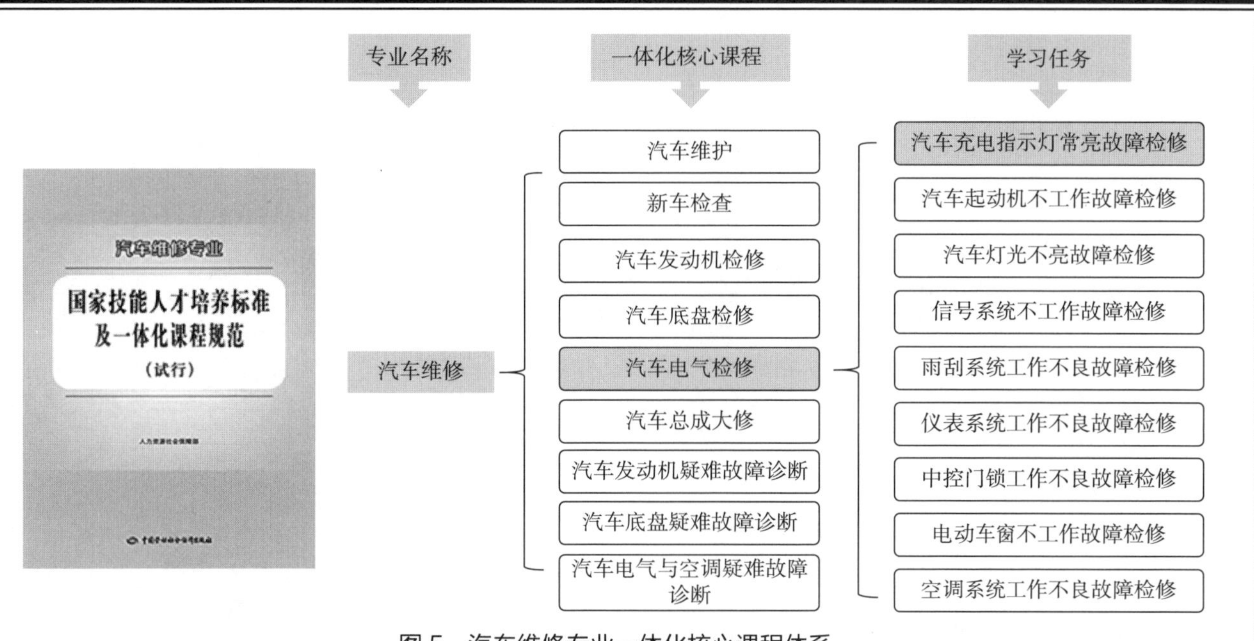

图 5　汽车维修专业一体化核心课程体系

**（二）选题价值**

1. 任务真实性

“汽车充电指示灯常亮故障检修”学习任务来源于企业真实的工作任务，根据汽车维修企业的故障案例总结分析，在汽车电气故障中，“汽车充电指示灯常亮故障”占汽车电气故障现象的 30% 左右，是汽车维修工常见的、典型性的工作任务。

2. 内容独立性

“汽车充电指示灯常亮故障”是一个相对独立的工作流程。学生通过“接受维修任务→查阅资料分析故障→制订维修方案→检修故障→维修质量检验→维修交付和维修总结”这一完整的工作流程，学会“汽车充电指示灯常亮故障”的排故思路和检修方法，可直接应用在汽车维修工作岗位上。

3. 岗位实用性

“汽车充电指示灯常亮故障”是汽车电气故障中常见故障之一，根据《汽车维修工国家职业标准》，该学习任务是汽车维修中级工（二级）重点考核内容之一。通过本学习任务的学习，学生可以认识到实际工作中对排除汽车充电指示灯常亮故障的作业规范，具备解决汽车电气实际故障的职业能力，将任务学习与职业工作内容对接。

## 二、学情分析

本次课授课对象是初中起点四年制 2019 级汽车维修高技班（福贡班），目前处于第一学年第二学期，全班共 20 人，均来自云南省怒江州福贡县（贫困县），为我校对口技能扶贫学生。结合学生实际情况，按异质原则进行分组，分成 4 个小组，每组 5 人，学习对象分析如图 6 所示。

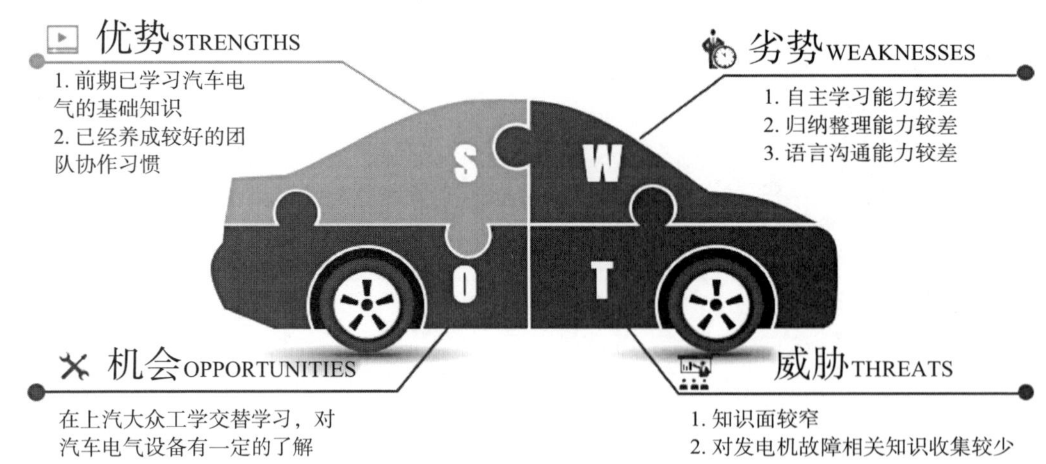


图 6　学习对象分析

S–O 对策：以“朗逸 2019 充电指示灯常亮故障”为案例引入课程。

S–T 对策：1. 制作微课，简单明了地讲解发电机的工作原理和万用表的使用方法。

2. 制作纸质版的朗逸汽车电路图，便于学生课前学习。

W–O 对策：1. 利用工学一体的教学模式（引入企业考核办法）促进学生自主学习。

2. 通过校企合作、工学结合的模式，教学前移，使学生先感性认识汽车充电系统的组成部分。

W–T 对策：板书中尽量有傈僳族语言对照，方便学生学习。

## 三、学习目标

根据国家职业标准和一体化课程规范，以培养学生的综合职业能力为目标，结合上述学生情况分析，制定以下学习目标（见表 1）。

表 1　学习目标

| 环节 | 知识目标 | 技能目标 | 素养目标 | 情感目标 |
|---|---|---|---|---|
| 课前 | 通过自主阅读充电系统电路及工作原理，独立完成课前预习 | 通过复习万用表的使用方法，能正确使用万用表 | 培养自主学习习惯 | 通过故障诊断的过程，培养学生精益求精的工匠精神。以完成任务为目的，提升学生的自信心，完善职业成就感的认同度。通过汽车故障诊断，认识我国目前汽车产业的发展速度 |
| 课中 | 1. 以小组合作方式，通过查阅汽车维修手册和相关教材资料，分析汽车充电系统的工作原理，制订汽车充电指示灯常亮故障的检修方案<br>2. 采用头脑风暴等小组讨论方式，根据所制订的检修方案，分析作业内容，正确选用维修工量具、耗材等，做好维修前的准备工作 | 1. 按照小组分工要求，根据所制订的检修方案，排除汽车充电指示灯常亮故障，培养学生的动手实操能力<br>2. 在学习和检修过程中，遵守汽车维修安全操作规程，并养成 8S 现场管理的工作习惯 | 培养专业知识应用、沟通交流、团队协作、分析问题、解决问题的能力 | |
| 课后 | 能自行阅读不同车型的充电系统维修手册 | 能独立制订相应的充电指示灯常亮故障检修方案 | 培养专业知识运用能力 | |

## 四、学习内容

### （一）学习任务描述（见表2）

表2 学习任务描述表

<table>
<tr><td>典型工作任务名称</td><td colspan="2">汽车电气维修</td></tr>
<tr><td colspan="3">典型工作任务描述</td></tr>
<tr><td colspan="3">汽车电气维修是指通过基本检查能直接判断，运用各种检测仪器、设备对汽车电气设备进行检测，甚至需要对可疑故障部位进行拆检，并经过数据分析才能确定故障点，通过零部件或控制线路更换等作业方式排除的故障。<br>由于汽车行驶里程、运行时间的增加或使用、维修不当，汽车电气设备可能出现充电指示灯亮、起动困难、灯光不亮、空调不制冷等故障。为恢复其正常工作性能，需对汽车电气设备进行故障诊断与排除。<br>汽车维修工从车间主管或班组长处接受车辆维修任务，阅读维修工单，明确任务要求，确认汽车电气故障现象并实施基本检查，通过查阅维修手册、维修案例等资料，制订相应的故障诊断方案；采用各种检测仪器、设备对汽车电气设备进行检测，要对可疑故障部位进行拆检，记录并分析检测数据，确定故障点；制订合理的维修方案，经客户同意后实施修复，自检合格后交付班组长进行质量检验。<br>作业过程中，应严格遵守汽车生产厂家制定的操作规程、企业内部检验规范、环保管理制度以及8S管理规范。</td></tr>
<tr><td colspan="3">工作内容分析</td></tr>
<tr><td>工作对象：<br>1. 维修工单的阅读<br>2. 故障现象的确认<br>3. 维修手册的查阅<br>4. 故障原因的分析<br>5. 故障诊断方案的制订<br>6. 工量具、诊断仪器等的准备<br>7. 故障诊断与检测数据的记录<br>8. 检测结果的分析及故障点的确认<br>9. 故障修复方案的制订<br>10. 配件的领取<br>11. 故障点的修复<br>12. 故障车维修质量的检验<br>13. 维修工单的填写<br>14. 诊断维修工作的总结与研讨<br>15. 与接车员、车间主管、资料管理员、工具管理员、配件管理员、班组长等相关人员的沟通</td><td>工具、设备、材料及资料：<br>1. 工具：通用工量具、万用表等<br>2. 设备：故障诊断仪、示波器、举升设备、废液废品回收装置、废气抽排装置等<br>3. 材料：防护用品、修理包、零配件等<br>4. 资料：维修工单、维修案例、维修手册等<br>工作方法：<br>1. 维修工单的识读方法<br>2. 快速、准确查阅维修手册的方法<br>3. 经验诊断法、仪器设备诊断法<br>4. 故障树、鱼骨图等分析方法，零部件替换法<br>5. 维修质量检验方法<br>劳动组织方式：<br>以独立或小组合作的方式进行，从车间主管或班组长处领取工作任务，从技术资料管理部门借阅维修手册，到配件部门领取零配件和辅料，到工具管理部门领取专用工量具及检测设备，必要时与班组长或服务顾问进行维修情况的沟通。作业完成后交付班组长进行质量检验</td><td>工作要求：<br>1. 能根据维修工单，明确作业项目、要求等<br>2. 能确认故障现象<br>3. 能根据故障现象，快速、准确查阅维修手册，正确分析故障可能的原因，并制订合理的故障诊断方案<br>4. 能根据作业项目、方案准备作业所需诊断仪器、工量具等<br>5. 能按故障诊断方案与规范，在规定时间内完成汽车电气设备维修的记录、检测结果的分析及故障点的确认、修复方案的制订、故障点的修复等作业项目。作业过程严格执行企业安全环保管理制度和8S管理规范<br>6. 能按企业内部检验规范对维修质量进行自检<br>7. 能按企业内部要求，在维修工单上正确填写工时、完成时间、自检结果、维修建议等内容<br>8. 工作过程中，能与相关部门人员进行有效的沟通<br>9. 具备独立分析与解决非常规性专业问题的能力</td></tr>
</table>

续表

| 代表性工作任务 | | |
|---|---|---|
| 任务名称 | 任务描述 | 工作时间 |
| 汽车充电指示灯常亮故障检修 | 一辆汽车进厂维修，客户反映车辆启动后，充电指示灯常亮，需对其进行检修<br>汽车维修工从车间主管或班组长处接受车辆维修任务，阅读维修工单，明确任务要求，确认故障现象，查阅维修手册，制订故障诊断方案；然后在规定工期内，借助诊断仪、万用表等检测设备完成蓄电池、发电机、充电系统、充电指示灯、控制线路（含元件）等部件的检查；确认故障部位后，借助维修手册，制订相应的维修方案，对相关故障零部件进行修复或更换，使车辆恢复正常使用性能；自检合格后，填写维修工单并交付班组长进行质量检验。工作过程中遵循现场工作管理规范 | 6 小时 |

**（二）知识点与技能点**

根据企业工作过程提炼学习内容，分析具体知识点与技能点（见图 7）。

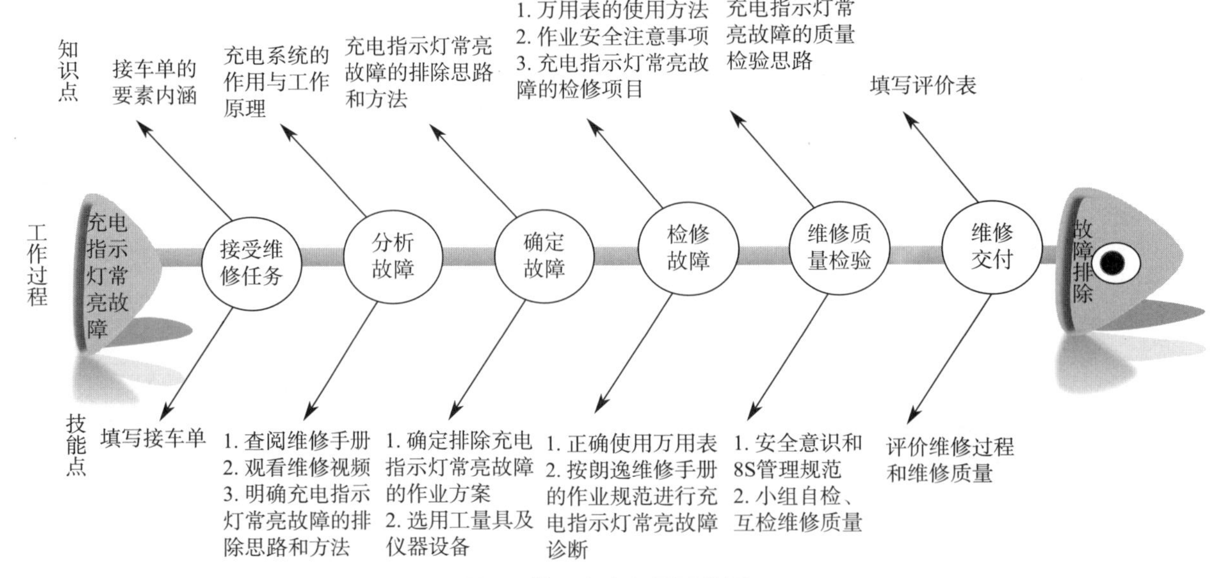


图 7　学习内容鱼骨图分析

**（三）知识逻辑结构**

根据提炼出来的知识点，梳理知识逻辑结构图（见图 8）。

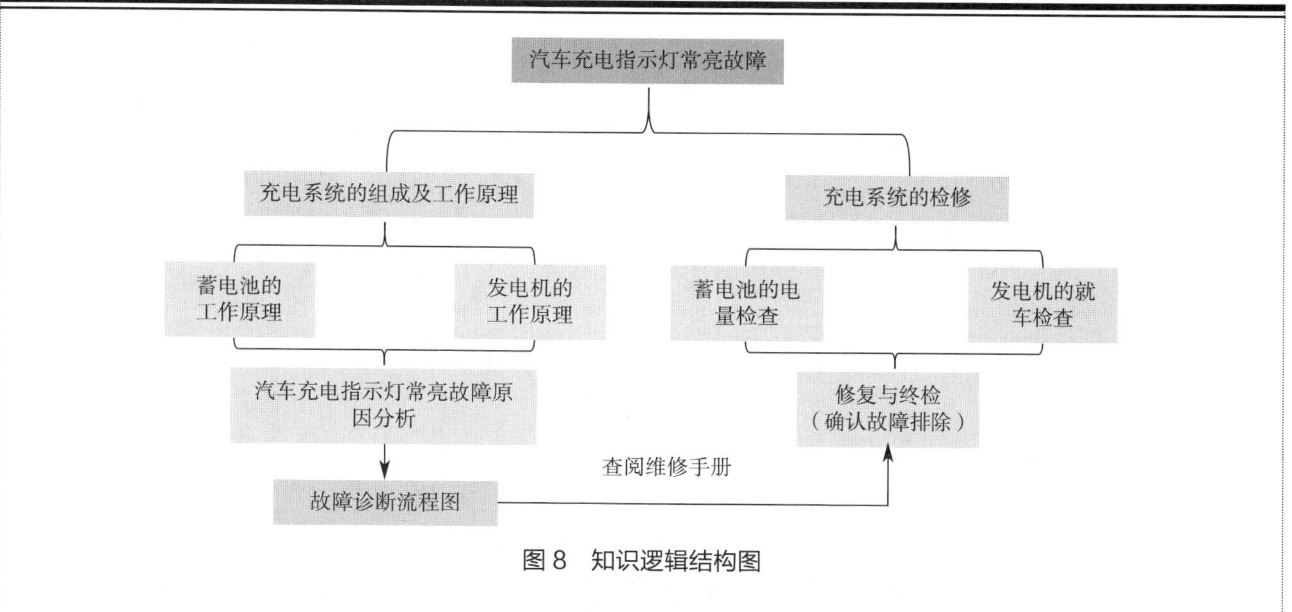


图 8　知识逻辑结构图

## 五、学习重点、难点

根据学习目标及职业岗位能力需求，结合学习（工作）内容及学生实际，确定以下学习重点、难点（见表 3）。

表 3　学习重点、难点

| | | |
|---|---|---|
| 学习重点 | 重点内容 | 根据维修方案实施维修 |
| | 确定依据 | 根据课程要求、学习目标和实际工作内容，电路检测和发电机发电量检测工作是整个实施过程的关键环节，检测工作决定了能否解决车主的问题 |
| | 化解办法 | **课前预习、视频学习**<br>通过课前复习通路、断路的概念，观看万用表的使用方法等学习视频，使学生对电路检测有一定的了解<br>**动画演示、动手接线**<br>通过观看教师制作的电路动图，帮助学生理解电路走向。随后在电路板上实现模拟接线，使学生对电路走向有一个更加清晰的理解<br>**编制口诀、随机纠错**<br>通过编制电路测量方法的口诀来帮助学生记忆。教师巡回查看，及时发现不规范、不安全的动作，教师示范纠正错误 |
| 学习难点 | 难点内容 | 充电系统电路分析，制订维修方案 |
| | 确定依据 | 根据学生的能力现状和企业调研，发现在实际工作中维修方案的制订是充电指示灯常亮故障检测的关键点，信息量较大，学生归纳整理能力较弱，需要教师加强指导 |
| | 突破办法 | **头脑风暴、梳理原因**<br>要求学生有一定的信息归纳能力，教师引导学生进行头脑风暴，梳理故障原因<br>**画故障树、分类整理**<br>教师在 A3 纸上画出故障诊断树的框架，学生填写内容，根据填写好的故障诊断树梳理出维修方案 |

续表

| | | |
|---|---|---|
| 学习难点 | 突破办法 | **小组比赛、创设情境**<br>以小组为单位进行比赛，既可以督促每位学生参与学习，方便实施网络化管理，还可以激发学生的学习积极性。在整个教学过程中，教师要为学生营造一个工作场景，创设情境让学生在“学中做，做中学”。同时，还要组织开展积极有效的小组活动，引导学生在合作中学习教师讲解的方法 |

## 六、学习资源

主要学习资源及功能说明见表4。

表4 学习资源及功能说明

| 资源类型 | 资源名称 | 学习环节 | 实物图片 | 功能 | 创新点 |
|---|---|---|---|---|---|
| 设备工具 | 实训车辆 | 实施检修作业 |  | 在模拟企业工作的环境下进行学习（工作），培养职业素养 | 学中做，做中学 |
| | 万用表 | 实施检修作业 | 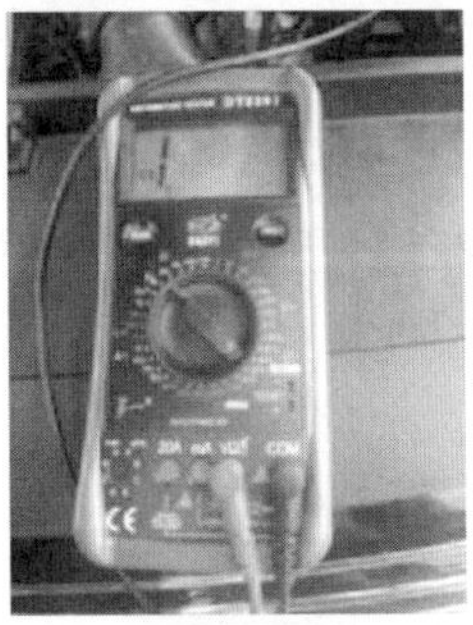 | 汽车电气常用测量工具 | 对接工作实际 |
| | 常用工具 | 实施检修作业 |  | 在维修过程中使用 | — |
| | 维修手册 | 信息收集和制订计划、实施检修作业 |  | 维修手册是汽车维修作业规范的依据，供学生查阅，以便在课前获取信息和课中排除故障 | — |

续表

| 资源类型 | 资源名称 | 学习环节 | 实物图片 | 功能 | 创新点 |
| --- | --- | --- | --- | --- | --- |
| 教学工具 | 展示板、白板 | 信息收集和制订计划 |  | 方便教师讲解，供学生展示故障树 | — |
| | 多媒体教学设备 | 任务引入、信息收集和制订计划、总结评价 |  | 通过 PPT、视频和动画播放，达到声音、图像、文字同步教学的效果 | 帮助学生可视化记忆 |
| | 接线板 | 信息收集和制订计划 |  | 在对电路走向模糊的情况下，学生先在接线板上模拟电路走向，再到实车上进行操作 | 帮助学习难点内容 |
| 维修耗材 | 熔丝、继电器、导线、电工胶布、发电机、电刷 | 实施维修作业 | 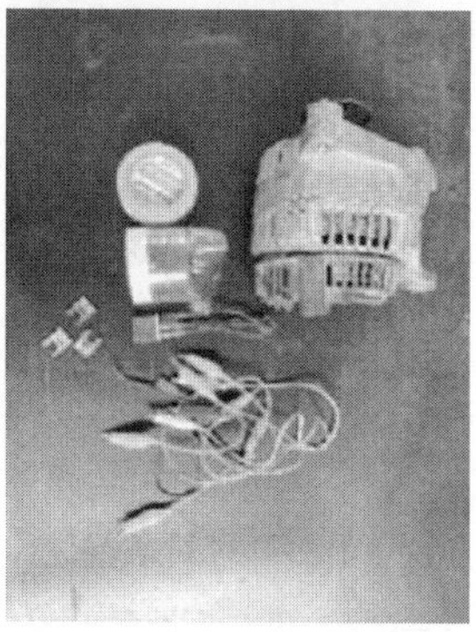 | 诊断充电指示灯常亮故障后，排除故障需要的维修耗材 | 学生应考虑维修成本 |
| 学习资料 | 教材 | 课中全过程 |  | 使用一体化教材，学习时与工作页相结合，有助于教与学的开展 | 信息来源 |

续表

| 资源类型 | 资源名称 | 学习环节 | 实物图片 | 功能 | 创新点 |
|---|---|---|---|---|---|
| 学习资料 | 接车单 | 任务引入 | 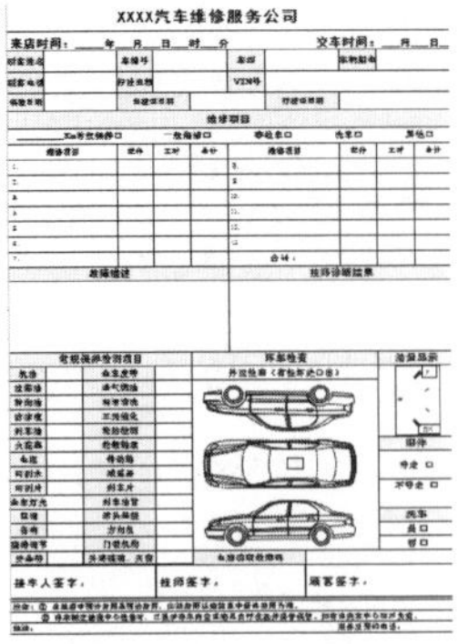 XXXX汽车维修服务公司 | 引导学生规范填写表单，了解完成任务的流程 | 创设工作情境 |
| | 评价标准表、考核总表、龙虎榜 | 评价总结 | 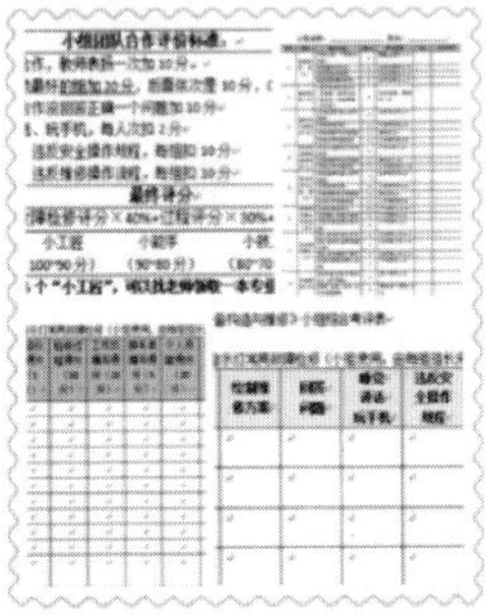 | 对学生各学习阶段的工作资料进行评价，并从多方面考量学生课堂表现 | 三位一体的评价体系 |
| | 工作页 | 课中全过程、课后 | 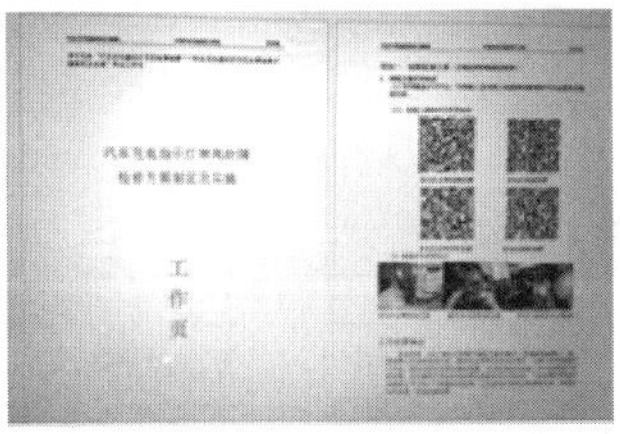 | 明确工作要求，制定质量标准，引导学生完成学习任务 | 在问题引导下自主完成学习任务 |
| | 充电指示灯常亮故障排除微课视频 | 课前（获取信息）、课中（任务实施引导） | 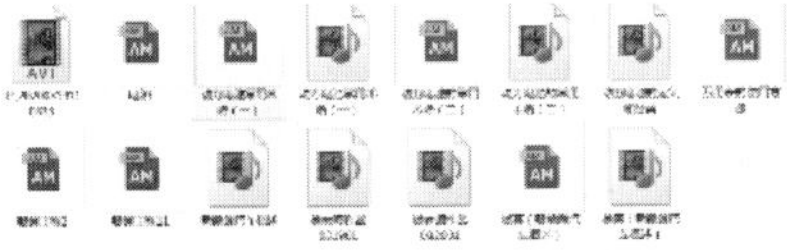 | 在云课堂及微信群中上传微课视频，供学生在排除充电指示灯常亮故障过程中参考和学习使用 | 翻转课堂，提高课堂学习效率 |
| | 智能手机、云课堂、学校网络学院 | 课前、课中、课后 | 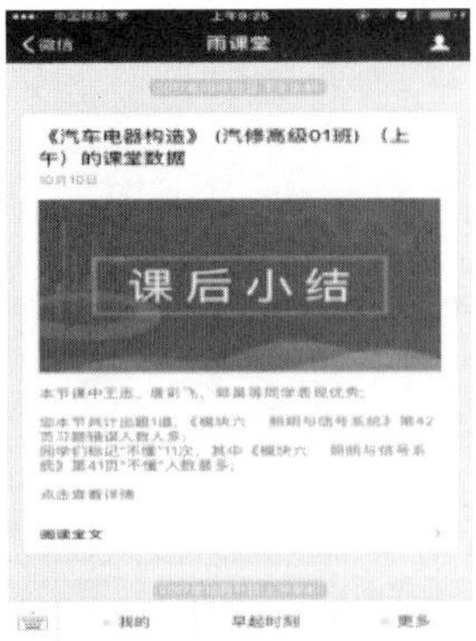 | 教师可利用手机上传学习资源、查看学习结果；学生可利用手机学习微课视频、查找资料，充分利用现代化信息技术，实现线上线下混合式教学 | 有力支撑翻转课堂的运用，提高课堂学习效率 |

## 七、教学策略及组织形式

教学内容
课堂教学环节
企业工作流程
考勤，规范仪容仪表，强调安全事项
组织教学
客户开车入厂修车
明确任务目的、内容，查阅相关资料
资讯：明确任务，获取信息
接车洽谈登记
建立汽车档案
建立客户档案
维修初检
分析并列出故障原因，制定操作流程
制订计划
维修报价单
维修合同
新故障
小组代表讲解、完善计划
决策：展示计划
客户确认签字
维修派工
车间派工单
小组按照流程实施，填写实施作业单，完成拆装
实施计划
退料
维修作业
配件仓库
领料
小组自评、互评，教师评价，共性问题集中讲解
评价反馈
总结提升
竣工验收
落实8S管理规范
结束
取车结算，跟踪服务

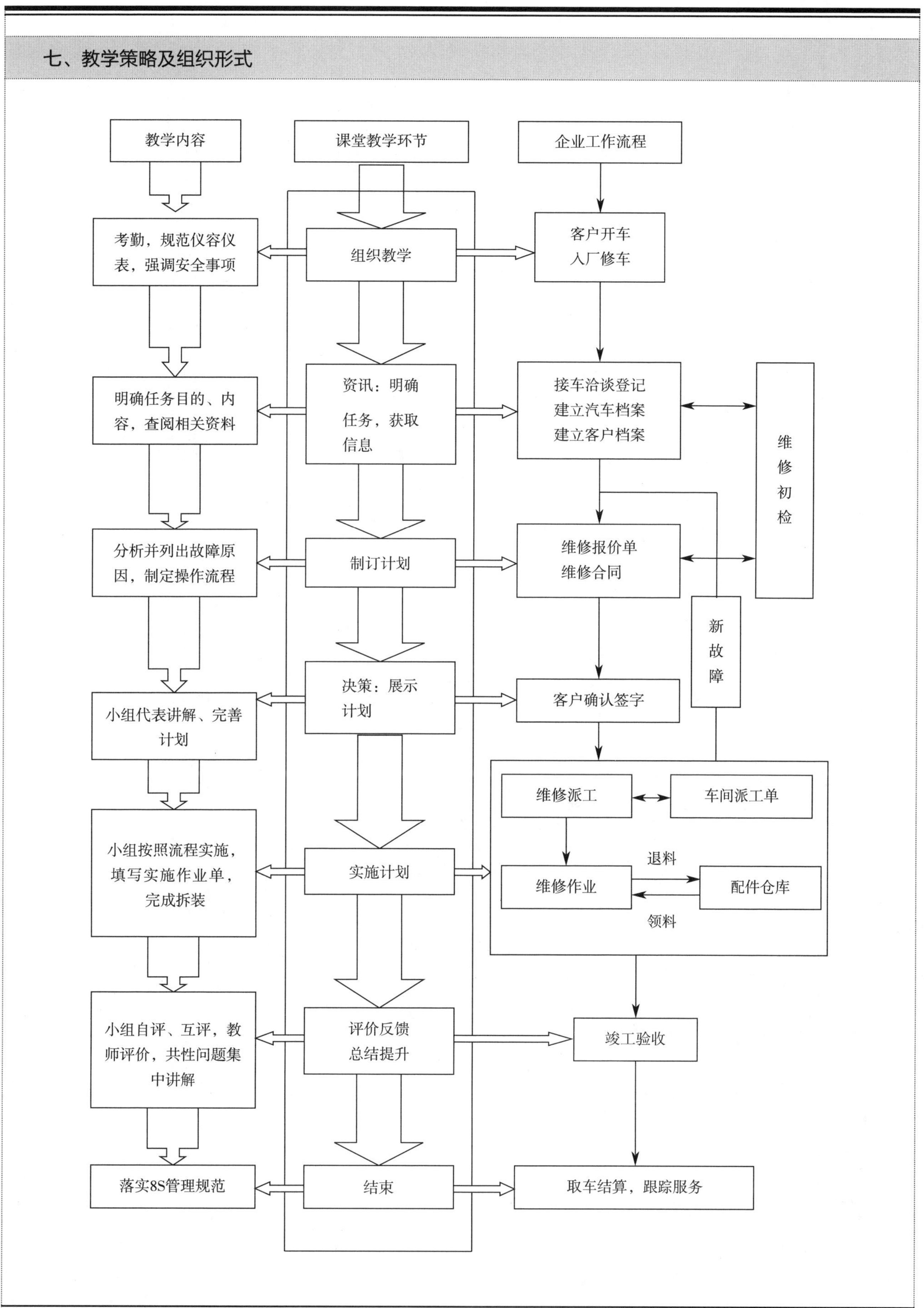

## 八、教学实施过程

| 教学环节（时间） | | 教学内容 | 学生活动 | 教师活动 | 教学手段 | 教学方法 |
|---|---|---|---|---|---|---|
| 课前 | 课前学习与学习反馈（30 min） | 内容：知识预习<br>（一）学生在手机上观看教师制作的微课视频<br>兴趣点：通过观看视频提升学生学习兴趣，让学生能够主动参与预习过程<br>（二）学生利用课外学习时间，通过学校网络学院进行自学<br>1. 万用表的使用方法<br>2. 电路通路、短路和断路的基本概念<br>3. 汽车充电系统的组成<br>评价方式：网络学院测试题库和学习内容进度<br>评价内容：预习内容完成情况 | 1. 学生在课前观看万用表使用方法、汽车电路的基本知识、汽车充电系统的组成视频<br>2. 学生自学完成万用表的使用方法，电路通路、短路和断路的基本概念，汽车充电系统的组成等，并完成网络学院的相关测试题目 | 1. 制作微课视频<br>2. 上传相关学习内容至网络学院<br>3. 检查学生预习情况，并检查学生完成结果<br>要求：<br>学生只有完成学习内容 90% 以上和测试题目正确率达 70% 以上时，才能进入后面的课中学习<br>关键点：重点关注成绩较差的学生 | 互动学习平台<br>学校网络学院<br>智能手机 | 翻转课堂<br>任务驱动法 |
| | | 设计意图：设计翻转课堂，将简单的理论知识放在课前让学生自主学习，既能使课堂时间充分用于工作任务的训练，又能培养学生自主学习、查阅资料、信息收集能力；利用学校网络学院平台，便于教师随时掌握学生的预习进度，了解学生对知识的理解情况 | | | | |
| | | 目标达成：通过翻转课堂让学生课前预习电路的基本知识，并完成在线测试 | | | | |

续表

<table>
<tr><th colspan="2">教学环节（时间）</th><th>教学内容</th><th>学生活动</th><th>教师活动</th><th>教学手段</th><th>教学方法</th></tr>
<tr><td rowspan="3">课中</td><td rowspan="3">教学环节 1：组织教学（5 min）</td><td>内容：查缺补漏<br>教师针对上节课学习情况及本次课预习情况，提问：<br>1. 电路通路时，电阻为多少<br>2. 电路短路时，电阻为多少<br>3. 电路断路时，电阻为多少<br>4. 汽车充电系统由哪些部分组成<br>关键点：根据提问情况在后续课堂教学过程中做好调整<br>评价方式：教师点评<br>评价内容：提问内容</td><td>1. 分组就座：每 5 人一组，组长负责制<br>2. 扫码进入课堂<br>3. 回顾上节课的知识点<br>4. 回答问题<br>5. 听取教师点评</td><td>1. 检查学生仪容仪表<br>2. 指导学生扫码进入课堂<br>3. 用 PPT 展示复习内容<br>4. 用计算机随机抽取每组 1 位学生回答问题<br>5. 点评学生回答问题情况</td><td>PPT 展示<br>问题导入<br>互动学习平台<br>课堂教学规范与企业规范接轨</td><td>分组教学法</td></tr>
<tr><td colspan="5">设计意图：强化学生出勤与仪容仪表，培养学生的纪律观念和团队意识；检查学生知识理解情况，评价课前学习质量</td></tr>
<tr><td colspan="5">目标达成：知识点提问，正确率在 90% 以上</td></tr>
</table>

续表

<table>
<tr><th colspan="2">教学环节（时间）</th><th>教学内容</th><th>学生活动</th><th>教师活动</th><th>教学手段</th><th>教学方法</th></tr>
<tr><td rowspan="3">课中</td><td rowspan="3">教学环节 2：任务引入（15 min）</td><td>1. 学生讨论、解读工作任务<br>2. 根据任务填写接车单<br>3. 通过试车感知故障<br>4. 小组讨论案例中客户车辆充电系统发生了什么故障<br>评价方式：小组自评<br>评价内容：<br>1. 学生解读工作任务的正确性<br>2. 学生填写接车单的完整性和正确性</td><td>1. 模拟填写维修企业维修工单，注意填写要点 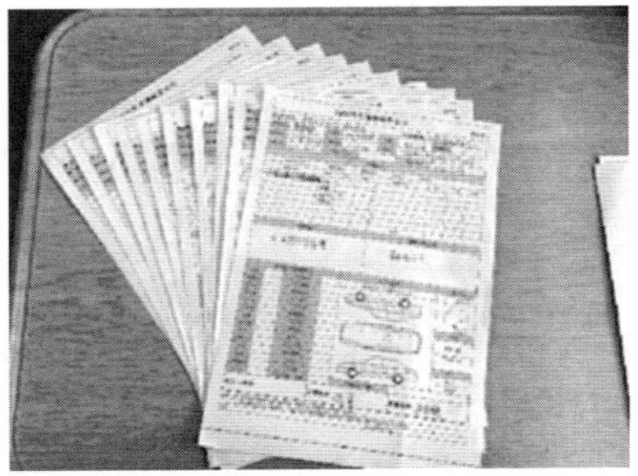<br>2. 试车感知故障 <br>3. 接受指定方案任务<br>4. 明确评价表中的要点</td><td>1. 教师示范指导，使用学生民族语言引导学生进入企业工作场景 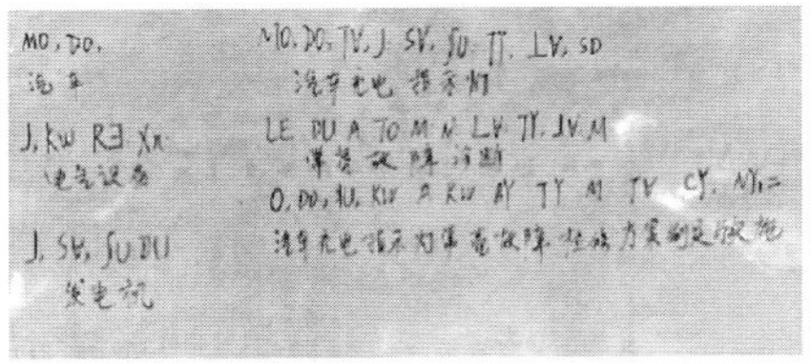<br>2. 讲解维修工单填写要求<br>3. 引入学习任务<br>4. 学校特聘企业专家提出评价标准 </td><td>计算机<br>投影仪<br>微视频<br>接车单<br>评价表</td><td>任务驱动法<br>多媒体教学法<br>PDL 教学法</td></tr>
<tr><td colspan="5">设计意图：以企业真实的工作任务引入课题，配合 PPT 讲解</td></tr>
<tr><td colspan="5">目标达成：正确解读工作任务，正确填写接车单</td></tr>
</table>

续表

| 教学环节（时间） | | 教学内容 | 学生活动 | 教师活动 | 教学手段 | 教学方法 |
|---|---|---|---|---|---|---|
| 课中 | 教学环节 3：收集信息和制订计划（60 min） | 内容一：获取信息（30 min）<br>1. 观看教学视频，了解操作流程<br>2. 教师讲解充电系统的工作原理<br>3. 查阅维修手册，明确企业规范要求<br>4. 通过头脑风暴，进行故障点的信息收集、整理和归纳<br>评价方式：组间互评，教师点评<br>评价内容：各组收集信息的数量和质量 | 1. 互动学习平台学习知识点<br>2. 学习教师授课 PPT 和充电系统检修的教学视频<br>3. 以小组为单位查阅维修手册<br>4. 以小组形式进行头脑风暴讨论<br>5. 动手接线，理解充电系统的电路走向 | 1. 组织学生在互动学习平台学习<br>2. 推送 PPT 内容，播放教学视频，分发维修手册<br>3. 引导查阅维修手册<br>4. 组织小组讨论充电系统工作原理和电路走向<br>★重点：（1）使用电路板接线，让学生直观理解电路走向<br>（2）编制口诀帮助学生记住电路检修的要点：短路电阻为 0，断路电阻为∞ | PPT<br>白板<br>A4 纸<br>彩纸<br>记号笔 | 分组讨论法<br>自主学习法<br>讲授法<br>探究教学法<br>头脑风暴法 |
| | | 设计意图：通过分组讨论的教学方法，培养学生的团队合作能力和沟通表达能力，以及组长的协调组织能力；通过自主查阅维修手册，培养学生收集信息、分析信息能力和自主学习能力 | | | | |
| | | 目标达成：能独立动手接线，收集信息的数量达到 5 条以上，正确率达到 90% 以上 | | | | |

续表

<table>
<tr><th colspan="2">教学环节（时间）</th><th>教学内容</th><th>学生活动</th><th>教师活动</th><th>教学手段</th><th>教学方法</th></tr>
<tr><td rowspan="3">课中</td><td rowspan="3">教学环节 3：收集信息和制订计划<br>（60 min）</td><td>内容二：制订计划（30 min）<br>1. 小组讨论，根据头脑风暴得到的信息，制订工作计划，并做展示<br>2. 在教师指导下改进工作计划<br>评价方式：组间互评，教师点评<br>评价内容：各组制订工作计划的正确性</td><td>1. 小组内分工合作制订计划<br>2. 小组代表展示计划<br>★难点：利用故障树梳理信息，并制订工作计划<br>3. 听取教师点评<br>4. 回答问题<br>5. 完善计划</td><td>1. 组织分工合作制订计划<br>2. 记录各组展示优缺点<br>3. 点评各组计划<br>4. 引导完善计划<br>5. 控制进度<br>6. 集中讲解共性问题</td><td>PPT<br>白板<br>A3 纸<br>记号笔</td><td>头脑风暴法<br>小组比赛法</td></tr>
<tr><td colspan="5">设计意图：通过小组比赛和头脑风暴法，提高学习参与度，激发学生的学习兴趣，反复完善计划，培养学生精益求精的精神</td></tr>
<tr><td colspan="5">目标达成：制订正确的工作计划，注重组内分工，组内参与率达 100%</td></tr>
</table>

续表

| 教学环节（时间） | | 教学内容 | 学生活动 | 教师活动 | 教学手段 | 教学方法 |
|---|---|---|---|---|---|---|
| 课中 | 教学环节 4：实施检修作业与检查监控（155 min） | 内容一：听取安全操作要求（5 min）<br>教师讲解维修车间安全操作要求<br>内容二：物资领用（5 min）<br>学生根据任务需要，通过有效的沟通，准确表达意思，领取维修工具和维修耗材<br>评价方式：学生自评，组间互评<br>评价内容：<br>1. 领用工具的准确性<br>2. 安全操作注意事项的掌握情况 | 1. 听取安全操作要求<br>2. 明确维修工单填写要求<br>3. 明确故障检修评分表中的要点<br>4. 领取工量具、耗材<br>5. 到指定工位检修 | 1. 强调安全操作规程<br>2. 说明工单填写要求<br>3. 提供故障检修评分表<br>4. 分发工量具、耗材<br><br>5. 分配工位<br>★关键点：强调安全操作规程 | 创设情境 | 小组合作法<br>讲授法<br>情境教学法 |

续表

| 教学环节（时间） | | 教学内容 | 学生活动 | 教师活动 | 教学手段 | 教学方法 |
|---|---|---|---|---|---|---|
| 课中 | 教学环节 4：实施检修作业与检查监控（155 min） | 内容三：教师演示（20 min）<br>学生观看教师演示的充电系统指示灯常亮故障诊断的操作演示过程，记忆操作流程和操作注意事项<br>1. 发电机皮带的张紧度是否符合要求<br>2. 检查蓄电池电压是否为 13.5 V 以上<br>3. 检查发电机是否发电<br>4. 检查熔丝 SA1 是否完好<br>5. 检查 DMF 线是否正常<br>评价方式：小组自评<br>评价内容：本组成员的操作流程和操作注意事项掌握情况 | 1. 观看教师的操作过程<br>2. 在笔记本上记录教师操作流程及操作注意事项<br>3. 随机说出故障的可能部位<br>★关键点：仔细观察，注意细节 | 1. 教师演示故障排除流程<br>2. 教师分解动作指导，“你来说，我来做”；学生说出故障可能部位，我来检测，提高学生的学习积极性<br>检查发电机是否发电<br>充电系统线路检修 | 游戏教学法<br>角色分工<br>就车操作过程记录 | 演示法 |

续表

| 教学环节（时间） | | 教学内容 | 学生活动 | 教师活动 | 教学手段 | 教学方法 |
|---|---|---|---|---|---|---|
| 课中 | 教学环节 4：实施检修作业与检查监控（155 min） | 内容四：分组练习（60 min）<br>学生根据教师演示的步骤进行诊断。工作完成后，各小组进行自评，由学生自行进行考评，考评标准为参与度、完成时间、故障排除情况等，自评通过后（得分 90 分以上）才能进行后续学习环节，未达到要求的学生再次练习<br>评价方式：小组自评<br>评价内容：<br>1. 本组成员的职业素养<br>2. 本组完成的工作质量 | 1. 根据教师操作示范步骤，自行诊断<br>2. 诊断完成后自评，自评采用二维码的形式，方便快捷 <br>3. 完成自评后才能进入下一环节的学习，未完成的学生继续练习<br>4. 每位学生均需练习，组长记录练习情况 | 1. 指导学生实施故障排除<br>2. 注意学生的安全操作规范<br>3. 巡回指导纠错，教师辅导学生实践操作，及时解决检修过程中存在的问题 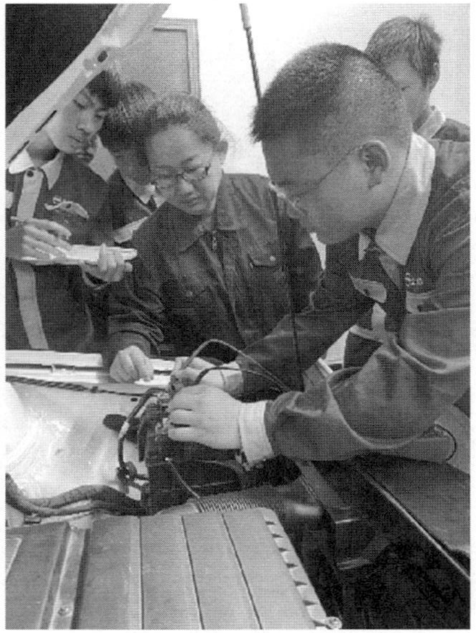<br>4. 检查学生自评情况，对未达到 90 分的学生进行单独指导，继续训练（培养学生精益求精的工匠精神）<br>★关键点：检查学生操作过程的步骤 | 巡回指导<br>监督检查 | 小组合作法<br>练习法 |

续表

| 教学环节（时间） | | 教学内容 | 学生活动 | 教师活动 | 教学手段 | 教学方法 |
|---|---|---|---|---|---|---|
| 课中 | 教学环节 4：<br>实施检修<br>作业与<br>检查监控<br>（155 min） | 内容五：以赛促教（50 min）<br>1. 教师根据分组情况，分别设置 4 个故障点，学生通过小组间的互换，完成 4 个故障点的诊断<br>一组：故障点设在蓄电池电压不足<br>二组：故障点设在发电机不发电<br>三组：故障点设在熔丝 SA1 故障<br>四组：故障点设在 DMF 线故障<br>2. 以小组比赛的形式进行，4 个组均需轮换一遍，4 个故障均能排除。用时最短、故障排除最准确、操作步骤最规范的小组获胜<br>3. 互派考评员根据汽车充电指示灯常亮（充电系统电路）故障检修评分表观察操作步骤，完成故障排除和计时工作 | 1. 小组比赛，4 个组分别设 4 个不同的故障，轮流操作，以汽车充电指示灯常亮（充电系统电路）故障检修评分表为评分标准，做到每位学生均能完成故障排除任务<br>2. 听取教师指导<br>3. 技能展示，请操作最快、最好的组来录制视频供其他学生课后观看<br>★关键点：操作过程的注意事项 | 1. 指导学生实施故障排除<br>2. 注意学生的安全操作规范<br>3. 巡回指导纠错，教师辅导学生实践操作，及时解决检修过程中存在的问题<br>4. 随机拍摄学生常见操作错误，连接计算机提醒学生<br>5. 拍摄最快、最好的组的操作视频 | 随机纠错<br>互相监督<br>小组比赛 | 小组比赛法 |

续表

| 教学环节（时间） | | 教学内容 | 学生活动 | 教师活动 | 教学手段 | 教学方法 |
|---|---|---|---|---|---|---|
| 课中 | 教学环节 4：实施检修作业与检查监控（155 min） | 内容六：检查监控（10 min）<br>1. 巡回查看操作步骤和操作注意事项<br>2. 随机纠错，发现问题及时纠正<br>3. 共性问题，集中讲解<br>评价方式：教师点评<br>评价内容：操作步骤是否正确<br>内容七：现场恢复（5 min）<br>按照 8S 管理规范要求恢复现场<br>评价方式：组间互评、教师点评<br>评价内容：是否符合 8S 管理规范 | 1. 听取教师讲解共性问题<br>2. 及时改正错误，并记录在笔记本上<br>3. 按照 8S 管理规范整理现场<br>★关键点：培养学生整理现场的习惯，对学生进行劳动教育 | 1. 讲解共性问题<br>2. 巡回查看<br>3. 随机纠错<br>4. 监督学生整理现场情况，点评恢复现场的情况 | 巡回指导<br>随机纠错<br>共性问题<br>集中讲解 | 小组合作法 |
| | | 设计意图：通过组内角色分工，加强每位学生的过程参与度，培养学生的思考能力，通过创设情境，培养学生企业管理的思维模式，以赛促学，反复练习，打磨学生的耐心，培养学生认真、仔细的工匠精神 | | | | |
| | | 目标达成：每位学生在规定时间内独立完成故障排除作业 | | | | |

续表

| 教学环节（时间） | | 教学内容 | 学生活动 | 教师活动 | 教学手段 | 教学方法 |
|---|---|---|---|---|---|---|
| 课中 | 教学环节 5：总结评价（15 min） | 内容一：检验评价（5 min）<br>小组自评、组间互评、教师点评<br>参照企业标准，通过小组自评、组间互评、教师点评三个环节检验各组任务完成情况，小组自评通过手机扫码自主评价，组间互评通过过程评价结合白板量化考核，在课间前两项已基本完成，此阶段主要进行教师点评<br>评价方式：教师点评<br>评价内容：符合行业、企业标准 | 1. 扫码自评<br>2. 小组互评，考评员做过程考评<br>3. 聆听教师点评<br>4. 回顾知识点和技能点<br>5. 记录、整理笔记 | 1. 提出专家评价标准<br>2. 教师利用云课堂软件针对课上的情况做课堂小结<br>3. 总结知识点和技能点<br>4. 根据评价结果，发放奖励卡<br>5. 布置整理笔记要求 | 教师点评<br>总结反馈 | 教师点评教学法 |

续表

<table>
<tr><th colspan="2">教学环节（时间）</th><th>教学内容</th><th>学生活动</th><th>教师活动</th><th>教学手段</th><th>教学方法</th></tr>
<tr><td rowspan="3">课中</td><td rowspan="3">教学环节 5：总结评价（15 min）</td><td>内容二：答疑解惑（5 min）<br>学生对学习过程中遇到的问题进行提问<br>内容三：作业布置（5 min）<br>在网络学院发布本次课程的笔记及工作页内容<br>评价方式：教师点评<br>评价内容：评价情况</td><td>1. 学生对学习过程中遇到的问题进行提问<br>2. 听取作业布置，记录作业</td><td>1. 回答学生学习过程中遇到的问题<br>2. 布置本次课的作业</td><td>答疑解惑</td><td>现场答疑教学法</td></tr>
<tr><td colspan="5">设计意图：促进学生对过程进行反思，培养学生总结归纳提升的学习能力</td></tr>
<tr><td colspan="5">目标达成：评分在 70 分以上的学生算本次课程合格，不合格的学生教师应利用课余时间加强辅导</td></tr>
</table>

续表

| 教学环节（时间） | | 教学内容 | 学生活动 | 教师活动 | 教学手段 | 教学方法 |
|---|---|---|---|---|---|---|
| 课后 | 练习（20 min） | 内容一：知识转化<br>1. 判断不同车型充电系统的故障诊断方法<br>依托学校现有的车型，学生通过教师上传的车型维修手册及维修视频进行学习<br>2. 拍摄诊断和故障排除视频，上传到短视频平台<br>以小组为单位，每个小组拍摄一段不同车型的充电系统故障诊断与排除视频，上传到短视频平台，获得爱心最多的小组获胜<br>评价方式：视频点赞<br>评价内容：不同车型充电系统故障诊断完成情况 | 1. 学生通过教师上传的车型维修手册及维修视频进行学习<br>2. 自行完成不同车型充电系统故障诊断<br>3. 学生分组完成维修过程短视频的拍摄<br>4. 上传至短视频平台 | 1. 发放维修手册<br>2. 查看短视频平台，观看学生诊断视频，查看获得爱心情况<br>3. 推选出最好的视频上传到学校网络学院学习平台 | 拍摄视频<br>翻转课堂 | 任务驱动法 |

续表

<table>
<tr><th colspan="2">教学环节（时间）</th><th>教学内容</th><th>学生活动</th><th>教师活动</th><th>教学手段</th><th>教学方法</th></tr>
<tr><td rowspan="3">课后</td><td rowspan="3">练习<br>（20 min）</td><td>内容二：作业完成<br>完成本次课的工作页<br>内容三：布置下次课任务<br>布置下次课的课前预习任务，学生明确任务要求及内容<br>1. 工作内容：完成网络学院上“汽车起动系统的故障检修”相应学习内容及测试题<br>2. 任务要求：下次课前所有同学均需完成学习进度和测试题</td><td>1. 学生完成工作页<br>2. 完成网络学院的学习进度条和测试题<br>分析报告 搜索课程 邀请码<br>测试时间：0分54秒 共5题<br>测试题目分析 查看试卷<br>正确率80.00%<br>1 ✓ 2 ✓ 3 ✓ 4 ✓ 5 ×<br>知识点掌握情况<br>序号 知识点名称 掌握程度</td><td>1. 检查学生工作页完成情况<br>2. 检查学生课前预习情况</td><td>翻转课堂</td><td>任务驱动法</td></tr>
<tr><td colspan="5">设计意图：培养学生的自主学习、查阅资料、信息收集整理能力</td></tr>
<tr><td colspan="5">目标达成：工作页完成情况达 100%，视频拍摄能按小组完成</td></tr>
</table>

## 九、学业评价

本次课程评价结合企业标准，评价检修方案和检修实操过程。评价内容以教学目标为依据，侧重学生专业能力和职业素养相结合的综合评价。教师控制整个教学过程，点评职业素养等综合能力。真正达到“产教融合”的培养目标。

1. 学业评价方式

（1）学生自评：采用信息化手段——微信扫描二维码的方式填写评分表。

（2）小组互评：采用白板量化评价方式，有利于组员之间互相监督、互相帮助。

（3）教师评价（综合学习雷达图）。

汽车充电指示灯常亮故障检修综合成绩分布图

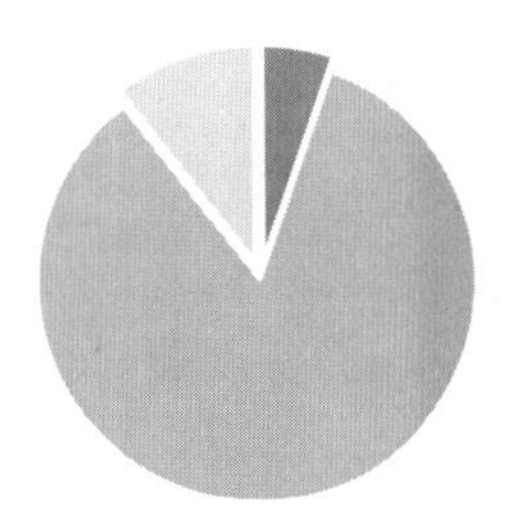

■ 90分以上 ■ 80分以上 ■ 70分以上

汽车充电指示灯常亮故障检测成绩分析图

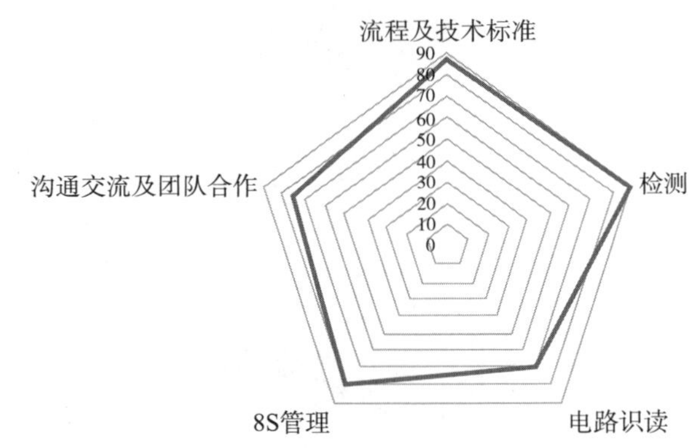


2. 学业评价内容

（1）检修方案。

（2）检修工作实施过程。

3. 学业评价指标

（1）依据企业评价标准制定故障检修工作实施的评价指标。

（2）故障维修小组综合考评指标。

## 十、教学反思

1. 新时代技工教育需要突出工匠精神和社会主义劳动观的价值引领。本课程注重挖掘理工类课程蕴含的思政元素，将其有机融入教学过程，实现“汽车电气知识传授”和“工匠精神价值引领”的有机统一。

2. 在教学设计中引入现代控制论、信息论、系统论的观点，不断优化课前、课中、课后各个教学环节的设计，体现“产教融合”的教学理念，真正摒弃传统的填鸭式教学方式。

3. 怒江福贡地区学生由于社会环境制约，文化底子较薄，加上很少接触工业文明，往往对理工类课程有畏惧心理。通过挖掘汽车电气知识蕴含的思政元素和课前、课中、课后环节设计，不仅活跃了课堂气氛，还培养了学生的工匠精神和家国情怀，取得了满意的课堂教学和立德树人效果。

4. 在教学形式上充分体现学生为主体，教师为主导的模式，通过“听、做、看”三感知，“学、练、赛”三结合，“递进式”训练突出重点，突破难点，反复训练，培养学生精益求精的工匠精神。

5. 学生对学习目标明确，课堂上利用先进的教学手段，大大提高学生的学习积极性。

6. 评价方式多元化，使学生综合素质得到全面提高。

7. 多种教学方法的使用是课堂控制的难点，还有可以提高和改进的地方。

## 作者简介

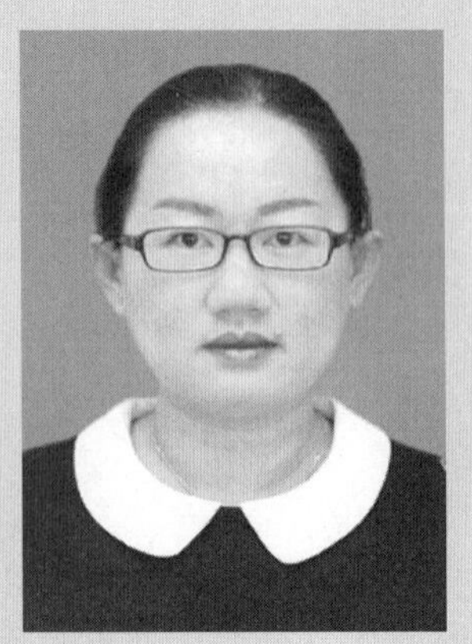

**姓名：**杨芸

**学校：**云南冶金高级技工学校

**获奖：**第二届全国技工院校教师职业能力大赛交通类项目二等奖

**获奖感言：**“在学习中沉淀，在沉淀中升华，在升华中成长”，比赛是一面镜子，能够看到自己的不足，看到与名师之间的差距。丰富的工作经历让我能将“工学一体”的教学理念真正融入课堂教学。教书育人，不仅仅是教会学生知识与技能，更应该将核心价值观融入专业课程，培养学生正确的思维模式。

## 专家点评

该任务选题来源描述略显冗余，选取的微任务真实、独立且对接职业工作内容，具有一定的典型性。从对口技能扶贫的学生实际情况出发，利用SWOT分析法分析优缺点并采取行之有效的教学策略。学习目标设置以培养学生的综合职业能力为出发点，围绕目标对学习内容梳理出逻辑结构图，思路清晰，但任务描述欠准确。通过“听、做、看”三感知，“学、练、赛”三结合，“递进式”的学习活动设计突显了学生的主体地位，实现了“以学生为中心，以能力为本位”的教学理念。教学评价方案还有待改进和完善。

# 汽车近光灯不亮故障检修

安徽机电技师学院 / 周汉华

| 参赛项目类别 | 交通类 | | |
|---|---|---|---|
| 专业名称 | 汽车维修 | | |
| 课程名称 | 汽车电气维修 | 参赛作品题目 | 汽车近光灯不亮故障检修 |
| 课　　时 | 4 课时 | 教学对象 | 汽车维修专业高技二年级 |

## 一、选题价值

### （一）选题来源

汽车电气维修是汽车维修领域中重要的工作内容，是汽车维修专业学生的职业行动领域之一，在实际工作中具有普遍性及代表性，而汽车灯光不亮故障的检修任务是汽车 4S 店、汽车修理厂常见的工作任务。其中，“灯光电路的诊断与维修”是“汽车灯光不亮故障检修”的代表性学习活动。

根据人社部颁布的《汽车维修专业国家技能人才培养标准及一体化课程规范（试行）》，“汽车近光灯不亮故障检修”属于“灯光电路的诊断与维修”代表性学习活动下的一个微任务，来源于企业真实的工作任务，并且是与企业深度合作二次开发转化而来的任务（见图 1）。

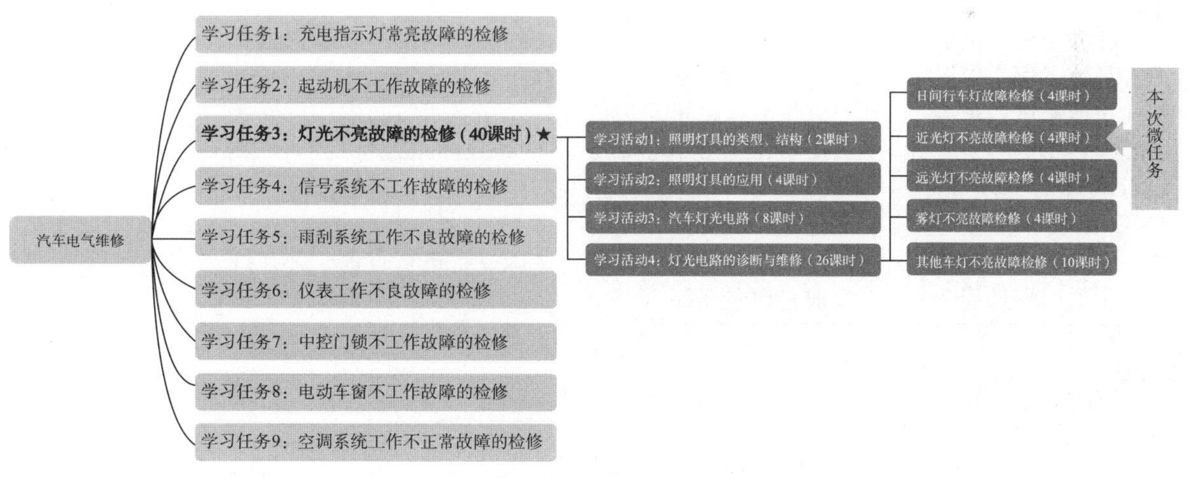


图 1　微任务来源

### （二）选题价值

1. 典型性

汽车照明系统是汽车电气系统的重要组成部分，而汽车近光灯是汽车照明系统中的重要组成部件，其功能是保障驾驶员的行车安全。近光灯电路是否正常还直接影响远光灯能否正常工作。汽车近光灯故障是汽车灯光的典型故障之一。

2. 价值性

该任务通过对汽车近光灯不亮故障检修的学习，培养学生分析和解决汽车灯光电路故障的能力，培养学生严谨、细致的工作习惯，提高职业素养，增强沟通、合作等能力，具有完整的工作过程，有效达成培养学生综合职业能力的目的；学生通过该任务的学习与实践，有利于将来进入工作岗位后能够完成近光灯不亮故障的检修，实现学习任务与岗位工作内容的对接；所选微任务有利于融入世界技能大赛汽车技术项目评价标准，培养学生精益求精的工匠精神。

## 二、学习目标

根据任务价值及任务实施的需求，以提升学生的综合职业能力为目的，确定学习目标。

1. 总体目标

通过该任务的学习，学生能够以团队协作的方式、查阅资料并按规范的操作流程排除近光灯不亮故障。

2. 具体目标

根据混合式教学策略的开展需要，系统地将教学目标分为课前、课中、课后三个部分。

| 课前目标 | 课中目标 | 课后目标 |
|---|---|---|
| 1. 学生能通过观看世界技能大赛汽车技术项目比赛相关视频，感受世界技能大赛的氛围和精神，学习世界技能大赛标准，并引导学生全面客观地了解中国汽车产业快速发展的趋势<br>2. 学生回顾汽车日间行车灯的检修过程，查阅 QQ 群中的预习纲要，完成一体化学习工作页中的引导性问题 | 1. 学生能在组长的带领下，做好课前准备；能在教师的引导下，积极主动汇报课前学习成果，明确本次任务的内容和要求<br>2. 学生能以查阅资料、小组讨论等方式分析故障原因，并制订检修计划<br>3. 学生能在组长的带领下，利用威朗汽车故障仿真软件验证、完善计划，并由教师审定通过<br>4. 学生能根据审定后的计划，在规定时间内按世界技能大赛标准进行作业，最终排除故障，进行现场 6S 整理并完成交车任务；学生能对组员的作业进行监督、纠正、记录以及自检<br>5. 任务完成后，学生能对实施过程进行点评，并在线上完成自评、互评 | 1. 能在评价结果的基础上，完成本次任务的工作总结，并通过班级 QQ 群上传<br>2. 能利用微视频及网络资源查找并分析汽车近光灯常亮故障原因，并在威朗故障诊断仿真软件中排除故障 |

## 三、学情分析

本课程的授课对象是 2018 级秋季汽车维修班五年制高级工二年级学生，根据学生基础及其性格特点，采用组间同质、组内异质分组。学生已经学习了“新车检查”“汽车维护”等 4 门一体化课程；能正确使用万用表等汽车工量具；能正确识读汽车电路；能利用汽车检测工具对汽车进行简单检测；能运用维修手册或网络查询的方式学习汽车近光灯电路及其控制原理；能通过小组合作、组员分工的方式完成灯光电路的诊断与维修工作；有一定的安全防护和岗位责任意识，已适应一体化教学模式，具有完成本次任务的基础。

对照汽车维修岗位标准，学生在完成灯光检修过程中的规范性和质量意识还有待提高，并且威朗汽车近光灯电路的故障检测难度较大，学生在检测过程中往往没有章法，习惯机械性地重复教师演示的步骤。学情分析如图 2 所示。

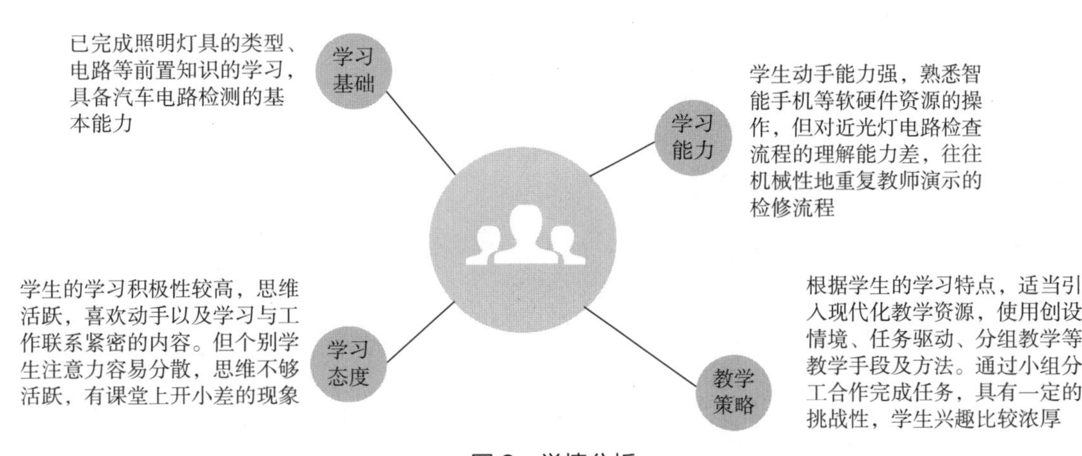


图 2　学情分析

## 四、学习内容

### （一）学习任务描述

别克 4S 店接待了一辆别克威朗车主，其汽车近期出现近光灯不亮故障，经班组长检查发现左侧近光灯不亮。组长向组员下达检修近光灯的任务，组员通过分析维修工单、明确任务要求、查阅维修手册、确定作业流程与技术标准，在教师的指导下，采用小组合作的方式，根据世界技能大赛标准及汽车维修手册的技术要求对汽车近光灯不亮故障进行检测，最终排除故障使车辆近光灯恢复正常工作。经班组长检验合格后，填写维修工单，交付客户（教师），并由客户进行服务评价及签字确认。

### （二）学习内容分析

根据工作任务过程中的各要素，结合学习目标及学情分析确定学习内容，如图 3 所示。

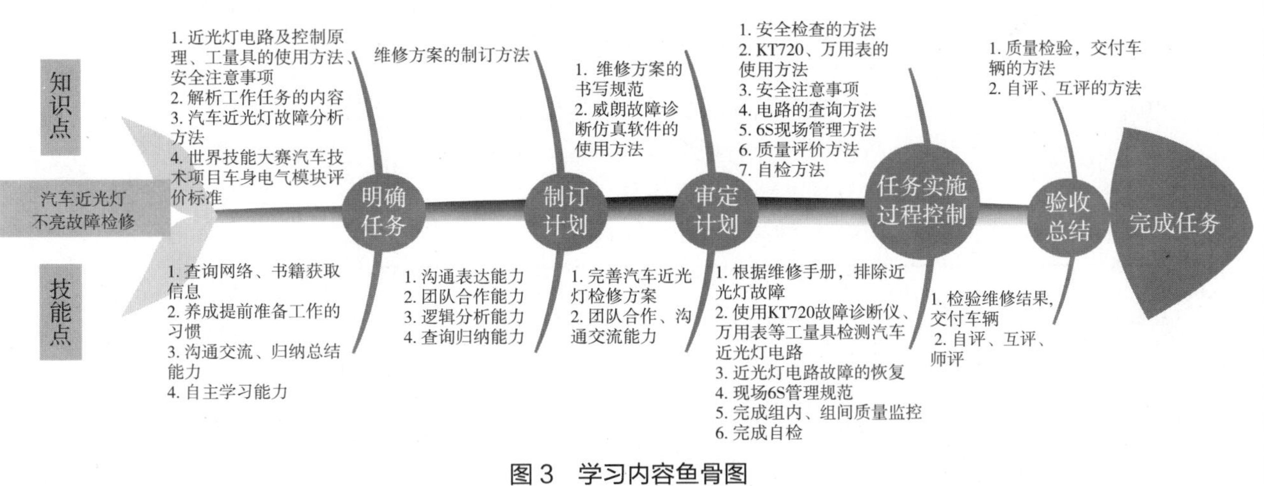


图 3　学习内容鱼骨图

根据学情分析及学习目标，结合鱼骨图，确定本次任务的学习内容。

1. 世界技能大赛汽车技术项目车身电气模块评价标准。

2. 威朗汽车近光灯的控制原理、汽车工量具的使用方法。

3. 汽车电气维修安全操作注意事项。

4. 威朗汽车近光灯故障检修任务实施方案的书写方法。

5. 根据维修手册及世界技能大赛标准，正确使用万用表、故障诊断仪等工量具，安全规范地完成威朗汽车近光灯的电路检测及故障修复。

6. 通过企业专家全程指导，学习企业专家的工作经验、敬业精神，培养精益求精的工匠精神。

7. 正确填写工单，故障排除后正确检查车辆，向客户说明工作内容，提出使用建议，完成交车。

8. 现场6S管理要求，自评、互评的方法。在自评与互评的过程中培养学生诚实劳动的品质，让学生感受到诚实劳动的快乐。

**（三）学习重点、难点分析**

根据学习目标及职业岗位素养需求，结合学习（工作）内容及学情分析，确定学习重点、难点，见表1。

表1 学习重点、难点分析

| | | |
|---|---|---|
| 学习重点 | 重点 | 完成近光灯不亮故障检修 |
| | 确定理由 | 根据学习目标和内容，近光灯的检修是整个工作过程的关键内容，本任务中近光灯故障检修按世界技能大赛汽车技术项目车身电气模块标准实施，学生实践经验不足，规范性和质量意识有待提高，需要反复练习并进行过程控制 |
| | 突破办法 | 做：小组各成员观看微视频并记录视频中近光灯的排故流程<br>学：观看并学习QQ直播中教师的演示步骤<br>教：QQ直播、任务驱动、指导讲解 |
| 学习难点 | 难点 | 汽车近光灯电路的检测方法 |
| | 确定理由 | 根据学情，对近光灯电路的检测方法难以理解，学生在检测的过程中没有章法，习惯机械性地重复教师演示的步骤 |
| | 化解方法 | 做：课前观看微视频学习近光灯电路故障分析方法及检测流程<br>学：将该内容分解成数据流分析、电源检查、近光灯本体检查、搭铁检查4个部分，分块讲解，化难为易<br>教：由企业专家、教师共同指导 |

## 五、教学策略

汽车维修岗位要求维修人员具备严谨的工作态度、优秀的质量意识，严格执行岗位标准。为培养学生在该岗位所需的职业素养，建立学习与工作的联系，并渗透辛勤、诚实、创造性劳动价值观教育及工匠精神的培养。结合学习内容及学情分析，本次微任务将主要采用以下教学策略（见图 4）。

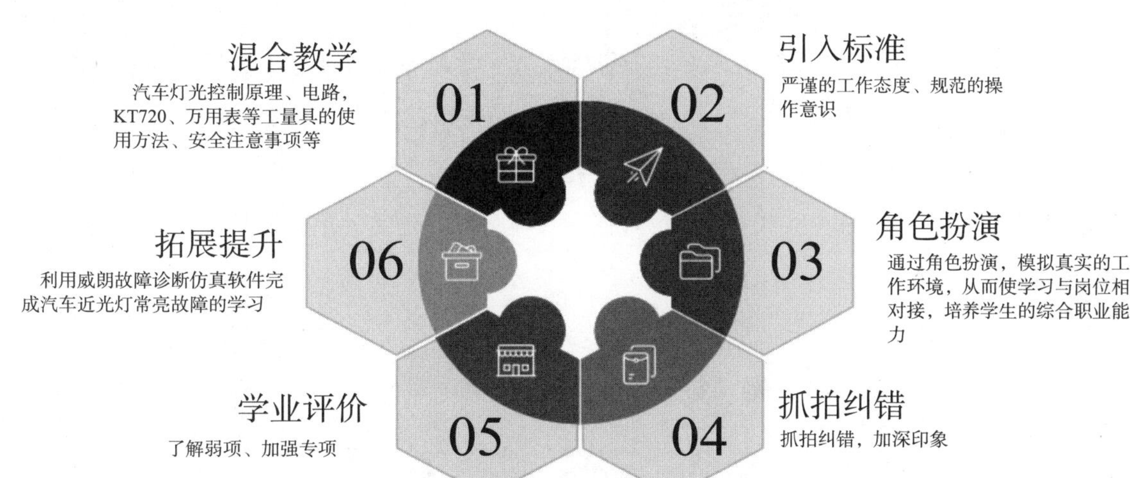


图 4　教学策略

**（一）混合教学，学生为主**

课前教师布置学习任务，要求学生自主学习汽车灯光的控制原理等内容，并了解在该岗位工作时的安全注意事项与工作流程及世赛汽车技术项目车身电气模块的标准，同时完成一体化学习工作页上的引导性问题。通过混合式教学建立与职业之间的联系，调动学生的学习兴趣，为课中教学做好铺垫。

**（二）引入标准，以赛促学**

为了培养学生严谨的工作态度和规范的操作意识，在任务实施环节，引入世界技能大赛汽车技术项目标准对工作过程提出要求，组间竞赛，以赛促学，并渗透辛勤、诚实、创造性劳动价值观教育及工匠精神的培养。

**（三）角色扮演，情景模拟**

学生通过扮演班组长、维修员等角色模拟接车、检查、作业、验收、交车等真实的工作环节，从而使学习与岗位相对接，培养学生的综合职业能力。

**（四）抓拍纠错，回放整改**

对于工作过程中出错的内容，让质检员用手机拍照记录，在验收总结环节将图片通过多媒体回放进行整改。通过抓拍纠错，强调操作技巧，加深印象便于改正。

**（五）学业评价，直观展示**

教师将学业评价表整理汇总，形成汇总表，使学生一目了然地掌握自己的薄弱环节，以便日后加强对薄弱环节的学习。

**（六）迁移任务，拓展提升**

在任务拓展中，教师提出通过威朗故障诊断仿真软件设置近光灯常亮故障，使学生的学习能力得到迁移提升。

## 六、学习资源

在学习资源上，一是根据工作要求和企业标准设置了学习环境与企业环境相一致的一体化学习工作站；二是通过合理利用QQ、云班课、威朗汽车故障仿真软件等网络教学平台激发学生的兴趣点，提高学习效率；三是坚持以问题为导向，设置一体化学习工作站、一体化学习工作页等软硬件资源来支撑相关问题，培养学生自主学习的习惯，教师则主要起到引导和帮助的作用。教学环境分布如图5所示。

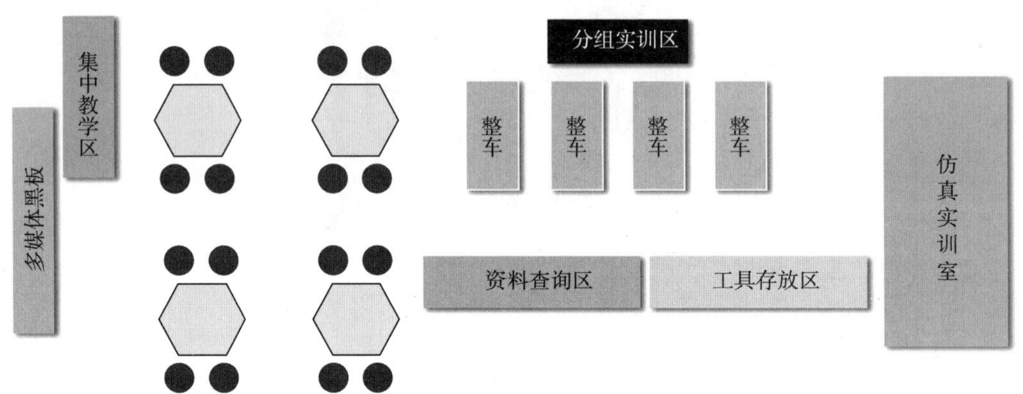


图5　教学环境分布

1. 集中教学区：配备多媒体设备、桌椅板凳以及实物教具。

2. 分组实训区：包括4个整车检测工作台，每个工作台包含1辆整车、1辆工具车。

3. 资料查询区：存放维修手册、教材、计算机等可供学生选择查询的资料。

4. 工具存放区：存放万用表、故障诊断仪、头灯等工具。

5. 仿真实训室：配备50台计算机，每台计算机安装有威朗汽车故障仿真软件，用以验证计划、完善计划。

学习资源围绕教学任务设计，为教学的实施提供资源，使学生在问题引导和任务驱动下达成学习目标。主要学习资源及其功能说明见表2。

表2　学习资源及其功能说明

| 名称 | | 图片 | 功能 | 运用环节 | 创新点 |
|---|---|---|---|---|---|
| 环境资源 | 汽车电气维修工作区 | | 集中组织教学，承担学习全过程 | 明确任务<br>制订计划<br>审定计划<br>任务实施<br>过程控制<br>验收总结 | 创造真实的工作环境，有利于培养学生的综合职业能力 |

续表

| 名称 | | 图片 | 功能 | 运用环节 | 创新点 |
|---|---|---|---|---|---|
| 硬件资源 | 多媒体黑板 |  | 展示教学课件、教学视频及动画，便于学生直观学习 | 明确任务<br>制订计划<br>验收总结 | 直观展示，克服了传统教学中抽象展示的缺点 |
| | KT720 故障诊断仪、数字式万用表（4 套） | 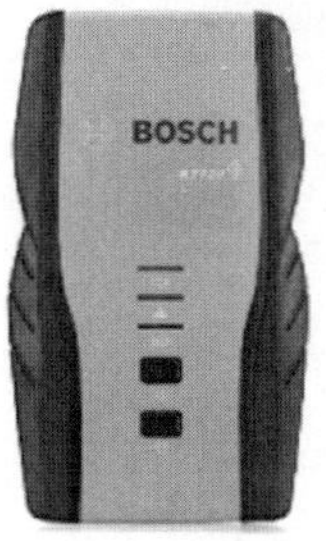 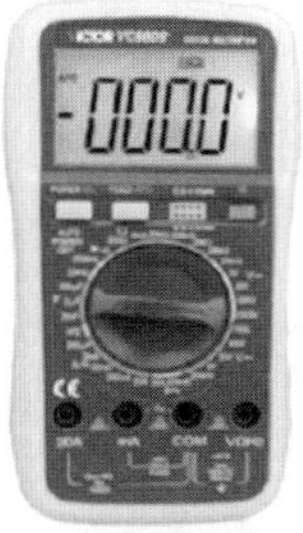 | 故障诊断仪与万用表是本次课的专用工量具 | 任务实施 | 让学生在工作中熟悉工量具的使用方法 |
| | 威朗汽车（4 辆） |  | 实训任务的承载对象，用于展示故障，开展近光灯检修的教学任务 | 任务实施 | 着重培养学生的动手能力，改变传统教学中以教师为主体的教学模式 |
| 软件资源 | 学习材料（16 套） |  | 可供学生查询、学习的参考资料 | 制订计划<br>任务实施 | 查找需要的信息，培养学生的信息筛选能力 |
| | 一体化学习工作页（16 份） | **汽车近光灯不亮故障检修**<br>**工**<br>**作**<br>**页**<br>班级：<br>姓名：<br>教师： | 供学生填写故障原因、制订工作计划等 | 明确任务<br>制订计划<br>审定计划<br>任务实施<br>过程控制<br>验收总结 | 体现学生在问题引导下的学习过程，让学生在问题引导下完成任务，达成学习目标 |

续表

| 名称 | | 图片 | 功能 | 运用环节 | 创新点 |
|---|---|---|---|---|---|
| 软件资源 | 世界技能大赛汽车技术项目评价标准（16份） | worldskills<br>世界技能大赛汽车技术项目技术规范与评分标准 | 让学生学习世界技能大赛标准，提高质量意识 | 课前学习<br>制订计划<br>任务实施 | 通过世界技能大赛标准提升学生的质量意识 |
| | 威朗故障诊断与维修仿真实训室、计算机、仿真软件 | | 学生利用仿真软件验证工作计划的可行性，用以调整计划 | 审定计划<br>任务拓展 | 充分运用信息化技术完成教学内容，为课上学习带来了便捷 |
| | QQ | | 用于课前发布预习任务，上交工作总结，是学生讨论及交流的平台，利用QQ直播突出重点 | 课前学习<br>明确任务<br>任务实施 | 将QQ引入课堂，从而激发学生的学习兴趣，且QQ具有多人直播及回放功能，有利于弥补学生学习能力的差异 |
| | 云班课 | | 线上评价的重要资源 | 验收总结 | 云班课具有课堂评价功能且能自动生成成绩；由纸质评价转变为无纸评价，节约了资源，符合世界技能大赛宗旨和绿色发展理念 |

## 七、教学流程

为充分调动学生的学习兴趣，引导学生自主学习，本次教学过程采用小组合作的方式，运用任务驱动法、角色扮演法、讨论法和讲授法，充分利用一体化学习工作页、网络教学平台等软硬件资源，确保学习目标的达成。教学流程如图 6 所示。

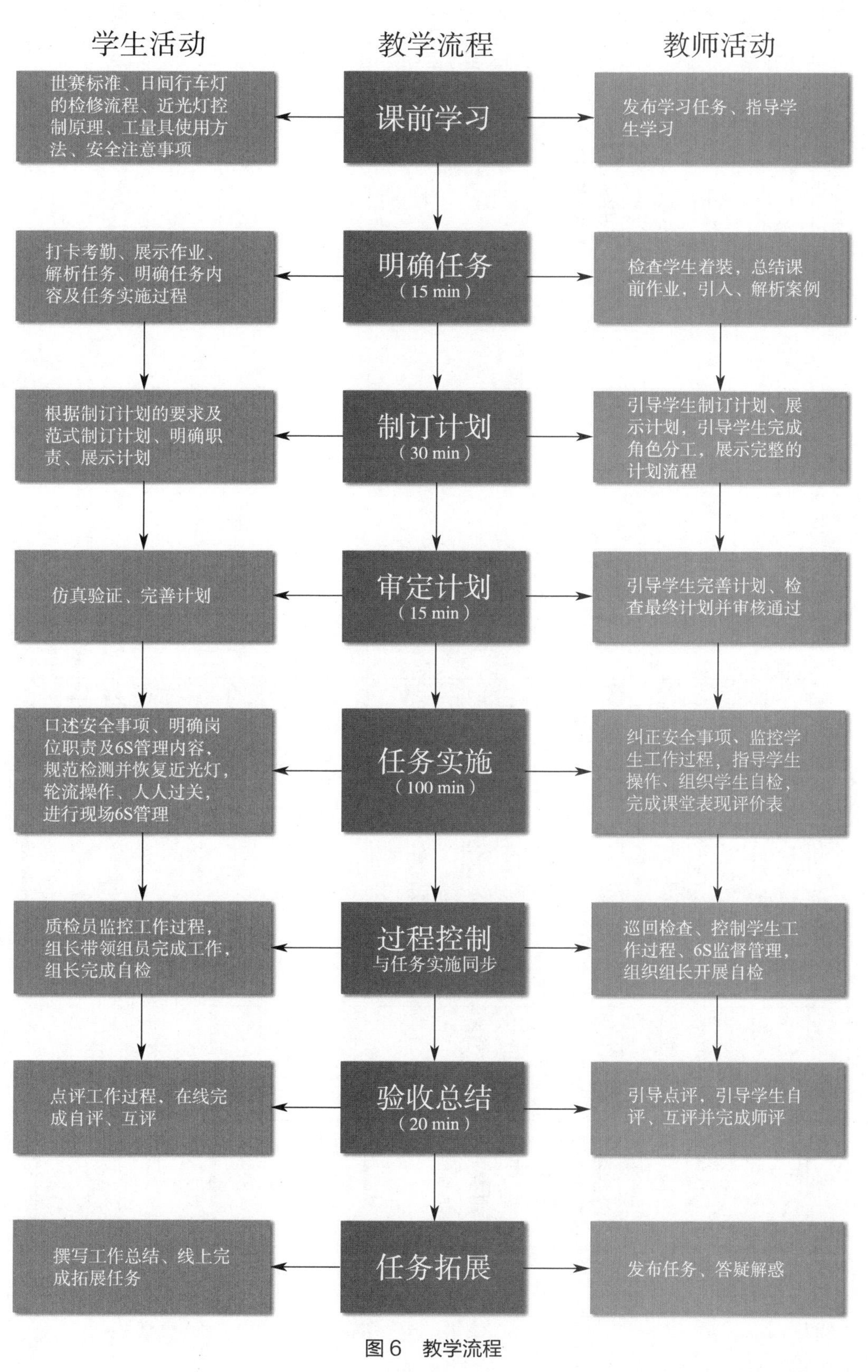


图 6　教学流程

## 八、教学实施过程

| 教学环节 | 教学内容 | 学生活动 | 教师活动 | 教学手段 | 教学方法 | 设计意图 |
| --- | --- | --- | --- | --- | --- | --- |
| 课前学习 | 1. 观看世界技能大赛汽车技术项目相关视频<br>2. 回顾汽车日间行车灯的检修过程<br>3. 学习汽车近光灯电路检修知识相关内容：汽车近光灯控制原理、近光灯电路、KT720 及万用表的使用规范和安全注意事项 | 1. 通过观看 QQ 群中上传的世界技能大赛汽车技术项目的视频感受世界技能大赛氛围与精神，学习世界技能大赛标准，全面客观地认识中国汽车产业快速发展的趋势，并回顾汽车日间行车灯的检修过程<br>2. 课前学生下载预习纲要进行预习，观看 KTS 网络平台的视频，完成“威朗汽车近光灯的控制原理”等一体化学习工作页的引导性问题<br>3. 针对课前学习内容中不会的问题在 QQ 群里讨论、留言 | 1. 发布课前学习资源，布置课前任务<br>2. 通过班级群指导学生开展自学活动<br>3. 通过师生互动（QQ 群中交流），完成课前学习指导 | QQ 群<br>微视频<br>网络资源<br>工作页 | 自主学习法<br>资料查询法 | 通过观看世界技能大赛视频，自主学习、师生互动，感受世界技能大赛氛围，引导学生全面客观地认识中国汽车产业的快速发展和地位，并完成近光灯电路检修基础知识的学习，使学生养成提前准备工作的习惯，提高课堂效率 |
| 明确任务（15 min） | 1. 组织上课：打卡考勤、检查着装<br>2. 回顾：日间行车灯的检修过程<br>3. 检查学生课前自主学习的效果<br>4. 引入故障案例并分析故障原因<br>5. 明确具体工作任务：按照规范的流程正确使用工量具检测汽车近光灯电路，找出并排除故障 | 1. 打卡考勤、师生问好、整理着装。学生按上次课的分组方式，以 4 人为一组<br>2. 学生展示课前作业<br>3. 跟随教师解析案例，之后登录班级 QQ 群下载汽车照明核心知识点及故障案例，小组讨论分析案例中的故障原因，并将故障原因填写在一体化学习工作页中的对应位置<br>4. 能理解并正确描述任务内容及任务实施过程 | 1. 打卡考勤、师生问好、检查学生着装<br>2. 总结学生课前作业并给出正确答案<br>3. 引入故障案例，给予学生适当的提示，引导学生对故障进行分析，给出答案并通过微视频展示任务内容细则<br>4. 教师解析任务 | 一体化学习工作站<br>教学课件<br>工作页<br>微视频 | 任务驱动法<br>小组学习法 | 1. 让学生熟悉企业管理模式，养成良好的工作态度<br>2. 本环节拟达成课前目标。目的是对学生课前学习效果进行检测，且为达成课中目标、突出教学重点而做铺垫引导，培养学生分析问题、解决问题的能力 |

续表

| 教学环节 | 教学内容 | 学生活动 | 教师活动 | 教学手段 | 教学方法 | 设计意图 |
| --- | --- | --- | --- | --- | --- | --- |
| 制订计划（30 min） | 1. 制订汽车近光灯电路检修计划<br>2. 展示计划 | 1. 学生登录 KTS 观看汽车近光灯检修视频，记录并讨论分析检修流程<br>2. 小组合作根据维修手册中近光灯电路图及分析出来的故障原因制订排故计划，并最终确定小组计划<br>3. 组长明确组员的工作职责，通过抽签将质检员分配到其他组<br>4. 展示计划，讲解排故思路 | 1. 引导学生观看学习视频<br>2. 明确计划要求，提供计划范式（在工作页中）<br>3. 组织学生进行分工<br>4. 引导学生进行点评，展示完整的计划应具有的流程 | 一体化学习工作站<br>微视频<br>网络平台<br>工作页<br>教学课件 | 问题引导法<br>讨论法 | 将社会主义核心价值观融入教学过程中，通过小组合作，培养学生团队合作的能力，并在这一过程中让学生学会友善讨论、和谐相处，接受不同的意见 |
| 审定计划（15 min） | 利用威朗汽车故障诊断与维修仿真软件验证并完善检修计划，对计划的设计规范及可行性进行综合审查 | 利用威朗汽车故障诊断与维修仿真软件验证计划的可行性，若发现计划中的问题须进行修改并直至最终审定通过 | 检查各小组成员制订的最终计划是否规范、合理、可行，引导学生修改完善计划，最后审核同意实施 | 一体化学习工作站<br>威朗汽车故障诊断与维修仿真软件<br>工作页<br>教学课件 | 审改结合法 | 1. 培养学生取长补短的能力，从而加深对本堂课学习难点的掌握，达成课中目标 3<br>2. 要求学生不要抄袭别人的成果，教育学生要通过自己的努力得出合格的计划，让学生体会到辛勤劳动的快乐，实现劳动教育 |

续表

| 教学环节 | 教学内容 | 学生活动 | 教师活动 | 教学手段 | 教学方法 | 设计意图 |
|---|---|---|---|---|---|---|
| 任务实施（100 min） | 1. 重点：排除威朗汽车近光灯故障<br>2. 安全注意事项、岗位职责<br>3. 难点：汽车近光灯电路的检测（小组根据检修方案，各自分工准备好工具及安全防护用品，进行近光灯电路检修作业，具体作业过程应有相应的记录）<br>4. 组内轮流实施、人人过关<br>5. 6S 场地管理 | 1. 口述安全操作注意事项，讲授 6S 管理内容<br>2. 安全检查及准备工作<br>3. 根据维修手册及审定的计划规范实施任务，检测威朗汽车近光灯，找出所有故障点并进行排故，完毕后试车检测，验证故障是否已排除<br>4. 小组内学生轮换角色，完成故障排除，实现人人过关（学生可借助 QQ 直播中教师演示的视频、企业专家的指导、组长解答等方式化解困难）<br>5. 现场 6S 管理 | 1. 聆听学生口述内容并给予纠正<br>2. 观察学生安全检查及准备工作，确保安全地开展工作<br>3. 教师提醒各组按世界技能大赛标准进行工作。巡回指导监控操作过程，及时发现学生操作过程中遇到的问题，给予指导或协助企业专家进行指导<br>4. 引导学生进行角色互换<br>5. 监督现场整理 | 一体化学习工作站<br>世赛标准<br>审定后的计划<br>工作页<br>QQ 群<br>教学课件 | 演示法<br>角色扮演法<br>自主学习法<br>讨论法 | 采用世界技能大赛汽车技术项目技术规范进行作业，质量要求高，通过评价表设置 10 个质量监控点，强化过程管理，利用 QQ 直播、小组讨论等方式突出重点，并通过企业专家全程跟踪解答，教师演示指导等方法化解难点 |
| 过程控制（与任务实施同步） | 按照操作规范，小组质检员检验各小组汽车近光灯电路故障诊断与维修的任务完成情况（质检员及组长在之前已经确定） | 1. 质检员根据审定后的计划与世界技能大赛汽车技术项目车身电气模块评价标准监控各组工作过程，发现问题及时纠正、记录，并利用云班课进行打分<br>2. 组长在组员作业过程中遇到困难时带领组员分析故障原因，完成近光灯检测<br>3. 组长进行自检 | 1. 根据企业标准及审定后的计划，巡回检查，引导、控制学生的检修过程<br>2. 对课堂 6S 管理实施情况进行监督<br>3. 组织各组长进行自检 | 一体化学习工作站<br>世界技能大赛标准<br>审定后的计划<br>云班课<br>工作页<br>教学课件 | 小组合作法<br>自检法 | 规范学生技能操作，培养学生的质量意识 |

续表

| 教学环节 | 教学内容 | 学生活动 | 教师活动 | 教学手段 | 教学方法 | 设计意图 |
| --- | --- | --- | --- | --- | --- | --- |
| 验收总结（20 min） | 1. 检验维修结果，交付车辆<br>2. 对工作过程中的质量、时间把控及不当操作进行点评<br>3. 师生、企业专家共同完成结果性评价 | 1. 组长检查本组任务实施情况后，向客户交车，说明工作内容，提出使用建议<br>2. 质检员对工作过程中的质量、时间把控及不当操作进行点评<br>3. 各组组员通过云班课完成自评、互评 | 1. 扮演客户角色，给予服务评价并签字确认<br>2. 组织学生进行点评并做补充<br>3. 指导学生通过云班课完成自评、互评，并完成师评、企业专家评 | 一体化学习工作站<br>工作页<br>云班课<br>教学课件 | 引导法<br>展示法<br>角色扮演法 | 通过自评、互评教育学生要诚信自评、公正互评，践行社会主义核心价值观 |
| 任务拓展（课后时间） | 1. 完成本次任务的工作总结<br>2. 课后拓展任务：查找并分析汽车近光灯常亮故障的原因并在仿真软件中排除 | 1. 学生课下通过 QQ 群、威朗故障诊断仿真软件进行拓展任务的学习<br>2. 组长将各组成员工作总结汇总、上传到班级 QQ 群 | 1. 布置拓展任务，提供学习任务资源，设置虚拟故障<br>2. 指导学生完成拓展任务 | 一体化学习工作站<br>微视频<br>工作页<br>QQ 群 | 自主学习法 | 在现有知识的基础上提出更难的任务，培养学生的综合应用能力和自主学习能力，实现技能迁移 |

## 九、学业评价

学业评价以学习目标为依据，主要由过程性评价与结果性评价两部分组成，结合世界技能大赛标准，实现全面监控，教师将评价表上传到云班课，各评价项目均在线上完成，评分后系统将自动统计分数。学业评价总分 = 过程性评价分（50%）+ 结果性评价分（50%），其中，过程性评价分 = 课堂表现评分（30%）+ 小组作业评分（25%）+ 企业专家评分（45%）；结果性评价分 = 自评（25%）+ 互评（35%）+ 师评（40%）。

**（一）过程性评价（由表 3、表 4、表 5 共同组成）**

表 3　课堂表现评分表（教师线上填写）

| 序号 | 评价内容 | 分值 | 第一组 | 第二组 | 第三组 | 第四组 |
|---|---|---|---|---|---|---|
| 1 | 统一着装、按时打卡 | 2 分 | | | | |
| 2 | 课前作业完成情况 | 5 分 | | | | |
| 3 | 明确任务内容的准确性 | 3 分 | | | | |
| 4 | 正确地制订计划 | 2 分 | | | | |
| 5 | 正确地验证、完善计划 | 2 分 | | | | |
| 6 | 与师生沟通交流、合作情况 | 3 分 | | | | |
| 7 | 做事态度 | 3 分 | | | | |
| 8 | 小组纪律良好 | 2 分 | | | | |
| 9 | 组员积极参与各个环节 | 3 分 | | | | |
| 10 | 正确口述安全注意事项 | 2 分 | | | | |
| 11 | 按照世界技能大赛标准进行工作 | 8 分 | | | | |
| 12 | 准备工作、安全检查 | 3 分 | | | | |
| 13 | 正确使用 KT720、万用表 | 4 分 | | | | |
| 14 | 正确填写维修工单 | 2 分 | | | | |
| 15 | 正确检查近光灯电路 | 10 分 | | | | |
| 16 | 工作页内容填写完整、字迹工整 | 4 分 | | | | |
| 17 | 正确地验收、交车 | 3 分 | | | | |
| 18 | 在规定的时间内完成任务 | 10 分 | | | | |
| 19 | 现场 6S 管理 | 3 分 | | | | |
| 20 | 组长正确履行职责 | 5 分 | | | | |

续表

| 序号 | 评价内容 | 分值 | 第一组 | 第二组 | 第三组 | 第四组 |
|---|---|---|---|---|---|---|
| 21 | 维修员正确履行职责 | 5 分 | | | | |
| 22 | 安全员正确履行职责 | 5 分 | | | | |
| 23 | 质检员正确履行职责 | 5 分 | | | | |
| 24 | 诚信自评、公正互评 | 6 分 | | | | |
| 得分 | | | | | | |

小组作业评分表（见表 4）由质检员线上填写，借鉴世界技能大赛汽车技术项目车身电气模块评价标准，根据本任务的学习要求，按照任务实施流程设计表单。

表 4　小组作业评分表

| 序号 | 项目 | 配分 | 评价内容 | 扣分标准 | 分值 | 得分 |
|---|---|---|---|---|---|---|
| 1 | 车辆信息 | 2 分 | 整车型号 | 写错扣 1 分 | 1 分 | |
| | | | 车辆识别码 | 写错扣 1 分 | 1 分 | |
| 2 | 工作组织和安全 | 10 分 | 安装举升垫块、车轮挡块、尾气抽排管、内四件套、翼子板布及前格栅布 | 少做、做错一项扣 1 分 | 5 分 | |
| | | | 检查发动机机油液位 | | 1 分 | |
| | | | 检查发动机冷却液液位 | | 1 分 | |
| | | | 检查发动机制动液液位 | | 1 分 | |
| | | | 检查蓄电池电压 | | 1 分 | |
| | | | 挡位（P 挡） | | 1 分 | |
| 3 | 试车 | 10 分 | 依次检查灯光开关挡位 | 少做、做错一项扣 2 分 | 2 分 | |
| | | | 检查近光灯 | | 2 分 | |
| | | | 检查日间行车灯 | | 2 分 | |
| | | | 检查远光灯 | | 2 分 | |
| | | | 检查转向灯 | | 2 分 | |
| 4 | 分析故障 | 4 分 | 正确查阅资料 | 少做、做错一项扣 2 分 | 2 分 | |
| | | | 正确填写工单 | | 2 分 | |
| 5 | 状态检查 | 6 分 | 检查灯光开关插头 | 少做、做错一项扣 2 分 | 2 分 | |
| | | | 检查近光灯插头 | | 2 分 | |
| | | | 检查车身控制模块插头 | | 2 分 | |

续表

| 序号 | 项目 | 配分 | 评价内容 | 扣分标准 | 分值 | 得分 |
|---|---|---|---|---|---|---|
| 6 | 电路检查和排故 | 49分 | KT720的正确使用 | 带电插拔一次扣2分 | 4分 | |
| | | | 万用表使用前校零 | 未校零扣2分 | 4分 | |
| | | | 万用表挡位选择正确 | 选择错误一次扣2分 | 4分 | |
| | | | 未带电插拔熔丝、继电器 | 带电插拔一次扣2分 | 6分 | |
| | | | 检测并填写相应电路或元件 | 少做、错做扣3分 | 7分 | |
| | | | 正确读取或记录数据 | 少填、错填扣2分 | 4分 | |
| | | | 正确分析测量结果 | 分析错误一次扣3分 | 4分 | |
| | | | 修复线路或更换元件 | 少做、错做扣3分 | 10分 | |
| | | | 故障排除后再次验证 | 缺少验证扣2分 | 4分 | |
| | | | 试车，验证故障已排除 | 缺少试车扣2分 | 2分 | |
| 7 | 任务完成 | 19分 | 现场恢复、清理、整理工量具 | 少做一项扣3分 | 6分 | |
| | | | 无车辆、零件损坏，身体未受伤 | 一项不符合扣3分 | 9分 | |
| | | | 工具未掉落 | 掉落一次扣2分 | 4分 | |
| 合计 | | | | | | |

**表5 企业专家评分表**

| 序号 | 项目 | 配分 | 第一组 | 第二组 | 第三组 | 第四组 |
|---|---|---|---|---|---|---|
| 1 | 实施6S管理（整理、整顿、清扫、清洁、素养、安全） | 10 | | | | |
| 2 | 施工现场组织管理 | 15 | | | | |
| 3 | 班组自主解决问题 | 15 | | | | |
| 4 | 安全检查及准备工作（岗位标准评判） | 15 | | | | |
| 5 | 故障排查（岗位标准评判） | 15 | | | | |
| 6 | 交车汇报 | 10 | | | | |
| 7 | 任务完成情况 | 20 | | | | |
| 得分 | | 100 | | | | |

### （二）结果性评价（见表6）

表6　结果性评价表

| 评价指标 | 评价标准 | 分值 | 自评 | 互评 | 师评 |
|---|---|---|---|---|---|
| 学习态度 | 按时上下课，着装规范 | 5分 | | | |
| | 遵守一体化教室使用规定 | 5分 | | | |
| | 在学习过程中参与度高 | 5分 | | | |
| | 积极回答教师问题 | 5分 | | | |
| | 学习目标明确 | 5分 | | | |
| 参与程度 | 认真参加学习活动，积极思考，善于发现问题、解决问题 | 5分 | | | |
| | 善于与组员沟通，语言表达能力强 | 5分 | | | |
| | 能够积极帮助学习上有困难的组员 | 10分 | | | |
| 合作意识 | 积极参加小组合作学习 | 5分 | | | |
| | 小组分工明确，取长补短，共同提高 | 5分 | | | |
| | 公平、公正地进行自评和互评，评价过程认真、负责 | 5分 | | | |
| 任务过程 | 制订的计划合理、可行 | 10分 | | | |
| | 工作过程无安全事故 | 7分 | | | |
| | 工作过程无工具掉落，正确放置工具 | 4分 | | | |
| | 按照维修方案，在规定的时间内独立完成任务 | 15分 | | | |
| | 正确地验收、交车 | 4分 | | | |
| 注：结果性评价分 = 自评（25%）+ 互评（35%）+ 师评（40%） | | | | | |
| 得分 | | | | | |

## 十、教学反思

本次任务的教学设计遵循一体化课程教学，融入世界技能大赛元素，以检修汽车近光灯故障为主线，以培养学生专业技能和综合职业素养为目标，以学生为主体，借助信息化手段，教学策略选用合理，教学重点、难点有效突破，完成了工学一体的教学任务，达到培养学生综合职业能力的目的。

### （一）教学效果

本次任务学生在教师的引导下，从课前开始，一步步围绕解决“汽车近光灯不亮故障”为工作主线进行任务学习。课前，学生能根据教师网络平台发布的学习任务及资源，自主学习威朗汽车近光灯控制原理等理论知识，通过班级群中的学生提问和讨论可知学生的参与度很高。课上，在各讨论环节，学生能够踊跃参加，努力尝试解决问题，遇到不明白的问题能坦诚汇报，在探索和讨论中塑造了自信自强的品质，培养学生发现问题、解决问题的能力。在制订计划环节，各小组能认真讨论、相互质疑、小组汇报，制订的计划形式多样，并能通过威朗汽车故障仿真软件验证计划、完善计划。在任务实施过程中，能在教师和组长的指导下，角色分工明确，自觉保持安全意识、规范意识。在验收总结环节，能认真听取并虚心接受质检员和教师的反馈意见。

通过自评、互评、师评，各组考核评价均在 80 分上下，全部合格，课前预设的学习目标全部达成，所有学生具备独立完成“威朗汽车近光灯不亮故障检修”的能力。学生学习效果分析如图 7 所示。

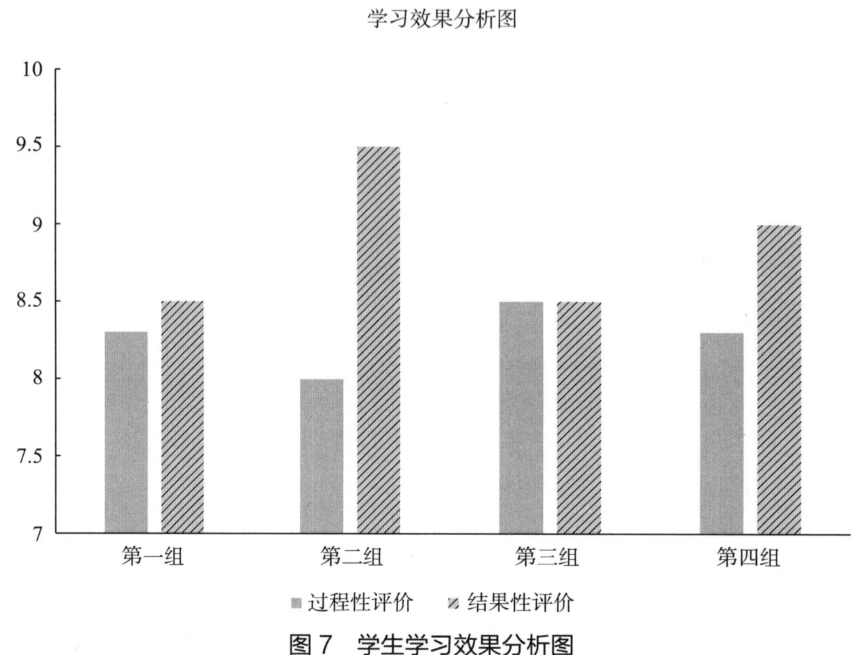


图 7　学生学习效果分析图

**（二）主要亮点**

1. 融入世赛元素

将世赛元素引入，有利于提高学生的学习兴趣和积极性。课前利用世界技能大赛汽车技术项目相关视频，让学生感受世赛的氛围和精神，感受精益求精的品质，从而激发学生兴趣和树立自信心，随后在课中实施和课后评价中融入世赛标准，更好地调动学生的关注度和参与度。

2. 特色评价方式

本次任务采用云班课 APP 实现线上评价，节约了纸质资源，体现了世赛宗旨，也符合绿色发展理念。另外，通过自评的方式能够培养学生诚信评价的品质，通过互评的方式能够培养学生公平、公正评价的品质，让学生体会到诚实劳动的快乐，不仅体现了社会主义核心价值观，也践行了劳动教育。

3. 对接工作岗位

选择企业维修实践中的工作任务作为学生的学习任务，并借助 4S 店真实的工作情境和工作流程，全面融入工作规范和要求，培养学生的质量意识，在完整的工作过程中，让学生经历从接车、初诊、收集故障信息、制定流程、实施维修作业、质检到交车的整个过程，为实现学生与企业的无缝对接打下基础。

**（三）不足之处**

1. 在课前预习阶段，由于是网络课程自主学习，个别学生学习效果不理想，不能按时完成预习作业。

2. 通过课程结束后的考评结果，发现各小组在操作时间上存在较大差异，对教学过程产生了一定的影响。

**（四）改进措施**

1. 由组长督促本组组员按时完成课前预习作业，并将真实情况反映给教师，结果体现在“课堂表现评分表”中。

2. 每次任务结束后，根据考评结果，对小组成员进行适当调整，尽量减少各组的差异，高低搭配，相互均衡，使各环节能同步进行。

3. 鼓励学生利用寒暑假到 4S 店或汽车修理厂学习，增加实践机会，加强实践练习，帮助学生拓展学习。

## 作者简介

**姓名：**周汉华

**学校：**安徽机电技师学院

**获奖：**第二届全国技工院校教师职业能力大赛交通类项目二等奖

**获奖感言：**比赛对我来说是一种锻炼和磨砺，是一块试金石。在今后的工作中，我将秉承“长风破浪会有时，直挂云帆济沧海”的信心，以“千淘万漉虽辛苦，吹尽狂沙始到金”的恒心继续前进！

## 专家点评

该任务是汽车电气维修领域中的一项具体工作内容，具有一定的典型性，但选题来源描述欠规范，选题价值分析不够详细。作者能够立足学生综合职业能力设置学习目标，但描述不够精练准确。结合学情分析、工作过程要素梳理学习内容，通过“做－学－教”突破重点、化解难点。在教学中引入世界技能大赛汽车技术项目技术规范标准，培养学生的质量意识，重视教学过程的闭环控制，注重每个教学环节的成果输出。通过全过程在工作页问题引导和任务驱动下，促进目标的不断达成。学业评价从过程性评价和结果性评价两个方面进行综合评价，教学评价方案还有待改进和完善，要易于教学操作。

# 附录 1　第二届全国技工院校教师职业能力大赛交通类获奖名单

| 序号 | 参赛作品题目 | 所在院校 | 参赛者姓名 | 奖项 |
| --- | --- | --- | --- | --- |
| 1 | 新能源汽车空调 PTC 模块检修 | 淄博市技师学院 | 于亮 | 一等奖 |
| 2 | 汽车雨刮器电路故障检修 | 杭州技师学院 | 夏晓 | 一等奖 |
| 3 | 空气流量计故障诊断与排除 | 重庆五一技师学院 | 张道霖 | 一等奖 |
| 4 | BYD e5 汽车无法充电故障检修 | 江苏省常州技师学院 | 张世金 | 一等奖 |
| 5 | 前照灯不亮故障检修 | 郑州财经技师学院 | 杨爽 | 二等奖 |
| 6 | 汽车远光灯不亮故障检修 | 武汉技师学院 | 李晟 | 二等奖 |
| 7 | 水泥标准稠度用水量的测定 | 山西交通技师学院 | 张志辉 | 二等奖 |
| 8 | 起动系统故障诊断与排除 | 北京汽车技师学院 | 赵方 | 二等奖 |
| 9 | 更换制动片 | 牡丹江技师学院 | 姚东升 | 二等奖 |
| 10 | 威朗左前车窗不升降故障检修 | 江西省交通高级技工学校 | 李小武 | 二等奖 |
| 11 | 汽车充电指示灯常亮故障检修 | 云南冶金高级技工学校 | 杨芸 | 二等奖 |
| 12 | 汽车近光灯不亮故障检修 | 安徽机电技师学院 | 周汉华 | 二等奖 |
| 13 | 2018 款迈腾汽车起动机不工作故障检修 | 郴州技师学院 | 曾令发 | 三等奖 |
| 14 | 新能源汽车高压系统漏电检测 | 深圳技师学院 | 张天柱 | 三等奖 |
| 15 | 新车发动机舱检查 | 厦门技师学院 | 庄晓华 | 三等奖 |
| 16 | 汽车四轮定位的检查与调整——校企共育以赛促学 | 广西南宁技师学院 | 温梦诗 | 三等奖 |
| 17 | 接触网设备检修——定位装置的检修 | 天津市电子信息技师学院 | 曹宁 | 三等奖 |
| 18 | 制动液的更换 | 海南省技师学院 | 符名政 | 三等奖 |
| 19 | 汽车外科手术——汽车门板凹陷修复 | 吉林省工业技师学院 | 李天元 | 三等奖 |
| 20 | 铁路机车手信号出库作业 | 宝鸡铁路技师学院 | 乔军华 | 三等奖 |
| 21 | 大客流下的多道及以上站台门故障的应急处理 | 成都市技师学院 | 杨丽均 | 三等奖 |
| 22 | 电动列车出库作业 | 大连交通技师学院 | 孔炫今 | 三等奖 |
| 23 | 制动片的更换 | 唐山劳动技师学院 | 王健 | 三等奖 |
| 24 | 汽车变速箱同步器检测与维护 | 贵州交通技师学院 | 丁稳 | 三等奖 |

续表

| 序号 | 参赛作品题目 | 所在院校 | 参赛者姓名 | 奖项 |
|---|---|---|---|---|
| 25 | 盘式制动器的维护及更换 | 兰州装备制造技师学院 | 赵立杰 | 优胜奖 |
| 26 | 车轮动平衡检测与修复 | 青海省工业技师学院 | 王延荣 | 优胜奖 |
| 27 | 列车始发站始发作业 | 宁夏轨道交通技工学校 | 刘启 | 优胜奖 |
| 28 | 四轮定位 | 内蒙古民族工业技师学院 | 王冬 | 优胜奖 |
| 29 | 汽车制动效能不良故障诊断与排除 | 新疆交通技师培训学院 | 加克·乌云才次克 | 优胜奖 |
| 30 | 包装原纸出库操作 | 兵团职业技师培训学院 | 刘岩 | 优胜奖 |

# 附录 2　第二届全国技工院校教师职业能力大赛方案

## 一、大赛时间和地点

（一）时间：2020 年 11 月

（二）地点：杭州萧山技师学院

## 二、大赛主题

德才双馨展风采、工学一体育英才

## 三、组织单位和机构

（一）主办、承办、协办单位。本次大赛由人力资源社会保障部主办，中国人力资源和社会保障出版集团、浙江省人力资源和社会保障厅承办，杭州萧山技师学院协办。

（二）组织机构。成立大赛工作领导小组，由人力资源社会保障部职业能力建设司主要负责同志任组长，人力资源社会保障部职业能力建设司、中国人力资源和社会保障出版集团、浙江省人力资源和社会保障厅有关负责同志任副组长。大赛工作办公室设在中国人力资源和社会保障出版集团，承担大赛的统筹协调和组织实施等工作。

## 四、参赛对象

参赛选手须是技工院校在职教师，且未在往届全国技工院校教师职业能力大赛全国赛中获得三等奖及以上奖项。参赛选手由所在学校出具证明，各参赛省级人力资源社会保障部门负责初审，大赛工作办公室负责复审。每个大赛类别每省份限报 1 名选手参赛。

“三区三州”及 52 个未摘帽贫困县相关省份（具体为：广西、四川、贵州、云南、西藏、甘肃、青海、宁夏、新疆、兵团）增加 1 个参赛名额，可优先考虑在脱贫攻坚中作出突出贡献的教师或支教教师，不限参赛类别。

## 五、大赛类别

大赛设 9 大类别：（一）公共类；（二）机械类；（三）电工电子类；（四）信息类；（五）交通类；（六）服务类；（七）财经商贸类；（八）工业综合与农业类；（九）文化艺术与综合类。

各类别所含专业（课程）见《大赛类别与专业（课程）对应关系表》（见附件 1）。

## 六、大赛内容

大赛内容包括教学设计、说课与答辩两部分（评审办法见附件 2）。

教学设计：可选取相对独立、完整的人文素质 / 职业活动或一体化课程学习任务的某一具有典型性的内容，以文本（教学设计参考模板见附件 3）及教学视频（时长不超过 8 分钟）形式提交。

说课与答辩：以教学设计文本为基础，结合多媒体课件、教学视频进行现场说课与答辩，其中说课 10 分钟，答辩 4 分钟。评审专家对每位选手提专业类和教学类 2 类问题，提问时间不计入答辩时间。

## 七、工作安排

（一）安排部署工作（2020 年 7 月）。印发大赛通知，组织各省级人力资源社会保障部门有关同志参加大赛工作部署会（具体通知另发），培训大赛组织流程和规则。

（二）省赛选拔选手（2020 年 7—9 月）。各省级人力资源社会保障部门组织开展省级赛事，确定大赛参赛选手、作品，并推荐评审专家人选（推荐办法见附件 4），9 月 30 日前提交参赛选手报名汇总表，参赛选手的教学设计文本、教学视频、说课课件，以及专家推荐表。

（三）审核参赛作品（2020 年 10 月）。大赛工作领导小组对参赛作品进行规范性审核，进行脱密处理，并确定评审专家。

（四）举行大赛（2020 年 11 月）。赛前培训评审专家，评审教学设计，组织教师现场说课与答辩并进行评审。举行大赛闭幕式，为获奖选手颁奖。

## 八、奖项设置

大赛设组织奖 10 个，每个大赛类别设一等奖 4 人、二等奖 8 人、三等奖 12 人、优胜奖若干。获奖证书由主办单位颁发，其中一、二、三等奖可作为参赛教师在评优评先、职称评审等方面的依据。

## 九、注意事项

（一）参赛作品须为原创，资料引用应注明出处。如引发知识产权异议和纠纷，责任由参赛选手承担，同时将取消所获荣誉。

（二）本次大赛的报名和电子版资料报送均通过中国技工教育网（http：//jg.class.com.cn）进行，各省级人力资源社会保障部门指定专人负责本省参赛队的网上报名和资料上传工作，不接受个人直接报名和资料上传。进行网上报名和电子版资料报送的同时需将一份完整的盖章纸质参赛材料邮寄至大赛工作办公室。

（三）除报名表、汇总表、教学设计封面和电子材料文件名外，其他参赛材料（教学设计内页、说课课件正文、视频正文）的内容不得出现省、市、学校和参赛教师与学生的任何身份信息。如出现相关信息的泄露，将被取消参赛资格。

（四）参赛作品基于的教材应符合以下要求：公共课教材应从《人力资源社会保障部技工教育规划教材选用目录》（可在中国技工教育网下载，以下简称《目录》）选取，专业课优先选择《目录》中教材。

（五）参赛所提交的电子材料，须采用指定文件格式，具体要求如下：提交的文字文稿和说课课件须采用 WPS 2016 或 Office 2010 及以上版本。说课课件中使用的图片、视频、动画等素材均须采用嵌入方式，不得使用外部链接。提交的视频文件，须采用 MP4 格式，视频文件大小不超过 300 MB，并须进行病毒查杀，以免影响正常比赛。

（六）视频录制工作可根据各地新冠肺炎疫情防控要求开展，参赛材料提交截止时间前不具备现场授课条件的，可采用课堂无学生或者师生在线教学的方式录制。

（七）大赛所有作品，包括教学设计、多媒体课件、教学视频等，将通过中国技工教育网进行公益性分享，其中优秀作品将汇集成册进行出版。

（八）如有需调整事项或其他未尽事宜，由大赛主办单位另行通知。

附件：1. 第二届全国技工院校教师职业能力大赛类别与专业（课程）对应关系表

2. 第二届全国技工院校教师职业能力大赛评审办法

3. 第二届全国技工院校教师职业能力大赛教学设计（参考模板）

4. 第二届全国技工院校教师职业能力大赛评审专家组织推荐办法（略）

# 附件 1　第二届全国技工院校教师职业能力大赛类别与专业（课程）对应关系表

## 一、公共类

| | | |
|---|---|---|
| 思想政治（德育） | 语文 | 历史 |
| 数学 | 英语 | 体育与健康 |
| 物理 | 化学 | 劳动教育 |
| 通用职业素质课程 | 其他公共基础课 | |

## 二、机械类

| | | |
|---|---|---|
| 0101　机床切削加工（车工） | 0102　机床切削加工（铣工） | 0103　机床切削加工（磨工） |
| 0104　铸造成型 | 0105　锻造成型 | 0106　数控加工（数控车工） |
| 0107　数控加工（数控铣工） | 0108　数控加工（加工中心操作工） | 0109　数控机床装配与维修 |
| 0110　数控编程 | 0111　工量具制造与维修 | 0112　机械设备维修 |
| 0113　煤矿机械维修 | 0114　化工机械维修 | 0115　机械装配 |
| 0116　机械设备装配与自动控制 | 0117　模具制造 | 0118　模具设计 |
| 0119　焊接加工 | 0120　冷作钣金加工 | 0121　制冷设备运用与维修 |
| 0122　数控电加工 | 0123　机电设备安装与维修 | 0124　机电产品检测技术应用 |
| 0125　金属热处理 | 0126　汽车制造与装配 | 0127　机电一体化技术 |
| 0128　多轴数控加工 | 0129　计算机辅助设计与制造 | 0130　3D 打印技术应用 |
| 0131　金属材料分析与检测 | 0132　新能源汽车制造与装配 | 0133　飞机制造与装配 |
| 0134　产品检测与质量控制 | 0135　工业机械自动化装调 | 0136　数字化设计与制造 |
| 0137　智能制造技术应用 | | |

## 三、电工电子类

| | | |
|---|---|---|
| 0201　变配电设备运行与维护 | 0202　电机电器装配与维修 | 0203　电气自动化设备安装与维修 |
| 0204　煤矿电气设备维修 | 0205　楼宇自动控制设备安装与维护 | 0206　工业自动化仪器仪表装配与维护 |
| 0207　化工仪表及自动化 | 0208　工业机器人应用与维护 | 0209　电子技术应用 |
| 0210　音像电子设备应用与维修 | 0211　通信终端设备制造与维修 | 0212　办公设备维修 |
| 0213　光伏应用技术 | 0214　工业网络技术 | 0215　电线电缆制造技术 |
| 0216　电梯工程技术 | 0217　光电技术应用 | 0218　工业互联网与大数据应用 |
| 0219　服务机器人应用与维护 | | |

四、信息类

| | | |
|---|---|---|
| 0301　计算机网络应用 | 0302　计算机程序设计 | 0303　计算机应用与维修 |
| 0304　计算机信息管理 | 0305　计算机游戏制作 | 0306　计算机动画制作 |
| 0307　计算机广告制作 | 0308　多媒体制作 | 0309　通信网络应用 |
| 0310　通信运营服务 | 0311　网络安防系统安装与维护 | 0312　计算机速录 |
| 0313　物联网应用技术 | 0314　网络与信息安全 | 0315　云计算技术应用 |
| 0316　工业互联网技术应用 | 0317　虚拟现实技术应用 | 0318　人工智能技术应用 |
| 0319　数字媒体技术应用 | | |

五、交通类

| | | |
|---|---|---|
| 0401　汽车驾驶 | 0403　汽车维修 | 0404　汽车电器维修 |
| 0405　汽车钣金与涂装 | 0406　汽车装饰与美容 | 0407　汽车检测 |
| 0409　工程机械运用与维修 | 0410　公路施工与养护 | 0411　桥梁施工与养护 |
| 0412　公路工程测量 | 0413　筑路机械操作与维修 | 0414　高速公路收费与监控 |
| 0415　现代物流 | 0416　船舶驾驶 | 0417　船舶轮机 |
| 0418　船舶建造与维修 | 0419　港口与航道施工 | 0420　水运业务 |
| 0421　港口机械操作与维护 | 0423　铁道运输管理 | 0424　电力机车运用与检修 |
| 0425　内燃机车运用与检修 | 0426　铁路工程测量 | 0427　铁路施工与养护 |
| 0428　电气化铁道供电 | 0429　铁道信号 | 0431　城市轨道交通运输与管理 |
| 0432　城市轨道交通车辆运用与检修 | 0434　飞机维修 | 0435　新能源汽车检测与维修 |
| 0436　汽车技术服务与营销 | 0438　起重装卸机械操作与维修 | 0439　无人机应用技术 |
| 0440　工程安全评价与管理 | 0441　航空物流 | 0442　交通运输安全检查 |
| 0443　道路智能交通技术应用 | 0444　智能网联汽车技术应用 | |

六、服务类

| | | |
|---|---|---|
| 0402　交通客运服务 | 0422　邮轮乘务 | 0430　铁路客运服务 |
| 0433　航空服务 | 0501　烹饪（中式烹调） | 0502　烹饪（西式烹调） |
| 0503　烹饪（中西式面点） | 0504　饭店（酒店）服务 | 0505　导游 |
| 0506　商务礼仪服务 | 0507　美容美发与造型（美发） | 0508　美容美发与造型（美容） |
| 0509　美容美发与造型（化妆） | 0510　休闲体育服务 | 0511　物业管理 |
| 0512　家政服务 | 0513　公共营养保健 | 0514　保健按摩 |
| 0515　护理 | 0516　会展服务与管理 | 0517　茶艺 |
| 0518　邮政业务 | 0519　酒店管理 | 0520　旅游服务与管理 |
| 0521　老年服务与管理 | 0522　健康服务与管理 | 0523　休闲服务与管理 |
| 0524　快递运营管理 | 0525　保安 | 0526　形象设计 |
| 0527　美容保健 | 0528　康复保健 | 0529　健康与社会照护 |
| 0530　电子竞技运动服务与管理 | 0531　快递安全管理 | 0532　婚庆服务 |
| 0533　健身指导与管理 | 0534　烹调工艺与营养 | |

七、财经商贸类

| | | |
|---|---|---|
| 0408　汽车营销 | 0437　汽车保险理赔与评估 | 0601　市场营销 |
| 0602　商务文秘 | 0603　电子商务 | 0604　会计 |
| 0605　工商企业管理 | 0606　人力资源管理 | 0607　国际贸易 |
| 0608　商务外语 | 0609　房地产经营与管理 | 0610　网络营销 |
| 0611　连锁经营与管理 | 0612　行政管理 | 0613　财务管理 |
| 1306　药品营销 | | |

八、工业综合与农业类

| | | |
|---|---|---|
| 0701　种植 | 0702　现代农艺技术 | 0703　果蔬花卉生产技术 |
| 0704　畜禽生产与疫病防治 | 0705　畜牧兽医 | 0706　水产养殖 |
| 0707　野生动物保护 | 0708　农产品保鲜与加工 | 0709　棉花加工与检验 |
| 0710　现代林业技术 | 0711　园林技术 | 0712　木材加工 |
| 0713　林产品加工 | 0714　森林资源保护与管理 | 0715　森林采运工程 |
| 0716　农业机械使用与维护 | 0717　农村能源开发与利用 | 0718　农业与农村用水 |
| 0719　航海捕捞 | 0720　中草药种植 | 0721　农村电气技术 |
| 0722　农村经济综合管理 | 0723　农资连锁经营与管理 | 0724　农产品营销与储运 |
| 0725　茶叶生产与加工 | 0726　生态农业技术 | 0727　宠物医疗与护理 |
| 0728　农业经营与管理 | | |
| 0801　矿物开采与处理 | 0802　煤矿技术（采煤） | 0803　煤矿技术（综合机械化采煤） |
| 0804　煤矿技术（综合机械化掘进） | 0805　矿山测量 | 0806　矿井通风与安全 |
| 0807　矿山机械操作与维修 | 0808　矿山机电 | 0809　钻探工程技术 |
| 0810　石油钻井 | 0811　石油天然气开采 | 0812　石油天然气储运与营销 |
| 0813　地质勘查 | 0814　地图制图与地理信息系统 | 0815　水利水电工程施工 |
| 0816　水文与水资源勘测 | 0817　发电厂及变电站电气设备安装与检修 | 0818　输配电线路施工运行与检修 |
| 0819　供用电技术 | 0820　火电厂集控运行 | 0821　火电厂热力设备运行与检修 |
| 0822　风电场机电设备运行与维护 | 0823　水电厂机电设备安装与运行 | 0824　储能材料制备 |
| 0825　核电设备安装与检修 | 0826　氢能制备与应用 | |
| 0901　石油炼制 | 0902　化工工艺 | 0903　化工分析与检验 |
| 0904　精细化工 | 0905　生物化工 | 0906　高分子材料加工 |
| 0907　煤化工 | 0908　磷化工 | 0909　火炸药制造与应用 |
| 0910　花炮生产与管理 | 0911　化工安全管理 | |

续表

| | | |
|---|---|---|
| 1001　钢材轧制与表面处理 | 1002　钢铁冶炼 | 1003　有色金属冶炼 |
| 1101　建筑设备安装 | 1102　建筑施工 | 1103　建筑装饰 |
| 1104　建筑测量 | 1105　工程监理 | 1106　工程造价 |
| 1107　建筑工程管理 | 1108　市政工程施工 | 1109　土建工程检测 |
| 1110　燃气热力运行与维护 | 1111　消防工程技术 | 1112　硅酸盐材料制品生产 |
| 1113　城市燃气输配与应用 | 1114　给排水施工与运行 | 1115　城市水务技术 |
| 1118　石材工艺 | 1119　古建筑修缮与仿建 | |
| 1201　印刷（图文信息处理） | 1202　印刷（印刷技术） | 1203　印刷（包装应用技术） |
| 1204　纺织技术 | 1205　针织工艺 | 1206　染整技术 |
| 1207　化纤生产技术 | 1208　服装制作与营销 | 1209　服装养护 |
| 1213　制浆造纸工艺 | 1214　食品加工与检验 | 1215　粮食工程 |
| 1216　陶瓷工艺 | 1218　食品营养与卫生 | 1219　食品质量与安全 |
| 1220　制糖技术 | 1224　化妆品制造与营销 | |
| 1301　中药 | 1302　药物制剂 | 1303　化学制药 |
| 1304　生物制药 | 1305　药物分析与检验 | 1307　口腔义齿制造 |
| 1308　眼视光技术 | 1309　医疗器械制造与维修 | 1310　药品服务与管理 |
| 1502　环境保护与检测 | | |

九、文化艺术与综合类

| | | |
|---|---|---|
| 1116　建筑设计 | 1117　建筑模型设计与制作 | |
| 1210　服装设计与制作 | 1211　皮革加工与设计 | 1212　鞋制品设计与制作 |
| 1217　陶瓷美术 | 1221　玩具设计与制造 | 1222　家具设计与制作 |
| 1223　灯饰工艺与造型 | | |
| 1401　美术设计与制作 | 1402　工艺美术 | 1403　珠宝首饰设计与制作 |
| 1404　珠宝首饰鉴定与营销 | 1405　室内设计 | 1406　环境艺术设计 |
| 1407　工业设计 | 1408　美术绘画 | 1409　音乐 |
| 1410　民族音乐与舞蹈 | 1411　服装模特 | 1412　演艺设备安装与调试 |
| 1413　新闻采编与制作 | 1414　播音与主持 | 1415　数字出版 |
| 1416　摄影摄像技术 | 1417　文物修复与保护 | 1418　舞蹈表演 |
| 1419　影视表演与制作 | 1420　平面设计 | 1421　运动训练 |
| 1422　乐器制造与维修 | | |
| 1501　幼儿教育 | | |

# 附件 2　第二届全国技工院校教师职业能力大赛评审办法

第二届全国技工院校教师职业能力大赛评审工作包括教学设计评审、说课与答辩评审两个环节。为确保评审规范、公平、公正，特制定本办法。

## 一、大赛评审和仲裁工作组

大赛评审和仲裁工作组设总专家组长 1 名、专家副组长 2 名，仲裁组长 1 名、仲裁员 2 名，全面负责大赛评审和仲裁工作。

## 二、教学设计评审

评委根据“第二届全国技工院校教师职业能力大赛评价表（教学设计评审）”对教学设计进行评审，选手不需要到现场。

（一）评审专家组成。由各参赛省级人力资源社会保障部门按照《第二届全国技工院校教师职业能力大赛评审专家组织推荐办法》的要求推荐本省份评审专家，大赛工作办公室遴选，报大赛领导小组同意后，经培训参与评审工作。

评审专家共 63 人，按照大赛类别分 9 组，每组由 7 位专家组成，其中组长 1 名。

（二）评分成绩。评分采取百分制，共 10 项评价指标，每项评价指标满分均为 10 分。评审专家均须独立评审，对每份教学设计按照评价指标分别评分。每份教学设计的最后成绩为 7 位评审专家评分汇总后的平均分。

（三）评审原则。参赛作品无政治性错误，能充分反映教学内容的价值，体现以学生为主体、以能力为本位的教学理念。提倡参赛作品在选题、案例选择、活动背景设置、活动过程设计等方面融入思政元素，弘扬社会主义核心价值观，培养家国情怀、工匠精神；将劳动教育纳入教学设计中，引导树立正确的劳动观，崇尚劳动、尊重劳动。提倡参赛作品根据具体学情开展教学设计，体现学生在专业、兴趣和学力基础等方面的差别和特点。

## 三、说课与答辩评审

参赛选手现场进行说课与答辩，评委依据“第二届全国技工院校教师职业能力大赛评价表（说课与答辩评审）”现场评分。

（一）评审专家组成。按照大赛类别分 9 个项目组，每组由 7 位专家组成，其中组长 1 名，负责召集专家并协调现场答辩事宜。

（二）评分成绩。评分采取百分制，共 10 项指标，每项评价指标满分均为 10 分。7 位评审专家现场打分，去掉一个最高分和一个最低分，其余分数汇总后的平均分为参赛选手的最终成绩。

（三）说课与答辩形式。每位参赛选手说课与答辩的总时间为 14 分钟：其中说课 10 分钟，从参赛选手以任何形式（包括语言、课件、视频等）展示作品开始计时；说课完毕，由专家进行提问，专家提问结束后，参赛选手作答时间为 4 分钟。

（四）评审原则。选手的现场表达、说课课件必须无政治性错误，能充分反映教学内容的价值，体现以学生为主体、以能力为本位的教学理念。

## 四、成绩评定

对每名选手按教学设计评审、说课与答辩评审各占 50% 的比重计算总成绩，9 个大赛类别根据总成绩分别排名。

## 第二届全国技工院校教师职业能力大赛评价表
## （教学设计评审）

参赛作品编号：

| 评价项目 | 评价内容 | 评价分数 |
| --- | --- | --- |
| 教学设计 | 1. 选题价值。选取相对独立、完整的人文素质 / 职业学习活动或一体化课程学习任务的某一具体内容，具有典型性。 | |
| | 2. 学习目标。能够反映学生职业素养与综合职业能力的要求，并能结合学生实际，明确、具体且可操作性强。 | |
| | 3. 学习内容。包括理论知识和实践知识及工作的各项要素要求，匹配具体学情，与人文素质养成或企业生产过程紧密相关。 | |
| | 4. 学习资源。体现学生在问题引导下的学习过程，其相关环境设计与社会生活或工作环境要求尽可能相一致。 | |
| 教学实施 | 5. 学生主体。体现良好的学习氛围，学生具有较高的学习主动性，能积极有效地投入到学习活动中。 | |
| | 6. 教学手段。有效支持学习活动的开展，适当利用多种教学媒体以及信息化手段和数字化资源，新颖、富有创意。 | |
| | 7. 教学方法。体现以学生为中心、行动导向的教学理念，适应具体学情，采用混合式学习，重视学生的适应与接纳，形式灵活、方法有效。 | |
| | 8. 教学视频。提交的视频时长不超过 8 分钟，视频声音清楚、画面清晰、图像稳定，声音与画面同步，反映学与教的情况。 | |
| 教学评价 | 9. 学业评价。以学习目标为依据，评价方式方法合理，易于操作，能有效解决实际教学问题，促进学生思维能力提升以及职业素养与综合职业能力的提高。 | |
| 文本评审 | 10. 教学设计文本。所提交的教学设计文本体例规范，内容全面，文字通顺，图表符合技术规范要求，表述清晰。 | |

| 总评意见： | 评价总分 | |
| --- | --- | --- |
| | 评委签名 | |

# 第二届全国技工院校教师职业能力大赛评价表
## （说课与答辩评审）

选手抽签序号：

| 评价项目 | 评价内容 | 评价分数 |
| --- | --- | --- |
| 教学设计 | 1. 选题价值。选取相对独立、完整的人文素质 / 职业学习活动或一体化课程学习任务的某一具体内容，具有典型性。 | |
| | 2. 学习目标。能够反映学生职业素养与综合职业能力的要求，并能结合学生实际，明确、具体且可操作性强。 | |
| | 3. 学习内容。包括理论知识和实践知识及工作的各项要素要求，匹配具体学情，与人文素质养成或企业生产过程紧密相关。 | |
| | 4. 学习资源。体现学生在问题引导下的学习过程，其相关环境设计与社会生活或工作环境要求尽可能相一致。 | |
| 教学实施 | 5. 学生主体。体现良好的学习氛围，学生具有较高的学习主动性，能积极有效地投入到学习活动中。 | |
| | 6. 教学手段。有效支持学习活动的开展，适当利用多种教学媒体以及信息化手段和数字化资源，新颖、富有创意。 | |
| | 7. 教学方法。体现以学生为中心、行动导向的教学理念，适应具体学情，采用混合式学习，重视学生的适应与接纳，形式灵活、方法有效。 | |
| | 8. 教学视频。课件所含视频声音清楚、画面清晰、图像稳定，声音与画面同步，反映学与教的情况。 | |
| 教学评价 | 9. 学业评价。以学习目标为依据，评价方式方法合理，易于操作，能有效解决实际教学问题，促进学生思维能力提升以及职业素养与综合职业能力的提高。 | |
| 答辩评审 | 10. 理解表达。准确理解评委的提问，回答问题时所陈述的观点正确，内容全面，层次分明，逻辑思路清晰。 | |
| 总评意见： | 评价总分 | |
| | 评委签名 | |

# 附件3　第二届全国技工院校教师职业能力大赛教学设计（参考模板）

参赛省份（加盖省级人社部门公章）：

参赛者单位（加盖学校公章）：

参赛者姓名：

参赛项目类别：

参赛作品题目：

# 第二届全国技工院校教师职业能力大赛教学设计
## （参考模板）

| 参赛项目类别 | | | 作品编码 | |
|---|---|---|---|---|
| 专业名称 | | | | |
| 课程名称 | | 作品题目 | | |
| 课时 | | 教学对象 | | |

一、选题价值

二、学习目标

三、学情分析

四、学习内容

五、学习资源

六、教学实施

| 教学环节 | 学生活动 | 教师活动 | 教学手段 | 教学方法 |
|---|---|---|---|---|
| | | | | |

七、学业评价

注：作品编码留空，由第二届全国技工院校教师职业能力大赛工作办公室统一编码。